Heiner Boehncke
Hans Sarkowicz
Grimmelshausen

לך אכל בשמחה לחמך
ושתה בלב־טוב יינך
כי
האלהים את־מעשיך

THOMAS   WERNTHALER
LIBRIS SUIS ADDEBAT   MMXI
Μὴ   ἀφύστερήσῃς
ἀπὸ   ἀγαθῆς   ἡμέρας,
καὶ   μερὶς   ἐπιθυμίας
ἀγαθῆς μή σε παρελθάτω.

DIE ANDERE BIBLIOTHEK
Begründet von Hans Magnus Enzensberger

Heiner Boehncke
Hans Sarkowicz
Grimmelshausen

Leben und Schreiben. Vom Musketier zum Weltautor

Frankfurt am Main 2011

Inhalt

Vorwort
7

Ein Blick in die Hölle
11

Kindheit im Schatten des Großen Krieges.
Die Reichsstadt Gelnhausen
18

Ein Dorf an der Werra.
Die Ursprünge der Familie Grimmelshausen
in Thüringen und Hessen
88

Der Bücher-Narr. Initiation in Hanau
110

Piazza Universale. Der Lesepate Tomaso Garzoni
189

Entführt in den Krieg. Von Hanau
nach Offenburg
196

Schrift und Sprechen.
Der Schreiber und die Mündlichkeit
288

Zurück in die alten Verhältnisse.
Schaffner in Gaisbach
301

Erkenntnisschock: Die Verkehrte Welt
364

Weltroman und Mühlenordnung.
Schultheiß in Renchen
379

Aus der Zeitung: Die Insel Pines
453

Nach Grimmelshausen.
Interpretationen
468

Abbildungsnachweis
497

Vorwort

Für Grimmelshausen haben wir uns schon immer interessiert. Der eine, Hans Sarkowicz, besuchte das gleichnamige Gymnasium in der Geburtsstadt des Autors in Gelnhausen. Der andere, Heiner Boehncke, stammt von einer Burg, von deren Bergfried man fast bis Gelnhausen, jedenfalls aber tief in den Spessart hineinschauen kann.

Beide hatten und haben das Glück, im Hessischen Rundfunk, an der Universität, durch Publikationen und in den Grimmelshausen-Städten Renchen und Gelnhausen dies oder jenes für eine produktive Erinnerung an den großen Barockautor tun zu können.

Die Übersetzungen des *Simplicissimus*, der *Courage* und des *Seltsamen Springinsfeld* von Reinhard Kaiser und die Hörbuch-Versionen dieser Romane haben Grimmelshausens Werk auf eine Weise aktualisiert, die man mit ihren Erfolgen kaum für möglich gehalten hätte.

Sie haben auch das Interesse für einen Autor wiederbelebt, der mit seinem Werk Weltruhm errungen hat, als Person aber fremd und schwer zu fassen geblieben ist. Das liegt zunächst an den fast durchgehend fehlenden Quellen für die ersten rund 25 Jahre seines Lebens, aber auch an den vielen Zerrbildern, die von ihm gezeichnet wurden. Sie reichen vom einsamen Kind, das von seiner Mutter verlassen wurde und kaum Lesen und Schreiben lernte, über den kerndeutschen ›Bauernpoeten‹, den stockkonservativen Diener adliger Herren bis zu einer Art von Textproduzent, der allegorisch verschlüsselte christliche Romane geschrieben hat, die leider immer missverstanden wurden und werden.

Ein paar Korrekturen an diesen Einschätzungen glauben wir in diesem Buch vornehmen zu können.

Von der Mutter wurde er, entgegen den verbreiteten Annahmen, nicht verlassen. Er fand in seinem Stiefgroßvater einen ›Buchpaten‹, der mit Büchern viel mehr zu tun hatte, als bisher bekannt war. Er wuchs in Verhältnissen auf, die bedrückender kaum hätten sein können.

Grimmelshausens Kindheit und Jugend in Gelnhausen und Hanau war zweifach geprägt: einerseits durch die Schrecken des Krieges, den Verlust seiner Familie bei der Zerstörung von Gelnhausen und dann in Hanau durch seine Entführung in den Krieg. Andererseits aber auch durch die offenkundige Rettung, die erst die Lektüre, später das Verfassen von Büchern für ihn bedeutete.

Die neuen Funde zur Familie und zum zweiten Großvater Leonhard Burck haben wir Archiven und deren sehr freundlichen Mitarbeitern zu verdanken. Die Hinweise auf die rettende Wirkung des Lesens und Schreibens, des Lernens unter ungünstigsten Bedingungen, hat uns Grimmelshausen selbst beschert. Dass er mit 17 Jahren angefangen hat, am *Simplicissimus* zu arbeiten, verrät er ebenso wie spannende Einzelheiten seiner Schreib- und Lesesozialisation. Oft in Anagrammen seines Namens, ebenso oft, wenn er über die Lektüren von Simplicissimus berichtet und dann auch noch überdeutlich Spuren zu sich selbst legt.

Die Lebensgeschichte des Hans Jacob Christoffel von Grimmelshausen ist unter den Verfassern von Weltliteratur einzigartig. Alles in seinem Leben sprach dagegen, dass er den vielleicht wichtigsten Roman der deutschen Literatur schreiben sollte: erst der Dreißigjährige Krieg, dann aufreibende Berufe in der Ortenau, vor allem aber seine vollkommene Distanz zum Literaturbetrieb des Barock. Wie er diese

Mängel und Gefahren mit einem Werk parieren konnte, das prall gefüllt mit Wissen und Lesefrüchten ist, bleibt ein Geheimnis auch dann noch, wenn wir einige Quellen seiner literarischen Arbeit beschreiben können.

Selbstverständlich wird im *Simplicissimus* nicht mehr die vermummte Autobiographie seines Autors gesehen. Was aber auch nicht oder nicht deutlich gesehen wird, sind die Spiegelungen von Grimmelshausens familiären Konstellationen und seiner Existenz zwischen Adel, Handwerkern und Landleuten in seinem Werk. Am Ende seines Lebens leistet Grimmelshausen offenen Widerstand gegen seinen obersten Dienstherrn. Vorher war er auch ein politischer Autor, der nicht nur gegen das Grundübel des Krieges schrieb. Der überzeugte Anhänger eines überkonfessionellen Christentums war kein konservativer Ordnungsliebhaber. Er war ein überaus gebildeter satirischer Schriftsteller voller Kenntnisse über den schrecklichen Zustand der Welt. Seine bis heute mit Gewinn und Vergnügen zu lesenden Werke erschöpfen sich nicht darin, die Sünden der Menschen zu geißeln. In ihnen fährt Grimmelshausen einen Reichtum an literarischem Witz und barmherziger Welt- und Menschenkenntnis auf, der kaum seinesgleichen findet. Dass er in dieser Weise trotz aller Lebensumstände schreiben konnte, verdankt er, so sagt er selbst, den Büchern und der eigenen Erfahrung.

Da die Kalenderreform durch Papst Gregor XIII. nur mit erheblicher Verzögerung in den evangelischen Ländern durchgeführt wurde, gab es zwischen 1582 und 1700 zwei um zehn Tage voneinander abweichende Kalender in Deutschland. Wir haben uns weder an dem julianischen noch an dem gregorianischen Kalender orientiert, sondern an den Daten in den Dokumenten.

Bei der Arbeit an diesem Buch haben uns viele geholfen. Wir bedanken uns zunächst bei den Institutionen, die für uns besonders wichtig waren: das Hessische Staatsarchiv in Marburg, das Institut für Stadtgeschichte in Frankfurt/Main,

VORWORT

das Stadtarchiv in Gelnhausen, das Thüringische Staatsarchiv in Meiningen, die Forschungsbibliothek in Gotha, die Stadt- und Universitätsbibliothek in Frankfurt/Main und die Deutsche Nationalbibliothek in Frankfurt/Main und Leipzig.

Freundliche, kompetente Unterstützung erhielten wir von:

Dr. Roman Fischer (Frankfurt/Main), dessen tiefschürfende Erläuterungen und phänomenale Kenntnisse barocker Schreibschriften unverzichtbar für uns wurden;

Simone Grünewald (Museum Gelnhausen) und Michael Heininger (Stadtarchiv Gelnhausen) bei der Suche nach Archivschätzen;

Bürgermeister Bernd Sifermann und der Stadtverwaltung von Renchen bei der Spurensuche vor Ort;

Klaus Brodbeck und den Grimmelshausenfreunden Renchen e.V.

wichtige Auskünfte gaben uns Josef Braun (Stadtbauamt Oberkirch), Erich Graf (Oberkirch), Peter Kauck (Birstein), Dr. Hans-Henning Kappel (Gelnhausen), Falk Moock (»Silberner Stern« Gaisbach), Hans Rudolf Zillgith (Oberkirch) und Ulrich Freiherr von Schauenburg (Gaisbach).

Ihnen allen danken wir herzlich, ebenso Franziska Fink, Annina Schubert, Kristina Szeltner, Pascal Hess, Sophie Rennschmid und Mirela Pejcic für wichtige Vorarbeiten und die Beschaffung von (entlegenen) Archivalien.

Unser besonderer Dank gilt Dr. Thomas Wurzel von der Sparkassen-Kulturstiftung Hessen-Thüringen und Jürgen Steigerwald von der Kreissparkasse Gelnhausen für ihre Unterstützung.

Nicht zuletzt möchten wir uns bei Reinhard Kaiser bedanken, ohne dessen Grimmelshausen-Übersetzungen dieses Buch nicht geschrieben worden wäre. Wir haben, wo es möglich war, aus diesen Neuübersetzungen zitiert.

Ein herzlicher Dank geht auch an unseren Lektor Christian Döring, der das Buch mit Sympathie, Akribie und hilfreichen Anregungen begleitet hat.

EIN BLICK IN DIE HÖLLE

Hans Jacob liebte die Gottesdienste aus zwei Gründen. Er sang gern im Chor der Lateinschule, und es machte ihm auch nichts aus, dass die Gemeinde, wie üblich, nicht mitsang. Man hatte ihm schon öfter gesagt, er habe eine sehr schöne Stimme. Vielleicht konnten ihn die Mutter oder der Großvater aus dem Chor heraushören, er gab sich jedenfalls Mühe. Noch lieber waren ihm die Gestalten am Lettner. Im Unterricht hatte man ihm erklärt, dass der Lettner in der Marienkirche etwas ganz Besonderes sei. Beim Konzil von Trient, das von 1545 bis 1563 getagt hatte – solche Zahlen behielt er mühelos im Kopf –, war entschieden worden, in den katholischen Kirchen sämtliche Lettner, mit denen die Gemeinde von der Zeremonie des Gottesdienstes getrennt war, zu entfernen. In der lutherischen Reichsstadt Gelnhausen hat man den Lettner stehen lassen, weil die Anweisung, ihn zu entfernen, von den Falschen kam – denen man gerade nicht folgen wollte.

Beim Gottesdienst waren die Gelnhäuser unruhiger als die Buben in der Lateinschule, wo es Prügel setzen konnte, wenn man schwatzte. Angenehm war es auch wirklich nicht, während des Gottesdienstes in der kalten Kirche auf den Grabplatten zu stehen. Und düster war es in der Kirche, man musste schon genau hinsehen, wenn man die steinernen Gestalten sehen wollte.

Hans Jacob stand beim Gottesdienst mit den anderen Buben aus der Lateinschule auf dem Lettner, der als steinerne Schranke den Klerikerbereich von der Laienkirche trennte. Beim Singen sah er die dunklen Seitenschiffe mit ihren Emporen; die Fresken, die es früher gegeben haben soll, waren verloren gegangen.

Blick vom Geburtshaus in der Schmidtgasse auf die Marienkirche

Hans Jacob hatte in Gelnhausen viel über Hexen und Zauberer erfahren, das konnte man hier gar nicht überhören. Eine Geschichte aber erschien ihm vollkommen unlogisch. In der Kirche konnte er vom Lettner aus sehr gut die Kanzel sehen, die der Stadtschultheiß Johann Koch im Jahre 1600 gestiftet hatte. Sein Name war darauf zu lesen. Der hatte kräftig daran mitgewirkt, dass die Witwe des Pfarrers Strupp als Hexe hingerichtet worden war. Sie habe den Kirchenschatz gestohlen, wurde verkündet, dabei aber einen Handschuh verloren. Das sei ihr dann zum Verhängnis geworden. Unter schwerster Folter, die dieser Johannes Koch angeordnet habe, hätte sie viele Frauen der Hexerei bezichtigt, die aber Gott sei Dank schon alle gestorben waren. Hans Jacob konnte nicht verstehen, dass die Frau eines Pfarrers eine Hexe gewesen sein soll-

EIN BLICK IN DIE HÖLLE

te. Immerhin war es ein kleiner Trost, dass Elisabeth Strupp, die Pfarrerswitwe, nicht verbrannt, sondern – wie es hieß – ehrenhalber enthauptet worden war.

Wenn Hans Jacob seine Gestalten anschauen wollte, dann musste er sich nach dem Singen unter die Gemeinde mischen und die Augen weit aufmachen. Beim Singen war es ihm manchmal unheimlich, dass er die Hölle unter sich hatte. Und noch schlimmer waren die Verdammten, die von einem liegenden Teufel, der die Zunge herausstreckte, in die Hölle gezerrt wurden.

Die von dem Schultheißen Johann Koch im Jahr 1600 gestiftete Kanzel in der Gelnhäuser Marienkirche. Er soll als Hexenrichter für die Hinrichtung von Elisabeth Strupp verantwortlich gewesen sein.

Himmel und Hölle hat er aus diesem steinernen Schaubuch besser kennengelernt als aus der Bibel, wo vom Teufel, was ihn wunderte, so gut wie keine Rede war.

Nicht, dass irgendjemand dem Chorbuben aus der Familie Christoffel aus der Schmidtgasse böse gewesen wäre, wenn er nicht lassen konnte von seinen Gestalten, aber ein bisschen merkwürdig war es schon, dass immer nur er, der ein

13

Ein Blick in die Hölle

eifriger Schüler sein wollte, vor dem Lettner mit seinen Figuren stand und guckte. Der Pfarrer hatte es im Unterricht einmal erklärt. Es ist das Weltgericht, und man kann genau erkennen, welchen Lohn wir dereinst für unsere Taten im irdischen Leben empfangen werden. Auf der linken Seite sieht man die, welche selig sind, weil sie beim Jüngsten Gericht

Das Jüngste Gericht. Detail aus dem Lettner der Marienkirche in Gelnhausen

in den Himmel kommen. Unter ihnen bemerkte Hans Jacob nackte Figuren, die ihre Särge öffneten oder schon saßen und warteten, dass sie im Zug der Seligen in den Himmel gelangen würden. Die Trauben und pickenden Vögel, hieß es, hätten etwas mit dem Paradies zu tun. So also sah es dort aus. Die Leute im Zug der Seligen wirkten mit zum Gebet gefalteten Händen froh und glücklich, was kein Wunder war, wenn man bedenkt, dass sie in den Himmel kommen würden. Für Hans Jacob war die rechte Seite aber sehr viel spannender. Es gab da viel mehr zu entdecken und zum Nachdenken. Allerdings bekam es auch Hans Jacob, der doch als hell im Kopf galt und recht vorwitzig war, hier mit der Angst zu tun.

EIN BLICK IN DIE HÖLLE

Wer diese Bilder anschaut, dachte er oft, wäre ganz schön dumm, wenn er zu viel sündigen würde. Die Hölle mit ihrem Rachen war da zu sehen, mit schrecklichen Zähnen, und aus dem Maul züngelten Flammen, deren Hitze man spüren konnte, und man merkte, wie diese Flammenzungen die Verdammten in die Hölle ziehen wollten. Ganz übel erging

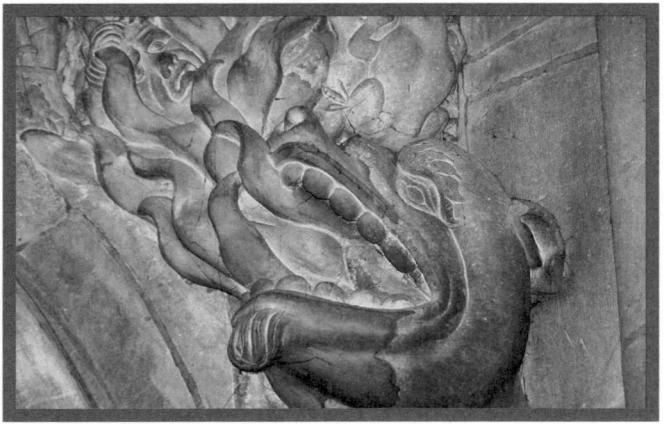

Die Flammenzunge der Hölle

es dem Geizhals, im Zug der Verdammten darüber schon erkennbar. Geiz, avaritia, war eine Todsünde, so viel Latein verstand Hans Jacob, weiß Gott. Im Zug war der Geizige einer von sieben, die an einer Kette Richtung Hölle geführt wurden. Sein Zeichen – der Geldbeutel. Das Geld fällt ihm aus der Hand, und er hält sich den Kiefer, weil er schon ahnt, was ihn unten in der Hölle erwartet. Dort wird ihm der Mund aufgerissen, und sein Geld wird ihm in den Rachen gestopft. Auch das hatte der Lehrer erklärt: Gleiches wird mit Gleichem vergolten, damit ihr es wisst. Auf der Brust eines Verdammten hockt eine Kröte. Die steht für den Alpdruck, die Angst und das Böse, auch das wusste Hans Jacob, und er glaubte, eine solche Kröte schon einige Male auf seiner Brust gespürt zu haben. Der reiche Mann ist auch gut zu erkennen. Über ihm taucht eine Schlange mit einem Geldstück im Mund auf. Er hätte sich halt nicht verführen lassen sollen, dann müsste er jetzt nicht mit seiner Habgier in der Hölle schmoren.

Und was ist mit dem größten Teufel? Mit seinem riesigen Kopf und nacktem Oberkörper muss es sich um den Hauptteufel handeln. Aber er ist mit dem Ohr an eine Säule geschmiedet. Was bedeutet das? Vielleicht muss er nur befehlen und hat sonst nichts zu tun. Die Löffelohren der Teufel glaubt Hans Jacob schon einmal auf einem Bild mit einem Narren gesehen zu haben.

Ein Teufel

Schaut man dem Verdammten an der Spitze des Zuges ins Gesicht, dann packt einen das Entsetzen. Ein Teufel hat ihn an den Haaren gefasst. Wenn Hans Jacob nicht aufpasst, fallen ihm ein paar Gelnhäuser ein, die so ähnlich aussehen wie gerade dieser Verdammte. Aber solche Abschweifungen sind

Ein Blick in die Hölle

vielleicht auch schon des Teufels. Was ihm der Lehrer bisher nicht richtig hat erklären können, ist, dass der Mönch vor der Edelfrau im Zug so inständig betet, doch wohl zu Gott. Zu wem denn sonst, und warum muss er dann auch in die Hölle? Und auch ein König ist dabei. Was mag der getan haben?

Hans Jacob hat nach dem Tod seines Vaters vom Stiefgroßvater Bücher zum Anschauen bekommen. Er ist übers Schauen schon hinaus und liest darin, was der neue Großvater bald merkt. Seine Teufel und auch die Seligen in der Kirche sind aber lange noch, bis zu seinem elften Lebensjahr, das ›Buch‹, das ihm die meisten Rätsel aufgibt und ihn mit Angst erfüllt, aber auch mit einer seltsamen Freude, die er am besten für sich behält.

KINDHEIT IM SCHATTEN DES GROSSEN KRIEGES

Die Reichsstadt Gelnhausen

Die Kindheit Hans Jacob Christoffel von Grimmelshausens umgibt ein fast undurchdringliches Dunkel. Wie in der Gelnhäuser Marienkirche scheinen nur einzelne Details auf, mal ein Gesicht, mal ein Dokument, das seine Geheimnisse nur zögernd preisgibt, mal ein Ereignis, das in verschiedenen Quellen seinen Niederschlag gefunden hat. Es ist reizvoll, den gordischen Knoten mit einem mutigen Schlag zu durchtrennen und zu behaupten: so oder so war es. Aber so leicht macht es uns das Leben von Grimmelshausen nicht.

Wann immer der kleine Hans Jacob in der kühlen Marienkirche stand, wird er vielleicht so gedacht und gefühlt haben, wie eben geschildert. Historische Belege dafür gibt es allerdings nicht. Alles bleibt Vermutung.

Das Dokumentieren, das Suchen nach authentischen Quellen ist im Fall von Grimmelshausen ein hartes Geschäft, das nicht immer zu einem befriedigenden Ergebnis führt und auch gar nicht führen kann, weil im Lauf der Jahrhunderte wichtige Zeugnisse verschwunden oder vernichtet worden sind. Aber die heute noch in den Archiven verwahrten amtlichen Dokumente und anderen Schriftstücke verraten genug, um wenigstens etwas Licht in die ersten Lebensjahre von Hans Jacob bringen zu können. Es ist aber nicht einfach, den verschlungenen Wegen zu folgen, denn alte Quellen müssen nicht nur gelesen, sondern auch interpretiert werden.

Das Rentbuch der Reichsstadt Gelnhausen ist eine solche alte und wichtige Quelle[1]. Denn in ihm wurden nicht nur Rechnungen erfasst, sondern auch die Namen derjenigen,

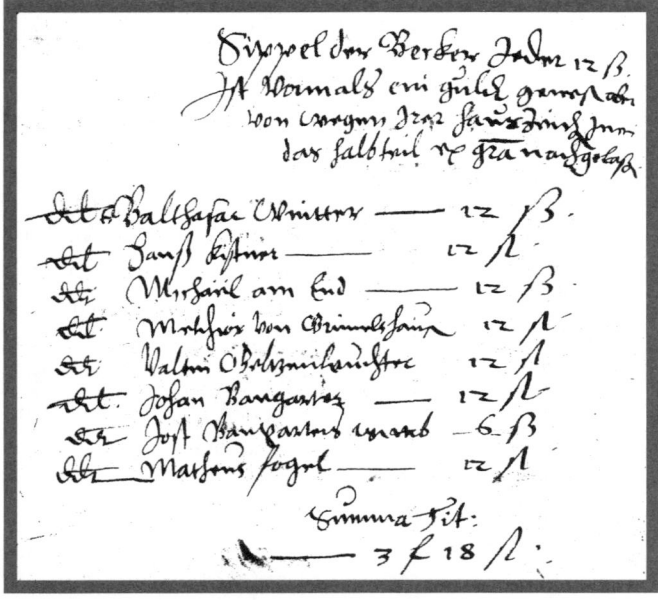

Rentbuch der Stadt Gelnhausen mit dem Eintrag »Melchior von Grimmelshausen« (1588/89)

die sie bezahlen mussten. In dem Band, der den Zeitraum von Martini 1588 bis Martini 1589 umfasst (also das Jahr nach dem 10./11. November 1588), sind auch die Bäcker von Gelnhausen verzeichnet. Einer von ihnen heißt »Melchior von Grimmelshausen«. Dieser Eintrag ist bedeutend, denn zum ersten Mal wird jemand aus der Familie Grimmelshausen als Bürger von Gelnhausen genannt. Das beantwortet allerdings nicht die Frage, wie er dorthin gekommen ist. Die Familie Grimmelshausen stammt ursprünglich aus Thüringen, vielleicht aus dem Dorf Grimmelshausen an der Werra. Der Erste aus der Familie, der mit Gelnhausen in Berührung kam, war Jörg Christoffel von Grimmelshausen, der in dem nicht weit entfernten Birstein dem dortigen Isenburger Grafen als hoher Beamter (Zentgraf) diente. 1571 kaufte er zusammen mit seiner Frau ein Haus in Gelnhausen. Nachweislich ist er aber in Birstein geblieben und dort auch beerdigt worden. Aber seine Witwe, die eine Schwester des Gelnhäuser Bürgermeisters war, könnte mit Kind oder Kindern nach dem Tod des Mannes in ihre alte Heimat gezogen sein. Dann wäre Melcher, Melchor oder Melchior von Grimmelshausen mit ziemlicher Sicherheit der Sohn des Zentgrafen und seiner aus Gelnhausen stammenden Frau. Obwohl sich diese Ansicht durchgesetzt hat, fehlen die dokumentarischen Beweise. Aber die Wahrscheinlichkeit, dass es sich so zugetragen hat, ist sehr hoch. Diese Familienkonstellationen sind nicht so unwichtig, wie es auf den ersten Blick scheint. Denn bei Melchior von Grimmelshausen handelt es sich, und das wiederum lässt sich beweisen, um den Großvater von Hans Jacob Christoffel von Grimmelshausen.

Hinweise darauf, dass der Großvater tatsächlich der Sohn des Zentgrafen war, gibt auch der zweite Vorname, der in einer Rechnung von 1588 genannt wird: »Christoffel«. Es war in dieser Zeit üblich, den Neugeborenen zumindest einen Vornamen des Vaters mit ins Taufbecken zu legen. Diese Rechnung, die »Melcher Christoffel von Grimmelshausen« als Mitbesitzer eines Weingartens ausweist, ist noch aus einem anderen Grund interessant. Denn zum letzten Mal wird er mit seinem Adelsprädikat »von« genannt. Wie aus anderen Dokumenten hervorgeht, hatte Melchior Christoffel von Grimmelshausen spätestens 1594 sowohl sein »von« als auch den Nachnamen »Grimmelshausen« abgelegt und nannte sich nur noch »Melchior Christoffel«. Aus seinem zweiten Vornamen hatte er den neuen Nachnamen gewonnen. Das wird ohne die Zustimmung der Gelnhäuser Stadtregierung nicht möglich gewesen sein, aber die dürfte er ohne größere Schwierigkeiten erhalten haben. Dass es sich bei dem ganzen Namensdurcheinander um ein und dieselbe Person handelt, hat der Grimmelshausen-Biograph Gustav Könnecke schon Anfang des 20. Jahrhunderts akribisch und schlüssig nachgewiesen. Nicht immer darf man seinen Forschungen blindlings trauen, vieles wusste er auch noch nicht, aber in diesem Fall sind keine Zweifel angebracht. Auch wenn Könnecke eine wichtige Belegstelle noch gar nicht kannte: Über drei Jahrzehnte später hatte Melchior Christoffel nämlich wieder seinen ursprünglichen Nachnamen (ohne das adlige »von«) benutzt, im Zunftbuch der Bäcker. Es bleibt die Frage, warum sich der Großvater von Hans Jacob Christoffel so entschieden von seiner adligen Familiengeschichte verabschiedet hatte, während er den Geschlechternamen zumindest in der Hinterhand behielt.

Das hatte sicherlich mit seinem »bürgerlichen« Beruf des Bäckers zu tun, aber auch mit den durchaus komplizierten politischen Verhältnissen in Gelnhausen. Um das verstehen und daraus Schlüsse auf Melchior Christoffel und seine Familie ziehen zu können, genügt es nicht, sich nur oberflächlich mit der Geschichte Gelnhausens zu beschäftigen. Etwas mehr muss es schon sein.

Reichsstadt zwischen Kaiser und Pfandherren

Als der spätere Kaiser Friedrich I. Barbarossa 1152 zum deutschen König gewählt wurde, war ›sein‹ Reich zwar sehr groß, über direkten Einfluss aber, gesicherte Einnahmen oder größeren Grundbesitz verfügte er kaum. Daher versuchte er, wie auch schon seine Vorgänger, weitere Orte zu schaffen, über

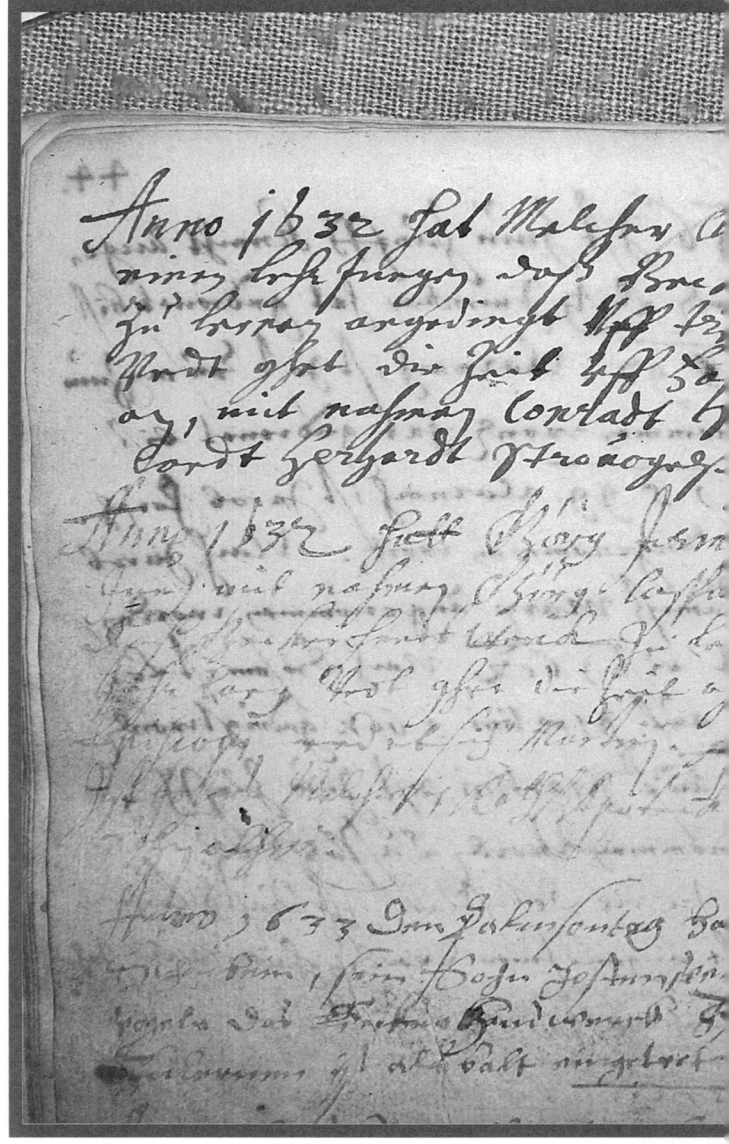

Melcher Grimmelshausen nimmt Conrad Strohvogel als Lehrjungen an. Eintrag im Gelnhäuser Bäcker- und Müllerzunftbuch (1632)

Anno 1633 hatt
Jungh mit nahm
Nidenberg das
... angedingt
hatt ghat die

Anno 1633 hat d[er]
angenommen d...
berg mit nam...
herrn Jar Lo...
lehr Jar an ...

dem Moßig har[r]
lehr Jungen d...
Sebastian ...
1633 büttig, soll
gehen die lehr...
Ferner hat Supfer
lehr Jungen au...
Bork soll Jar...

die ausschließlich das Reich die Verfügungsgewalt besaß. Zu den alten Pfalzstädten Aachen, Frankfurt, Goslar und Nürnberg sollten als Brennpunkte der Reichspolitik neue hinzukommen.

Um 1170 wurde Gelnhausen gegründet, fast gleichzeitig mit Friedberg. Die staufische Methode der ›Stadtentwicklung‹ war äußerst erfolgreich und lief stets nach demselben Muster ab. Mit der Stadt wurde eine Pfalz errichtet, die dem König während seines Besuchs in der Reichsstadt als Wohnung und Kanzlei diente. Sie war auch der Sitz des Burggrafen und anderer rechtlich unfreier Dienstmannen wie Vögte, Militärs, Schultheißen oder Forstmeister. Dieser Stab, der ständig in der Pfalz blieb, hatte sich um die Verwaltung, die Rechtsprechung und den militärischen Schutz des Umlandes zu kümmern. Aus diesem Personenkreis, der das Vertrauen des Kaisers genoss, entstand später der niedere Adel. Zusammen mit den Ratsherren der Stadt, den wohlhabenden Kaufleuten und den Handwerksmeistern bildete sich so im ständigen Verkehr zwischen Burg und Stadt eine selbstbewusste Elite heraus, die nur dem König beziehungsweise dem Kaiser direkt verantwortlich war.

Gelnhausen entwickelte sich rasch zu einer der glänzendsten Pfalzen im Reich. Auf einer künstlichen Insel der Kinzig-Niederung wurde ein prächtiges Bauwerk errichtet, dessen Reste noch heute Respekt und Bewunderung einflößen. Die Kinzig war damals von ihrer Mündung in den Main bei Hanau bis Gelnhausen schiffbar, was den Warenverkehr ebenso begünstigte wie die Straße von Frankfurt nach Thüringen (Via Regia), die direkt durch die Stadt führte.

Nach der Stadt- und Pfalzgründung prosperierte Gelnhausen rasch. Neben dem Untermarkt und dem Obermarkt entstand um 1180 das Romanische Haus, wahrscheinlich als Amtssitz des Schultheißen, der dort als kaiserlicher Stadtherr residierte. Im spätromanischen und gotischen Stil entstand die alles überragende Marienkirche. Noch heute kann man in Gelnhausen die mittelalterlichen Bauten in gutem Zustand bewundern.

Welche herausgehobene Stellung Gelnhausen unter Kaiser Friedrich I. hatte, soll ein Beispiel verdeutlichen: Am 13. April 1180 trafen in Gelnhausen mehr als 50 Fürsten und

Das Romanische Haus in Gelnhausen mit Blick auf die Marienkirche

andere Regenten mit dem Kaiser zu einem Reichstag zusammen, der Geschichte machte. Vierzehn Tage lang blieb der Kaiser. Mit der sogenannten *Gelnhäuser Urkunde* ist ein ausführlicher Prozessbericht erhalten, den Generationen von Historikern studiert haben.

Es ging bei diesem Reichstag vor allem um das Schicksal von Herzog Heinrich dem Löwen und damit um den welfischen Vetter des Kaisers. Der war, nachdem man ihn wegen Landfriedensbruch angeklagt hatte, nicht vor dem kaiserlichen Gericht erschienen und deshalb mit der Reichsacht belegt worden. Auch dem zweiten Verfahren war er ferngeblieben, wofür ihm seine beiden Herzogtümer Bayern und Sachsen aberkannt worden waren. Jetzt sollte in Gelnhausen in Abwesenheit von Heinrich dem Löwen über die Zukunft Sachsens entschieden werden; man einigte sich darauf, das Land zu teilen. Nach diesem Reichstag besuchte Friedrich I. bis 1188 noch viermal seine Gelnhäuser Pfalz, die er offenbar besonders schätzte.

Die vier Wetterauer Reichsstädte Frankfurt, Friedberg, Wetzlar und Gelnhausen bildeten mit ihren Reichsgutbezirken ein dichtes Netz, das vom Reichsforst Dreieich südlich von Frankfurt bis nach Wetzlar im Norden reichte. Während dadurch zum einen der kaiserliche Einfluss zunahm, Steuern gezahlt wurden und stabile Lehnsbeziehungen entstanden, blühten zum anderen die Städte auf, ihr Reichtum wuchs, denn außer den festgelegten Steuern mussten sie nichts abliefern. In den Städten entwickelte sich ein Bürgertum, das nach mehr Eigenständigkeit und Macht strebte.

Die staufischen Herrscher förderten den Handel der Wetterauer Städte, erteilten Markt- und Messeprivilegien und gewährten Zollbefreiungen für die Messebesucher. 1220 ließ Kaiser Friedrich II. den Jahrmarkt von Marköbel nach Gelnhausen verlegen und stärkte damit weiter die Wirtschaftskraft seiner Reichsstadt, deren Stadtrecht zum Vorbild für über 20 weitere Orte wurde. Die Tochterstädte holten sich Rat bei der »Mutter« in verschiedenen juristischen Fragen und bestätigten damit die hervorgehobene Stellung, die Gelnhausen im Reich einnahm.

Aus dem Jahr 1241 ist ein einzigartiges Dokument erhalten, das Auskunft über den Reichtum der Wetterauer Städte gibt. König Konrad IV. hatte eine Liste mit steuerpflichtigen Städten und Judengemeinden anlegen lassen, in der die vier Städte die Ränge eins bis drei und den fünften Platz belegten. Den ersten Platz hielt Frankfurt, das jährlich 250 Mark Feinsilber abzuliefern hatte, also die gewaltige Menge von etwa 60 Kilogramm (eine Mark entsprach 235 Gramm). Gelnhausen folgte mit 200 Mark, Wetzlar mit 170 und Friedberg mit 120 Mark.

Reichsstädte wie Gelnhausen waren kleine Stadtstaaten, die nur den Kaiser über sich hatten und entsprechend selbstbewusst auftraten. Sie konnten Bündnisse schließen und Fehden, sogar Kriege führen. Allerdings mussten sie dem Kaiser auch Bewaffnete zur Verfügung stellen, wenn dieser danach verlangte. Seit 1285 verbanden sich die Wetterauer Reichsstädte immer wieder aufs Neue und schlossen bis 1364 jeweils befristete Verträge ab, um gemeinsam die reisenden Kaufleute zu schützen und strittige Angelegenheiten einvernehmlich zu klären; zum Beispiel durften straffällig gewordene Bürger einer Stadt nicht mehr einfach von einer anderen aufgenommen werden. Zwischen 1381 und 1389 schließlich gehörten die vier Städte dem rheinischen Städtebund an. Gemeinsam ging man gegen die Burgen von Raubrittern vor und versuchte, die reisenden Bürger zu schützen – was mehr schlecht als recht gelang.

Nach dem steilen Aufstieg ging es über Jahrhunderte langsam, aber stetig abwärts. Das hatte verschiedene Gründe: Zum einen lief die Wahl- und Krönungsstadt Frankfurt den drei anderen Wetterauer Städten den Rang ab. Begünstigt durch ihre Verkehrslage am Schnittpunkt vieler Fernhandelsstraßen, hatten die Frankfurter Messen ihre überregionale Position halten können. Nur die beiden Friedberger Jahrmärkte konnten sich daneben noch bis zum Ende des 14. Jahrhunderts behaupten. In Gelnhausen nahm die Zahl der Märkte bis zum 19. Jahrhundert zwar zu, wegen ihrer Spezialisierung auf Schuh- und Schmiedewaren sowie Tuche konnten sie aber nur in der Region bestehen.

Neben diesem wirtschaftlichen Aspekt gab es eine politische Besonderheit, die für erhebliche und immer wiederkehrende Unruhe sorgte. Seit Mitte des 13. Jahrhunderts wurden einige Reichsstädte zu regelrechten Handelsobjekten, wie Jürgen Ackermann in seiner Untersuchung über Gelnhausen schreibt. »Die deutschen Könige und Kaiser«, so Ackermann, »betrachteten die ihren Reichsstädten gewährten Privilegien offensichtlich als reine Gnadenbeweise, die sie je nach Opportunität und Bedarf vergaben und erneuerten oder verweigerten und zurücknahmen.«[2] Oder auch verpfändeten. Gelnhausen musste dieses Schicksal teilen. Mitte des 14. Jahrhunderts verpfändete König Karl IV. seine Reichsstadt (mit Burg) gleich mehrfach. Und das sollte die Geschicke Gelnhausens über mehrere Jahrhunderte hinweg bestimmen. Einen tiefen Einschnitt bedeutete die Verpfändung 1435 an den Pfalzgrafen bei Rhein und an den Grafen von Hanau. Während die Pfalzgrafen nur geringes Interesse an ihrem Pfandobjekt zeigten, unternahmen die Hanauer Grafen in der Folge immer neue Versuche, die Reichsstadt in ihr Territorium einzugliedern. Dass die Gelnhäuser Bürgerschaft kein Interesse daran hatte, ihre Selbständigkeit zu verlieren und Teil einer Grafschaft zu werden, muss nicht erläutert werden. Der Dauerkonflikt war vorprogrammiert und beschäftigte das Wetzlarer Reichskammergericht immer wieder neu. Tatsächlich unterstanden die Gelnhäuser nur noch formal dem Kaiser. Die wirklichen Mächtigen waren die Pfandherren, vor allem die Hanauer Grafen, die sich durch Amtmänner vertreten ließen. Die Spannungen, die diese Konstellation hervorbrachte, waren vielfältig und ständig neu. Ein wesentlicher Konfliktpunkt blieb die Frage, wem die Stadt zu huldigen habe, dem Kaiser, den Pfandherren oder allen? Der Rat als Vertreter der Bürgerschaft beharrte darauf, nur dem Kaiser Treue zu schwören und damit Unabhängigkeit von den Pfandherren zu demonstrieren. Die Hanauer Grafen sahen das natürlich anders, bestanden auf der Huldigung, und so entwickelte sich ein fast endloser Prozessreigen, der immer wieder um eine zentrale Frage kreiste: War Gelnhausen noch eine weitgehend sich selbst regierende Reichsstadt oder schon ein Teil der Grafschaft Hanau, zu der unter anderem das direkt benachbarte Amt Altenhaßlau schon lange gehörte? Und der Konflikt hieß nicht nur: Rat gegen Pfandherren, sondern auch Bürger gegen Adel, denn neben den Pfandherren waren auch ihre Statthalter in Gelnhausen, die Amtmänner, (in der Regel) von Adel. Ein Gelnhäuser Bürger, dem die Unabhängigkeit seiner Stadt am Herzen lag, hielt Distanz zu den Vertretern des Adels, die zwangsläufig andere Interessen verfolgen mussten. Auch wenn sich diese strikte Grenzziehung im Laufe der Zeit etwas verwischte und es durchaus möglich wurde, dass Gelnhäuser Bürger sowohl städtische als auch pfandherrliche Ämter übernehmen konnten, blieb die Haltung zu den oft aus der Umgebung stammenden Adligen reserviert.

Wenn das Adelsprädikat »von« im Namen so viel bedeutete, dass man eher der Seite der Pfandherren zugerechnet wurde, dann ist es verständlich, warum Melchior Christoffel von Grimmelshausen sich lieber nur noch Melchior Christoffel nannte. Außerdem passte der adlige Name wenig zu einem bürgerlichen Bäcker. Warum allerdings Melchior Christoffel gerade dieses Handwerk gelernt hatte, in dem er es auch zum Meister brachte, ist nicht überliefert; Bäcker war allerdings, gerade in einer Bürgergesellschaft, ein angesehener Beruf. Der Rat beschäftigte sogar einen eigenen Brotbeseher, der auf richtiges Gewicht, gute Qualität und die festgesetzten Preise achtete.

Die Gelnhäuser Bäckerzunft

Da Hans Jacob Christoffel von Grimmelshausen aus einem Bäckerhaushalt stammt, lohnt es, sich genauer mit der Bäckerzunft in Gelnhausen zu beschäftigen. Wenn Melchior Christoffel der Sohn des Birsteiner Zentgrafen war, dann scheint der Beruf des Bäckers einen gesellschaftlichen Abstieg bedeutet zu haben. In einer (Klein-)Residenz wie Birstein wäre das auch der Fall gewesen, in einer Bürgerstadt wie Gelnhausen aber galten andere Gesetze. Hier bestimmten die verschiedenen Zünfte das politische und wirtschaftliche Leben mit, und zu denen, die eine wichtige Rolle spielten, gehörten auch die Bäcker. »Der zentralen Funktion inner-

Die ehemalige Brotschirn auf dem Gelnhäuser Untermarkt

halb des städtischen Versorgungssystems«, so der Paderborner Historiker Frank Göttmann, »dem hohen Organisationsgrad in Zünften, Bruderschaften, Innungen und sonstigen

Vereinigungen entsprach eine starke politische Stellung innerhalb der alten Städte. Die – meist im Rat vertretenen – Bäcker gehörten im allgemeinen zu den wirtschaftlich und sozial besser gestellten Handwerkern, zumal sie im Nebenerwerb oft mit Mehl, Gries, Kleie und Korn handelten und aus Bäckereiabfällen Schweine mästeten.«[3] Für die Gelnhäuser Bäcker, die zünftig organisiert waren, trifft die Beschreibung ziemlich genau zu. Melchior Christoffel kaufte Korn ein und wird neben seinem Brot auch Mehl angeboten haben. Schon daraus ergab sich ein enges Verhältnis zwischen ihm und den Müllern, deren Betriebe außerhalb der Stadtmauern lagen und mit denen die Bäcker in einer Zunft verbunden waren. Melchior Christoffel führte neben seiner Bäckerei zumindest zeitweise einen kleinen Schankbetrieb, wo er sicher auch seinen eigenen Wein zapfte, eine Straußen- oder Heckenwirtschaft heißt das heute. Einen Namen scheint die kleine Schenke nicht getragen zu haben. Sein Enkel Hans Jacob wird später eine ›richtige‹ Gastwirtschaft betreiben und sie ›Silberner Stern‹ nennen.

Melchior Christoffel war mit seinen verschiedenen wirtschaftlichen Aktivitäten zunächst sehr erfolgreich, das lässt sich aus den Einträgen im sogenannten Währschaftsbuch ablesen. Zwischen 1598 und 1607 kaufte er eine ganze Reihe von Wein-, Kraut- und Baumgärten. Daneben besaß er ein Haus in der Schmidtgasse, von dem nicht bekannt ist, wann er es erworben hat. Zusammen mit acht weiteren Bäckern »erkauffte« er 1596 vom Rat die Brotschirn an der Nordseite des Untermarkts. Das war nötig, denn in der Bäckerei selbst wurde kein Brot angeboten. Melchior Christoffel verkaufte seine Ware nur gut 200 Meter von seiner Backstube entfernt in einem arkadenförmigen Gewölbe, das ebenerdig lag und sich bis heute in seiner ursprünglichen äußeren Form präsentiert; das Haus selbst stammt aus dem 14. Jahrhundert. Wir wissen von diesem Kauf, weil sich das Zunftbuch der Gelnhäuser Bäcker und Müller erhalten hat. Es umfasst, mit

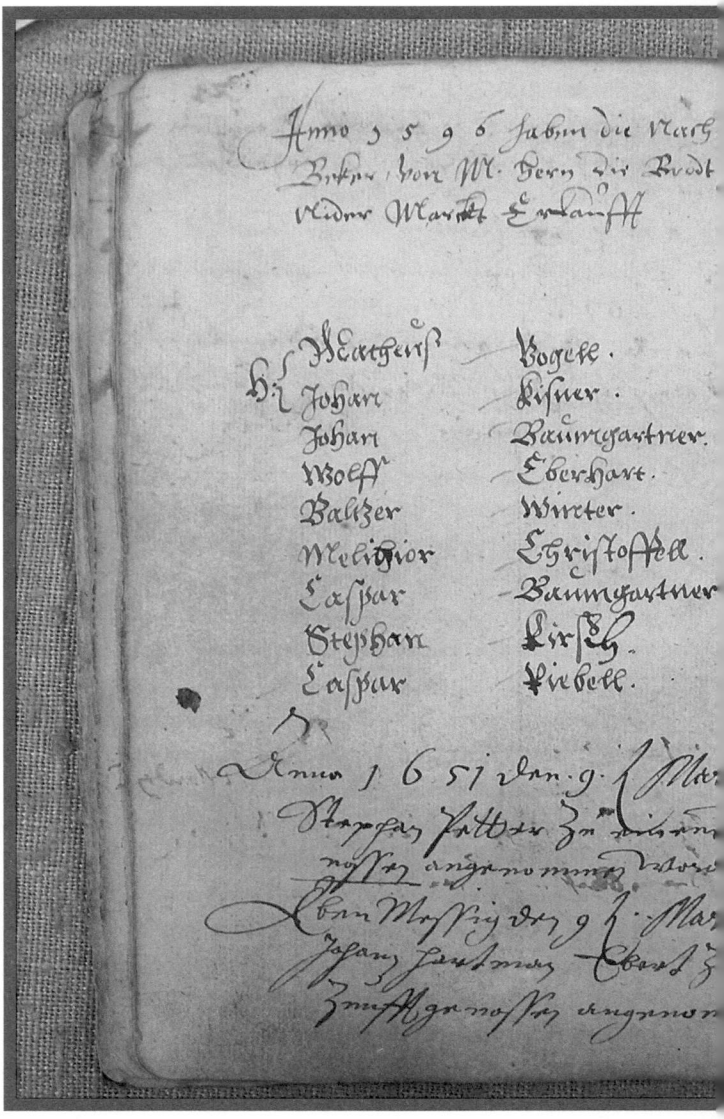

Melchior Christoffel als (Mit-)Käufer der Brotschirn auf dem Gelnhäuser Untermarkt. Eintrag im Gelnhäuser Bäcker- und Müllerzunftbuch (1596)

Anno 1596 ist Conradt Lantz gest[orben]
Ein langer Zeit hinder der Zunft gewes[en]

Anno 1597 ist Bast Häu[ß]
gestorben, Ein Alter betagter M[an]

Anno 1597 ist Paulus
wieuer gestorben

Anno 1651 den 22. [Nov]
sind zu Zunftmeistern erwöhl[t]
Balthaser becker alter und
brudenbach Junger

Lücken im Dreißigjährigen Krieg, den Zeitraum von 1594 bis 1722. Von der Existenz dieser Handschrift wusste man lange nichts, zeitweise galt sie sogar als verloren. Heute wird sie im Gelnhäuser Stadtmuseum wohl verwahrt. Für die Grimmelshausen-Forschung ist sie ein wichtiges Dokument, allerdings als solches bisher noch nicht erkannt worden. Schon die erste Eintragung nach einem eher allgemein gehaltenen Teil erwähnt Melchior Christoffel, denn an Martini 1594 wurde er für ein Jahr zum »jungen Meister« gewählt. Relativ jung dürfte er damals noch gewesen sein, wenn man sein Geburtsjahr zwischen 1560 und 1570 ansetzt. Leider verraten die Eintragungen nicht, bei wem er sein Handwerk gelernt

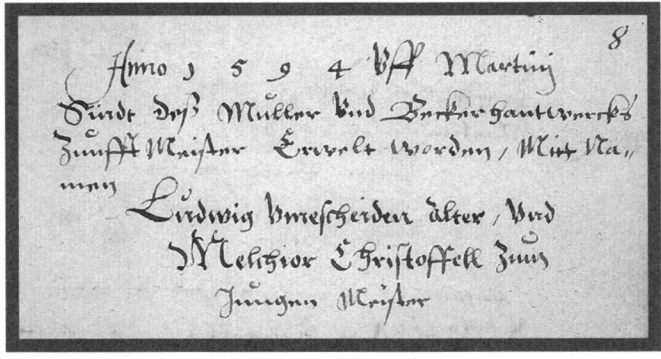

1594 werden Melchior Christoffel zum »jungen Meister« und Ludwig Unbescheiden zum »alten Meister« der Bäckerzunft gewählt. Eintrag im Gelnhäuser Bäcker- und Müllerzunftbuch

hatte, ob er auf Wanderschaft gewesen war und seit wann er eine eigene Bäckerei betrieb. Einer der beiden Zunftmeister zu werden war Anerkennung und Verpflichtung zugleich. »Als Vollstreckungsorgan städtischer Interessen, aber auch als gewählter Repräsentant der Zunft besaß der Zunftmeister hohe Autorität«, schreibt Thomas Weyrauch in seiner Untersuchung über die Zünfte in Gelnhausen. »Es kann deshalb erwartet werden, dass die Zunftgenossen der Sitte entsprechend ihrem Zunftmeister gehorchten.« Nach der Auswertung umfangreicher Archivbestände geht Weyrauch davon aus, »dass die Zunftmeister die gesamte Verwaltung der Organisation innehatten, über das Zunftvermögen verfügten, mit der Obrigkeit verhandelten, dem Zunftgericht vorstanden und Anweisungen an ihre Mitgenossen gaben«[4]. Auch wenn man nie mehr als 35 bis 40 Bäcker-Zunftgenossen in Gelnhausen zählte, war das eine verantwortungsvolle Aufgabe, die Melchior Christoffel nicht nur einmal übernahm, sondern insgesamt fünfmal: 1594 und 1600 als junger Meister, 1605, 1618 und 1626 als alter Meister. Bis zum Dreißigjährigen Krieg verfügten die Bäcker sogar über ein eigenes Zunfthaus. Was den Bäckern erlaubt, was ihnen verboten war und auf was sie sonst noch zu achten hatten, regelte seit 1560 eine eigene Zunftordnung, die auch ein umfangreiches Register von Strafen enthielt. Es ist heute schwer zu verstehen, warum man zum Beispiel sein Mehl nicht zum Bäcker tragen durfte, sondern ihn ins Haus kommen lassen musste. Solche und ähnliche Vorschriften finden sich in insgesamt 21 Artikeln, die mit weiteren 29 ergänzt wurden, die für alle Zünfte galten. Im Zusammenhang mit Melchior Christoffel und seinen Söhnen ist ein Artikel, der zwölfte, besonders interessant. Im Original lautet er:

Es mag eines Meisters des Beckerhandtwercks sohne seinem vatter od. mutter Jnn Jhren ofen backenn so ferne derselbig noch in seines vatters od. mutters haus ist. Doch soll er sein gutt nitt weigenn noch arbeiten mit Jrem gutt, Sonndem das sein allein arbeiten vnnd backen.[5]

In der »Übersetzung« von Heinrich Bott und Julius Frey heißt das:

Ein Meistersohn kann mit seinem Vater oder seiner Mutter im Ofen backen, solange er noch in ihrem Hause ist; doch soll er sein Gut mit ihrem nicht mengen, sondern das Seine allein arbeiten und backen.[6]

Diese Regelung hatte für Bäckerfamilien eine besondere Bedeutung. Denn die Betriebe waren klein; neben dem Meister und eventuell einem Gesellen arbeitete meist nur noch ein Lehrling in der Backstube. Mehr Personal war nicht zu finanzieren, denn Konkurrenz gab es genug. Ein Bäcker auf 100 Einwohner war eher die Regel als die Ausnahme. Auch in Gelnhausen dürften die Verdienstspannen gering gewesen sein, denn der Rat ließ Preise und Qualität ständig kontrollieren. Ein Mann wie Melchior Christoffel musste schon kräftig zupacken. Als ›richtiger‹ Bäcker, also nicht als Pfefferküchler oder Semmler, bereitete er sein Brot aus Roggenmehl zu, das mit Sauerteig angesetzt wurde. Das lange und mühsame Kneten des schweren Teigs, die Hitze in der Backstube, der ständige Mehlstaub und die langen Arbeitszeiten machten das Bäckerhandwerk zu einem anstrengenden Beruf, bei dem jede Hand gebraucht wurde und selbstverständlich auch die Ehefrauen und die Kinder mitarbeiteten.

Melchior Christoffel und seine Familie

Von Melchior Christoffel ist dokumentiert, dass er zumindest einmal, vielleicht sogar zweimal verheiratet war. Ganz genau lässt sich das, wie so vieles in der Familiengeschichte, nicht sagen; die wenigen überlieferten Angaben passen oft nicht lückenlos zueinander. Im Bäcker-Zunftbuch findet sich unter dem 26. August 1608 die Eintragung, dass »Michel Am Endß Hausfrau selige begraben worden« ist. Sie sei »bei ihrem Eidam Melchior Christoffel gestorben«. Auf Wunsch ihrer Kinder fand die Beerdigung »mit der ganzen Zunft« statt – ein an sich unerhörter Vorgang, denn sie hatte der Bäckerzunft nicht angehört. Dieses Ereignis wurde als so wichtig eingestuft, dass es im Zunftbuch besondere Erwähnung fand, durchaus mit dem Hinweis versehen, dass »niemand der nit zünftig« sei, sich »hierauff beruffen« solle. Ganz wohl war den Zunftgenossen bei der Beerdigung also nicht gewesen, und die Wiederholung in einem ähnlichen Fall wollten sie mit diesem Zusatz verhindern. Offenbar hatte Melchior Christoffel als einflussreicher ehemaliger und zukünftiger Zunftmeister diese Ausnahme durchgesetzt.

Diese Eintragung belegt, dass Melchior Christoffel eine Schwiegermutter hatte, und zwar Michel Am Ends (Amends) Frau, er also mit der Tochter von ihr verheiratet gewesen sein muss. Mehr ist dieser Stelle nicht zu entnehmen.

Überhaupt nicht dazu scheinen die Eintragungen im sogenannten Währschaftsbuch, dem Grundbuch der Reichsstadt Gelnhausen, zu passen. Denn dort wird bei den Grundstückskäufen Melchior Christoffels zwischen 1598 und 1607 auch seine Frau genannt. Diese Mal handelt es sich aber um Elisabeth Winter, die Schwester des Bäckers Balthasar Winter, mit dem zusammen Melchior Christoffel die Brotschirn gekauft hatte. Ohne die Eintragung im Bäcker-Zunftbuch wären die Verhältnisse deutlich. Aus dem überlieferten Testament des Balthasar Winter erfahren wir zudem, dass seine Schwester im Jahr 1624 nicht mehr lebte. Melchior Christoffel war, das steht fest, mit Elisabeth Winter verheiratet. Aber ist sie auch die Großmutter von Hans Jacob? Es fällt schwer, in diesen zeitlichen Rahmen eine zweite Ehe Melchior Christoffels einzuordnen, wenn sie nicht 1607/08 geschlossen worden wäre. Das würde aber bedeuten: Elisabeth wäre schon 1607 gestorben, und der Witwer hätte – was bei Familien mit kleinen Kindern damals durchaus üblich war – ganz schnell wieder geheiratet. Wahrscheinlicher aber ist, was Heinrich Bott und Julius Frey schon 1948[7] als Lösung des Problems angeboten, jedoch gleich wieder verworfen hatten, obwohl ihre Vermutung sehr plausibel ist. Denn wenn die Mutter der Elisabeth in erster Ehe mit dem Vater von Balthasar Winter und in zweiter Ehe mit Michel Am End verheiratet gewesen wäre, dann würden beide Überlieferungen zusammenpassen. Hans Jacobs Großmutter trüge einen Namen: Elisabeth Christoffel, geborene Winter, die aber Hans Jacob nicht mehr bewusst hat kennenlernen können. Nach 1624 wird keine andere Frau von Melchior Christoffel erwähnt. Ohne zu tief in der Familiengenealogie des Großvaters zu versinken, sei zumindest noch eine Schwester von ihm genannt, die mit dem Gelnhäuser Bürger Hans Möller verheiratet war und 1617 als verstorben bezeichnet wird.

Mit den Kindern des Großvaters wird es keineswegs übersichtlicher. Eine Tochter war mit dem Bäcker Peter Groß verheiratet, ein weiterer Hinweis darauf, dass bei den Bäckern Zunftgenossen offenbar besonders gern als Schwiegersöhne und Schwäger gesehen wurden. Der Sohn aus dieser Ehe, Johann Groß, ging 1624 bei seinem Großvater in die Lehre. Im Zunftbuch ist ausdrücklich vermerkt »von seiner Dochter«.

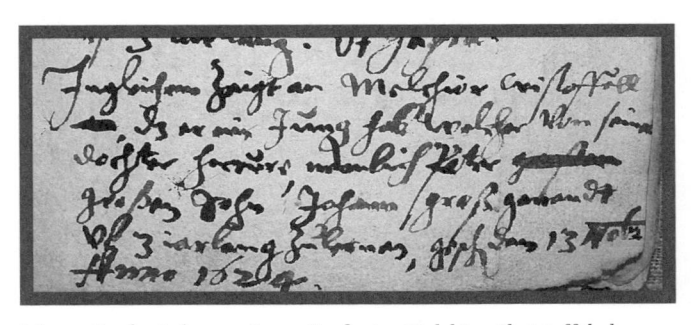

Johann Groß wird von seinem Großvater Melchior Christoffel als Lehrjunge angenommen. Eintrag im Gelnhäuser Bäcker- und Müllerzunftbuch (1624)

Zehn Jahre später wurde Johann Groß als Zunftgenosse aufgenommen, danach verlieren sich seine Spuren. Auch von einer der Tanten von Hans Jacob hören wir nichts mehr, die andere Tochter Melchior Christoffels scheint ein fideleres

Leben geführt zu haben. Es gibt Hinweise, dass sie dreimal verheiratet war, immer mit Metzgern. Von ihr leiten ganze Familienstämme ihre Herkunft ab und können sich darauf berufen, legitime Erben derer von Grimmelshausen zu sein, auch wenn sie diesen Namen nicht mehr tragen.

Johann Christoffel, der Vater Hans Jacobs

Von den beiden Söhnen ist Caspar Christoffels Leben, zumindest ab 1635, recht gut dokumentiert. Aber er ist nur der Onkel von Hans Jacob (auch wenn Könnecke etwas anderes behauptete). Seinem älteren Bruder Johann gebührt die Ehre, der Vater des Dichters zu sein. Das ist eindeutig belegt durch das Kirchenbuch der Pfarre zum Heiligen Kreuz zu Offenburg. Bei seiner Hochzeit am 30. August 1649 gibt »Der Ehrbare Johann Jacob Christoff von Grimmelshausen« an, der Sohn des »Herrn Johannis Christoffen gewesten Burger zu Gelnhausen hinterl. Ehel. Sohn« zu sein. Damit ist die Beziehung des Johann Jacob oder Hans Jacob zu seinem Vater Johann hergestellt. Sehr viel mehr ist über den Vater nicht dokumentiert, aber es lässt sich einiges aus anderen Schriftstücken ableiten. Da ist zunächst wieder das Zunftbuch. Darin wird Johann nicht erwähnt – oder vielleicht doch, nur nicht direkt und mit Namen?

Denn seit 1599 hat Melchior Christoffel im zwei- oder dreijährigen Rhythmus je einen Lehrling ausgebildet. Den letzten nahm er an Fastnacht 1632 auf – das ist auch das letzte Lebenszeugnis von ihm. Wenn man nun die vollständig erhaltene Liste durchgeht, 1599, 1603, 1605, 1610, 1613, 1616, 1621, 1624, 1628, 1632, dann fallen zwei größere Lücken auf, zwischen 1605 und 1610 und zwischen 1616 und 1621. Das sind beide Male rund fünf Jahre. Zieht man davon zwei bis drei Jahre für den vorhergehenden Lehrling ab, bleiben immer noch jeweils zwei bis drei Jahre übrig. Das reicht für zwei Lehrzeiten, und zwei Söhne hatte Melchior Christoffel. Das könnte gut mit Artikel 21 aus der Zunftordnung von 1560 zusammenpassen. Denn die eigenen Söhne waren als Lehrlinge und später als Gesellen nicht meldepflichtig, solange sie im eigenen Betrieb lernten oder arbeiteten. Es könnte also sehr gut sein, dass Johann von 1607/08 bis 1610 und Caspar von 1618/19 bis 1621 bei ihrem Vater die Lehrzeit absolvierten. Dazu passt auch ein weiteres Dokument, das aus dem Jahr 1613 stammt. Darin heißt es über Johann, er sei »uff ein 18 Jahr alt«. Er muss also um 1595 geboren worden sein und hätte dann mit 12 oder 13 Jahren seine Lehrzeit begonnen. Nach dieser Rechnung wäre Caspar rund zehn Jahre später auf die Welt gekommen.

Die Lehre beim Großvater dürfte alles andere als ein Zuckerschlecken gewesen sein. Da war zunächst die anstrengende und nicht gesundheitsfördernde Arbeit. Und da war der Großvater, der offenbar keinem Streit aus dem Weg ging. Allein für den Zeitraum 1609 bis 1617 haben sich gleich mehrere Gerichtsprotokolle erhalten, in denen Melchior Christoffel verklagt wurde oder selbst klagte. Auch vor den eigenen Verwandten machte er nicht Halt. So soll er den Kindern seiner verstorbenen Schwester Erträge aus deren Weingärten vorenthalten haben und erklärte sich erst auf Gerichtsbeschluss zur Rückzahlung bereit. Oder er musste sich, wie am 25. August 1609, wegen Beleidigung eines Verwandten vor dem Altenhaßlauer Gericht verantworten. »Melchior ist der Schult geständig«, heißt es dazu im Protokoll. Spannender ist allerdings eine andere Beleidigungsklage, die dieses Mal von Melchior Christoffel angestrengt worden war. Der Vorfall muss sich am 22. August 1611 zugetragen haben. Was war passiert? Ein Gast der großväterlichen Weinschenke wollte seine Rechnung gemacht bekommen. Der nicht namentlich genannte Sohn übernahm das. Aber der Gast war damit nicht zufrieden, er wollte nur dem Wirt die Zeche zahlen und beschimpfte sowohl Vater als auch Sohn – warum ist nicht überliefert. Laut Gerichtsprotokoll soll er gesagt haben, dass Melchior Christoffel und sein Sohn »an den Galgen gehören«. Den Sohn bezeichnete er, wie zwei Zeugen bestätigten, als »Galgenlecker«. Gabriel Clauß, so der Name des rabiaten Gastes, wurde zum öffentlichen Widerruf verurteilt, was der allerdings nicht akzeptieren wollte. Bei dem nur »Jung« genannten Sohn handelt es sich wahrscheinlich um Johann Christoffel. Die Episode zeigt, dass die Kinder des Bäcker-Großvaters auch in der Weinschenke mithelfen mussten. Johann dürfte damals um die 16 Jahre alt gewesen sein. Ein noch weit gravierenderer Vorfall ereignete sich ungefähr zwei Jahre später. Über ihn berichtete Melchior Christoffel vor der Kommission, die 1613 in dem Konflikt zwischen Rat und Bürgern vermitteln sollte (der noch ausführlich dargestellt werden wird). Wieder nahm die Geschichte in der Weinschenke des Großvaters ihren Ausgang. Dieses Mal stand der Ratsherr Johannes Kistner im Mittelpunkt. Die Vorwürfe gegen ihn waren ungeheuerlich. Sie lauteten auf Zauberei und Sodomie, was damals ein Synonym für homosexuelle Handlungen war. Dabei wurde auch ein angeblicher oder tatsächlicher Vorfall aus der Weinschenke zur Sprache gebracht. »Ob nicht wahr«, fragte die Kommission, »daß Kistner mit Johann Christoffeln, eines hiesigen Bürgers kindt, als selbiges bei ime über Nacht geschlaffen, also auch geängstigt, daß es umb hilff schreyen und ruffen müßen?« Johann Christoffel wird hier ausdrücklich mit Namen genannt. Sein Vater musste in den Zeugenstand treten und bestätigte sowohl den Verdacht auf Zauberei als auch den Vorfall in der Weinschenke. Über sein Verhör heißt es in den Akten u. a.:

Das Kindt seie sein junger Sohn, mit dem dergleichen verubet, seye uff ein 18 Jahr alt, Kistner wäre ins Zeugen Hauß zu Gast gewesen, hette ihme der sohn heim geleuchtet, undt Kistner ihn mit Gewalt bei sich behalten undt dergleichen verübt.

Und weiter sagte Melchior Christoffel aus, Kistner habe ihm »vielmahl geklagt, daß er nie keine weibs Person kongretiere, derowegen mit den Manßpersonen solche losse Hän-

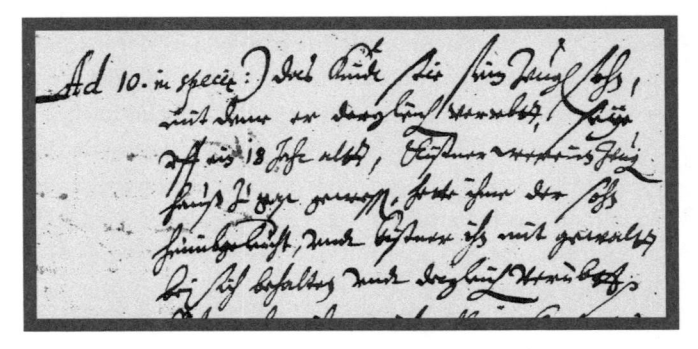

Protokollierte Aussage von Melchior Christoffel über die Vergewaltigung seines Sohnes Johann durch den Ratsherrn Johannes Kistner. Eintrag in den »Acta der zwischen dem Bürgermeister und Rath der Stadt Gelnhausen und der gemeinen Bürgerschaft daselbst entstandenen Differentien« (1613)

dell verübe«. Auch die anderen Zeugen bestätigten die homosexuellen Neigungen Kistners. So sagte ein Jörg Jormann aus, Kistner habe von ihm begehrt, »seine Virilia [Männlichkeit, d. A.] zu zeigen«, dergleichen wolle er auch tun.

Es könnte sich also bei dem Delikt, das in der Weinschenke des Großvaters seinen Ausgang nahm und im Haus des Kistner endete, um die veritable Vergewaltigung eines jungen Mannes durch einen als homosexuell beschriebenen Ratsherrn handeln. Wie viel Verleumdung dabei im Spiel war, wird ein Rätsel bleiben, denn in dem innerstädtischen Konflikt stand die Bürgerschaft gegen den Rat. Da passte es gut, Ratsmitglieder moralischer Verfehlungen zu beschuldigen: ›Schaut mal, was die da oben alles treiben.‹ Allerdings sind die Schilderungen der homosexuellen Neigungen von Kistner (im Gegensatz zu den Zaubereivorwürfen) so detailliert, dass sie kaum reine Erfindung sein können. Eine Aussage des jungen Johann Christoffel findet sich nicht in den Protokollen, die möglicherweise nur unvollständig erhalten sind. Welche Schlüsse die Kommission aus der Aussage Melchior Christoffels zog und welche Konsequenzen die Vorwürfe gegen Kistner hatten, ist ebenfalls nicht überliefert.

Vielleicht wurde dem an sich schweren Delikt so wenig Aufmerksamkeit gewidmet, weil die politischen Turbulenzen das weitaus wichtigere Problem waren, das die Kommission zu lösen hatte.

Die Unruhen von 1613

Zu Beginn des 17. Jahrhunderts kam es in vielen deutschen Reichsstädten zu Konflikten zwischen Rat und Bürgerschaft. Während die Bevölkerung kontinuierlich zunahm, die Lebensmittelpreise durch schlechte Ernten weiter stiegen, immer neue Abgaben erhoben wurden und die Zünfte in die politische Verantwortung drängten, kapselten sich die aus Ratsherren, Schöffen und Bürgermeistern bestehenden Stadtregierungen immer stärker von der übrigen Bevölkerung ab. Die vom Kaiser verliehenen Privilegien wurden wie ein Gral gehütet, nur Mitglieder der politischen Oberschicht kannten sie. Dem gemeinen Bürger blieb dieses Wissen genauso vorenthalten wie der Einblick in die städtische Haushaltsführung. Dagegen mussten die festgesetzten Steuern ohne Murren gezahlt werden. Wie Anton Schindling am Beispiel Frankfurts zeigen konnte, fühlte sich die Stadtregierung den Bürgern gegenüber nicht verantwortlich, sondern verstand sich »als Obrigkeit und Träger der Reichsstandschaft«[8]. Im Gegensatz zu Frankfurt, das von einem durch Grundbesitz finanziell unabhängigen Patriziat regiert wurde, waren in Gelnhausen die Grenzen zwischen den städtischen Leitungsgremien und der Bürgerschaft nicht so scharf gezogen. Mit anderen Worten: In Gelnhausen gab es keinen vergleichbaren Geldadel, der abgehoben von Handel und Gewerbe existieren konnte. Aber, so Jürgen Ackermann: »Die Auswahl der Schöffen und Ratsmitglieder beschränkte sich auf einen festen Kreis von Familien, so dass man durchaus von einer oligarchischen Verfassungsstruktur sprechen kann. Und das hatte zur Folge, dass sich in Gelnhausen häufig Spannungen zwischen den arrivierten *Ratsverwandten* und der Bürgerschaft entwickelten, wobei die letztere sich von Vorstehern und Deputierten des Bürgerausschusses und Meistern der Zünfte als Verhandlungspartnern mit dem Rat vertreten ließ.«[9]

So war es auch 1612, als die Hanauer Gräfin und Pfandherrin Katharina Belgica in Gelnhausen die Huldigung der Bewohner entgegennahm. Ein Bürgerausschuss trug dem Stadtrat in zwei Runden seine Beschwerden vor, die sich vor allem gegen die Isenburger richteten, die im Stadtwald für erhebliche Unruhe sorgten. Auch die Pfandherrschaft bekam ihr Fett weg, und dann ging es gegen die Stadtregierung, die den Bürgern immer neue Lasten aufbürde, aber in der Stadt selbst nicht für Ordnung sorgen könne. Ein zentraler Punkt der »Gravamina« genannten Klagen war der Vorwurf, der Rat würde nicht genügend gegen Zauberer und Zauberei unternehmen. Dieser Vorwurf wog schwer, denn in der Tat war der Rat, im Gegensatz zur Gelnhäuser Bürgerschaft, kein Freund der Hexenverfolgung. In Gelnhausen lassen sich Missernten und die immer wieder auftretende Pest leicht in Beziehung zur Verfolgung und Ermordung von Unschuldigen setzen, die unter der Folter die absurdesten Teufelsmärchen gestanden hatten. Für alles, was man nicht erklären konnte, hatte man mit dem Wirken von Hexen und Zauberern eine Erklärung gefunden. Das war an vielen Orten so, auch in Gelnhausen, wo 1574 die erste »Hexe« hingerichtet worden sein soll. Selbst Familienangehörige von Ratsmitgliedern waren vor der Verfolgung nicht sicher. Der gewaltsame Tod von Elisabeth Strupp, der Pfarrerswitwe und Schwiegertochter des Gelnhäuser Reformators Peter Strupp, scheint 1599 zu einem vorübergehenden Aussetzen der Prozesse geführt zu haben. Vielleicht hatte die Hinrichtung einer so bekannten Persönlichkeit, die in gewisser Weise auch zur Geistlichkeit der Stadt zählte, einige Bürger zum Nachdenken gebracht. Aber von einem Ende der Hexen- und Zaubererverfolgung in Gelnhausen konnte keine Rede sein. Das zeigen auch die Ereignisse 1612/13, denn in der Beschwerde an den Rat wurde ausdrücklich ein schärferes Vorgehen gefordert. Auch Melchior Christoffel zählte zu den Zunftmeistern und Bürgern, die diese Beschwerde mittrugen. Dabei wollten sich die Bürger offensichtlich nicht mit allgemeinen Beschwichtigungsformeln zufriedengeben, sie hatten schon zwei Personen im Blick: Anna Nenus und den »Mitratsfreund«, also Ratsherrn, Adam Runkel. Warum es gerade sie erwischt hatte, ist nicht überliefert.

Der Rat versuchte alles, um die beiden zu retten und damit auch zu verhindern, dass Ratsmitglieder als Beschuldigte in die Hexen- und Zaubererverfolgung hineingezogen wurden. Er ließ von den Universitäten in Gießen und Marburg Gutachten erstellen, in denen Folter und Bestrafung abgelehnt wurden – vergebens. Am 16. Juni 1613 stürmten rund 60 Gelnhäuser Bürger das Rathaus und ernannten acht von ihnen als Verhandlungsführer (die »Achter«), die darauf drangen, dass die beiden unterdessen inhaftierten Beschuldigten peinlich verhört, also gefoltert würden. In seiner Not wandte sich der Rat an das Reichskammergericht in Speyer, das, entgegen seinen sonstigen Gepflogenheiten, rasch handelte und eine Art einstweiliger Verfügung erließ – es war trotzdem zu spät. Der Rat hatte dem Druck der Straße schon nachgegeben und die beiden Unschuldigen hinrichten lassen. In der in Marburg verwahrten Reichskammergerichtsakte heißt es dazu lakonisch: Im Übrigen seien durch die mittlerweile erfolgte Hinrichtung des Runkel die Vorwürfe der Kläger, also des Bürgermeisters und des Schöffenrats von Gelnhausen, gegenstandslos geworden.

Der Rat glaubte, mit seiner voreiligen Entscheidung weitere Unruhen verhindert zu haben. Aber er täuschte sich. Durch ihren ›Erfolg‹ beflügelt, stellte die Bürgerschaft neue Forderungen, verlangte sogar Einsicht ins Allerheiligste, die kaiserlichen Privilegien, und bat, zum Schrecken des Rats, die ungeliebte Pfandherrschaft Hanau um Unterstützung. Diese Chance, endlich in die Gelnhäuser Stadtpolitik eingreifen zu können, ließ sich Katharina Belgica nicht entgehen und entsandte Mitte September drei ihrer Räte, von deren ausführlichen Befragungen schon berichtet wurde. Melchior Christoffel scheint dabei zwar keine Hauptrolle, aber doch eine nicht unbedeutende Nebenrolle gespielt zu haben. Über die angeblichen oder tatsächlichen Verfehlungen Kistners wurde er ausführlich befragt. In dem Untersuchungsbericht taucht er aber auch noch an anderer Stelle auf, nämlich zusammen mit den »Achtern« Vinzenz Wackerwaldt, Hans Jakob Fischlin und Johann Schmidt als Mitglied einer kleinen Gruppe, die die städtischen Privilegien in Augenschein nehmen sollte.

Schon nach knapp zwei Wochen, am 30. September 1613, wurde von beiden Parteien ein Vergleich unterzeichnet, der ein wüstes Sammelsurium von Absichtserklärungen und Verordnungen darstellt. Neben der gewährten Einsichtnahme in die Privilegien und in die städtischen Finanzen waren es vor allem wirtschaftliche Fragen, die im Sinn der Zünfte geregelt werden sollten. So dürfte sich auch Melchior Christoffel als Weingärtner und Schenkenbesitzer darüber gefreut haben, dass der Ausschank von Gelnhäuser Wein besonders gefördert und das Bierbrauen ganz verboten wurde. Von Zauberei war keine Rede mehr. Offenbar hielt sich der Rat aber nicht an alle Versprechungen, so dass im August 1614 ein weiterer Abschied nötig wurde, der mit der Beschwerde der Bürger begann, dass gegen das Laster der Zauberei wieder zu lasch vorgegangen werde. Die »Achter« als Vertreter der Bürgerschaft hatten unterdessen eine Art Gegenrat gebildet, der sogar ein eigenes Siegel führte. Ende 1614 schien der Streit endlich beigelegt, nachdem die Stadtregierung dem Bürgerausschuss die entstandenen Kosten ersetzt hatte. Aber der Konflikt schwelte weiter. Unzufriedene Bürger schürten ihn, bis im November 1615 eine 400 Mann starke hanauische Truppe über Gelnhausen herfiel. Der Schrecken über diesen Überraschungsangriff sorgte eine Weile für Ruhe, aber er konnte den tiefen Riss, der mitten durch die Bürgerschaft ging, nicht verdecken. Die Zünfte hatten an Einfluss gewonnen, insoweit zählte auch Melchior Christoffel zu den Siegern. Aber der Verlauf des Konflikts wirft kein gutes Licht auf ihn. Der Großvater von Hans Jacob war zwar ein in bescheidenem Maße revolutionärer Geist, aber er dachte alles andere als fortschrittlich. Ihm dürfte es, wie seinen Zunftgenossen, vor allem um den Erhalt der eigenen Privilegien und um mehr Mitsprache in der Stadt gegangen sein. Die von ihm und seinen Mitbürgern erhobene Forderung nach einer forcierten Hexenverfolgung weist ihn als einen Mann aus, der noch mehr im 16. als im 17. Jahrhundert lebte.

Der Weg in den Dreißigjährigen Krieg

Als am 23. Mai 1618 die beiden kaiserlichen Statthalter in Prag von Protestanten aus dem Fenster ihres Amtssitzes geworfen wurden, nahm das in Gelnhausen niemand zur Kenntnis. Man hatte andere Sorgen, die den gerade halbwegs beruhigten Konflikt innerhalb der Stadt oder die eigene wirtschaftliche Situation betrafen. An einen Krieg, gar an einen großen Krieg, dachte kaum jemand – doch sollte er

Gelnhausen bald mit seiner ersten Vorhut erreichen. Denn wenn Protestanten und Katholiken sich bekämpften, dann war das für eine lutherische Reichsstadt, die formal einem katholischen Kaiser unterstand, keine einfache Situation.

Die Reformation war in Gelnhausen am 17. Februar 1543 eingeführt worden, als das Kloster Selbold auf die Pfarrrechte in der Stadt verzichtete. Dieses älteste Kloster der Stadt, das Franziskaner im 13. Jahrhundert an der Nordseite des Obermarktes gegründet hatten, war bereits ein Jahr zuvor aus finanziellen Gründen aufgelöst worden. Das Nonnenkloster Himmelau hatten die Gelnhäuser Pfandherren schon vor der Reformation, 1536, gekauft, es ging 1561 in den Besitz der Stadt über. Allerdings hatten das Kloster Arnsburg und der Deutsche Orden noch Niederlassungen in Gelnhausen. Wie an anderen Orten war auch in Gelnhausen kirchlicher Besitz während der Reformation eingezogen und dem städtischen Vermögen zugeführt worden. Obwohl diese Ereignisse schon lange zurücklagen, fürchteten die Gelnhäuser zu Beginn des Dreißigjährigen Kriegs nicht zu Unrecht die Rekatholisierung ihrer Stadt und damit auch die Wiederherstellung des früheren geistlichen Besitzes. Und in der Tat ließ der kaiserliche und damit katholische Heerführer Spinola am 5. Januar 1621 eine aus spanischen Soldaten bestehende Besatzung nach Gelnhausen legen. In einem wenig später in Augsburg erschienenen Einblattdruck führte Spinola alle »Stätt, Schlösser und Flecken« auf, die er »Anno 1620. und 1621. Jahr eingenommen« hatte. Gelnhausen ist direkt neben Friedberg und Münzenberg mit einer kleinen Stadtansicht in einer Art Medaillon vertreten. Spinola sah also Gelnhausen als erobert an, und so müssen sich seine Soldaten auch in den nächsten elf Jahren aufgeführt haben. Die Klagen über die spanische Garnison nahmen kein Ende. Denn die Soldaten waren nicht außerhalb der Stadt kaserniert, sondern logierten in den Bürgerhäusern der Stadt, also gewiss auch im Haus des Bäckermeisters Melchior Christoffel. Als legitime Besatzungsmacht wird die Soldateska nicht zimperlich gewesen sein, wenn es darum ging, Wohnräume, Betten und eine entsprechende Kost zu requirieren. Daneben forderte der spanische Gouverneur in der unteren Pfalz erhebliche Kontributionen von der Stadt und damit von den Bürgern. Die Kosten für Besatzung und Abgaben waren in der vielleicht 1500 Einwohner zählenden Stadt kaum aufzubringen, zumal auch die für Gelnhausen so wichtigen Weinernten in diesen Jahren eher dürftig ausfielen. Die ehemals wohlhabende Reichsstadt erlebte den Dreißigjährigen Krieg fast von Beginn an in voller Härte. Nicht erst die Plünderungen von 1634/35 markieren den dramatischen Abstieg Gelnhausens. Schon 1621 begann eine rasante Talfahrt, die auf die fürchterlichsten Verwüstungen zusteuerte, aber dort nicht endete.

Während dieses ›kleinen‹ Krieges in Gelnhausen, der trotzdem Teil des Großen Krieges war, wurde Hans Jacob Christoffel geboren. Der Sohn des Johann Christoffel, der selbstverständlich (auch) den Vornamen des Vaters trug, hat von seinem ersten Schrei an im Krieg gelebt. Zu seinem selbstverständlichen Anblick gehörten Soldaten, die die Bevölkerung auf vielfältige Weise traktierten, vor denen die Eltern warnten und denen man am besten aus dem Weg ging. War unter diesen Verhältnissen überhaupt eine friedliche Kindheit möglich? Diese Frage kann niemand beantworten, Dokumente, die ihn selbst betreffen, sind nicht vorhanden. So bleiben nur Vermutungen, mehr oder weniger plausible.

Gelnhausen um 1620

Wie Gelnhausen damals aussah, ist weitgehend bekannt. Es haben sich zwei detailreiche Stiche erhalten, die Gelnhausen vor den großen Zerstörungen zeigen: zum einen in Daniel

Ansicht Gelnhausens aus Matthäus Merians *Topographia Hassiae*

Meisners und Eberhard Kiesers *Politischem Schatzkästlein* (Frankfurt/Main 1625–1631) und zum anderen in Matthäus Merians *Topographia Hassiae*, die zwar erst 1655 in Frankfurt erschien, aber Gelnhausen um 1620/30 zeigt. Vor allem der doppelblattgroße Stich bei Merian deckt sich mit Befun-

GELNHAUSEN UM 1620

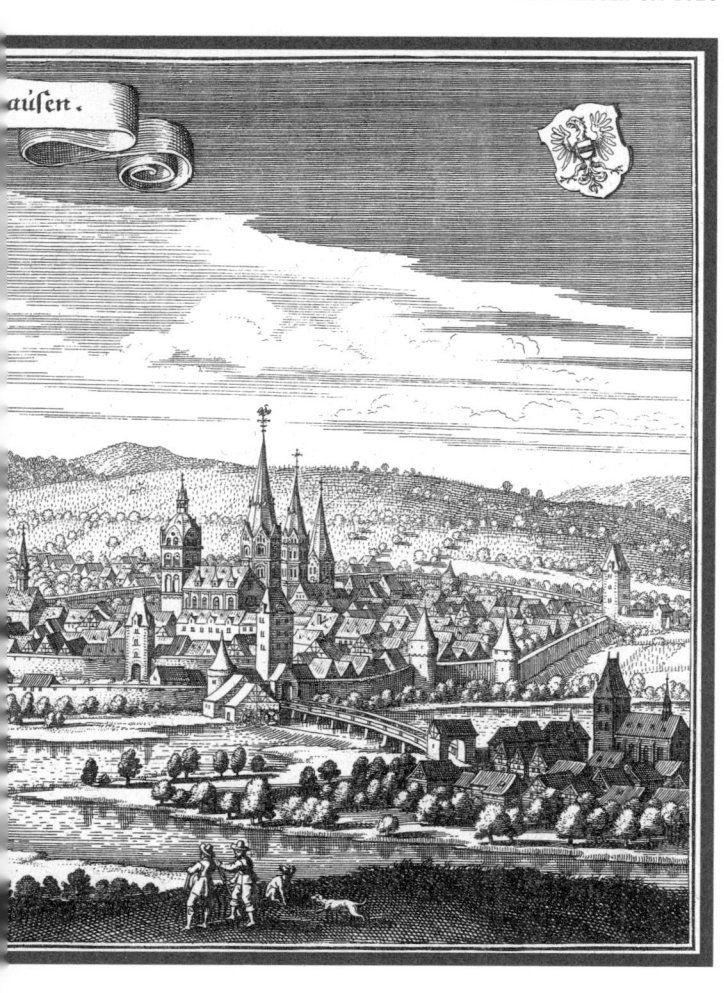

den der Baugeschichtsforschung und kann daher als recht zuverlässig beurteilt werden.

Man blickt vom Süden auf die Stadt und sieht am rechten unteren Rand Teile der immer noch selbständigen Burg(-gemeinde), die aber ihre ursprüngliche Bedeutung weitgehend eingebüßt hat. Vom linken unteren Rand, dem von Altenhaßlau und Gelnhausen gleichermaßen beanspruchten Ziegelhaus, führt eine zweigeteilte Brücke durch den Ziegelturm in die Stadt hinein, die von einem äußeren und einem inneren Mauerring umgeben ist. Am Tor zum inneren Ring, nur ein paar Schritte vom Ziegelturm entfernt, beginnt die Schmidtgasse, die zum Untermarkt führt. Da Gelnhausen an den Ausläufern des Vogelsbergs gebaut ist, führt die Schmidtgasse, in der Hans Jacob geboren wird, recht steil bergauf. Vor allem in diesem südlich des Untermarkts gelegenen Teil der Stadt haben sich die Handwerker angesiedelt. Auf dem Stich von Merian erkennt man deutlich, wie dicht die Häuser nebeneinander stehen. Umso größer ist die Gefahr von Feuersbrünsten, zumal die meisten Häuser zwar gemauerte Kellergewölbe besitzen, aber zum Teil in Fachwerk ausgeführt sind. Zwei große Plätze gliedern den inneren Stadtbereich: der Untermarkt, wo die Lebensmittel des täglichen Bedarfs angeboten werden, und der Obermarkt für andere Waren und den Fernhandel. Die Nordseite des Obermarkts begrenzt das ehemalige Franziskanerkloster, das die Stadtverwaltung unter anderem für ihr Archiv nutzt und in dem die Lateinschule untergebracht ist. Die Straßen sind gepflastert, allerdings eher mit groben Feldsteinen. Stolz ist die Stadt auf ihre Wasserversorgung, die teilweise unterirdisch über Rohrleitungen erfolgt. Einen gewissen hygienischen Standard hat man also schon erreicht, trotzdem wütet die Pest regelmäßig in den Mauern. Schon beim ersten Blick auf den Merian-Stich fallen die prächtige Marienkirche, die anderen kleineren Kirchen und die zahlreichen Türme, Tore und Bastionen an den beiden Mauerringen auf. Gelnhausen präsentiert sich nach außen als christliche und als wehrhafte Reichsstadt, die mit dem ›Landausschuss‹ sogar über eine eigene Bürgerwehr verfügt. Als Gelnhäuser Bürger werden auch Melchior Christoffel und seine Söhne zum ›Landausschuss‹ gehört haben. Aber die Verteidigungsanlagen und die bewaffnete Bürgerschaft können höchstens kleinere, versprengte Trupps aufhalten, nicht aber eine Soldateska, wie sie im Dreißigjährigen Krieg ihr Unwesen treiben wird.

Es ist bereits deutlich geworden: Als Reichsstadt ist Gelnhausen ein (theoretisch) nur vom Kaiser abhängiges Staatsgebilde mit eigenen Gesetzen und einer eigenen Regierung: den Ratsherren, den für zivilrechtliche Fragen zuständigen Schöffen und den Verwaltungsbeamten mit dem Bürgermeister an der Spitze. Seit 1613 ist dieses System nicht mehr so felsenfest geschmiedet wie die Jahrhunderte zuvor. Die Zünfte begehren ein stärkeres Mitspracherecht, wenn nicht gar die Teilhabe an der Stadtregierung. Noch gilt die »Reformation, Policei und Stadtordnung«[10] von 1599, eine Art Bürgerliches Gesetzbuch des Stadtstaates Gelnhausen. Sie ist nach den zehn Geboten geordnet, beginnt also mit der Religion und verbindet, aus heutiger Sicht, winzige Nebensächlichkeiten mit Vermögens- oder Körperstrafen. Schon die ersten drei Abschnitte, in denen es um »Zauberey, Hexenwerk und dergl. abergläubischen Ding«, um »Gotteslästerungen« und das Verhalten an Sonn- und Feiertagen geht, macht zum einen die Dominanz der Kirche, zum anderen die ungebrochene Aktualität des Hexenwahns in Gelnhausen deutlich. Der darauf folgende vierte Abschnitt könnte interessanter sein, gerade im Hinblick auf den kleinen Hans Jacob, weil es darin um »kinderzucht und gehorsam selbiger gegen den eltern« geht. Aber die Aussagen in diesem Kapitel sind dürftig, denn das Zusammenleben von Eltern und Kindern ist nur ein Randthema; vor allem geht es um die schulische Erziehung. So heißt es eher lapidar: Die Kinder sollen ihren Eltern gehorchen und sich nicht gegen den Willen der Eltern in den Ehestand begeben oder Schulden machen. Auf der anderen Seite werden die Eltern angehalten, »ihre Kinder ihrem Vermögen entsprechend wohl aus(zu)statten und ihnen nicht ohne Grund den Consens« zu versagen. Über die familiäre Erziehung der Kinder wird also wenig mitgeteilt, dafür in den folgenden Abschnitten umso mehr über das Verhalten der Bürgerschaft bei Bränden (»Die Weiber sollen kein grosses Geschrei machen, sondern Gott anrufen und Wasser herbeischaffen«), über Sperrstunden, Ehebruch, den übermäßigen Genuss von Branntwein und die Frage, wann der Nachtopf auf der Straße ausgeleert werden darf und wann nicht. Wie weit der damals übliche Regelungswahn geht, machen zwei Beispiele deutlich: In der Stadtordnung ist genau festgelegt, wie viel Geld bei welcher Festivität vom Ausrichter und von den Gästen ausgegeben werden darf. Damit soll verhindert werden, dass sich Familien bei Hochzeiten oder Kindstaufen bis über beide Ohren verschulden. Auch auf die aktuelle Mode haben die fürsorglichen und um moralische Gesundheit besorgten Stadtväter ein Auge geworfen. So ist den Bürgern, Beisassen und Handwerksgesellen bei einem Gulden Strafe »die leichtfertige Kleidung« verboten, »mit dem neuen bluder und andern zerhackten und zersudelten hosen auch die gar kurze gestumpte röck und mäntel, dadurch dasjenige, so von ehre und zucht wegen billig bedeckt werden sollte, entblösst wird«.

Die Stadtordnung schwankt zwischen kleinlichem Verhaltenskodex und erstaunlicher Liberalität durch Weglassen von entsprechenden Verordnungen. Aber wie schon das Verhör des Ratsherrn Kistner 1613 zeigte, hatten Nachbarn, Freunde und Bekannte ein waches Auge und ein offenes Ohr. Wirkliche Freiräume konnte es in einer so kleinen, eng bebauten und sicher auch recht schmutzigen Stadt nicht geben.

Hans Jacob Christoffel wird geboren

Hans Jacob Christoffel, der sich später wieder von Grimmelshausen nennen sollte, wurde in einer Stadt geboren, die innerlich tief gespaltenen war und äußerlich eine spanische

Besatzung erleiden musste. Es war Krieg, und die Bürger bekamen es am eigenen Leib und am eigenen Geldbeutel zu spüren.

Vom Vater Johann Christoffel ist wenig bekannt, von der Mutter Gertraud außer dem Vornamen so gut wie nichts. Da keine Gelnhäuser Kirchenbücher aus dieser Zeit mehr existieren und auch sonst alle einschlägigen Unterlagen fehlen, ist nicht genau zu bestimmen, wann Hans Jacob geboren wurde.

Es kursieren verschiedene Jahreszahlen zwischen 1620 und 1623. Dass Grimmelshausen aus Gelnhausen stammt, ist unstrittig. Er selbst hat sich mehrfach auf den Titelblättern seiner Bücher als »Gelnhusanus« bezeichnet. Und in seinem *Ewig-währenden Calender* erzählt er die Anekdote von einem Musketier, der seinem Obristen mit Hilfe eines Fisches die nächste Zukunft voraussagt, und dieser Musketier als Alter Ego von Grimmelshausen ist »von Geburt ein Gelnhäuser«.

Das Geburtsjahr Grimmelshausens hat Könnecke aus einer anderen Geschichte geschlossen, die ebenfalls im *Ewigwährenden Calender* erzählt wird:

Als ich in sibenzehenden jährigen Alter noch ein Mußquetirer- oder Tragoner war/und nach verstrichenem Sommer vnd nach vollendem Feldzug im Land der jenigen Völcker im Winterquartier lag die nach art der uralten Teutschen zur Anzeigung jhrer angebornen Beständigkeit nach lätz tragen/wurde ich durch meinen vorgesetzten Corporal Commandirt eine Caravana selbiger Nation (...) in eine vornembste Statt jhres Lands/deren ehelicher uund wolhergebrachter Nahm zwar über drey Buchstaben nit vermag/wegen Unsicherheit unserer Völcker streiffenden Partheyen zu convoiren.

Aus den militärischen Angaben, die sich auf Ulm und die bayerische Armee beziehen, ermittelte Könnecke – und der Grimmelshausen-Kenner Dieter Breuer[11] schloss sich dem an – als Geburtsjahr 1621 oder 1622, wobei Breuer 1622 als wahrscheinlicher bezeichnet, ohne natürlich letzte Sicherheit zu haben.

Das Geburtshaus von Johann Jacob Christoffel von Grimmelshausen in der Gelnhäuser Schmidtgasse

Etwas einfacher ist es, das Geburtshaus oder zumindest die entsprechende Straße zu finden. Hans Jacob Christoffels Großvater besaß ein Haus in der Schmidtgasse, in dem die Familie gelebt haben dürfte. Könnecke hat mit größter Akribie versucht, diese Haus ausfindig zu machen. Es ist ihm letztlich zwar nicht gelungen, aber er konnte viele Belege dafür finden, dass es sich um das (unterdessen mehrfach veränderte) Gebäude in der Schmidtgasse 12 handelt, das seit Könnecke offiziell als Geburtshaus genannt wird und das heute das Grimmelshausen-Hotel beherbergt. Interessant sind die Untersuchungen, die Könnecke zu den Nachbarn in der Schmidtgasse anstellte; er bezog sich dabei allerdings besonders auf spätere Jahre. Dabei fand er auch einen Juden mit Namen Aron; die Familie war wohl 1634 nach Gelnhausen gezogen. Da die Bürgerschaft in weiten Teilen judenfeindlich eingestellt war, wurden in der Stadt nur wenige jüdische Familien aufgenommen, die sicherlich jeder kannte, auch der junge Hans Jacob. Als Grimmelshausen 1672 in seinem *Rathstübel Plutonis* ein erlesenes Völkchen unter seinem Lindenbaum versammelte, da war auch »Aaron ein sechtzigjähriger Jud« dabei. Juden tauchen immer wieder in den Büchern von Grimmelshausen auf. Im *Wunderbarlichen Vogel-Nest* lässt er seinen höchst unmoralischen Helden einen argen Schabernack mit einer jüdischen Familie treiben, so wie mit anderen Figuren des Romans auch. Grimmelshausen kennt die Vorurteile gegenüber Juden und macht von ihnen Gebrauch, wenn es um eines seiner Lieblingsthemen geht: das Geld. Aber er überschreitet nie die Grenze zur Judenfeindschaft. Von der antisemitischen Pogromstimmung, die seine Kindheit in Gelnhausen mitgeprägt haben dürfte, ist er weit entfernt. Im *Rathstübel Plutonis* wird der Jude Aaron zum allseits akzeptierten Mitdiskutanten. Das war zu dieser Zeit alles andere als selbstverständlich, weder in Gelnhausen noch in Frankfurt, wo die Juden als Menschen dritter Klasse eingepfercht in ihrem Ghetto leben mussten.

Auf manche Zeitgenossen muss es geradezu als Provokation gewirkt haben, dass Grimmelshausen einem Juden Stimme gab, um sich über die gesellschaftliche Missachtung der

Titelkupfer des *Rathstübel Plutonis* (1672) von Grimmelshausen. Mit der Nummer 12 ist »Aaron ein sechtzigjähriger Jud« abgebildet

Juden zu beklagen. Schon das zeigt, wie weit sich Grimmelshausen von der intellektuellen Einöde seiner heimatlichen Kleinstadt entfernt hatte.

Intellektueller Aufbruch – Johann Burck und sein Vater, der Verleger Leonhard Burck

Als Hans Jacob vier oder fünf Jahre alt war, verlor er seinen Vater. Dafür fehlt zwar ein dokumentarischer Beleg, aber der Tod des Vaters lässt sich aus einem Eintrag im Proklamationsbuch der Stadt Frankfurt schließen. Dort heißt es unter April 1627:

Johannes Burck, balbierer, deß Ehrenhafften und wolgelarten Herrn Magistri Leonhard Burcken, bürgerß und Buchhändlers alhir eheleiblicher sohn, Unnd Gertraud, weyland Johan Christoffel Grimmelßhausen gewesenen bürgers zu Gelnhaußen seligen hinterlaßene witib.

Dieser kurze Text hat es in sich: Er ist das offizielle Aufgebot für eine Hochzeit und wurde am Wohnort des zukünftigen Ehemanns veröffentlicht. Anders wäre es auch nicht

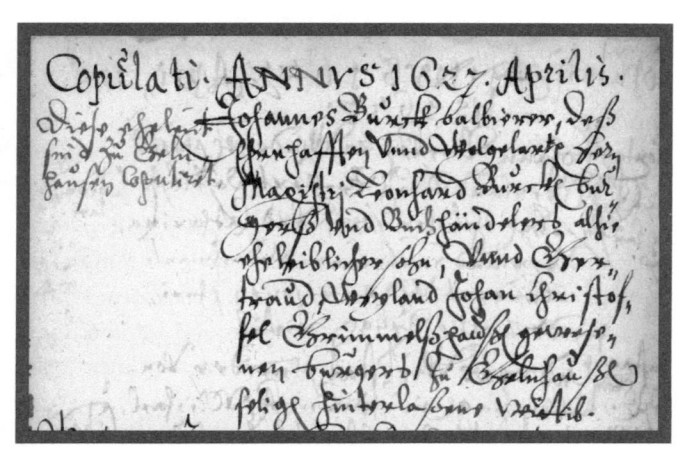

Auszug aus dem Frankfurter »Proklamationsbuch« mit dem Hochzeitsaufgebot von Johann Burck und Gertraud, der Witwe von »Johann Christoffel Grimmelßhausen« (1627)

sinnvoll gewesen, denn mit dem Aufgebot sollte überprüft werden, ob es eventuell eine Frau gab, die ältere Rechte hatte als die zukünftige Gattin. So war man bei der Hochzeit vor unliebsamen Überraschungen sicher. Bei einer Witwe war nicht damit zu rechnen, dass sie noch einen heimlichen Verlobten hatte, deshalb wurde das Aufgebot in Frankfurt und nicht in Gelnhausen proklamiert. Dort fand die Hochzeit dann allerdings statt. Denn an den Rand ist mit anderer Tinte notiert: »Diese eheleute sind zu Gelnhausen copuliret.«

Mit anderen Worten: Der Barbier Johannes Burck, ehelicher Sohn des Frankfurter Buchhändlers Magister Leonhard Burck, hat im April, spätestens Mai 1627 Gertraud, die Witwe des Gelnhäuser Bürgers Johann Christoffel (der offenbar wieder seinen Familiennamen Grimmelshausen angenommen hatte), geheiratet. Im Umkehrschluss bedeutet dies, dass Johann Christoffel Grimmelshausen schon einige Zeit tot war, sicher noch nicht sehr lange, denn wenn ein Kind oder Kinder im Haus waren, wurde schnell wieder geheiratet. Wohin zog nun das frisch getraute Paar? Bisher ist vermutet worden, dass die Frau dem Mann nach Frankfurt folgte, Hans Jacob wäre dann beim Großvater aufgewachsen. Dafür gibt es allerdings keinerlei Hinweise. Ganz im Gegenteil: Wäre das Paar nach Frankfurt gezogen, hätte Johann Burck für seine Frau das Bürgerrecht beantragen müssen. Da dieser hoheitliche Akt mit einer Gebühr verbunden war, mochte die Stadtverwaltung auch nicht darauf verzichten. Glücklicherweise haben sich im Frankfurter Institut für Stadtgeschichte die Bürgerbücher aus dieser Zeit erhalten. So lässt sich also relativ leicht feststellen, ob Gertraud Burck Bürgerin von Frankfurt wurde. Bürger mit dem Namen Burck finden sich in Frankfurt in größerer Zahl, eine ganze Weingärtnersippe hieß zum Beispiel so – aber eine Gertraud ist nicht darunter. Obwohl dafür keine schriftlichen Belege existieren, gibt es gute Gründe für die Behauptung: Das junge Paar hat nicht nur in Gelnhausen geheiratet, es ist auch in

Gelnhausen geblieben. Dort gab es ein Haus mit Platz, eine halbwegs lukrative Bäckerei, in der schon Johann Christoffel gearbeitet haben dürfte, und vor allem den kleinen Hans Jacob, der vermutlich heftig unter dem Verlust seines Vaters litt. Später wird er in seinen Büchern dazu neigen, die leiblichen Väter früh sterben zu lassen und den Stief- oder Ziehvätern mit besonderer Sympathie zu begegnen. So schlecht kann die Erfahrung mit dem eigenen Stiefvater nicht gewesen sein. Der junge Grimmelshausen scheint also keineswegs allein bei seinem Großvater aufgewachsen zu sein. Er hatte seine Mutter bei sich und seinen Vater, und nach dessen Tod seinen Stiefvater.

Johann Burck war noch ein junger Mann, als er die sicher etwas ältere, aber immer noch junge Witwe Gertraud heiratete. Johanns Vater, Leonhard Burck, hatte seine Ehe 1607 geschlossen, sein Sohn konnte also, wenn er aus dieser Ehe hervorgegangen wäre, erst höchstens 19 Jahre alt gewesen sein. Wie sich das Paar kennengelernt hatte, welcher Austausch zwischen Frankfurt und Gelnhausen bestand, wird wohl immer im Dunkeln bleiben. Die Informationen über die beiden sind spärlich. Sucht man nach dem Namen Johann Burck oder Burgk in dieser Zeit, so wird man vielfach fündig und stößt auf Gerichtsprokuratoren in Seulberg oder Geheime Räte in Butzbach, aber der Barbier Johann Burck hat keine Spuren hinterlassen.

Das ist auch nicht verwunderlich. In Gelnhausen sind die Dokumente während des Dreißigjährigen Kriegs verbrannt, und in Frankfurt war er zu jung gewesen, um auffallen zu können. Bekannt ist allerdings sein Beruf: Barbier.

Bader und die mit ihnen zusammenarbeitenden Barbiere hatten lange Zeit einen ausgesprochen schlechten Ruf, weil die Badstuben als Ort der Unmoral und Prostitution galten. Aber der Niedergang der Badstuben bedeutete auch den Aufstieg der Barbiere, die, wie die Medizinhistorikerin Sabine Sander schreibt, »im Widerspruch zu dem gängigen Topos ihrer Unehrlichkeit (...) oft in hohem Ansehen« standen. Barbiere, die in Zünften organisiert waren, boten ein breites Leistungsspektrum an, vom Rasieren über Aderlassen, Schröpfen und Zähneziehen bis zur Wund- und Knochenbruchbehandlung. Entsprechend lang war die Lehrzeit. Sie betrug zwischen drei und sieben Jahren. »Außerdem verlangten die Zunftordnungen seit dem 17. Jahrhundert Grundkenntnisse im Lateinischen, die Lektüre von Fachliteratur sowie den Besuch chirurgischer Lehrveranstaltungen.«[12] In Frankfurt hatten die Barbiere seit 1590 eine eigene Gesellenorganisation, der Johann Burck angehört haben dürfte.

Barbier war also ein durchaus anspruchsvoller Beruf, und mancher Kranke ging damals lieber zu einem praxiserfahrenen Barbier als zu einem studierten Arzt. Auch Grimmelshausen scheint den Beruf seines Stiefvaters nicht minder geachtet zu haben. Barbiere werden in seinen Büchern öfters erwähnt, wie andere (zünftige) Berufe auch. Doch bei Barbieren gibt es eine Ausnahme, denn im *Ewig-währenden Calender* heißt es über den Sohn des Simplicissimus, »daß ihn seine Vögt zu einem Barbierer verdingt hätten / das Handewerck bey ihm zulernen«[13]. Grimmelshausen lässt also den einzigen Sohn seines wichtigsten Romanhelden Barbier lernen – und später in Straßburg studieren. Das kann man gut als nachträgliche Referenz an den Stiefvater verstehen.

Johann Burck hatte nur Barbier gelernt und nicht studiert. Sein Vater allerdings, der Magister Leonhard Burck, hatte die Universität besucht.

Der Sohn des Frankfurter Schneiders Hans Burck war 1596 am Marburger Pädagogium, einer Art universitärer Vorschule, aufgenommen worden[14]. Ohne sich neu einschreiben zu müssen, konnte er dann zur Universität wechseln, die er (was sich aus seiner späteren Tätigkeit schließen lässt) als Magister der Theologie oder der Rechte verließ. Er kehrte in seine Heimatstadt Frankfurt zurück und heiratete dort 1607 Katharina Weiland, die Witwe des angesehenen Schreiners Hans oder Johann Rosenzweig. Wir können nicht sagen, ob Hans Rosenzweig ein- oder zweimal verheiratet war. Wäre Katharina seine einzige Frau gewesen, könnte Johann Burck kaum ihr Sohn sein, denn aus den Unterlagen im Frankfurter Institut für Stadtgeschichte geht hervor, dass Hans Rosenzweigs Tochter Magdalena entweder 1594 oder 1596 mit dem Drucker Wolff Richter eine Ehe eingegangen war. Katharina als Magdalenas Mutter wäre 1607 möglicherweise schon zu alt gewesen, um ein weiteres Kind auf die Welt zu bringen. Andererseits war Anna, die Tochter des 1598 gestorbenen Druckers und Verlegers Nikolaus Bassée, mit einem nicht näher bestimmten Rosenzweig verheiratet gewesen[15]. Wie dem auch sei, mit seiner Frau Katharina erhielt der junge Magister Leonhard Burck den Zugang zu einer Welt, die dem Schneidersohn bis dahin verschlossen geblieben war, die der Drucker und Verleger.

In der Grimmelshausen-Forschung war bisher nur das bekannt, was im Frankfurter Proklamationsbuch überliefert ist. In Leonhard Burck wurde ausschließlich der Buchhändler gesehen. Vor diesem Hintergrund verliefen weitere Nachforschungen ins Leere. Völlig neue Perspektiven eröffnen sich aber, wenn man die damaligen Gepflogenheiten in Betracht zieht, dass Buchhändler oft auch Verleger waren. Und Leonhard Burck war Verleger. Das wird im Rahmen dieses Buches zum ersten Mal dokumentiert.

Für den Magister, der seinen akademischen Titel mit unverhohlenem Stolz trug, hatten sich ganz neue Aussichten ergeben, als Nikolaus Basées Erben 1611 in Frankfurt ihre Firma auflösten. Johann Bassée, der Sohn von Nikolaus Bassée, übernahm etwa zwei Drittel der Titel, Leonhard Burck ein Drittel. »Bassée und Burck behielten eine gemeinsame Niederlassung, in der sie auf getrennte Rechnung arbeiteten«, fand der Buchwissenschaftler Rolf Engelsing he-

CATALOGVS OMNIVM LIBRORVM
QVI IN OFFICINA IOANNIS BASSÆI ET M. LEONHARDI
BVRCKII FVTVRIS NVNDINIS AVTVMNALIBVS
Anno M. DC. XI. prostabunt venales & venundantur.

IVRIDICI LIBRI.

A Zeuedi Consilia. fol.
Berthazolii tractatus clausularum. 8.
Bruele de renunciandi modo. 8
De militia politica. 8
Bayardi additiones in Clarum. fol.
Clarus complet. fol.
Carpanus de pœnis. fol.
Castillo de vsufructu. 4
Tractatus quotidianarum controuersiarum. 4
Couppenerus de priuilegiis studiosorum. 8.
Euerhardi synopsis locor. legal. 16.
Fichardi tractatus cautelar. fol.
Gordelman de Magis, Veneficis & Lamiis. 4.
Gortnerus de diuersis Reg. Iuris. 8.
Mandosius de casibus. annalibus. 4.
Mallei Maleficarum tomus tertius. 8.
Masueri practica forensis. 8.
Pedrochæ Consilium. fol.
Peregrini Consilia. fol.
Ruckerus de coemissar. 8.
Schepplitz promptuarium. 4
Idem in 8.
Surdus de Alimentis. fol.
Idem 4
Seraphin de priuilegiis Iuramentorum. Cum addition. Martini Brecktdorffii V.I.D. f.
Stracha de proxenetis & proxeneticis. 8.
Tractatus clausularum { Celsi Hugonis &
Vitalis de Campanis. fol.
Cæl. Lamperti.
De Iure patronatus &
Prima pars. Rochi de Curte. fol.
Secunda pars. 8.
Thassæræ compendii in Errores notarior. 8.
Vrani Consilia. 8.
Vbaldus de Iure prothimiseos. 8.

Bücher im Rechten.

Daumhauderi practica { Ciuilis. &
Criminalis. f.
Patrocinium pupillorum. fol.
Klammers Außzug etlicher Rechten. 8.
Nigrinus von Herrn. 4
Rorbachs Notariat Kunst. 8.
Sauers Formular. fol.
Teutscher Proceß. fol.
Iurament Formular. fol.
Straff Buch. fol.
Vigelii Richterbüchlein. 8.
Weyssens Notariat Kunst. 8.

THEOLOGICA CVM scholasticalis.

Andreas in Epistolam ad Corinthios. 8.
Buchanani Psalteriom cum Hymnis. 8.
Euangelia & Epistolæ. 16.
Lutheri Catechismus
Latino German. 8.
Mosis de totius gestis. 8.
Psalterium Lat. 12
Prætorii Cantiones. 4.5.6.7. & octo Voc. 4
Steyer Genealogia Christi. fol.
Tabulæ Lat. fol.

Theologische Bücher vnnd Schulgattung.

Brauns Donner Predigten. 8.
Amarum dulce. 8.
Evangelien vnd Epistelen. 16.
Gigantis postilla. 8.
Güldin Kleinodt. 12.
Helbachs geistliche Schatzkammer. 8.
Hessische Fragstück. 16.
Icones Euangeliorum. 4
Jesus Sprach. 16
Leuckter in Salomonem. 4
In Hageum. 4
Aloetan. 4
Speculum de summo bono. 12.
Lutheri Catechismus. 16.
Testament. 8.
Milii Hexafund. 12
Namen Buch. 8.
Oßianders Kirchen Historia. 9. 10. 11. 12. 13. 14. 15. Centur. 8.
Pfalter. 8.
Schotten gesangbuch. 12.
Titelbuchs Güldem Klein odt. 12.
Taffelbletter.

MEDICI LIBRI.

Aldrouandus de Auibus. Vol. 2. fol.
Bauhini exedie fœtus. 4.
Animaduersiones. 4
Masariæ practica. fol.
Placentini anatomia. fol.
Rondeletius de vrinis. 12.
Ruland de morbo Vngatico. 8.
Syluatica de Compositione theriæ. 8.
Stockeri praxis morborum. 8.
Tharanthæ practica. 8.
Zinckius de Crisibus. 12.

Bücher in der Artzeney.

Tabernæmontani Rathschlag wider die vergifftige Pestilentische Feber. 8.

VARII GENERIS LIBRI.

Plautus cum annotationibus Camerarii. 16.
Vrsini Colloquia: Collecta ex Pontano, Viuio & Erasmo. 8.
Valerius de SS. Philosophia. 8.
Catonis distichamoralia. 8.

Allerhandt Sortten Bücher.

Alten Weisen Exempel. 8.

Æsopi Fabeln 8.
Chronicon der 4. Monarchien. 8.
Claus Narr. 8.
Cato. Lat. & Germ. 8.
Gilhusii Grammatica. 8.
Medelbuch. 4
Rollwag, Gartengesellschafft vnd Wegkürtzer. 8.
Werners Fürstliche Tischreden. 8.
Wißbadisch Wissenbrünnen in 2. theil. 8.
Item 3. vnd 4. Theil.
Wehrrechnung. 16.

SEQVVNTVR IAM LIbri pertinentes ad M. Leonhardum Burckium, qui in eadem Officina inueniuntur.

Theologica.

Macarii Homeliæ spirituales. 8

Theologische Teutsche Bücher.

Andreæ Osiandri Kirchen Historien Centuria 1.2.3.4. 8
Cent. 5. 8
Cent. 6. 8
Cent. 7. 8.
Pfalmenbüchlein. 16.

Iuridica.

Bartholomæ Capolla consilia ciuilia & criminalia. fol.
Iacobi Ayrerii tractatus de Errore & calculi. fol.
Michaelis Graßii receptat. sententiar. I. & II. pars.
Nicolai Euerhardi Consilia. fol.
Petrus Rebuffus de Priuileg. miuersitatum, studiosorum, Bibliopol. fol.
Roderici Suarez opera omnia. fol.
Sebastiani Medices de compensationibus. 8

Teutsche Bücher im Rechten.

Abraham Sawers Peinlicher Proceß. fol.
Fasciculus iudiciarii ordinis. fol.
Notariatspiegel. 8
Iacobi Ayreri processus Belial contra Christum. fol.
Ioannis Eliæ Meichßners Formulare/ siue Thesaurus Aureus. fol.

Medica.

Petri Andr. Matthioli opera cum commentariis D. Casparis Bauhini. fol.

Teutsche Medicinische Bücher.

Johann Weyers Artzneybuch. 8

Historica & Philosophica.

Georgii Dounami Logica. 8
Martini Crusii Chronica Sueuica. fol.

Erster als Plakat gedruckter Buchkatalog der Verlage Johann Bassée und Leonhard Burck (1611) raus (ohne die Beziehungen zu Grimmelshausen zu kennen). »Gemeinsam gaben sie zur Herbstmesse 1611 ein Schauplakat heraus, das mit dem von Nikolaus Bassée übernommenen Signet geziert ist. Es zeigt die Occasio, ein Sinnbild der guten Gelegenheit, als nackte Frau auf einem Rad.«[16] Das Plakat hat sich erhalten. Handschriftlich sind vier Titel nachgetragen, darunter der berüchtigte *Malleus Maleficarum*, der offenbar zum Angebot Johann Bassées gehörte. Burck übernahm theologische, juristische und medizinische Bücher, die er teilweise über Jahre neu auflegte.

Laut den Katalogen der Frankfurter und Leipziger Messen brachte Burck bis 1630 insgesamt 38 neue Bücher oder Neuauflagen heraus. Er scheint aber nicht alle seine Druckwerke in die Messkataloge gerückt zu haben. In der Bayerischen Staatsbibliothek zum Beispiel findet sich eine 19-seitige theologische Broschüre, die sonst nirgends erwähnt wird. Die meisten seiner gedruckten Texte waren in lateinischer Sprache, aber seine offensichtlich erfolgreichsten Bücher mit mehreren Auflagen erschienen in Deutsch. Sie waren teilweise wahre Wunderkammern des universalen Wissens; vor allem die immer wieder aufgelegten Bände des im fränkischen Prichsenstadt beheimateten Pfarrers Nicolaus Bauch. 1614 brachte er das erste Buch von ihm heraus, das den sprechenden Titel trägt:

Specimen Magnalivm Dei. Darinnen Primus Motor und Schöpffer/so wol/als auch Alle andere erschaffene Creaturen/Als Liecht/Himmel/Wolcken/Winde/Engel/Erde/Wasser / Donner / Berge / Thalen / Brunnen und Wasserschätze/ Zahme und Wilde Thier/Vögel/Regen/Schnee/Graß/Saat / Wein/Oel/Bäume/Mond und Sonn/Tag und Nacht/Reichthumb deß Erdreichs/Meer/Fische/Schiff und Walfische deß Meers/etc.

Und insonderheit Vom Menschen und dessen unterschiedlichen Zustand/allerseits umbständlich und außführlich erkleret werden.

Der theologisch versierte Autor vermengte in dem über 500-seitigen Werk, das Burck 1628 unter neuem Titel nochmals herausbrachte, seine Welt- und Naturbeschreibungen

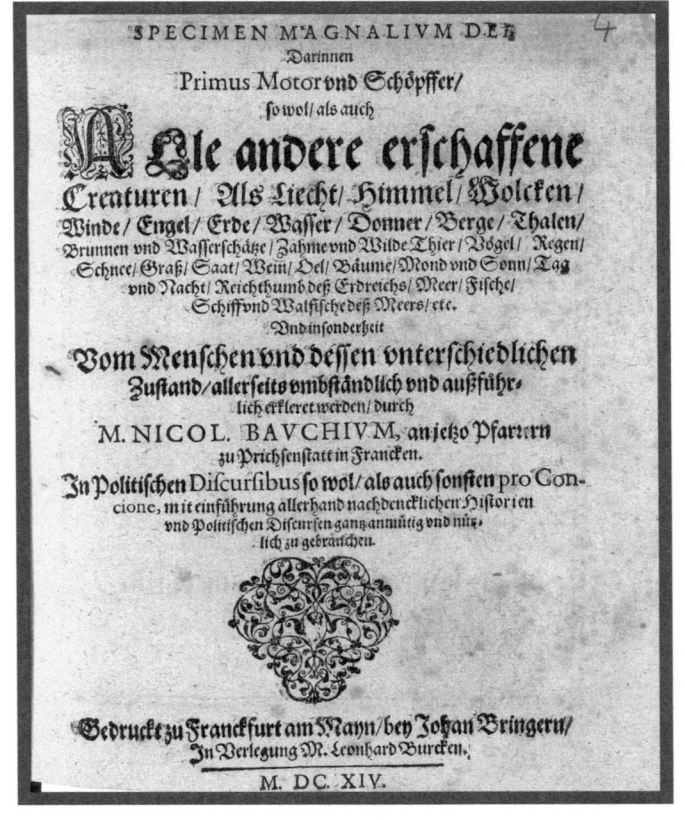

Titelblatt des von Leonhard Burck verlegten Werks *Specimen Magnalium Dei* von Nicolaus Bauch (1614)

mit entsprechenden Passagen aus dem Alten und Neuen Testament. Kein Sauerbrunnen konnte bei ihm sprudeln, ohne vorher die Segnungen Jakobs, Samuels oder Esaias empfangen zu haben. Danach durfte auch die »Krafft/Tugend und Wirckung« der deutschen Heil- und Sauerbrunnen gelobt werden, die »von den spiritibus« herrühre,

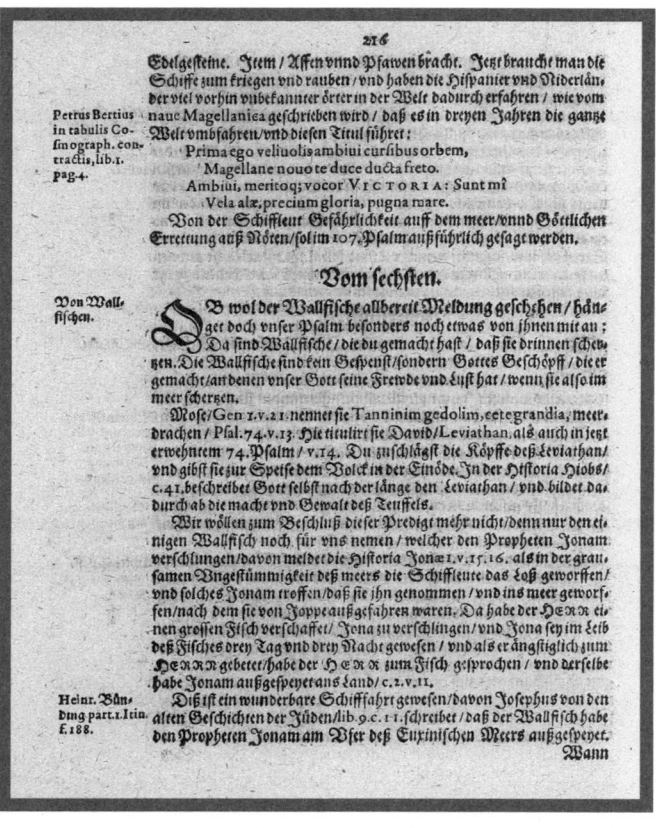

Das Kapitel über die Walfische in der unter dem Titel *Naturspiegel* 1628 bei Burck erschienenen Neuausgabe der *Specimen*

so das Wasser von den Minerien empfänget/ober/und durch welches es lauffet/und auß dem Erdreich herfür quillet/wie solches auß dem Geschmack und Geruch zu empfinden/und an den Gläsern unnd Trinckgeschirren augenscheinlich zu sehen/daran sich die spiritibus, wie edele schöne Perlen anlegen/welches eitel hohe fürtreffliche Gaben Gottes sind.[17]

Der Neuausgabe, aus der dieses Zitat stammt, stellte Leonhard Burck eine eigenhändig verfasste »Dedicatio« voran, in die er nicht nur namentlich genannte Ratsherren und sei-

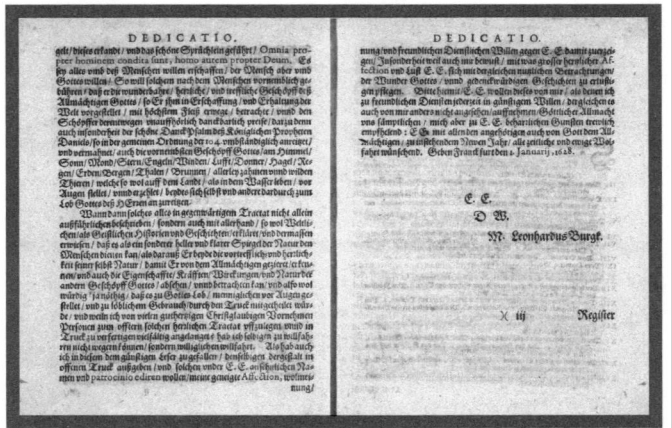

Widmung und Vorwort von Leonhard Burck im *Naturspiegel* von Nicolaus Bauch

nen »Großgünstigen/günstigen Herrn Schwäger«, sondern gleich alle Bürger (wohl Frankfurts) mit einbezog. Das mit »Franckfurt den 1. Januarij 1628« datierte Vorwort ist von tiefer Frömmigkeit geprägt. Das Buch solle, so die Essenz, die Werke des Schöpfers vorstellen und dem Lob Gottes dienen.

Eine weitere theologische Schrift in deutscher Sprache war Jakob Ayrers *Historischer Processus Iuris. In welchem sich Lucifer uber Jesum/darumb daß er ihm die Hellen zerstöhret / eingenommen / die gefangene darauß erlöst / und hingegen ihn Lucifern gefangen und gebunden habe/auff das allerhefftigste beklaget.* Das umfangreiche Buch erschien zwischen 1611 und 1625 sechsmal bei Burck.

Von Bassée übernommen hatte Burck Abraham Saurs Rechtsbuch (*Peinlicher Proceß* ...), in dem es um die Beurteilung von verschiedenen Straftaten geht. In der nur 94-seitigen Schrift setzt sich Saur mit Fragen auseinander, wann bei einer Tötung vom Vorsatz ausgegangen werden kann, wann Notwehr vorliege, wann die Schuld eines Angeklagten eindeutig feststehe, welche Beweise zählen sowie unter welchen Umständen und bei wem die Folter angewandt werden dürfe. Darin finden sich die bemerkenswerten Sätze: »Es ist besser/ein Schuldigen loßlassen dann einen Unschuldigen verdammen« und »Ein Richter ist schuldig/die Unschuld deß B. (Beklagten, d. A.) zu erforschen.«[18]

Eines der letzten Bücher, die Burck veröffentlichte, war 1630 eine prächtig illustrierte Sammlung von Leichenpredigten zum Tod der Landgräfin von Hessen-Butzbach.

Das ist der Kosmos von Leonhard Burck, der weit über Frankfurt hinausreichte und sicher bis nach Gelnhausen. Der Verlegervater wird seinem Sohn Johann die von ihm herausgebrachten Bücher nicht vorenthalten haben. Und der kleine Hans Jacob durfte sicher darin blättern und ab einem bestimmten Alter auch darin lesen. Es könnte also auch mit Blick auf das Werk Grimmelshausens interessant sein, sich mit den Büchern des Stiefgroßvaters zu beschäfti-

Kindheit im Schatten des grossen Krieges

Titelkupfer zu dem bei Burck um 1630 erschienenen *Ehren Gedächtnus Der Durchleuchtigen Hochgeborenen Fürstin und Frawen Anna Margrethen Landgrävin zu Hessen ...*

gen. Das würde allerdings den Rahmen dieses Buches sprengen.

Der Kreis der Drucker und der auch als Buchhändler tätigen Verleger war in Frankfurt überschaubar, denn die Buchdruckerordnung von 1573 hatte die Zahl der Pressen begrenzt, so dass es nur einen eingeschränkten Wettbewerb untereinander geben durfte; zudem wachte über allem die städtische Zensurbehörde. Drucker und Verleger kannten sich und arbeiteten eng zusammen. Verleger tauschten mit anderen Verlegern Rohbögen, um ihr Angebot als Buchhändler zu erweitern, und sie stellten ihre Bücher selbstverständlich nicht selbst her, sondern ließen sie drucken. Verleger/Buchhändler wie Leonhard Burck kannten die Bücher der Konkurrenz sehr genau. Und Interessantes werden sie ihrer eigenen Bibliothek einverleibt haben. So dürften auch Bücher nach Gelnhausen in die Schmidtgasse gelangt sein, die nicht aus dem Verlag des Stiefgroßvaters stammten. Vielleicht sogar Thomas Garzonis Sammelwerk *Piazza Universale*, aus dem Grimmelshausen später oft und ausführlich zitieren sollte. Denn es ist schon bemerkenswert, dass Grimmelshausen als Vorlage offenbar besonders gern die Erstübersetzung nutzte, die 1619 in Frankfurt bei Merians Erben und parallel bei Lukas Jennis erschienen war, und keine seinem Schreibprozess näherliegende spätere Ausgabe.

Burck ließ seine Bücher vor allem bei seinem Schwiegersohn Wolff Richter drucken, der es als Katholik im protestantischen Frankfurt nicht leicht hatte und lange um seine Drucklizenz kämpfen musste. Aber er beschäftigte auch andere Drucker wie Johann Bringer, Egenolff Emmel, Johann Kempffer, Wolfgang Hoffmann – und Caspar Rötel, dem es erst mit einigen Kniffen gelungen war, vom Rat eine Lizenz zu erhalten. Mit Rötel nahm Burck 1628 Geschäftsbeziehungen auf und ließ die Neuausgabe von Bauchs theologischer Welt- und Naturbeschreibung von ihm drucken, zu der er selbst das Vorwort verfasste. Nur ein Jahr vorher hatte Rötel ein Werk gedruckt, das Grimmelshausen nachweislich stark beeinflusste: die erste deutsche Übersetzung des zweiten Teils *Der Landtstürtzerin Justinae Dietzin Picarae* von Andreas Perez. Dieses Buch in dieser Ausgabe war eine der Vorlagen, wenn nicht die wichtigste, für die *Courage*. Dass sie in solcher Nähe zu Grimmelshausen gedruckt wurde, ist eine kleine Sensation. Über seinen Stiefgroßvater könnte Hans Jacob also schon früh in Berührung mit dem spanischen Schelmenroman gekommen sein, viel früher als bisher von der Forschung vermutet.

Auch wenn Leonhard Burck einige Bücher in seinem Verlagsprogramm hatte, die mehrere Auflagen erreichten, dürfte der Verkauf über die Distanz von fast 20 Jahren nicht sehr einträglich gewesen sein. Verleger/Buchhändler lebten vom Austausch innerhalb Deutschlands. Dafür boten die Messen gute Gelegenheiten. Mit dem Beginn des Dreißigjährigen Kriegs wurde es für die Kaufleute schwieriger, die Messen zu erreichen; ganz abgesehen davon, dass die Bereitschaft sank, das noch verbliebene Geld für Bücher auszugeben. Leonhard Burck hatte zudem noch ein zusätzliches familiäres Problem. Sein Schwiegersohn, der Drucker Wolff Richter, steckte in permanenten Zahlungsschwierigkeiten. Bereits 1611 hatte er vier Pressen mit Zubehör und 50 Zentner Schriften verpfänden müssen. 1615 liehen ihm Leonhard Burck und seine Frau 1300 Gulden und übernahmen das Pfand. Aber Richter konnte nur einen Teil zurückzahlen, nahm neue Kredite auf und übergab schließlich 1621 die Druckerei mit den Restschulden an Johann Friedrich Weiß. Leonhard und Katharina Burck waren nun bis mindestens 1628 Gläubiger von Weiß[19], der übrigens 1526 den 1.Teil der *Picara* herausgebracht hatte. Vielleicht sind auch Bücher aus dem (verpfändeten) Bestand von Richter nach Gelnhausen gelangt.

Die nicht zurückgezahlten Schulden scheinen Burck erheblich belastet zu haben. Jedenfalls bemühte er sich nachweisbar um Unterstützung durch den Frankfurter Rat und

> # Der Landtstürtzerin
> ## JUSTINÆ DIETZIN PICARÆ
> ### II. Theil/
> Die frewdige D A M A genannt:
>
> **In deren wunderbarlichem Leben vnd Wandel alleList vnd betrüg/ so in den jetzigen Zeiten hin vnd wider verübet vnd getrieben werden/ vnnd wie man denselbigen zu begegnen/sehr fein vnd artig beschrieben.**
>
> **Beneben allerley schönen vnd denckwürdigen Sprüchen / Politischen Regeln / arglistigen vnnd verschlagenen Grieffen vnd Erfindungen/lehrhafften Erinnerungen/trewhertzigen Warnungen/ anmutigen vnd kurtzweiligen Fabeln.**
>
> Erstlichen
>
> Durch Herrn Licentiat FRANCISCUM di Ubeda von TOLEDO in Spannischer Sprach beschrieben/ vnd in zwey sonderbare Bücher abgetheilt.
>
> Nachmals von BARETZO BARETZI in Italianisch transferiert: Vnd nun zum letzten auch in vnsere hoch Teutsche Sprach versetzt.
>
> ❦(o)❦
>
> Franckfurt am Mayn/
> Getruckt bey Caspar Röteln/In Verlegung Johannis Ammonii Burgers vnd Buchhändlers.
> ___
> M. DC. XXVII.

Titelblatt der ersten deutschen Übersetzung des zweiten Teils der *Landtstürtzerin Picara* von Andreas Perez, gedruckt 1627 bei Caspar Rötel in Frankfurt um städtische Ämter. So widmete er im September 1623 die Neuauflage von Ayrers *Historischem Processus Iuris* dem Rat und erhielt dafür eine Art Druckkostenzuschuss in Höhe von zwölf Goldgulden. Weniger erfolgreich war er mit seinen 1625 bzw. 1626 im demütigsten Untertanenton abgefassten Bewerbungen um die Ämter eines »Obristrichters« (eines in der Beamtenhierarchie nicht sehr weit oben stehenden Polizisten) und eines »Kranschreibers«, der die über den Main angelieferten Waren erfasste. Beides waren keine hohen Ämter, aber Burck kam trotzdem nicht zum Zuge. Das konnte mit seiner politischen Vergangenheit zusammenhängen. Denn so wie Melchior Christoffel hatte auch Leonhard Burck 1612/13 zu den revoltierenden Bürgern gezählt, allerdings nicht in Gelnhausen, sondern in Frankfurt. Und noch eine Gemeinsamkeit: Beide gehörten einem Bürgerausschuss an, der die reichsstädtischen Privilegien in Augenschein nehmen sollte, Leonhard Burck als Vertreter der Wollweberzunft, der er sich als zunftloser Verleger/Buchhändler wohl angeschlossen hatte. In Frankfurt endete die Revolte allerdings anders als in Gelnhausen. Nach der Plünderung der Judengasse wurden sieben »Achter« mit dem Lebkuchenbäcker Vinzenz Fettmilch an der Spitze 1616 auf dem Frankfurter Roßmarkt enthauptet.

Gelnhäuser Lehrjahre

Über seinen Stiefvater dürfte Hans Jacob früh mit Büchern in Berührung gekommen sein, die sich in einem Gelnhäuser Bäckerhaushalt gewöhnlich nicht gefunden hätten. Ein wichtiger Ort der intellektuellen Anregung könnte auch die Schule gewesen sein. Laut der Stadtordnung von 1599 gab es in Gelnhausen eine Schulpflicht, die aber offenbar von den Handwerkerfamilien nicht so ernst genommen wurde wie vom Rat. Klagen sind überliefert, dass Eltern ihre Kinder nicht regelmäßig in die Schule schicken würden und lieber – so darf man ergänzen – als Handlanger in den Werkstätten

Die heute noch gut erhaltene Nordseite des ehemaligen Franziskanerklosters in Gelnhausen. In dem großzügigen Gebäudekomplex, von dem nur noch wenige Bauteile zeugen, war auch die Lateinschule untergebracht.

oder Backstuben beschäftigten. Auch Hans Jacob wird Backwerk von der Schmidtgasse in die Brotschirn am Untermarkt getragen und sonstige kleinere Arbeiten ausgeführt haben. Mit sechs oder sieben Jahren kamen Jungen und Mädchen in die Schule, wobei die Ausbildung für Mädchen nicht Pflicht war und sich auf das Erlernen von Lesen und Schreiben beschränkte. In Gelnhausen gingen die Bürgerkinder auf die unter städtischer Aufsicht stehende reformierte Lateinschule, für die der höchste Geistliche der Stadt und Rektor, Nycenius, 1568 ein Regelwerk in lateinischer Sprache verfasst hatte. Im Mittelpunkt stand, wie Alois Weimar nach gründlicher Lektüre der Schulordnung schrieb, der Glaube. Er »ist das allein Entscheidende, ihn gilt es zu entwickeln und vertiefen. Das Evangelium in glaubender Zuversicht zu ergreifen und das Leben dem Worte Gottes gemäß zu gestalten, ist tiefstes Glück und höchste Pflicht zugleich. Nicht umsonst beruft sich Nycenius auf Melanchthon, den Praeceptor Germaniae, der die Schulen im Geiste des evangelischen Glaubens und der humanistischen Bildung hat reformieren wollen. Durch Einübung in die Frömmigkeit soll der Schüler sich selbst und alles auf Gott beziehen; daher darf aber die Ausbildung der Vernunft nicht zurückstehen. Der Glaube steht wissenschaftlichem Denken nicht im Wege, im Gegenteil, da Vernunft und Glaube Geschenke Gottes sind, schafft die Vertiefung und Ausbildung beider die Harmonie und rechte Erfüllung menschlicher Existenz.«[20]

Neben dem Rektor und seinem Stellvertreter unterrichteten zwei Lehrer vormittags und nachmittags auch die lateinische Sprache und Literatur, deutsche Grammatik, die Regeln der Dichtkunst, Mathematik, Astrologie und Erdkunde. Das pädagogische Konzept war relativ modern. Die Schüler wurden je nach Alter und Bildungsstand in vier Klassen eingeteilt. In der obersten Klasse war Latein die Unterrichtssprache, außerdem wurden die ältesten Schüler in die Grundlagen des Griechischen eingeführt. Großen Wert legte Nycenius auch auf die musikalische Ausbildung, besonders auf die Pflege des Kirchenlieds. Im lutherischen Gottesdienst in der Marienkiche sangen nämlich nicht die Besucher, sondern der Chor der Lateinschule. Hans Jacob dürfte darin mitgesungen haben. Und vielleicht hat er bei dieser Gelegenheit schon Philipp Nicolais *Wie schön leucht' uns der Morgenstern* kennengelernt, das später im *Simplicissimus* zum *Komm, Trost der Nacht, o Nachtigall* des Einsiedlers wurde. Das fortschrittliche Konzept der Schule sah sogar schon eine Begabtenförderung vor. In der Stadtordnung von 1559 hatte der Rat den Lehrern mit auf den Weg gegeben: ›Den Knaben, welche sich durch gute Anlagen auszeichnen, soll der Schulmeister besondere Aufmerksamkeit schenken, besonders aber denen, die vermutlich bei dem Studio bleiben.‹ Hier wollte der Stadtstaat Gelnhausen möglichst früh über kluge Jungen unterrichtet werden, die sich – eventuell nach dem Studium – für höhere Aufgaben eigneten. Intellektuell besonders wache Knaben hatten zudem Gelegenheit, eine Bibliothek zu benutzen, die 1569 angelegt worden war und zu der die beiden Gelnhäuser Pfarrer die Schlüssel besaßen. Über ihren Umfang berichtete F. W. Junghans 1886 in seinem ›Versuch einer Stadtgeschichte‹:

Sie bestand fast nur aus theologischen Büchern. Der Katalog nennt: Die deutsche Bibel Dr. Martin Luthers in 2, die lateinische Bibel in 3 Bänden Folio. Ferner Opera Lutheri latine in 7, die deutschen Werke Luthers in 9 Bänden. Sodann Basilius, Cyprianus, Justinus, Augustinus, Tertullian, Chrysostomus, Bernhard von Clairvaux, Cyrilli und Hieronymi opera, das Corpus doctrinae von Melanchthon, das colloquium Maulbronnense de coena domini und Urbani Rhegiiopera, zusammen 47 Bände. 1606 erhielt die Bibliothek eine Vermehrung, denn in diesem Jahr vermachte ihr der Advocatus juris Siegmund Pius Aemylius durch Testament seine sämtlichen Bücher. (Wo die Bibliothek später hingekommen ist, ließ sich nicht ermitteln).[21]

Auch in dieser Bibliothek, die bisher von der Grimmelshausen-Forschung noch nicht beachtet worden ist, hat sich Hans Jacob intellektuelle Anregungen holen können. Über seine Schulzeit berichtete er später nichts. Nur an einer Stelle erwähnt er, dass er überhaupt in der Schule war. Es ist die Schilderung aus *Simplicissimi Galgen-Männlin* von 1673. Grimmelshausen erzählt die Geschichte »von den Diebsdaumen«, die sich »in meiner eigenen Heimat« zugetragen habe, »als ich noch ein Schul-Knab war«.

Der Diebsdaumen des Konrad Wisel

Ein verwitweter Hafner, »Conrad Wisel genannt«, beabsichtigte wieder zu heiraten. Seiner Verlobten, die seine irdene Ware auf dem Markt verkaufte, gab er einen in ein Tüchlein gewickelten Talisman mit, damit sie die Töpfe und Krüge besser verkaufen könne.

Die vorwitzige Braut beschauete und zeigte auch andern Hafners Weibern das vermeinte Talisma, fand aber einen Diebsdaumen/daran der Nagel fast lang gewachsen war; da war Fewr im Dach; und weil das Handwerck ohn das einander hasset/wurde das Lermen desto grösser/kurtz gered/der Hochzeiter wurde eingesetzt und exminirt, von ihm aber vorgeben/daß er den Daumen auff seiner Wanderschafft bekommen hätte/welcher durch den Hencker im Gefängnus verbrennet/der Haffner aber vor dißmahl wider loß gelassen ward.

Trotzdem wurde er später abermals inhaftiert »und als ein Zauberer gericht«,

da er unter andern auch bekannt/daß er unter den Hexen der Corporal gewesen/und einsmahls sehr ausgelacht worden wäre/als er auff der Unholden Sammelplatz/unter der Dannen genannt/nur in seinem kurzen abgeschabenen alltägs-Mäntelein gekommen[22].

Diese Geschichte hat sich tatsächlich so oder zumindest so ähnlich in Gelnhausen zugetragen. Denn nach Jahren der Ruhe waren in Gelnhausen wieder Stimmen laut geworden, die eine neue Hexenverfolgung forderten. Die Gründe für die Pogromstimmung in der Bürgerschaft sind schnell genannt. Noch immer war der Krieg in den eigenen Mauern präsent. Die Belastungen durch die Einquartierungen und die Kontributionen drückten. Gegen den Widerstand der Bevölkerung hatten die spanischen Truppen 1627 das ehemalige Franziskanerkloster am Obermarkt in Besitz genommen und dort sieben Mönche als neuen Konvent einquartiert. Das schürte die Angst vor der Rekatholisierung und der damit verbundenen Rückgabe des ehemaligen geistlichen Besitzes. Hinzu kamen anhaltende Missernten. 1628 war ein ausgesprochen schlechtes Weinjahr; das betraf viele Bürger, die von der Weinernte oder dem Weinverkauf lebten. Am 16. Februar 1629 richteten die Zunftmeister, wie 16 Jahre zuvor, wieder eine Petition an den Rat, indem sie die Bedrängungen durch den Krieg und die schlechten Ernten auf »die zauberische(n) undt teuffelische(n) Künste« zurückführten. Der Rat wurde aufgefordert: »gleichmessig solche hexen undt unholden mit ernst aussrotten und straffen«. In seiner Verzweiflung wandte sich der Rat, der dem Ansinnen wie schon 1613 nicht nachgeben wollte, dieses Mal nicht an die Universitäten in Gießen und Marburg, sondern an den Frankfurter Rat, dessen ablehnende Haltung der Hexenverfolgung gegenüber bekannt war. Der Rat von Frankfurt, der für Gelnhausen eine Art rechtliche Oberinstanz war, antwortete rasch und warnte davor, dass »unschuldiges menschenbluht« vergossen werde. Man wisse doch, dass derartige Schäden nicht von Zauberern herrührten. Er empfahl, die Pfarrer sollten von den Kanzeln gegen diesen Wahn predigen.[23] Damit war aber nur für kurze Zeit Ruhe. Die Stadt bekam immer stärker den Krieg zu spüren: Wechselnde kaiserliche Truppen suchten in der Stadt Quartier, und auch als 1631 die Spanier aus Gelnhausen abzogen, änderte sich wenig, denn nun herrschten die Schweden im Kinzigtal. Die Bürgerschaft mit den Zunftmeistern an der Spitze hatte die Schuldigen für Gelnhausens Misere schon lange ausgedeutet. Und schließlich gab der Rat nach und nahm 1633 die Hexenverfolgung wieder auf. Einer der angeblichen Zauberer, der in die Hände der Inquisition geriet, war der Hafner Konrad Wisel. Gustav Könnecke hat sein Schicksal akribisch rekonstruiert und sogar den von Grimmelshausen angesprochenen Hexen-Sammelplatz ›Unter der Dannen‹ im Stadtwald gefunden. In späteren Akten des Wetzlarer Reichskammergerichts stieß er auf eine Zeugenaussage, die Grimmelshausens Geschichte in ihren Grundzügen bestätigt. Wisel sei ein Hafner gewesen, welcher »erstlich wegen eines Diebsdaumens, als er aber

Der Gelnhäuser Hexenturm von der Rückseite des Geburtshauses von Grimmelshausen aus gesehen. In dem Turm, der zur Stadtbefestigung gehörte, wurden angebliche Zauberer und Hexen unter den unwürdigsten Bedingungen gefangen gehalten. Viele starben noch während der Haft. Heute ist der Turm Gedenkstätte.

wieder loskommen, wegen Zauberey eingetzogen und hingerichtet worden«[24]. Diese Aussage wurde 1682 gemacht, also fast 50 Jahre nach dem Ereignis. Grimmelshausen wird Augenzeuge gewesen sein, denn direkt hinter seinem Geburtshaus lag der Fratzenstein, der heutige Hexenturm. Von den rückwärtigen Fenstern aus konnte er ihn sehen, die Gefangenen, die dorthin geführt wurden, mussten direkt an seinem Haus vorbei. Und da Melchior Christoffel mit Sicherheit wieder die Petition an den Gelnhäuser Rat mitgetragen hatte, ist auch in der großväterlichen Backstube eine entsprechende Pogromstimmung zu vermuten. Mit Befriedigung dürfte Melchior Christoffel die Verhaftung von angeblichen

Zauberern und Hexen gesehen haben. Was sein Enkel dabei dachte, lässt sich noch nicht einmal vermuten. Zwar wurde in dem Fratzenstein nicht gefoltert, aber die Gefangenen vegetierten dort unter schlimmsten Bedingungen und werden ihr Elend auch laut beklagt haben. Allein 1633 starben in dem Gefängnisturm drei Menschen, die wegen Zauberei angeklagt waren. Konrad Wisel wurde am 1. August 1633 am Escher hingerichtet; im selben Jahr starben noch 17 weitere ›Zauberer‹ und ›Hexen‹ durch das Schwert. Das war Hans Jacob Christoffels Lebenswirklichkeit als Elf- und Zwölfjähriger.

Andererseits gab es auch Ereignisse, die für einen Moment die Schrecknisse vergessen ließen, zum Beispiel als sich am 15. Februar 1631 die Pfandherren auf dem Obermarkt in einem festlichen Akt von der Bürgerschaft huldi-

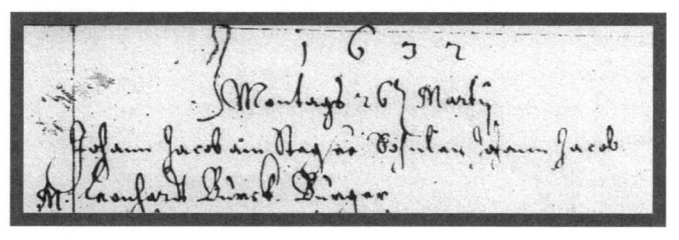

Totenbuch der Stadt Frankfurt mit dem Eintrag »M. Leonhard Burck. Bürger« (1632)

gen ließen oder als der schwedische König Gustav Adolf mit seiner Gattin vom 12. bis zum 20. Januar 1632 in Gelnhausen weilte und dabei auch die Sehenswürdigkeiten der Stadt bewunderte. Hans Jacob wird bei beiden Ereignissen Zaungast gewesen sein. Kurz nach dem Besuch von Gustav Adolf, am 26. März 1632, starb sein Stiefgroßvater Leonhard Burck in Frankfurt.

Der Krieg wütet in Gelnhausen

Der Tod Gustav Adolfs am 16. November 1632 in der Schlacht bei Lützen wurde für Gelnhausen zum Beginn einer neuen, viel schrecklicheren Phase des Dreißigjährigen Kriegs, die alles, was die Bürger bisher erleben mussten, in den Schatten stellen sollte.

Jetzt reihte sich für die Schweden Niederlage an Niederlage.

Im bayrischen Nördlingen siegten am 6. September 1634 die kaiserlich-habsburgischen Truppen über die Schweden und ihre protestantischen deutschen Verbündeten. Nachdem die Kaiserlichen unter Ferdinand, dem Oberbefehlshaber des kaiserlichen Heeres und späteren römisch-deutschen Kaiser Ferdinand III., und unter dessen spanischem Vetter, dem Kardinalinfanten Ferdinand, Donauwörth und Regensburg erobert hatten, versuchten sie, den unter Bernhard von Sachsen-Weimar und Gustav Graf Horn kämpfenden Protestanten die wichtige Handelsstadt Nördlingen abzujagen. Das endete für die Protestanten mit einem Desaster; sie zählten schließlich 17 000 Tote und Verwundete, während es auf kaiserlicher Seite nur 2000 waren. Nördlingen konnte daraufhin mühelos erobert werden. Die schwedischen Truppen verließen Süddeutschland, kaiserliche Soldaten unter dem Kardinalinfanten Ferdinand rückten nach und verwüsteten auf ihrem Zug nach Norden die einst von den Schweden und ihren Verbündeten gehaltenen Gebiete. Bei diesem Durchmarsch taten sich kroatische Trupps durch besondere Grausamkeit hervor. Im *Theatrum Europaeum*, neben dem *Erneuerten Teutschen Florus*[25] Grimmelshausens Hauptquelle für die Darstellung der Schlachten des Dreißigjährigen Krieges, ist über diesen Schreckensmarsch zu lesen:

Dieses Spanische und Kayserliche Volck hat gantz nicht besser gehauset als wie droben zu mehrmalen vermeldet worden.

Aller Orthen wo sie hinkamen, erfülleten sie Himmel, Lufft und Erden mit Feuer, Rauch, Dampf, Blut und Mord, Schandt und Brant, Leyd und Geschrey, dass es in und durch die Wolcken erschall und hätte nicht ärger gemacht und erhört werden können, fast kein Orth blieb gantz stehen, kein Mensch dorffte sich sehen oder blicken lassen, wer nicht des Todts seyn wolle: oder sich entweder in veste Oerter oder ins dicke Gestreuch, Gebürg, Wälder, Hölen, und Steinritzen bei die unvernünfftige wilde Thieren verkriechen, war doch manchmal nicht sicher, sondern wurde heraußgezogen und ärger als ein unvernünftiges Thier, gehauen, erschossen, gemetzget, zerfetzet, dass nimmermehr kein Zung so beredt noch einige Fedder so scharpff und spitz, die es ausreden und beschreiben könnte. In Summa, das Land vor Ihnen war wie eine lüstige Aue, oder ein Paradeyß und Lustgarten, und nach Ihnen wie eine wilde, wüste Einöde, dass in wenig Tagen nach ihrem Durch= und Abzug, man sich gegen einander verwundern mochte, wo sich einer oder der ander erhalten hätte.[26]

Am 14. September 1634 erreichte Kardinalinfant Ferdinand mit seiner Hauptmacht das Kinzigtal. Sein Vetter Ferdinand von Ungarn hatte ihm noch vier Reiterkompanien, Kroaten, Ungarn und Polen, geschickt. Der Kardinalinfant übernachtete in Rückingen, als Hauptquartier wurde Gelnhausen gewählt. Was das hieß, hat die Schilderung aus dem *Theatrum Europaeum* gerade deutlich gemacht. In der Reichsstadt Gelnhausen sei kein ›adliches‹ Haus verschont worden, hielt der Schlüchterner Pfarrer Feilinger in seinem Tagebuch fest. Aber mit diesem Überfall der kaiserlichen Soldaten waren die Leiden der Gelnhäuser Bevölkerung noch lange nicht zu Ende. Im Oktober kamen die Reiterregimenter aus der Wetterau zurück und hausten erneut. Von Hanau aus ließ der schwedische Kommandant Ramsay Vorstöße gegen das nun kaiserliche Gelnhausen unternehmen. Ende Dezember erschien der zur protestantischen Union zählende Herzog Bernhard von Weimar mit seinen Truppen vor Gelnhausen, eroberte die Stadt und ließ Dragoner als Besatzung zurück. Dieser Haufen wurde am 16. Januar 1635 in Gelnhausen von kaiserlich mansfeldischen Soldaten überrumpelt und vertrieben. Darauf nahm Ramsay seine Überfälle wieder auf und zerstörte im Juni 1635 auch die ehemalige Kaiserpfalz.

Nach derart vielen Überfällen, Eroberungen und Plünderungen, die mit Mord und Totschlag, Vergewaltigungen und Misshandlungen einhergingen, war von der einstmals blühenden Reichsstadt nicht mehr viel übrig. Vierzehn Tage lang soll Gelnhausen öd und wüst und ganz verlassen gelegen haben. Die wenigen überlebenden Bewohner hatten sich in die Festung Hanau oder in die Wälder geflüchtet. Jahrzehnte sollte Gelnhausen benötigen, um sich nur halbwegs von dem Kriegsfuror zu erholen.

Wann Grimmelshausen seine Heimatstadt verlassen hat, kann nur vermutet werden. Seine Schilderung des zerstörten Gelnhausen im *Simplicissimus* gibt uns dazu keine Hinweise. Sie vermengt die Ereignisse vom September 1634 mit

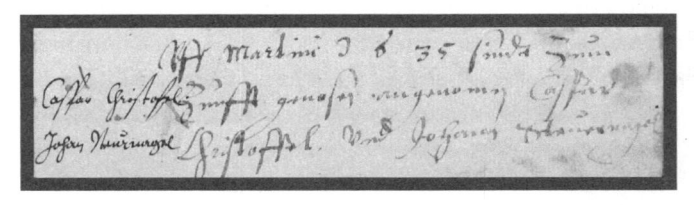

Aufnahme von Caspar Christoffel als Genosse in die Bäckerzunft. Eintrag im Gelnhäuser Bäcker- und Müllerzunftbuch (1635)

denen vom Januar 1635, es könnte schon im September, es könnte aber auch später gewesen sein. Seine Mutter, sein Stiefvater und sein Großvater zählen wohl zu den vielen Gelnhäusern, die die verschiedenen Überfälle und Angriffe nicht überlebt haben. Von Gertraud und Johann Burck verliert sich jede Spur, auch bei späteren Erbschaftsangelegenheiten werden sie nicht erwähnt, ihr Sohn Hans Jacob aber sehr wohl. Auf den Tod von Melchior Christoffel deutet eine Eintragung im Bäckerzunftbuch von Gelnhausen hin. An Martini 1635 wurde Caspar Christoffel, der Onkel von Hans Jacob und Sohn von Melchior Christoffel, als Zunftgenosse aufgenommen. Das wäre nicht nötig gewesen, wenn sein Vater noch gelebt hätte. Caspar Christoffel, von dem nicht bekannt ist, was er vor 1635 getan hatte, blieb zunächst in

Caspar Christoffel als »Junger Herr« im Schöffenverzeichnis der Reichsstadt Gelnhausen (1635)

Gelnhausen und dürfte die Bäckerei weitergeführt haben. Noch im Dezember wurde er in der entvölkerten und weitgehend zerstörten Stadt, die vielleicht noch 300 bis 400 Einwohner hatte, in den ›jungen Rat‹ gewählt und übernahm als Wachtmeister die Verantwortung für die Sicherheit der Stadt, soweit das damals noch möglich war. Johannes Koltermann schreibt in seinem 1951 erschienenen Porträt[27] von

Caspar Christoffel, dass er den Rat wegen Ehebruchs wieder verlassen musste und sogar zeitweise im Gefängnis gesessen habe, wohl wegen der heftigen Streitigkeiten mit seiner Frau. Der über Jahre andauernde, mit schmutzigen Beschuldigungen und tätlichen Auseinandersetzungen geführte Ehekrieg dürfte sich auch vor den Augen des kleinen Hans Jacob abgespielt haben. Er hatte also schon einiges gesehen und erlebt, als er in die Festung Hanau flüchten musste. Caspar Christoffel folgte ihm später. 1638 kehrte er Gelnhausen den Rücken und ließ sich als Capitain d'Armes in Hanau nieder. Da war sein Neffe Hans Jacob schon lange Soldat.

1 Die in diesem Kapitel erwähnten Dokumente werden entweder nach den Originalen im Hessischen Staatsarchiv Marburg (v. a. Bestand 330 Gelnhausen, Bestand 255 Reichskammergericht, Bestand 81 Hanau), im Stadtmuseum Gelnhausen und im Institut für Stadtgeschichte Frankfurt oder nach Gustav Könneckes Quellen und Forschungen zur Lebensgeschichte Grimmelshausen. Band 1. Weimar 1926, S. 106–155 zitiert. Ausnahmen sind gekennzeichnet.
2 Jürgen Ackermann: Gelnhausen. Die verpfändete Reichsstadt. Bürgerfreiheit und Herrschermacht. Marburg 2006, S. 10.
3 Frank Göttmann: Bäcker. In: Reinhold Reith (Hrsg.): Das alte Handwerk. München 2008, S. 25.
4 Thomas Weyrauch: Zunft- und Handwerksurkunden der freien Reichsstadt Gelnhausen. Wettenberg ³1999, S. 34.
5 Zit. nach: Weyrauch, a. a. O., S. 224.
6 Heinrich Bott/Julius Frey: Das Zunftbuch der Bäcker- und Müllerzunft zu Gelnhausen, 1595–1722. In: Geschichtsblätter für Stadt und Kreis Gelnhausen. Nr. 2 vom Mai 1952, S. 31.
7 Vgl.: Heinrich Bott/Julius Frey: Die Familie Grimmelshausen in Gelnhausen. In: Hessische Familienkunde (1948), Sp. 191.
8 Anton Schindling: Wachstum und Wandel vom konfessionellen Zeitalter bis zum Zeitalter Ludwigs XIV: Frankfurt am Main 1555–1685. In: Frankfurter Historische Kommission (Hrsg.): Frankfurt am Main. Die Geschichte der Stadt in neun Beiträgen. Sigmaringen 1991, S. 230.
9 Ackermann, a. a. O., S. 64.
10 F. W. Junghans: Versuch einer Geschichte der freien Reichsstadt Gelnhausen. In: Zeitschrift des Vereins für hessische Geschichte und Landeskunde. Neue Folge. 12. Band (1886), S. 238–270.

11 Dieter Breuer: Grimmelshausen-Handbuch. München 1999, S. 12 ff.
12 Sabine Sander: Bader und Barbiere. In: Reith (Hrsg.), a. a. O., S. 19 f.
13 Hans Jacob Christoffel von Grimmelshausen: Des Abenteurlichen Simplicissimi Ewig-währender Calender. Nürnberg 1670 (Reprint Konstanz 1967), S. 100.
14 Vgl. Wilhelm Falckenheiner (Bearb.): Personen- und Ortsregister zu der Matrikel und den Annalen der Universität Marburg 1527–1652. Marburg 1904, S. 20.
15 Vgl.: Alexander Dietz: Frankfurter Handelsgeschichte. 3. Band. Frankfurt am Main 1921, S. 36.
16 Rolf Engelsing: Deutsche Bücherplakate des 17. Jahrhunderts. Wiesbaden 1971, S. 30.
17 Nicolaus Bauch: NaturSpiegel/Das ist/Geistliche und Historische Betrachtung der vornehmbsten/und vortrefflichsten Creaturen und Geschöpff Gottes/so uns nicht allein in der Heiligen/sondern auch in andern Weltlichen Schriften beschrieben/dann auch in täglichen Leben vor Augen gestellet werden (...). Frankfurt am Main 1628, S. 132.
18 Abraham Saur: Peinlicher Proceß/Das ist: Gründtliche und rechte Underweysung Wie man in Peinlichen Sachen heutiges tages nach allgemeinen Geistlichen und Weltlichen Rechten/Auch nach etlichen besonder verordneten Gewonheiten/Opinionen, Reichs und Landtsordnungen / etliche Mündtliche und Schrifftliche Producta, und Recess halten/stellen/ schreiben und procediren soll. 5. Auflage. Frankfurt am Main 1619, S. 13 und S. 17.
19 Vgl. Günter Richter: Konzessionspraxis und Zahl der Druckereien in Frankfurt a. M. um 1600. In: Archiv zur Geschichte des Buchhandels 27 (1986), S. 131–156 und Christoph Reske: Die Buchdrucker des 16. und 17. Jahrhunderts im deutschen Sprachgebiet. Wiesbaden 2007 (bes. S. 245 f.).
20 Alois Weimar: »Als ich noch ein Schul-Knab war ...«.Grimmelshausen und die Gelnhäuser Stadtschule. In: Ders. (Hrsg.): Grimmelshausen in Geschichte und Gegenwart. Gelnhausen 1982, S. 43.
21 Junghans, a. a. O., S. 339.
22 Grimmelshausen: Kleinere Schriften. Hrsg. Von Rolf Tarot. Tübingen 1973, S. 86 f.
23 Vgl. Neujahrsblatt des Vereins für Geschichte und Alterthumskunde zu Frankfurt am Main für das Jahr 1874. Frankfurt am Main 1874, S. 36–38.
24 Könnecke, a. a. O., S. 135.
25 Dieter Breuer führt unter den Quellen für den Simplicissimus acht Bände des Theatrum Europaeum für die Jahre 1617 bis 1671 an. Das Werk erschien in Frankfurt am Main in unterschiedlichen Verlagen. Der Erneuerte Teutsche Florus von Eberhard von Wassenberg diente vor allem für den »Seltsamen Springinsfeld« als eine Quelle, aus der Grimmelshausen – oft ausgiebig und wörtlich – zitierte.
26 Theatrum Europaeum III. Frankfurt am Main 1639, S. 296.
27 Johannes Koltermann: Kaspar Christoph von Grimmelshausen, der Oheim des Dichters Grimmelshausen und seine Hanauer Umwelt. In: Neues Magazin für Hanauische Geschichte. 2. Band (1951), S. 1–19.

EIN DORF AN DER WERRA

Die Ursprünge der Familie Grimmelshausen in Thüringen und Hessen

Wie sich Hans Jacob Christoffel von Grimmelshausen als Junge nannte oder wie er genannt wurde, wissen wir nicht. In den erhaltenen Urkunden, Protokollen und Berichten taucht sein Name nicht auf. Hans Jacob Christoffel oder Hans Jacob Christoffel Grimmelshausen könnte er geheißen haben. Mit Sicherheit ohne den Zusatz »von«, denn in seiner Familie hatte schon der Großvater den Adelstitel entweder ganz abgelegt oder er verwendete ihn nicht mehr. Der »Nach«name Grimmelshausen war dagegen gebräuchlich, auch wenn er nur selten in den offiziellen Dokumenten zu finden ist. Hans Jacob Christoffel scheint das später anders gesehen zu haben. Er legte im Badischen auf das »von Grimmelshausen« besonderen Wert und knüpfte damit an eine Familientradition an, die er höchstwahrscheinlich nur in groben Umrissen kannte. Das Dorf Grimmelshausen in Thüringen wird er wohl nie gesehen haben. Heute hat der Ort im Landkreis Hildburghausen rund 200 Einwohner. Mehr werden es auch früher nicht gewesen sein, eher noch weniger. Die Gemeinde, die selbständig geblieben ist, auch wenn sie sich mit anderen Dörfern zu einer Verwaltungsgemeinschaft zusammengeschlossen hat, liegt idyllisch an der Werra, abseits der großen Touristenströme, aber immerhin an einem Radwanderweg. An die mittelalterliche Familie Grimmelshausen erinnert nichts mehr, kein Gebäude, keine Burgruine, auch kein Grabstein. Die ältesten Häuser in dem Ort sind in einer

Zeit gebaut worden, als sich niemand mehr an die von Grimmelshausen erinnerte. Auf den Resten einer erstmals 1182 erwähnten Kapelle, die aber schon 1345 in keinem guten Zustand mehr war und danach langsam zur Ruine verkam, errichteten die Grimmelshäuser 1801 ihr Schulhaus, dem sie im Laufe der Jahre eine kleine Bronzeglocke und eine Turmuhr spendierten. Danach scheint in Grimmelshausen die Zeit stehen geblieben zu sein. Von einer glühenden Verehrung der Namenspatrone ist jedenfalls nichts zu spüren. Vielleicht liegt es auch daran, dass niemand weiß, ob sich das Dorf nach der Familie nannte oder die Familie nach dem Dorf. Die erste (erhaltene) urkundliche Erwähnung jedenfalls bezieht sich 1177 eindeutig auf die Familie. Ein Berthold von Grimoldeshusen war dabei, als drei leibeigene Frauen von ihrem Herrn, dem Ritter Dietrich, in die Freiheit entlassen wurden. Das war offenbar ein bedeutender Akt, denn die Liste der Anwesenden ist lang. Auf ihr findet sich auch als »Salmann« Berthold. Die Bezeichnung Salmann ist nicht so präzise, dass man daraus Schlüsse auf den Status der Familie

Das ehemalige Schulhaus in Grimmelshausen, in dem sich nur sehr bescheidene Reste der mittelalterlichen Kapelle erhalten haben

ziehen könnte; aber sie gibt Hinweise. Denn Berthold taucht hier mit zumindest zwei weiteren Adligen auf. Als Salmann war man eine Art Treuhänder, der ein Rechtsgeschäft begleitete und auf dessen korrekte Ausführung achtete. Berthold hatte also durchaus eine herausgehobene Stellung. Und es ist eine Nähe zu den Landesherren, den Grafen von Henneberg, zu vermuten.

Irritierend für heutige Leser von alten Urkunden ist die ständig neue und immer verschiedene Schreibweise von Namen, die zu ein und derselben Person oder Familie gehörten. Den Zeitgenossen war das egal. Man schrieb so, wie man hörte, dachte oder glaubte. Wichtig war, dass alle verstanden, um wen oder was es sich handelte. In einer mündlich dominierten Kultur, in der nur wenige lesen und schreiben konnten, musste Grimmelshausen vor allem nach Grimmelshausen klingen. Das genügte.

Das Dorf Grimmelshausen gehört zu den Orten, die erst im hohen Mittelalter besiedelt wurden, als die Bevölkerungszahlen rasch anstiegen und auch die Mittelgebirgsregionen des Thüringer Walds urbar und damit bewohnbar gemacht wurden. Denn Grimmelshausen liegt rund 360 Meter über dem Meeresspiegel, das Klima ist schon etwas rauer.

Der Historiker Günther Wölfing hat sich intensiv mit der Geschichte des Henneberger Landes beschäftigt. Ihm verdanken wir tiefe Einblicke in die Macht- und Siedlungsstrukturen einer Region, die zwischen Grabfeld, Rennsteig und Rhön eher an der Peripherie der großen historischen Entwicklungen lag. Die Henneberger verstanden es allerdings prächtig, ihre Bedeutung als Grenzland zwischen Franken, Thüringen und Hessen für ihren eigenen Aufstieg zu nutzen. Der Landausbau, also die Gewinnung neuer Siedlungsgebiete, war dabei von herausragender Bedeutung. Für das zügige Fortkommen wurden Männer gesucht, die quasi im Auftrag des Landesherrn neue Orte gründeten oder in bereits bestehenden den Ausbau vorantrieben. Berthold von Grimmelshausen könnte einer von ihnen gewesen sein. Denn seine Bezeichnung Salmann enthält eine weitere Deutungsmöglichkeit. Berthold könnte auch einem herrschaftlichen Hof, einem sogenannten Salhof, vorgestanden haben. Der muss nicht unbedingt in Grimmelshausen gelegen haben, aber ganz unwahrscheinlich ist es nicht. Wann der Ort gegründet wurde, ist nicht überliefert, sicher aber vor 1177, denn aus einer weiteren erhaltenen Urkunde geht hervor, dass sich 1181 der Graf von Henneberg sechs Hufen Land in Grimol-

Die eindrucksvolle Ruine des Prämonstratenserklosters Veßra, dessen Ursprünge im 12. Jahrhundert liegen

tishusin von den Fuldaer Äbten ertauscht hat. Das heißt, die Äbte hatten bis dahin einen größeren Grundbesitz in Grimmelshausen, der nun in die Hände der Henneberger überging (und eventuell von Berthold und seiner Familie bewirtschaftet wurde).

Weitere wichtige Indizien dafür, dass Berthold von Grimmelshausen und seine Nachkommen als Adlige im Dienst der Henneberger Grafen standen oder zumindest eine große Nähe zu ihnen hatten, liefern zwei weitere Urkunden. Die erste stammt von 1214. Berthold und sein Sohn Otto schenkten dem Kloster Veßra vier Leibeigene. Dahinter standen weniger die Sorge um das eigene Seelenheil und der Wunsch, dass die Mönche für die Familie beten. Mit der großzügigen Geste sollte vielmehr die Verbundenheit mit dem

Henneberger Grafenhaus herausgestellt werden. Denn das Prämonstratenserkloster Veßra war eine Gründung der Henneberger, ihr Hauskloster sozusagen, in dem sich die Grafen über Jahrhunderte beisetzen ließen. Veßra liegt nur wenige Kilometer von Grimmelshausen entfernt. 1338 werden die Henneberger ihren gesamten Besitz in Grimmelshausen an das Kloster verpfänden, das innerhalb weniger Jahre zu einer mächtigen Institution und zur wichtigen Stütze der Henneberger Herrschaft wurde. Die Gesamtanlage ist heute noch außergewöhnlich eindrucksvoll. Von der zu Zeiten Bertholds erbauten Klosterkirche haben sich nach einem Brand im Jahr 1939 nur die Umfassungsmauern und die beiden mächtigen Türme erhalten. Das Kloster war über Jahrhunderte das geistliche und sicher auch wirtschaftliche Zentrum des Henneberger Landes. In der Schenkungsurkunde tauchen noch drei weitere Mitglieder der Familie Grimmelshausen auf. Denn unter den Zeugen werden Helmbold, Heinrich und ein mit dem Schenkenden namensgleicher Berthold genannt.

Krawall im Frauenkloster

Helmbold von Grimmelshausen war sechs Jahre später wiederum Zeuge, dieses Mal in einer durchaus prominenten Angelegenheit. Die offenbar vermögende Pfalzgräfin Luitgard von Sommerschenburg setzte in einer Art Testament ihren Verwandten Poppo, den Grafen von Henneberg, als Erben ihres Besitzes (mit kleinen Ausnahmen) ein. Schon die (adlige) Namensliste mit dem Propst und dem Prior des Klosters Veßra an der Spitze macht deutlich, dass zumindest Helmbold von Grimmelshausen zu den bedeutenderen Persönlichkeiten in der Grafschaft gehörte. Und weil es die Henneberger bei der Umsetzung ihres Machtanspruchs zumindest mit einem ernsthaften Gegner zu tun hatten, war die Hilfe derer von Grimmelshausen willkommen und erwünscht.

»Trotz der Absplitterung etlicher Seitenlinien«, schreibt Günther Wölfing, war den Henneberger Grafen »der weitere Herrschaftsausbau vor allem durch die Einverleibung etlicher Kleinherrschaften und durch die Erschließung der Forsten im Zuge des Landesausbaus gelungen.«[1] Das störte die mächtigen Nachbarn natürlich, besonders das Hochstift Würzburg, dem die Stadt Meiningen als Enklave mitten im Henneberger Gebiet gehörte. Während die Henneberger nach reichsrechtlicher Selbständigkeit strebten, versuchten die Würzburger Bischöfe, die kleine Grafschaft unter ihr Zepter zu zwingen. Spätestens seit 1220 wurde auch mit Waffen gegeneinander gekämpft, und Meiningen soll dabei in Mitleidenschaft gezogen worden sein. Mehrfach intervenierte der Papst für seine Bischöfe. So auch 1261. In der am 11. Februar in Rom ausgestellten Urkunde beauftragte Papst Alexander IV. den Dekan von St. Jacob in Bamberg, eine Untersuchung gegen mehrere Personen zu beginnen, die dem Kloster Wechterswinkel bei Mellrichstadt ›Beeinträchtigungen‹ zugefügt hatten. Zu den namentlich genannten Bösewichtern zählte auch »Hermann von Grimolshusen«, von dem wir sonst nichts wissen. Das Zisterzienserkloster war in der Mitte des 12. Jahrhunderts gegründet und dem Bischof von Würzburg unterstellt worden. Adlige Familien brachten dort ihre unverheirateten Töchter unter, was der geistlichen Atmosphäre nicht besonders zuträglich war. Der Chronist des Klosters, Franz Xaver Himmelstein, fällte nach dem Studium der erhaltenen Dokumente ein vernichtendes Urteil und sprach von einem »Tummelplatz der Leidenschaften«[2]. Offenbar hatten Hermann von Grimmelshausen und seine Mitstreiter im Auftrag oder zumindest mit Billigung ihres Grafen dem fidelen Frauenkloster einen nicht genauer beschriebenen Schaden zugefügt. Die ›Beeinträchtigungen‹ dürften aber nicht auf die lebenslustigen Nonnen, sondern auf die

Wirtschaftskraft des Klosters gezielt haben. Mit einer Politik der Nadelstiche wollten die Henneberger die Vorposten der Würzburger Bischöfe einschüchtern. Es ist nicht bekannt, wie die Untersuchung ausging und welche Konsequenzen die päpstliche Intervention für Hermann hatte. Die Henneberger jedenfalls erreichten ihr weit gestecktes Ziel und wurden zur reichspolitischen Größe. 1314 griff sogar einer von ihnen nach der deutschen Königskrone. Berthold IV. aus der Linie Henneberg-Schleusingen hatte drei deutsche Kaiser beraten, als kaiserlicher Stellvertreter in Böhmen und der Mark Brandenburg gewirkt und, fast nebenbei, sein Territorium beträchtlich vergrößert, aber König ist er schließlich nicht geworden. In seinem Lehnsbuch, das wahrscheinlich zwischen 1332 und 1340 geführt wurde und sich heute im Thüringischen Staatsarchiv in Meiningen befindet, tauchen gleich fünf Mitglieder der Familie »von Grymoltshusen« auf: Hellembolt, Cunrad, Heinrich, Herman und Herman sin bruder. Sie gehörten also jetzt nicht mehr zum niederen Adel, sondern zum (eventuell sogar unmittelbaren) Umfeld eines nicht nur regional wichtigen Herrscherhauses.

Lehnsmänner der Henneberger

Das Lehnswesen war eine Spezialität des Mittelalters, das ein besonderes Treueverhältnis begründete. Der Lehnsherr, in diesem Fall Graf Berthold IV., ›lieh‹ seinen Rittern ein bestimmtes Gut. Das konnten Äcker sein, ein Waldstück, aber auch festgelegte Abgaben an Geld oder Korn. Der Lehnsempfänger verpflichtete sich dafür zu ritterlichem Beistand, Treue und Gehorsam. Obwohl das Lehen bei Tod eines der Beteiligten mit den Erben erneuert werden musste und theoretisch auch verfallen konnte, war es in der Regel eine Art Erbpacht, die sich kaum von einem wirklichen Besitz un-

Ein Dorf an der Werra

terschied. Nicht zuletzt durch den Lehnseid war der Lehnsmann oder Vasall an den Lehnsherrn gebunden, der sich

Die im 13. Jahrhundert errichtete zweitürmige Westfassade der Klosterkirche in Veßra

wiederum zum Schutz seines Untergebenen verpflichtete. Ein solches besonderes Verhältnis bestand zwischen dem Grafen Berthold und den fünf genannten Mitgliedern der Familie Grimmelshausen. Sie waren mit Grund und Boden in verschiedenen Dörfern und Erträgen aus dem Zehnten belehnt worden. Der Ort Grimmelshausen taucht dabei nicht auf. Offenbar hatte sich die Familie schon aus ihrem ›Heimatdorf‹ für immer verabschiedet. Diese Deutung legt auch eine Urkunde nahe, die wenige Jahre zuvor ausgefertigt worden war. Der Schildknappe Heinrich von Grymaltshusen, seine Ehefrau Adelheid und seine Erben hatten am 2. Januar 1327 dem Kloster Veßra Höfe, Wald, Äcker und Wiesen in Grimmelshausen sowie ihre ertragreiche Fischweide in der Werra verkauft. Das war höchstwahrscheinlich ihr gesamter Besitz in dem Dorf gewesen. Heinrich und sein Bruder Berthold, der als Zeuge genannt wurde, tauchen später im Lehnsbuch des Henneberger Grafen Berthold namentlich nicht auf, so dass es sich wahrscheinlich um verschiedene Zweige der Familie Grimmelshausen handelt. Wölfing schließt daraus, dass mehrere Erbteilungen vorausgegangen sein müssen. Nur wenn sich in der Zwischenzeit der Grundbesitz der Familie erheblich erweitert hätte, wovon aber nicht auszugehen ist, wären diese Teilungen ohne gravierende Folgen geblieben. So ist zu vermuten, dass ihre Bedeutung langsam, aber stetig abnahm. In den erhaltenen schriftlichen Zeugnissen werden sie lange Zeit nicht mehr erwähnt.

Erst 1468 wird wieder ein Grimmelshausen aktenkundig. Bartolmes von Grymoltshausen war Bergmeister in Suhl, stand also damit im Dienst des Grafen Wilhelm III. von Henneberg-Schleusingen. Von seinem Landesherrn erhielt er ein Waldstück bei Suhl als Lehen. Wenn es sich immer noch um dieselbe Familie Grimmelshausen handelt, dann hatte sie ihren ursprünglichen Wirkungskreis zwar verlassen, war aber im Hennebergischen geblieben. Suhl liegt gerade einmal 25 Kilometer vom Dorf Grimmelshausen entfernt. Nur auf den geographischen Raum bezogen hatte sich in 300 Jahren nicht viel verändert. Allerdings war jetzt zumindest ein Vertreter der Familie direkt seinem Grafen unterstellt. Aus Landadligen waren Beamte geworden. Als Bergmeister hatte

Bartolmes den Bergbau in der Grafschaft zu beaufsichtigen. Das war, ob er es nun allein tat oder zusammen mit weiteren Beamten, eine wichtige Funktion, denn in dieser Zeit setzte im Hennebergischen ein ökonomischer Aufschwung ein, der, wie Wölfing berichtet, mit einem »kräftigen Bevölkerungswachstum« verbunden war. Vor allem die Städte Suhl und Schleusingen vervielfachten ihre Einwohnerzahlen. Der Bergbau erlebte in dieser Phase seine erste Blütezeit, so Wölfing. »Das gilt besonders für den Eisenerzbergbau und die Eisenverarbeitung, wobei Suhls Aufstieg zur ›Waffenschmiede Europas‹ besonders zu erwähnen ist.«[3] Bartolmes übte offensichtlich ein wichtiges Amt aus, er fungierte, wie eine Urkunde von 1473 dokumentiert, auch als eine Art gräflicher Schiedsmann, aber ein finanziell sorgenfreies Leben scheint er nicht geführt zu haben. Wenn man der von Gustav Könnecke rekonstruierten Familiengeschichte folgt, dann hatte Bartolmes von Grimmelshausen nicht nur einen Wald zu bewirtschaften, sondern ließ auch Felder bestellen – sicher von Knechten und Tagelöhnern. Er selbst wird nicht hinter dem Pflug gegangen sein oder die Ernte eingebracht haben. Bei seinem Tod hinterließ er Schulden. Gestorben ist er um 1485.

Um sein Erbe, vor allem den Wald, begann ein langer Streit zwischen einzelnen Familienmitgliedern, der erste bekannte in der Familie Grimmelshausen, aber keineswegs der letzte. Wie der Erbschaftsstreit letztlich ausging, ist nicht überliefert, dafür aber werden vier neue Familienmitglieder aktenkundig, die Witwe und ihre drei Kinder: Else, Adam, Mathes und Kunna. Alle vier lebten in Suhl. Nur Mathes wird später noch einmal in einer Urkunde erwähnt, als er für »Ditterich von Grymelshäusen« bürgte. Ob dieser Dietrich von Grimmelshausen ein Sohn des Mathes war oder in einem anderen Verwandtschaftsverhältnis zu ihm stand, lässt sich nicht sagen. Andererseits ist über ihn mehr bekannt als über alle anderen Grimmelshäuser vor ihm. 1501 schrieb er sich als »Theodericus Grymmelshusen de Sula« an der Erfurter Universität ein, die einen hervorragenden Ruf genoss und als Karrieresprungbrett galt. Allerdings war das Studium eine teure Angelegenheit, so dass Dietrich aus einer zumindest halbwegs vermögenden Familie stammen musste. Beim Blick in das Immatrikulationsregister fallen zwei Dinge auf. Erstens, dass Dietrich als Student einer primär bürgerlichen Universität auf das »von« verzichtete, und zweitens, dass sich mit ihm ein gewisser »Martinus Ludher ex Mansfeldt« eingeschrieben hatte. Den später bedeutenden Reformator dürfte Dietrich von Grimmelshausen in Erfurt kennen gelernt haben. Eine weitergehende Verbindung ist daraus aber nicht entstanden. Luther wurde 1483 geboren, begann also mit 18 Jahren sein Studium. Dietrich von Grimmelshausen wird gleich alt oder nur geringfügig älter gewesen sein. In welche Dienste er sich nach seinem Studium begab, ist nicht überliefert. Möglicherweise verließ er zumindest für kurze Zeit seine Heimatgrafschaft. Denn 1524 wird ein Dietrich von Grimmelshausen in einem Prozess des Reichskammergerichts erwähnt. Er war als Verwalter (Kellner) in dem Spessartort Burgjoß für Frowin von Hutten tätig und erlebte den Konflikt zwischen seinem Dienstherrn und Graf Philipp II. von Hanau-Münzenberg hautnah mit. Dabei wurden Knechte als Geisel genommen und Ochsen gepfändet, wie es damals üblich war. Schließlich hatte Frowin die Nase von den Scharmützeln voll und verkaufte seinen Besitz 1528 an einen Verwandten. Spätestens zu diesem Zeitpunkt dürfte Dietrich Burgjoß verlassen haben.

Er (oder sein Namensvetter) wird danach wieder in Ilmenau erwähnt und damit im Zentrum des hennebergischen Silber- und Kupferbergbaus. Allerdings war er dort nicht als Bergmeister (wie einer seiner möglichen Vorfahren), sondern als Amtmann tätig. »Dietrich von Grimmelshausen«, so Könnecke, »hatte (...) nicht nur die Obliegenheiten eines gräflichen Amtsrichters zu erfüllen. Sondern er hatte daneben auch noch für allerhand häusliche Bedürfnisse seiner Herrschaft zu sorgen, für die er auch den Leipziger Neujahrsmarkt besuchte. Auch hier wird er noch Einkäufe für seine gräfliche Herrschaft gemacht haben.«[4] Wie die bei Könnecke zitierten Abrechnungen deutlich machen, kaufte Dietrich von Grimmelshausen aber nicht nur für seine Herrschaft erlesene Waren ein, sondern auch für sich, und das ›auf Borg‹. Als er 1539/40 starb, hinterließ er seinen Nachkommen einen großen Sack voll Schulden. Sehr wahrscheinlich war er der Vater von Jörg (Georg) Christoffel von Grimmelshausen, der sich selbst als geborenen Henneberger bezeichnete und 1543 in Ilmenau lebte. Denn in diesem Jahr wurde eine Akte angelegt, die den Titel trug: »Christoffel von Grimmelshausen undt seines Vatters schuldt belangendt«. Könnecke hat daraus auf Dietrich als Vater und Jörg Christoffel als Sohn geschlossen. Leider ist der Inhalt der Akte verloren gegangen, so dass die letzte Sicherheit fehlt.

Jörg Christoffel von Grimmelshausen, Kellner und Zentgraf der Isenburger

Über Ausbildung und erste berufliche Stationen von Jörg Christoffel ist nichts überliefert. Er wird erst ab 1551 als Person sichtbar. Da hatte er Ilmenau und die Grafschaft Henneberg bereits verlassen. Am 22. Februar 1551 trat er sein Amt als Kellner beim Grafen Reinhard von Isenburg-Büdingen zu Birstein an. Könnecke hat aus den in diesem Fall reichlicher sprudelnden Quellen zusammengestellt, was dem Kellner Jörg Christoffel in Birstein alles an Pflichten zufiel bzw. zugemutet wurde: »Er besorgte Messeinkäufe (in Frankfurt), musste in Gelnhausen Betten kaufen, hatte in Fulda Schlösser für den neuen Bau (Schlossbau), daselbst zur Hochzeit [des Grafen, d. A.] Einbecker Bier und einen Lautenschläger, ferner in Steinau an der Straße Wintertuch zu bestellen. Auch hatte er den gräflichen Weinkeller zu verwalten.«[5] Dafür wurde er mit jährlich 20 Gulden und Naturalien entlohnt. Als Kellner war er eine Amtsperson, die auch siegeln

Siegel des »Jörg Christoffel von Grimelshausen« (1553)

durfte. Im Isenburgischen Archiv in Büdingen hat sich eine Urkunde aus dem Jahr 1553 erhalten, in der zwei Bürger aus der Gemeinde Wettges »Urfehde schworen«. Martin Schäfer hat sie 1968 im *Heimat-Jahrbuch des Kreises Gelnhausen* veröffentlicht und auch erklärt, was »Urfehde« bedeutete, nämlich »die Abgabe einer schriftlichen und eidesstattlichen Erklärung, von einem Gegner für erlittenen Schaden an Geld, Gut und Leben keinerlei Entschädigung zu verlangen und auch keinerlei Rache zu nehmen«[6]. Der Verstoß gegen die Urfehde hatte weitreichende Konsequenzen. Deshalb musste das Dokument auch von Vertretern des Grafen abgefasst und gesiegelt werden. Worum es bei dieser Urfehde ging, interessiert heute nicht mehr. Wichtiger ist, dass die Urkunde u. a. von dem Birsteiner Kellner Jörg Christoffel von Grimmelshausen gezeichnet und mit seinem Siegel versehen wurde. Das Siegel zeigt zwei nach links bzw. rechts weisende Sicheln, die im Erdboden stecken. Das kann ein Symbol für die bäuerliche Tradition der Familie sein; Jörg Christoffel betrieb bis zu seinem Tod neben seinen Amtsgeschäften auch Landwirtschaft und hatte eine Mühle gepachtet.

Die Grafschaft Isenburg, die von Dreieich bis weit in den Vogelsberg reichte (und u. a. auch die Stadt Offenbach umfasste), hatte sich 1517 in zwei Linien geteilt: Isenburg-Ronneburg und Isenburg-Birstein. Graf Reinhard von der Birsteiner Linie, der am Kasseler Landgrafenhof ausgebildet worden war, hatte 1541 die Reformation in seinem Landesteil eingeführt. Seit 1552 residierte er im Birsteiner Schloss, das er kräftig erweiterte. Der Kellner Jörg Christoffel von Grimmelshausen wurde für ihn zu einem wichtigen Mitarbeiter, dem er offenbar auch persönliche Aufträge anvertraute. Diese herausgehobene Stellung zahlte sich für Jörg Christoffel aus. Am 24. August 1555 ernannte ihn Graf Reinhard zum Zentgrafen über alle Dörfer des Amts Birstein. Diese Position als erster Mann in einer Art Unterbezirk der Grafschaft behielt Jörg Christoffel auch, als Graf Reinhard 1559 seinen Sitz nach Offenbach verlegte. Das Birsteiner Schloss bezog nun Graf Philipp II., Reinhards Bruder. Als der Michelstädter Hofprediger Gustav Simon 1865 seine dreibändige Geschichte des Hauses Ysenburg und Büdingen verfasste, konnte er über die beiden Grafen wenig Aufregendes berichten. Eine stille und friedliche Regierung habe Graf Reinhard geführt. Er sei eine geachtete Persönlichkeit gewesen und habe mit Melanchthon korrespondiert. Graf Philipp scheint sich vor allem um die Reform der inneren Verwaltung gekümmert zu haben. Tragisch war, dass von seinen zehn Kindern nur eins überlebte. Und dieser Bub, der 1560 geborene Wolfgang Ernst, sorgte, jedenfalls wenn man

Jörg Christoffel von Grimmelshausen

Die ehemalige Gerichtsstätte in Birstein-Unterreichenbach

Simon vertraut, für die einzige größere Aufregung in der fast 50-jährigen überaus friedlichen Birsteiner Regierungszeit der beiden Grafen. Als kleiner Junge war Wolfgang Ernst nämlich fast verloren gegangen, so Simon: »Sein Vater reiste einst in die Frankfurter Messe und nahm den jungen Wolfgang Ernst mit sich, um ihm die dortigen Merkwürdigkeiten zu zeigen. Einige Bediente aber, die den jungen Herrn beaufsichtigen sollten, verloren ihn im Gedränge aus den Augen und vermochten ihn nicht mehr zu finden.«[7] Die Geschichte ging gut aus. Zwar konnte der verängstigte Junge nur wenige Hinweise zu seiner Person geben, aber Frankfurter Juden nahmen ihn mit in die Judengasse, und von dort aus konnte die Rettungsaktion beginnen. Nach dem Tod seines Vaters trat Wolfgang Ernst die Nachfolge in Birstein an. Man sieht an dieser kleinen Anekdote, dass Birstein nicht weit von der Insel der Seligen entfernt gelegen haben muss, denn von Krieg und Scharmützeln, von Intrige und Eifersucht ist in der Chronik Simons nicht die Rede. Das heißt aber nicht, dass Jörg Christoffel von Grimmelshausen als Zentgraf kein geballtes Leid kennengelernt hätte. Denn er saß dem Zentgericht vor, das an seinem Amtssitz in Unterreichenbach, nur wenige Kilometer von Birstein entfernt, unter freiem Himmel tagte. Etwas oberhalb des Ortes erinnern heute noch drei Linden an die historische Stätte. Ursprünglich sollen es fünf Linden gewesen sein, unter denen das Gericht an drei Terminen im Jahr zusammentrat. Welche Urteile der Zentgraf und seine Geschworenen fällten, ob auch Todesstrafen ausgesprochen wurden, ist nicht überliefert; wahrscheinlich wurden aber eher Streitfälle verhandelt. Aus den reichen Unterlagen im Birsteiner Schlossarchiv hat der Grimmelshausen-Biograph Könnecke zusammengestellt, welchen Pflichten Jörg Christoffel als Zentgraf noch nachkommen musste. So hatte er seinen Nachfolger, den Birsteiner Kellner, in dessen Amtsgeschäften zu unterstützen, »es lag ihm ob, über der militärischen Ausrüstung und Ausbildung der Untertanen zu wachen, er war Oberförster aller Waldungen, hatte sich auch zu Verschickungen, Ausreiten und anderen ehrlichen Diensten gebrauchen zu lassen«[8]. Seine Entlohnung war zwar geringer als in seiner vorhergehenden Stellung, dafür erhielt er aber eine Fülle von Vergünstigungen, die ihm ein angenehmes Leben und den Erwerb von Grundstücken ermöglichten. Trotzdem schrieb er 1571 einen Bettelbrief an einen hennebergischen Amtmann und bat seinen

JÖRG CHRISTOFFEL VON GRIMMELSHAUSEN

früheren Landesherrn, den Grafen Georg von Henneberg, um eine Gefälligkeit, weil er ein »armer Geselle« sei. Aber Jörg Christoffel wird nicht arm gewesen sein, sondern nur ein sparsamer, wenn nicht sogar geiziger Mann, der seine

Das ehemalige Zentgrafenhaus in Unterreichenbach

Gulden zusammenhielt. Damit fällt er aus der Reihe seiner bereits erwähnten Suhler Vorfahren, die sich mehr durchs Schuldenmachen hervortaten. Auch als Zentgraf in Unterreichenbach hielt Jörg Christoffel engen Kontakt zum Grafenhaus und war sogar, wie aus Unterlagen im Hessischen Staatsarchiv in Marburg hervorgeht, in dessen Erbstreitigkeiten eingebunden. Zumindest zweimal feierte Graf Reinhard in seinem Haus die Reichenbacher Kerb, mit ordentlichen Mengen Wein und offenbar trinkfesten Gästen. Der Amtssitz des Zentgrafen lag neben der Kirche, einem spätgotischen Hallenbau, der Mitte des 18. Jahrhunderts abgerissen und durch einen Neubau ersetzt wurde. Vom früheren Zentgrafenhaus hat sich nur der Unterbau mit zwei ehemaligen

Gefängniszellen erhalten. Eine davon wurde in der Amtszeit von Jörg Christoffel eingerichtet. Die anderen Teile des auch heute noch stattlichen Gebäudes stammen aus dem 18. und 19. Jahrhundert.

Das Haus in Gelnhausen

Wie der Brief an den hennebergischen Amtmann bereits zeigte, hielt Jörg Christoffel weiterhin Kontakt zu seiner thüringischen Heimat. Ob in Suhl noch Verwandte lebten, lässt sich nicht mit Sicherheit sagen. Der Name Grimmelshausen jedenfalls ist in Suhl noch bis 1619 nachgewiesen. Könnecke erwähnt ein Fräulein Ursula und eine Schneiderfamilie – das Fräulein mit dem Adelsprädikat »von«, die (bürgerliche) Schneiderfamilie ohne.

Jörg Christoffel von Grimmelshausen blieb bis zu seinem Tod 1576/77 Zentgraf in Unterreichenbach. Über seine Familienverhältnisse ist so gut wie nichts bekannt. Er war zweimal verheiratet, zunächst mit einer Magdalena (die zwischen 1556 und 1565 in verschiedenen Kaufverträgen erwähnt wird) und spätestens ab 1571 mit Katharina Gundermann, der Schwester des Gelnhäuser (Stadt-)Schultheißen Georg Gundermann. Die Beziehungen zu Gelnhausen dürften sich schon aus seinen dienstlichen Verpflichtungen ergeben haben. Gelnhausen war der zentrale Handels- und Marktort für das gesamte Kinzigtal, eine bedeutende Stadt mit einer Bürgerschaft, die sich dieser Bedeutung auch bewusst war. Als Kellner und später als Zentgraf der Isenburger, deren Besitz Gelnhausen weiträumig umschloss, dürfte Jörg Christoffel ein wichtiger Gast und Repräsentant des Birsteiner Grafenhauses gewesen sein. Begegnungen mit führenden Persönlichkeiten der Stadt waren da selbstverständlich. Und als Schultheiß zählte Gundermann zu diesen Persönlich-

Das Haus in Gelnhausen

keiten. Sein hohes Amt ist nicht genau zu beschreiben. Ursprünglich saß er wohl dem Schöffengericht vor, das sich mit Zivilrechtsfällen beschäftigte. Jürgen Ackermann berichtet in seiner Untersuchung über die (verpfändete) Reichsstadt Gelnhausen, dass der Schultheiß um 1600 nur noch Verwalter des Gerichts und Mitschöffe war, allerdings als gewählter Vertreter der Stadt auch Ratsherr und eventuell sogar Bürgermeister sein konnte.

Es ist zu vermuten, dass Jörg Christoffel von Grimmelshausen nach dem Tod seiner ersten Frau (von dem wir ausgehen müssen) möglichst rasch eine neue Ehe eingehen wollte. Das war damals durchaus üblich, um eine geordnete Haushaltsführung und die Erziehung der Kinder zu gewährleisten. Wann Jörg Christoffel und Katharina geheiratet haben, ist nicht überliefert. Es gibt nur ein sicheres Datum aus ihrer Ehe, aber das ist von herausragender Bedeutung. 1571 kauften er und seine Frau ein Haus in der Gelnhäuser Oberen Haitzer Gasse (das heute nicht mehr steht) für 135 Gulden. Eine Immobilie in der Reichsstadt zu erwerben war Auswärtigen eigentlich nicht erlaubt. Der Bürgermeister und der Rat konnten allerdings Ausnahmen zulassen. Und warum hätten sie dem Birsteiner/Gelnhäuser Ehepaar die Zustimmung verweigern sollen? Eine andere Frage ist nicht so einfach zu beantworten. Warum erwarb ein Reichenbacher Zentgraf ein Haus in Gelnhausen, das vermietet war und das er höchstwahrscheinlich gar nicht bewohnen wollte? Ein Hinweis auf den möglichen Grund liefert die Abschrift einer Art Verpflichtungserklärung der Stadt gegenüber, die am 14. Mai 1571 abgegeben wurde und sich im Gelnhäuser Kopialbuch erhalten hat. Dort heißt es:

Ich Jorg Christopff von Grimmelshausen, Zentgrave zu Reichenbach und Ich Catharina seine ehliche Hausfraw fur uns, alle unsere Erben und Erbinnen Bekhennen hyemit offentlich, das die Fursichtigen, Ersamen und weisen Hern Burgermeister und Rhat der Stat Gelnhausen, uns uf unser beyder fleissige bit vergunstiget und zugelassen haben, die Behausung In der Obersten Haytzergassen (...) an uns und sonderlich mir Catharina kunftiglich Inhalt unser beyder ufgerichter ehlichen Verschreybung, zu gutem, eygenthumblich zu kauffen.[9]

Der Text legt nahe, dass das Ehepaar das Haus nicht für die Familie insgesamt oder für den Zentgrafen allein, sondern »sonderlich« für Katharina gekauft hatte. Es könnte also als Witwensitz gedacht gewesen sein. Der Kaufvertrag wurde fünf, höchstens sechs Jahre vor dem Tod Jörg Christoffels abgeschlossen, und das Haus blieb vermietet. Was sollte Katharina nach dem Tod ihres Mannes in Unterreichenbach? Sie war das reichsstädtische Leben mit seinen zahlreichen Vergünstigungen gewohnt. Selbst in der Kleinresidenz Birstein gab es davon nur wenig, in Reichenbach, immerhin eine halbe Stunde Wegs von Birstein entfernt, gar nichts. In Gelnhausen hatte sie zudem ihre leiblichen Verwandten, und der Weg von Reichenbach nach Gelnhausen ist nur heute ein Katzensprung. Mit Pferd und Kutsche war er eine richtige Reise. Es spricht vieles dafür, dass Katharina nach dem Tod ihres Mannes nach Gelnhausen zog und dass sie ihre Kinder mit in die Reichsstadt nahm. Allerdings ist nur ein Kind urkundlich belegt: Kunigunda. Von ihr wissen wir, dass sie als »Jörg Christoffelß von Grimmelßhaußen Zentrgraven von Reichenbach nachgelaßener Tochter« noch nach 1615 im Gelnhäuser Spital unterhalten wurde. Dazu dienten die Einnahmen aus einem Hof in Somborn.

---

1 Günther Wölfing: Geschichte des Henneberger Landes zwischen Grabfeld, Rennsteig und Rhön. Leipzig/Hildburghausen 2009, S. 30.
2 Franz Xaver Himmelstein: Das Frauenkloster Wechterswinkel. In: Archiv des Historischen Vereins für Unterfranken und Aschaffenburg 15,1 (1860), S. 119.
3 Wölfing, a. a. O., S. 62.

Das Haus in Gelnhausen

4 Könnecke, a. a. O., S. 101.
5 Könnecke, a. a. O., S. 103.
6 Martin Schäfer: Urfehde des Fritz und Herdt Michel. In: Heimat-Jahrbuch des Kreises Gelnhausen 1968. Gelnhausen 1968, S. 97.
7 Gustav Simon: Die Geschichte des reichsständigen Hauses Ysenburg und Büdingen. Band 2. Frankfurt am Main 1865, S. 288.
8 Könnecke, a. a. O., S. 103.
9 Zit. nach: Albert Duncker: Ein Gelnhäuser Copialbuch des 16. Jahrhunderts mit der ersten Erwähnung der Familie Grimmelshausen. In: Zeitschrift des Vereins für hessische Geschichte und Landeskunde. Neue Folge. Band 9 (1882), S. 390.

DER BÜCHER-NARR. INITIATION IN HANAU

Im sechzehnten Jahr des Dreißigjährigen Krieges wurde Gelnhausen mit seinen etwa 1500 Bürgern in eine Totenstadt verwandelt. Ein Chronist berichtete knapp 50 Jahre später, 1685:

1634 im 30jährigen Krieg ward Gelnhausen durch hin und hergehende Armeen, Einquartierung, grausame Plünderung, durch den Brand zu einem Aschenhaufen gemacht, totaliter ruinirt, Kirchbäue devastirt; nach dem edlen Frieden sich wieder einige Leute in die Stadt gemacht, zu bauen angefangen, haben sie jedoch kaum so viel respiriren mögen, dass bey dem mühseligen Bau, der ganz verwüsteten Güter und Weinberg, zu den noch zu bauenden Kirchen und Schulgebäuden, um nicht ganz den Einsturz zu befürchten. Vor dem 30jährigen Krieg aus 1400 bis 1500 Bürger bestanden, nun aber kaum 200 Mann, so mehrentheils aus der Fremde und benachbarten Orten, auch von andern Glaubensgenossen nach der Hand sich daselbst niedergelassen.[1]

Diese niedergebrannte, ausgeplünderte Stadt, in der wohl kaum jemand die Toten beerdigen konnte, verließ Hans Jacob wahrscheinlich im September 1634. (Es könnte aber auch Wochen oder Monate später gewesen sein, denn die Verwüstungen Gelnhausens gingen noch weiter.) Er floh mit anderen Überlebenden nach Hanau. In diesen Tagen des Schreckens und der Zerstörung seiner Heimatstadt scheint er alles verloren zu haben. Nur sein Onkel Caspar Christoffel hatte die Plünderungen überlebt oder war zu dieser Zeit gar nicht in Gelnhausen gewesen.

Hans Jacob lief nach Hanau, um zu überleben, um dem Krieg, der ihm die Existenz als Schüler, wenn auch in sehr problematischen Verhältnissen, genommen hatte, zu entkommen. Aber er lief doch nur dem Großen Krieg entgegen, in den er 18 Jahre lang verwickelt bleiben sollte.

Nach den schweren Verwüstungen um die Jahreswende 1634/35 machte der Krieg zunächst eine Pause. Es kam zum Prager Frieden vom 30. Mai 1635. Viele der erst mit den Schweden verbündeten deutschen Fürsten wollten sich jetzt dem Kaiser annähern. Nun aber verbündete sich Frankreich, das die Vormachtstellung der Habsburger fürchtete, mit den

Szene aus dem Dreißigjährigen Krieg: *Die Gehenkten* von Jacques Callot

geschwächten Schweden. Damit begann eine neue Phase des Krieges. Sie sollte die blutigste und schrecklichste werden. In sie sollte Hans Jacob Christoffel von Grimmelshausen schließlich geraten. Und sein simplicianischer Zyklus wurde fortan zur wichtigsten Chronik des Dreißigjährigen Krieges. »Es gibt uns wahrhaftigere Bilder aus der deutschen Vergangenheit ein«, schreibt Hans Magnus Enzensberger, »als alles, was Gustav Freytag und Felix Dahn uns beschert haben, ja als der ganze Ploetz von vorn bis hinten: nicht Rekonstruktion, sondern Anschauung ohne Hinterabsicht, und Zeugenschaft von unten. Was das siebzehnte Jahrhundert, was der Dreißigjährige Krieg gewesen, das macht uns heute kein Historiker mehr begreiflich.«[2]

Dass uns Grimmelshausen auch heute noch wirkmächtige ›Bilder des Dreißigjährigen Krieges eingibt‹, liegt gewiss daran, dass er selbst so viele erschreckende Einblicke in die Realität des Krieges über sich ergehen lassen musste. Heute weiß man, in welch traumatischer Weise sich Kriegserfahrungen in der Psyche festsetzen können. Dass es das medizinische Vokabular noch nicht gab, niemand an »posttraumatischem Belastungsstress« litt, bedeutet nicht, Leiden, Alpträume, Ängste und zerstörerische Symptome hätten nicht existiert. Vielleicht hatten die üppigen Inszenierungen barocker Festkultur, die Rituale der Rhetorik, die pompösen Beschwörungen erotischer Potenzen nicht nur ganz allgemein etwas mit der hoch geputschten Erkenntnis der Sterblichkeit, dem Verfall des sündigen Körpers zu tun. Es könnten auch die Schatten, die nicht zu bewältigenden Wahrnehmungsreste des Krieges mit seinen Seuchen, Hungerqualen und Verstümmelungen nach Formen auftrumpfender Verdrängung verlangt haben.

Aber Grimmelshausen kontert den Krieg nicht mit ausuferndem Sprachpomp, poetisch gedrechselten Bollwerken oder arkadischen Gegenwelten. Dass sein Werk uns immer noch trifft und die Schrecken des Krieges vor Augen führen kann, hat mehrere Gründe. Er war dabei, er bediente sich beim Schreiben aber nicht bloß der überkommenen Regeln des rhetorisch-poetischen Systems. Gewiss ist er auch ein Virtuose des rhetorischen Schreibens und verfügt souverän über die barocken Techniken des Kopierens, der Konstruktion allegorischer Textpassagen, die Kunst, Massen von fremden Texten episch so zu drehen, dass sie ins eigene Werk passen. Neu aber und in dieser Form unerhört war etwas anderes.

In seinem *Satyrischen Pilgram*,³ dem Erstlingswerk von 1666, präsentiert sich der Autor in kunstvoll komponierten Vorreden dem Publikum. Wie auch bei den folgenden Texten über Gott, die Menschen, die Bauern, den Tabak, die Schönheit, das Tanzen, das Geld und anderes wird der Diskurs in drei Teilen geführt. Zuerst erhält, stellvertretend für alle potentiellen Kritiker, der Erztadler Momos das Wort⁴. Dann antwortet der »Author« mit Widerworten in einem »Gegensatz«, schließlich wird im »Nachklang« ein Fazit gezogen. Diese Glanzstücke dialektischer Rhetorik werden mit einem ebenfalls dreistimmigen Stück eingeleitet. Hier darf der »Spötter und Verleumder« Momos beginnen, es folgt eine »Gegenschrift des Authors« vor einer direkten Rede »an den Leser«.

Zuerst erfährt der Leser durch Momos, dass von einem »solchen Kerl wie der Author ist« nichts Gescheites zu erwarten sei. Der habe doch nichts studiert, gelernt und erfahren und sei, kaum, dass er das ABC konnte, als »rotziger Musquedirer« in den Krieg gekommen. Ein »grober Schlingel, unwissender Esel, Ignorant und Idiot«, der lauter Fehler beim Schreiben macht, das sei er gewesen. So weit der provokante Nörgler Momos. Immerhin berichtet Grimmelshausen selbst, dass er »so bald er kaum das ABC begriffen hatt« in den Krieg ziehen musste; denn er hat die drei Präludien am 15. Februar 1666 an seinem damaligen Wohnort im badischen Gaisbach bei Oberkirch mit seinem Namen unterschrieben; allerdings anagrammatisch verdreht⁵.

Wenn dieser legasthenische Rotzbub nichts Ordentliches zustande bringt, wie soll dann sein *Satyrischer Pilgram* des Lesens wert sein? Momos hatte lauthals verkündet, der Autor sei jemand, der »nichts studirt, gelernet noch erfahren« habe, das merke man schon an den vielen Fehlern, das sei nicht zu ändern, wenn man die Schule abbrechen musste, um in den Krieg zu ziehen.

Dem setzt der Autor, Grimmelshausen also, selbstbewusst seinen eigenen Bildungsweg entgegen. Mögen »beynahe alle Scribenten« ihre Bücher mit gewaltigen Titeln zieren, es folgen dann doch die größten Lügen. Er, der sich hier zum ersten Mal Samuel Greifnson nennt, will in seinem Buch von der Beschaffenheit der »meisten Dinge in der gantzen Welt« berichten. Über Gut und Böse will er schreiben. So, wie er es als Christenmensch in den Büchern gelesen und wie er es »selbsten gesehen und erfahren«[6] habe. Daran ist bei Grimmelshausen im Prinzip nicht zu zweifeln, wenn er auch nicht selten, ganz in der Tradition der Picaro-Romane, seinen Simplicius zum Augenzeugen etwa von Schlachten macht, deren Berichte er in Wahrheit aus anderen Büchern entnommen hat. In diesen Romanen ist die Formel »ich war dabei« ein Authentizitätsspiel innerhalb der fiktiven Autobiographie.

Hier meldet sich ein Autor zu Wort, der sich deutlich und ziemlich keck abheben will von der Menge der routinierten Scribenten. Moralisch (Gut und Böse), literarisch (im rechten Gebrauch der Bücher, aus denen er gelernt hat) und beglaubigt durch eigene Wahrnehmung und Erfahrung. Die vor allem hat er den meisten anderen Scribenten voraus.

Es war in der Barockliteratur durchaus üblich, etwa in der sogenannten Hausväterliteratur des Johannes Coler, die Grimmelshausen gut kannte und nutzte, die Alltagserfahrung zu thematisieren, um daraus zu lernen. Der gesamte Kreis alltäglicher Verrichtungen in Haus und Hof war Gegenstand nützlicher Theorien, moralische Handreichungen inbegriffen.

Grimmelshausen aber versteht hier unter ›eigener Erfahrung‹ etwas anderes. Er weiß nur zu gut, dass er sich als schreibender Autodidakt in den Institutionen der literarischen Kommunikation kaum behaupten kann, dass er keine Aussichten hat, als ›vir litteratus‹ anerkannt zu werden. Den enormen Vorsprung an formaler Bildung und gesellschaftlichem Ansehen der berühmten Autoren wird er niemals einholen können. Diesen Mangel jedoch glaubt er durch eigene Erfahrung wettmachen zu können.

Das »schreckliche Monstrum« Krieg

Der letzte Diskurs im *Satyrischen Pilgram* handelt vom Krieg. An diesem besonderen Platz kommt ihm gesteigerte Bedeutung zu. Nach ausführlichen Zitaten vor allem antiker Kriegstheoretiker, die ihn für notwendig halten, wenn nicht gar als Heilmittel gegen einen faulen Frieden preisen, schlägt, im »Gegensatz«, Grimmelshausen kräftig zu.

Eigentlich, so beginnt er, solle man davon ausgehen, dass der »verwichene Teutsche Krieg« genug »unwiederbringlichen Schaden« angerichtet habe. Da müsse sich doch der »Gegensatz« erübrigen. Aber leider sei ein »Haufen junger Schnautzhahnen« seit dem Friedensschluss aufgewachsen, die nur deswegen einen Krieg erleben möchten, »weil sie nit wissen, was Krieg ist«[7].

Er aber sei dabei gewesen, und das klingt nun wahrlich anders als die pikaresken Teilnahmeversicherungen.

Ohne Ruhm zu melden/ich bin ehemalen auch darbey gewesen/da man einander das weisse in den Augen beschaute/kan derowegen wohl Zeugnüß geben/daß es einem ieden/ der sonst keine Memme ist/reine Hertzenslust ist/so lange einer ohnbeschädigt verbleibt; Wann einer aber von fernem das erbärmliche Spectacul *mit gesunder Vernunfft ansiehet/ so wird er bekennen müssen/daß nichts unsinnigeres uff der welt sey/als eben dieses klägliche Schauspiel (...).*[8]

Weil er selbst in der Schlacht war, kennt er die naive »Hertzenslust« der Soldaten am Kämpfen, solange sie nicht verwundet werden und ihren Mut gratis beweisen können. Aus einiger Entfernung müsse man aber den Wahnsinn des

Krieges begreifen. Exemplarisch knüpft Grimmelshausen hier an seiner Erfahrung an, um von da aus, aus der Sicht des erfahrenen und erlittenen Wahnsinns, den Krieg ganz und gar zu verurteilen.

Im »Nachklang« wird er noch deutlicher und kann dann auch noch ein wenig für ein künftiges Werk aus seiner Feder werben.

Ich gestehe gern/daß ich den hundersten Theil nicht erzehlet/was der Krieg vor ein erschreckliches und grausames Monstrum seye/dann solches erfordert mehr als ein gantz Buch Papier/so aber in diesem kurtzen Wercklein nicht wohl einzubringen wäre/Mein Simplicissimus *wird dem günstigen Leser mit einer andern und zwar lustigern Manier viel* Particularitäten *von ihm erzehlen/indessen halte ich darvor/es sey uns Christen nichts ohnanständiger als der Krieg (...).*[9]

Grimmelshausen kündigt an, Einzelheiten vom Krieg zu erzählen mit der eindeutigen Absicht, das »schreckliche Monstrum« Krieg zu ächten und der Jugend jegliche Kriegsbegeisterung auszutreiben. In seinem *Stoltzen Melcher* von 1672 wird er auf solche Warnungen dezidiert zurückkommen. Leider sollte dann auch der Krieg in die Ortenau zurückkehren, der den Schultheiß von Renchen mit den Forderungen seines Landesherrn, Fürstbischof Franz Egon von Fürstenberg, konfrontierte, im Renchener Amtsbezirk Söldner anwerben zu lassen.

Im *Satyrischen Pilgram* verrät er auch gleich, wie er das im *Simplicissimus* zu tun gedenkt. In »lustiger Manier« wird er dort vom Schrecken des Krieges sprechen und den Christenmenschen ins Gewissen reden.

Der Autor hat nun schon einiges über sich selbst und seine Absichten verraten. Einerseits war er ein ungehobelter Schulabbrecher, der kaum das ABC beherrschte. Das wurde aus Gründen des Argumentationsspiels dem bösen Spötter Momos in den Mund gelegt. Anderseits aber hat er sich trotz dieser schlechten Ausgangslage durch emsige Lektüre und Erfahrung selbst zum Autor gebildet. Der Erfahrung entspricht das Erzählen, die Bücher regieren das Schreiben. Sein Stil in »lustiger Manier« lässt prächtige Hybriden von Traditionen der Mündlichkeit und Literatur erwarten; bescheiden ist er dabei nicht. Es geht ihm immerhin um »die meisten Dinge in der ganzen Welt«.

Zentrum seines Schreibens ist der Krieg, sind seine eigenen Erfahrungen mit diesem »Monstrum«. So liefert Grimmelshausen schon einen Schlüssel zu seiner Biographie. Hier übernimmt es ein »unwissender Esel, Ignorant und Idiot, grober Schlingel« selbst, gegen alle Wahrscheinlichkeit, angesichts der schlimmsten äußeren Umstände mit eigenen Mitteln zu überleben. Grimmelshausen hat sich nach den Katastrophen seiner Kindheit vor dem Krieg durch Bildung gerettet. Durch Bücher und die Fähigkeit, seine eigenen Erfahrungen zum Gegenstand von Erzählungen und Büchern von funkelnder Zweischneidigkeit zu machen; literarische Fixsterne, die in wechselnden Farben zwischen christlicher Moral und üppiger Epik schimmern. Aus der geschilderten Realität des Krieges lassen sich kaum Erkenntnisse für Grimmelshausens Biographie gewinnen; wohl aber aus den vielen Berichten und Abschweifungen über jemanden, der es mit dem Krieg lesend und schreibend aufnimmt.

Die Selbstreflexionen des Schreibers aus den anagrammatischen Verstecken und den Spielen mit Erzähler- oder Herausgeberfiktionen herauszulösen und sie auf den Autor Grimmelshausen zu beziehen, ist ein Verfahren dieses Buches. Neue Archivfunde zur Kindheit und Jugend des Autors legitimieren dieses Vorgehen.

Dafür muss gelegentlich die Strecke zwischen der erzählten Situation und den Schreibumständen des Autors viele Jahre später in wilden Abkürzungen oder auch Umwegen zurückgelegt werden.

Der Knabe Hans Jacob hat das zerstörte Gelnhausen verlassen und befindet sich auf dem Weg nach Hanau. Grimmelshausen wird etwa 30 Jahre später auf genau diese Situation zurückkommen und den »rotzigen Musquedirer« erwähnen, der aus der Schule in den Krieg gekommen sei. Der aber immerhin das ABC gelernt habe, also schreiben konnte. Am 15. Februar 1666 wird der Autor sich selbst und den Ort bezeichnen, an dem er auf diesen Rotzbuben zurückgeschaut hat. Er wird sich Samuel Greifnson vom Hirschfeld nennen, der Ort wird Hybspinthal heißen. An diesem Tag hat Grimmelshausen die Vorreden zum *Satyrischen Pilgram* unterschrieben.

Schüttelt man das sehr fremd klingende ›Thal‹ ein wenig, kommt die ›Spitalbühn‹ heraus, was auch merkwürdig klingt, aber den unschätzbaren Vorteil besitzt, ein Grundstück zu bezeichnen, auf dem Grimmelshausen zwei Häuser besaß, von denen eines noch prachtvoll erhalten ist. Samuel Greifnson vom Hirschfeld sollte zum bekanntesten Namensanagramm Grimmelshausens werden.

Es folgt eine kleine Galerie aller bekannt gewordenen Anagramme des Autors, von denen das letzte unverschämt schwer scheint, aber leicht wollte es Grimmelshausen seinen Entzifferern ja auch nicht machen.

Melchior Sternfels von Fuchshaim
German Schleifheim von Sulsfort
Samuel Greifnson von Hirschfeld
Philarchus Grossus von Trommenheim auf Griffsberg/etc.
Philarchus Grossus von Tromerheim
Michael Rechulin von Sehmsdorff
Erich Stainfels von Grufensholm
Simon Leugfrisch von Hartenfels
Israel Fromschmidt von Hugenfelß
Signeur Meßmahl
Illiteratus Ignorantius, zugenannt Idiota
Acceeffghhiillmmnnoorrssstuu

Er mag sich aus vielerlei Gründen in den Anagrammen seines Namens versteckt haben. Zu veranschlagen ist aber auch, dass er mit seinem Simplicius die Eigenschaft teilt, ein »zimblicher Zifferant« zu sein, ein Buchstaben- und Zahlenspieler von Gnaden. Ganz besonders hat es ihm die Zahl 17 angetan.

Eine verborgene Spur könnte sich bei der Rede vom Krieg im Gegensatz von »gesunder Vernunft« und »unsinnigem, kläglichen Schauspielen« ergeben, die den »närrischen Wünschen martialischer Gemüter« entspringen. Der Krieg ist verrückt und er macht verrückt. Das Monstrum überwältigt, bevor es die Körper zerstört, die Wahrnehmung, den Geist, die Vernunft.

Ganz handfest bestätigen dies die folgenden Berichte. Wenn auch nach den Kriegen selbstverständlich keinerlei therapeutische Hilfe bei der Wiedererlangung der Vernunft der Überlebenden gewährt wurde, stand doch ein Arsenal an Mitteln zur Verfügung, die kämpfenden Söldner vor und während der Schlacht in den körperlichen und psychischen Ausnahmezustand zu versetzen; sie um den Verstand zu bringen, damit sie im verrückten Krieg mitmischten. Da gab es die Aussicht auf einen ›Sturmsold‹, eine Art Gefahrenzulage, falls man noch Gelegenheit hatte, das Geld auszugeben. Wichtiger war aber der Alkohol, wie der Historiker Hans-Christian Huf in seiner Geschichte des Dreißigjährigen Krieges an Beispielen erzählt:

»Nachdem aber unser General Tilly auf jeden Soldaten ein halbes Maß Wein hat geben lassen, sind wir alsbald auf den Feind losgegangen«, berichtet der Rittmeister in der Armee des Oberbefehlshabers der katholischen Liga, Augustin von Fritsch, 1622 über die letzten Momente vor Beginn der Schlacht von Wimpfen. Ein Augenzeuge der Eroberung von Wolgast durch die kaiserlichen Truppen im Jahr 1637 bemerkt: »Da nun der Herzog aber sah, dass ein ziemlicher Teil der Brustwehren und Palisaden darniederlag, erfrischte er seine Soldaten mit etlichen Tonnen Bier und gutem Wein, worauf sie noch am selbigen Tag angriffen.«[10]

Während der Schlacht sorgten dann der ohrenbetäubende Lärm von Trommeln und Pauken, der schrille Trompetenklang und das immense Quieken der Sackpfeifen dafür, dass die Söldner der letzten Reste sinnlicher Vernunft beraubt wurden. Dass im Dreißigjährigen Krieg, wie wohl in allen anderen Kriegen, viele Soldaten und zivile Opfer um den Verstand gebracht, irre wurden, ist sicher.

Wie war es um die Sinne, die Vernunft von Hans Jacob bestellt, als Gelnhausen 1634 zerstört und ausgeplündert wurde? Er hatte in seiner Gelnhäuser Kindheit eine Vorschule der Gewalt, der rohen Sitten und Verwilderung von Familienverhältnissen durchlaufen. In einem Klima von Denunziation, Verleumdung und kräftig geschürten Ängsten vor Hexen und Zauberern lebte er gewiss nicht froh und friedlich dahin. Die Einquartierungen in der Stadt und die Nachrichten über den Krieg sorgten überdies für ein Gefühl latenter Bedrohung und für finstere Phantasien. Hans Jacob kannte den Krieg, bevor er in ihn ziehen musste, aber die plötzlich hereinbrechende brutale Gewalt hat den Jungen überwältigt. Sie zog mit Feuer, Metzeleien und Vergewaltigungen als ein unbegreiflicher Schock in die engen Gassen und Plätze von Gelnhausen ein und wütete mit rasantem Terror schneller und schrecklicher, als es einem Kind vorstellbar war. Dieser Schock ängstigte den (wahrscheinlich) zwölfjährigen Hans Jacob wohl derart, dass er in einem unsäglichen Durcheinander zum Tor hinausrannte, um auf den Wiesen in der Kinzigaue Hanau entgegenzulaufen.

So kann es gewesen sein. In heutigen Begriffen würden wir von einer traumatischen Erfahrung sprechen, die er mutterseelenallein nicht durch Trost und liebevolle Zuwendung verarbeiten konnte. Von nun an war er auf sich selbst gestellt und musste sehen, wie er mit marodierenden Söldnern, mit Hunger, Durst und Kälte zurechtkam. Zuerst einmal musste er heil nach Hanau kommen und dort überleben. Die Stadt spielt als erste Zuflucht eine herausragende Rolle für ihn, und sie wird das auf vielfältige Weise sein Leben lang tun.

Die Festung Hanau

Hanau bestand aus drei voneinander geschiedenen Teilen: der Burg, der Altstadt und der Neustadt mit jeweils eigenen Befestigungen. Zur Altstadt, die zur Burg hin offen, also unbefestigt war, gehörte die zunächst ebenfalls unbefestigte Vorstadt zwischen Stadt und Kinzig-Brücke. Von der Neustadt aus gelangte man ungehindert in die Altstadt.

Im Norden befand sich die Burg beziehungsweise das Schloss der Grafen von Hanau, das Philipp Ludwig II. von Hanau-Münzenberg um 1600 hatte umbauen und erweitern lassen. Die südlich der Burg gelegene Altstadt Hanau besaß seit 1303 Stadtrecht und war zunächst mit einer imposanten Basaltmauer umgeben worden. Im 16. Jahrhundert ließ Bernhard von Solms die Altstadt mit einem neuen Befestigungssystem vor der weiterentwickelten Artillerie schützen. Der heutige Freiheitsplatz markiert noch immer die einstige Grenze zwischen Altstadt und Neustadt Hanau.

Die nach symmetrischen Mustern gebaute Neustadt war, als Hans Jacob in der Festung Hanau Schutz suchte, erst 40 Jahre alt. 1597 war sie mit einem Vertrag zwischen niederländischen und wallonischen, vor allem aus den Spanischen Niederlanden stammenden Glaubensflüchtlingen mit Graf Philipp Ludwig II. entstanden. Die Neustadt gewann in kurzer Zeit enorme Bedeutung durch wirtschaftliche Neuerungen, internationalen Handel und moderne Verkehrsformen. Die gemächliche Residenz wurde durch diesen Modernisierungsschub kräftig aufgemischt. Hinzu kamen die von Philipp Ludwig in die Stadt gebetenen Juden, die Privilegien erhielten und in einer neu errichteten Judengasse vor den

Der Bücher-Narr. Initiation in Hanau

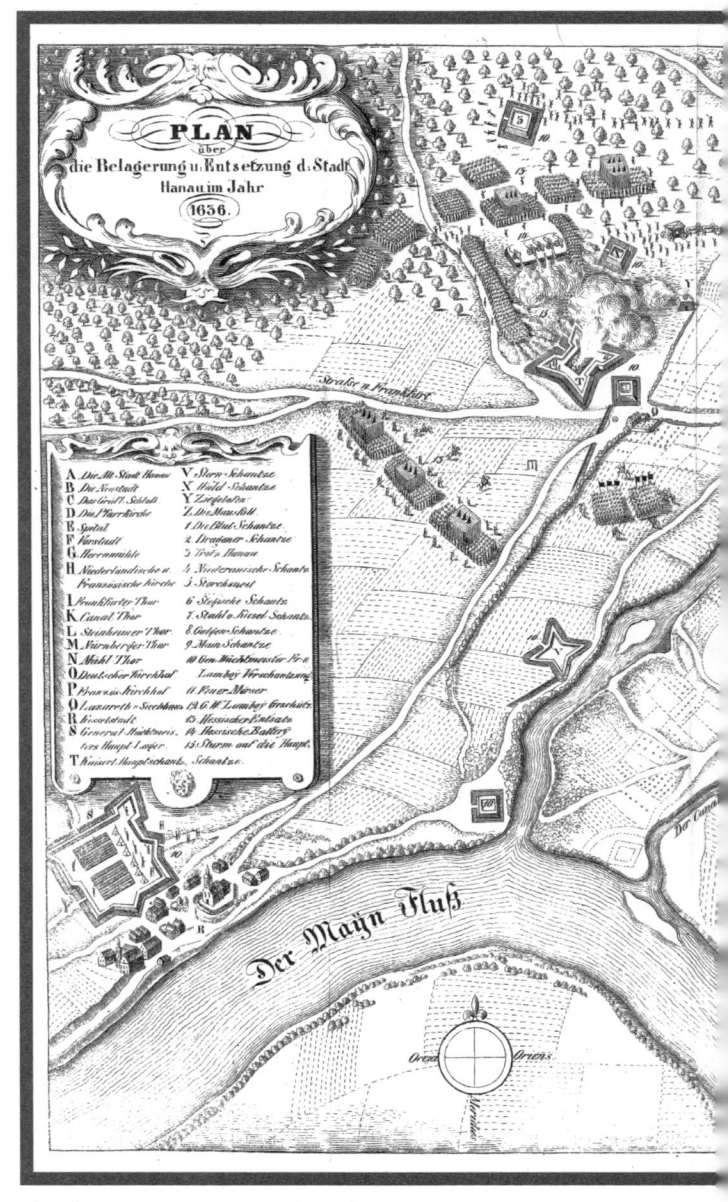

Plan der Festung Hanau aus dem Jahr 1656

DIE FESTUNG HANAU

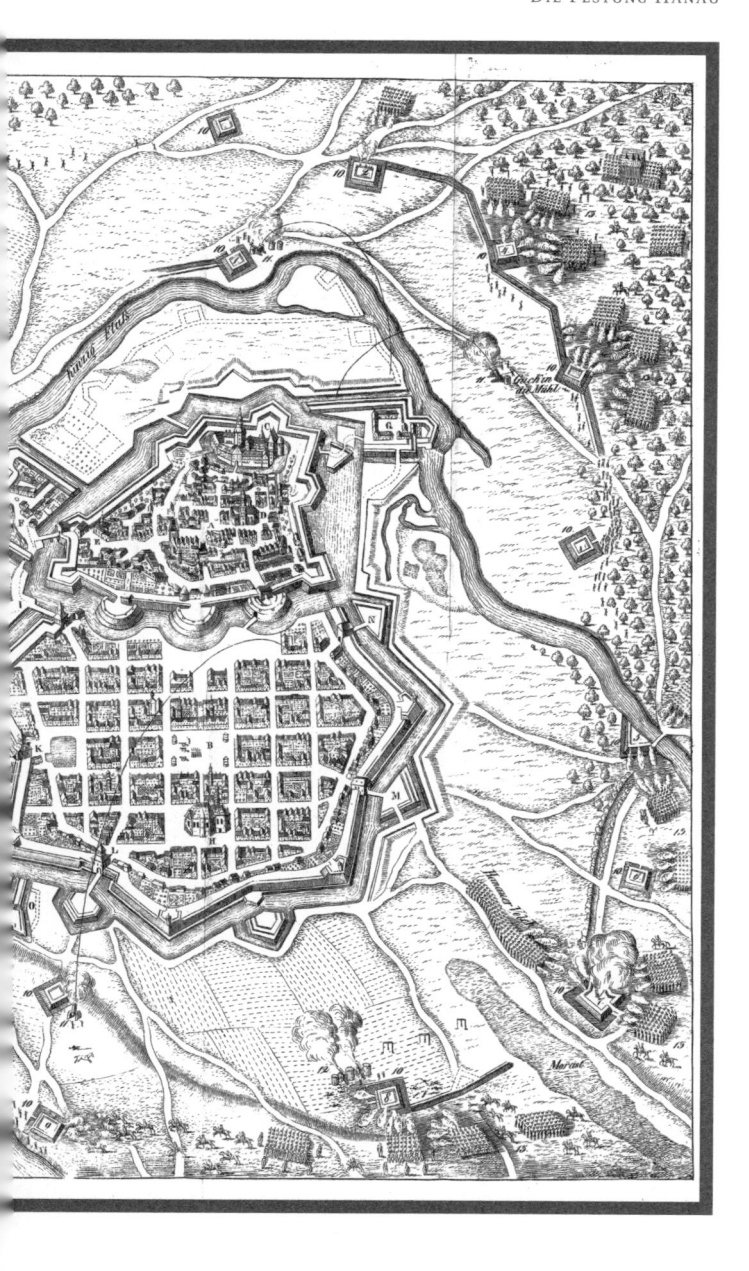

Altstadtmauern über dem alten Stadtgraben angesiedelt wurden. Die Hanauer Regierung schickte Werbematerial sogar nach Venedig, um Juden zur Übersiedlung zu bewegen.

Hanau wurde von vier verschiedenen Verwaltungsgremien regiert. Dazu gehörten je eigene Stadträte für Alt- und Neustadt, die jährlich ihren Schultheiß, also Bürgermeister, wählten, den die gräfliche Regierung dann nur bestätigte. Im Schloss residierte die Regierung, der mit ihren Räten und Schreibern ein Oberamtmann vorstand. Der vierten Behörde stand der Schultheiß des Amtes Büchertal vor, der für die außerhalb der Stadt gelegenen Dörfer zuständig war, die zur Grafschaft Hanau gehörten. Mit all diesen selbständigen Teilen kam Hanau im Jahr 1632 auf etwa 5500 Bewohner.[11]

Mit dem wirtschaftlichen Aufstieg wuchs auch das Bedürfnis, ganz Hanau zu einer Festung zu machen. Durch den Bau geradliniger Festungswerke nach dem sogenannten Tenaillesystem mit eingezogenen Flanken und davorgelegten Außenwerken sollte ermöglicht werden, feindliche Truppen auf dem Vorfeld von der Festung aus zu beschießen. Einsprüche des Mainzer Kurfürsten verzögerten zunächst die Fertigstellung des Festungsbaus, so dass die Anlage zu Beginn des Krieges noch nicht vollendet war.

Seine nach dem Tod von Philipp Ludwig II. seit August 1612 regierende Witwe, Gräfin Katharina Belgica, trieb den Festungsbau mit drastischen Mitteln voran. Bauern aus der Umgebung hatten in Fronarbeit mitzuhelfen:

An (=ab) 1615 den 23. Jan. hat jeder nachbar in dem flecken hochstatt, keiner ausgenommen, drey tag zu Hanau an dem neuen Wall hinterm schloß arbeiten müssen, hat die obrigkeit einem jeden ein klein leiblein brod des tags gegeben, und hat das gantze land an dem wall arbeiten müssen.[12]

1620 war der Ring geschlossen und die Festung Hanau damit vollendet. Von da an verfügte die wirksam geschützte Stadt über einen unschätzbaren Vorteil. Sie konnte zunächst nicht eingenommen werden, blieb von Einquartierungen verschont und bot nicht nur den Bewohnern Schutz. Aus allen Dörfern und Städten der Umgebung flohen die bedrängten Menschen in die Festung. Darin ging es in mehrfacher Hinsicht drunter und drüber.

Gräfin Katharina Belgica war zunächst nicht bereit, die Regierung an ihren Sohn Philipp Moritz zu übergeben. Erst nach Streitereien, in die sogar das Reichskammergericht eingreifen musste, übernahm der Thronfolger die Macht. Nach seinem innovationsfreudigen und allgemein angesehen Vater Philipp Ludwig II. und der starken Mutter war er eher ein Taktierer ohne Format und Courage.

Zuerst kamen die Kaiserlichen in die Stadt Hanau. Philipp Moritz trat mit opportunistischem Gespür in ihren Dienst, weil er so das militärische Kommando über seine Stadt behalten konnte. Im Herbst 1631 wechselte er zu den Schweden, die in der Nacht vom 31. Oktober zum 1. November handstreichartig in Hanau einzogen. Bald kam König Gustav II. Adolf durch Hanau, besetzte die Kaiserstadt Frankfurt und dann Mainz, die Residenz des im Reich wichtigsten Kurfürsten. Bei dieser Gelegenheit besuchte der König auch Gelnhausen.

Nun wurde Philipp Moritz zum Obersten eines schwedischen Regiments ernannt und für den Seitenwechsel mit dem Amt Orb (heute Bad Orb) nebst einigen anderen Ämtern und dem Freigericht Alzenau belohnt. Nach der Schlacht bei Nördlingen dominierten wieder die Kaiserlichen, was Philipp Moritz zur Flucht zur oranisch-nassauischen Verwandtschaft nach Den Haag und Delft veranlasste. Seinen jüngsten Bruder, Graf Jakob Johann, ließ er als Stellvertreter zurück. Da es nun aber dank der hervorragenden Befestigung den kaiserlichen Truppen nicht gelang, Hanau einzunehmen, blieben die Schweden bis 1638 in der Festung. Die Besatzung bestand nach der Schlacht bei Nördlingen aus dem

Burgsdorfischen blauen Regiment Weimarischer Fußvölker, 2 Compagnien Schotten von dem Regiment des General=Major Ramsai, und 2 Compagnien hessischer Reuter von des Obristen Tilly Regiment. An diese Garnison schloß sich eine Anzahl bewaffneter Bürger und unternehmender Landleute an.[13]

Als Graf Jakob Johann merkte, dass er neben Ramsay in Hanau nichts mehr zu sagen hatte, verließ er die Stadt.

1635/1636 wurde Hanau neun Monate lang erfolglos von kaiserlichen Truppen unter General Lamboy belagert. Dann rückte im Juni 1636 ein Entsatzheer unter Landgraf Wilhelm V. von Hessen-Kassel in Hanau ein und befreite die Stadt. Der bewegliche Exil-Graf Philipp Moritz versöhnte sich 1637 mit dem Kaiser und kehrte in die Grafschaft zurück, wo er von Generalmajor Ramsay, der sich bis dahin in der Stadt hatte halten können, sogleich verhaftet wurde. Erst am 2. Februar 1638 wurden die Schweden mit Ramsay durch einen militärischen Handstreich vertrieben. Mit Philipp Moritz befreundete Grafen aus der Wetterau und vor allem Major Winter von Güldenborn hatten sich dabei besonders hervorgetan. Ramsay wurde schwer verwundet; nach populärer Tradition soll er dabei wie wahnsinnig gewütet und getobt haben. Als Simplicius vor der Schlacht bei Wittstock verdächtigt wird, ein Spion der Protestanten zu sein, und vor den kaiserlichen Generalauditor geführt wird, heißt es, der Gouverneur von Hanau sei der »verschlagenste Kriegsmann von der Welt«. Das Urteil über Ramsay schwankt aber beträchtlich. Mal wird er als kluger, tapferer und unbestechlicher ›protestantischer Wallenstein‹ bezeichnet, mal fungiert er in der Hanauer Geschichtsschreibung als ›im hohen Grad verschlagen‹ und gar »genußsüchtig und rücksichtslos und von einer Gewalttätigkeit, die ihres Gleichen sucht«[14]. Simplicius vergisst Ramsay nicht. In der Rückschau auf sein Leben im fünften Buch des *Simplicissimus* bemerkt er, über »(...) Ramsay konnte ich nur noch in Erfahrung bringen, dass die Hanauer ihn samt der schwedischen Garnison aus der Stadt vertrieben hatten, weshalb er vor lauter Zorn bald wahnsinnig geworden sei«[15].

Der historische Freiherr Jakob von Ramsay wurde nach seiner Verhaftung ins nassauische Dillenburg gebracht, wo er eineinhalb Jahre später, am 29. Juni 1639, an seinen Verletzungen starb.

Am 15. September 1634, als Gelnhausen verwüstet wurde und sich Hans Jacob höchstwahrscheinlich auf den Weg nach Hanau machte, war Graf Moritz noch in der Stadt. An diesem Tag befahl er, sämtliche Bäume um die Stadt herum zu fällen und alle Häuser mit dem Landausschuss, einer Art Bürgerwehr, zu belegen. Die Constabler hatten sich am 25. September bei ihren Geschützen auf dem Wall einzufinden. Zwei Tage später ließ er noch die Ölmühle vor der Kinzigbrücke und alle dort stehenden Häuser niederreißen, bevor er Ende des Monats verschwand.

Ramsay war am 10. September 1634 in Hanau eingezogen. Er nahm sich vor, Hanau mit allen Mitteln als schwedischen Stützpunkt zu halten. Dabei achtete er auf strenge Disziplin der Soldaten und stellte sich gut mit der Bürgerschaft, nicht aber mit der hinterlassenen landgräflichen Regierung. Da er ein reformierter Christ war und die ebenfalls reformierte Bevölkerung zu schützen versprach, gelangte er in der Stadt offenbar zu hohem Ansehen. Das konnte aber an den verheerenden Zuständen in der Festung nichts ändern. Sie war mit Flüchtlingen und Soldaten vollständig überfüllt. 1635 wütete die Pest. Ihr und dem Hunger während der Blockade durch General Lamboy fielen 14 000 Menschen zum Opfer. Waren die Zustände in der Festung schon erbärmlich, so hatten die Bewohner der Höfe und Dörfer in der Umgebung noch mehr zu leiden.

Im Februar 1635 wurde eine Liste verfertigt der »Flecken, so inn Ampt Bucherthal durch Freundt undt feindt ahngezundet Undt mehrentheils eingeäschert worden«[16].

Dort hieß es, in die heutigen Ortsnamen übersetzt:
Dörnigheim: ganz abgebrannt.
Hochstadt: hat sechs mal gebrannt, acht arme Leute haben überlebt.
Wachenbuchen: fast ganz eingeäschert.
Oberdorfelden: desgleichen.
Kilianstädten: bis auf acht Häuser.
Bruchköbel: ganz abgebrannt.
Niederissigheim: desgleichen.
Mag der schottische Stadtkommandant Ramsay geachtet worden sein, so trat er doch äußerst brutal auf.

Die Organe der Justiz wurden durch ein Standrecht abgelöst, nach dem Offiziere Urteile fällen durften, die sofort vollstreckt wurden. Dabei stand die Todesstrafe auch auf kleinere Delikte wie Diebstahl. Ein Diener des Kapitänleutnants Ernst von Burgsdorf zum Beispiel hatte trotz Verbots mit Pulver auf Vögel geschossen, wahrscheinlich, weil nicht genug zu essen vorhanden war. Er wurde sofort aufgehängt. Christoph Schulteis, Kommandant von Burg und Stadt Friedberg, wurde trotz der Zusicherung freien Geleits auf dem Neustädter Marktplatz erschossen. Bei allem Chaos blieb die Grammatik der öffentlichen Strafakte differenziert und von starker Symbolkraft. So wurden Soldaten an grünen Bäumen aufgehängt, meineidige Überläufer aber an dürren Ästen.

Dies also waren die Zustände, die in der Festung Hanau und ihrer Umgebung herrschten, als Gelnhausen im September 1634 geplündert und verwüstet wurde. Graf Moritz war gerade noch in der Stadt und bewies seine wankende Autorität durch rigorose Befehle. Generalmajor Ramsay, der ihn wenige Tage später zur Stadt hinauskomplimentieren sollte, war gerade angekommen und gelobte, hart, sehr hart durchzugreifen. Was Hans Jacob Christoffel in Hanau sah, Gehängte, Soldaten aus vielen Ländern in wildem Aufzug, eine Stadt in Angst und Schrecken, fügte sich den Gelnhäuser Verhältnissen bruchlos an. Was er vielleicht begriff, war, dass der Krieg nicht nur Tod und Verderben brachte. Er kehrte auch die gewöhnliche Ordnung um. Es war keineswegs mehr sicher, wer Freund, wer Feind und wohin man selbst gehörte. Nur dass er es hier in der Festung dennoch

Generalmajor Jakob Ramsay (1589–1639)

besser getroffen hatte als in Gelnhausen, das wird er gemerkt haben.

Wie lang Hans Jacob in der Festung Hanau blieb, ist nicht bekannt. Wahrscheinlich waren es nur wenige Monate. Man weiß nicht, wer ihm beim Überleben in dieser Stadt voller Drangsale half.

Jörg Jochen Bens zählte in einem Aufsatz in den *Simpliciana*, dem unverzichtbaren Zentralorgan der Grimmelshausen-

Forschung, 14 Geistliche auf, mit denen Grimmelshausen im Lauf seines Lebens Kontakt hatte.

Für die Schulzeit in Gelnhausen waren es die lutherischen Pfarrer Anton Kessel (Chesselius), gestorben 1633 in Gelnhausen, 1617 bis 1626 Rektor der Gelnhäuser Stadtschule, und Johannes Coberstein oder Koberstein der Ältere, geboren 1566, gestorben 1634 in Gelnhausen. Mag sein, dass der Pfarrer Coberstein die nach Hanau fliehenden Gelnhäuser begleitet hat. Vielleicht konnte er sich dort um Hans Jacob kümmern. In die Stadt Hanau jedenfalls dürfte Hans Jacob als Vollwaise gekommen sein. Hier lernte er nach dem Gelnhäuser Schock in erschreckender Konzentration die Wirklichkeit des Krieges kennen.

Dem Gouverneur Ramsay kommt im *Simplicissimus* ein ganz besonderer Rang zu. Keine historische Person spielt zugleich eine solch prägnante Rolle als literarische Figur. Er war Stadtkommandant von Hanau, als Hans Jacob dort Schutz suchte. Er prägte die Zeit von September 1634 bis Februar 1638 sehr viel stärker als die gräfliche Regierung, und bei allem Zweifel an seinem Charakter wurde er von den Hanauern doch als eine Art grausamer Schutzpatron angesehen.

Gustav Könnecke hat Ramsays Kommandounternehmen, seine militärischen Erfolge und Misserfolge mit Berichten verglichen, die Grimmelshausen im zweiten Buch des *Simplicissimus* zum Teil mit Daten und Ortsnamen nennt. In Simplicius' vehementer Strafpredigt an den Gouverneur (und dessen Soldaten) heißt es:

Erst neulich haben sie Orb geplündert, Braunfels eingenommen und Staden in Schutt und Asche gelegt. So haben sie zwar ihre Beute gemacht, aber du hast dir eine schwere Verantwortung vor Gott aufgeladen.[17]

Das »erst neulich« stellt sich als von Grimmelshausen sehr frei datiert heraus. Im *Theatrum Europaeum* wird über die Einnahme von Orb berichtet:

Die Festung Hanau

Der Commendant in Hanau Herr General Major Ramsay ließ die seinigen viel außfallen und auff die Käyserischen streiffen, welche dann etliche viel der Kayserischen niedergemacht, auch gefangene von ihnen einbracht, und etwas Beuthen gemacht, sonderlich in dem Stättlein Urb, da sie etliche Crobaten vom Isolanischen Regiment, so zur Salva Guardy dahin geschickt, jählingen überrumpelt, auch sonsten etliche Piccolominische Reuter angetroffen, deren erlegt und viel gefangene wol mundirte Pferdt neben andern guthen Beuthen mehr eingebracht.[18]

Grimmelshausen erweist sich als recht unzuverlässiger Chronist. Die Stadt Orb wurde sehr viel früher, das in der Strafpredigt ebenfalls erwähnte Staden später eingenommen. Er verschiebt die Daten von Schlachten, schachtelt Orte ineinander, agiert als souveräner Erzähler, dem es im Zweifelsfall wichtiger ist, dass die Dramaturgie einer Erzählung stimmt und nicht das Protokoll der realen Abläufe. An den großen Linien, den Frontverläufen, Sieg oder Niederlage einer Partei ändert er freilich nichts. Die historischen Fakten, die namentlich aufgeführten Helden und Schurken werden so zugleich in ihren realen Zusammenhängen geschildert und im vielschichtigen Text verwoben, der bei Grimmelshausen voller Sinnschichten und Lesarten ist.

Ortsnamen, Schlachtbeschreibungen oder historische Figuren bilden trotz der freien Verschiebungen einen Resthalt, der es möglich macht, an den Erfahrungen und dem Wissen der Leser anzuknüpfen, um sie bis zum Schwindel in die Höhen und Tiefen von philosophischen Exkursen, endlosen Vergleichen, allegorischen Chiffren, Moralpredigten oder satirischen Bissen zu jagen. Wobei letztere den Grundton bilden. Solche Vergleiche von Realien in Grimmelshausens Lebenslauf mit der fiktiven Biographie des Simplicius belehren gründlich über beider Differenz. Sie können gut auch als Warnung davor dienen, Daten und Fakten aus dem Roman einfach in die Biographie Grimmelshausens zu übertragen.

So leicht sind die Steinchen für das Puzzle der Biographie nicht zu haben.

Bis hierher steht fest, dass der wahrscheinlich zwölfjährige Hans Jacob nach dem frühen Tod seines Vaters die Katastrophe der Verwüstung Gelnhausens erlebte und nach Hanau floh, wo er Zustände fand, die kaum zu ertragen waren. Für dieses Hanau mit seinen horrenden Kriegsfolgen steht der für die Schweden kämpfende schottische Gouverneur, der Generalmajor Jakob von Ramsay. Es ist davon auszugehen, dass dieser Name in Grimmelshausens Gedächtnis deutlich verknüpft blieb mit seinen Erlebnissen in der Festung Hanau, von wo aus er in den Krieg gekidnappt werden sollte.

Von Gelnhausen nach Hanau

Grimmelshausen, daran ist nicht zu zweifeln, hat die Zerstörung und Plünderung seiner Heimatstadt Gelnhausen selbst erlebt. Im *Satyrischen Pilgram* von 1666 kündigt er den *Simplicissimus* an und verspricht, in »lustiger Manier« allerhand »Particularitäten« über den Krieg zu liefern. Wieder geht es nicht darum, aus dem *Simplicissimus*-Text über die Verwüstung der Stadt Daten und Fakten für Grimmelshausens Lebensgeschichte zu gewinnen.

Vielmehr möchte man erfahren, wie der Autor in seinem angekündigten Werk einen Tiefpunkt im Leben des Simplicius in »lustiger Manier« schildert; wie er sein eigenes Kindheitstrauma in der Darstellung jenes Schreckens verarbeitet, der Simplicius im 18. Kapitel des ersten Buchs des *Simplicissimus* widerfährt.

Simplicius kommt nach dem traurigen Tod des Einsiedels aus dem Spessart nach Gelnhausen. Der hungrige Bub stößt auf ein Garbenfeld.

Am dritten Tag kam ich in der Nähe von Gelnhausen auf ein flaches Feld, wo mir ein Festmahl zuteil wurde. Denn dieses Feld lag voller Garben, die die Bauern, weil sie nach der berühmten Schlacht bei Nördlingen verjagt worden waren, zu meinem Glück nicht hatten einbringen können. In einer von ihnen machte ich mir mein Nachtlager, weil es furchtbar kalt war, und schlug mir den Bauch mit Weizenkörnern voll, die ich aus den Ähren rieb. Seit langem hatte ich so etwas Leckeres nicht mehr genossen.

Die Stichworte der literarischen Topographie sind Gelnhausen und die berühmte Schlacht bei Nördlingen. Sie führen in Raum und Zeit zum katastrophalen Wendepunkt von Grimmelshausens Leben. Simplicius läuft nun wahrscheinlich durch das Haitzer Tor in die Stadt, um entsetzt dem Schock eines Anblicks ausgesetzt zu sein, der ihn in die Flucht zwingt:

Als es tagte, futterte ich wieder von dem Weizen und ging dann nach Gelnhausen. Dort fand ich die Stadttore offen, teils verbrannt, teils auch noch mit Misthaufen verbarrikadiert. Ich ging hinein, konnte aber nirgendwo einen lebenden Menschen entdecken. Stattdessen lagen in den Straßen überall Tote, manche vollständig nackt, andere bis aufs Hemd entkleidet. Dieser jammervolle Anblick war mir, wie sich jeder vorstellen kann, ein schreckliches Spektakel. In meiner Einfalt konnte ich mir nicht erklären, was für ein Unglück diesen Ort in eine solche Lage gebracht haben mochte. Wenig später erfuhr ich aber, dass die kaiserlichen Truppen einige Weimarische dort überrumpelt hatten. Kaum zwei Steinwürfe weit drang ich in die Stadt vor, dann hatte ich mich an ihr schon satt gesehen.[19]

Beide Male beschreibt Grimmelshausen, wie das Gesehene das Wahrnehmungsvermögen des Buben übersteigt. Erst isst er sich satt, weil »zu seinem Glück« die Bauern die Ernte nicht einholen konnten, dann sieht er sich satt am »jammervollen Anblick« der nackten Toten, was auf verheerende sexuelle Gewalt schließen lässt. An diesen geringen Beispielen mag man sehen, mit welcher literarischen Strategie hier Grimmelshausen eine Schockerfahrung kontert. Es wird zusammengezwungen, was nicht zusammengehört. Der Krieg zerstört das Verhältnis von Bedeutendem und Bedeuteten.

Im Buch gelangt Simplicius, nachdem er sich an Gelnhausen »satt gesehen« hat, mühelos ans Stadttor:

(Ich) kehrte um und ging durch die Wiesen bis zu einer guten Landstraße, die mich bis vor die stolze Festung Hanau brachte.[20]

Simplicius muss jetzt kurz vor dem Tor warten, während Grimmelshausens Erzählton mit einem Text konfrontiert wird, der aus dem Tagebuch eines Söldners stammt. Er passt gerade hierher, weil auch in ihm von der Schlacht bei Nördlingen die Rede ist und weil er beinahe auf den Tag genau datiert ist, an dem Gelnhausen zum ersten Mal überfallen wurde. Sonst aber könnte der Bericht, der wahrscheinlich von einem Söldner namens Peter Hagendorf stammt, unterschiedlicher nicht sein. Auch hier geht es um die schrecklichsten Aspekte des Krieges, um den Untergang ganzer Armeen. Der Autor indes will nur in groben Zügen mitteilen, wie es gewesen ist. Wie viele Opfer es gab, dass er Gott dankt, der ihn wunderbarerweise am Leben erhalten hat. Vielleicht wurde dieses Tagebuch geschrieben, um später einmal ausführlicher berichten zu können.

Am 7. September im Jahr 1634 sind wir von dem Berg bei Bopfingen gezogen nach Nördlingen, die Kaiserlichen angegriffen. Da haben wir den ersten Tag sie getrieben. Den andern Tag ist die Schlacht recht angegangen. Die Spanier haben uns großen Schaden getan, denn diesen Tag ist die ganze schwedische Armee geschlagen worden, zu Fuß und zu Pferd. Die Spanier haben alles niedergemacht. Mit Verlaub, oh lutrian, begfutu, Madtza, hundzfut.

Diesmal hat mich der Allmächtige sonderlich behütet, so daß ich dem lieben Gott höchlich dafür Zeit meines Lebens zu danken habe, denn mir ist kein Finger verletzt worden, da an-

sonsten kein einziger von allen, die wieder zum Regiment gekommen sind, ohne Schaden gewesen ist. Nach der Schlacht ist, was bayrisch oder kaiserlich gewesen ist und irgendwann gefangen ist worden, wieder zu ihren Regimentern gegangen. (...)

Von Nördlingen sind wir gezogen den Schwedischen nach. Was noch in Besatzung lag in Lauingen und Kirchheim an der Eck im Württemberger Land hat sich gutwillig ergeben. Nach Stuttgart, nach Pforzheim. Hier sind wir stillgelegen.

In der Schlacht ist gefangen worden der Horn und Craz als Generalspersonen, und viele Oberst en.

Von Pforzheim nach Durlach. Stillgelegen und den Schwedischen, was noch übrig geblieben ist, mit kommandiertem Volk nachgegangen bis an die Brücken zu Straßburg.[21]

Hans Jacob ist durch eines der Hanauer Stadttore in die bedrängte Festung gelangt. Dann verliert sich erst einmal seine Spur, die, wenn er mitten hinein in den Krieg geraten wird, wieder aufgenommen wird. Für seinen literarischen Bruder Simplicius beginnt am selben Tor eine grundlegende Verwandlung: Es betritt die Stadt ein sehr seltsamer junger Wilder, ein gewendeter, in schriller Weise für die verkehrte Welt des Krieges, für Lug und Trug der Verhältnisse zugerichteter Narr. Mit neuem Nachnamen wird er sie wieder verlassen.

Der Einsiedel war auf ihn getroffen, als er noch auf den Namen ›Bub‹ gehört hatte. Er nannte ihn dann Simplicius. Warum, wissen wir nicht, allerdings gibt es einige Vermutungen. Seinen ›Nachnamen‹ Simplicissimus erhält er vom Gouverneur Ramsay in einer karnevalesken Szene. In Hanau erscheint im Auftrag des schwedischen Kriegsrats ein Kommissar mit dem Auftrag, die Garnison zu mustern. Auch Simplicius muss dazu antreten:

Selbst ich Einfaltspinsel war geschickt genug, den klugen Kommissar (ein Amt, das man nun wahrlich nicht von Kindern versehen lässt) zu täuschen, und das lernte ich in weniger als

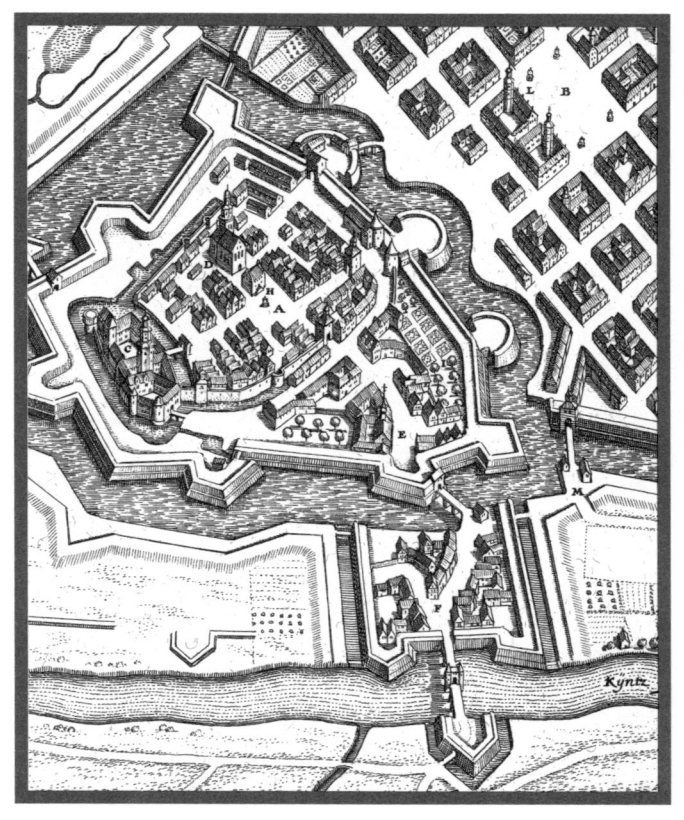

Ausschnitt aus dem Plan der Festung Hanau von Matthäus Merian

*einer Stunde, weil die ganze Kunst nur darin bestand, Fünf und Neun auf der Trommel zu schlagen, denn ich war noch zu klein, um als Musketier durchzugehen. Also staffierte man mich mit einer geliehenen Uniform und einer ebenfalls geliehenen Trommel aus (...), bestimmt deshalb, weil ich selbst auch nur geliehen war. So kam ich glücklich durch die Musterung.*²²

Von ferne erinnert die Szene an die *Blechtrommel* des großen Grimmelshausen-Bewunderers Günter Grass, dessen *Treffen in Telgte* noch zur Sprache kommen wird.

Der »Narr« Simplicius

Leider traute man Simplicius, der ja in die Rolle eines halbwegs erwachsenen Musketiers zu schlüpfen hatte, nicht zu, sich einen anderen Namen als den eigenen zu merken. Der Gouverneur setzte eigenmächtig Simplicissimus als Nachnamen fest. Seitdem, seit dem vierten Kapitel des zweiten Buchs, heißt der Held Simplicius Simplicissimus. Er sah sich »wie ein Hurenkind zum Ersten s(m)eines Geschlechts gemacht«[23]. Sehr viel später wird er seinen ›richtigen Namen‹ erfahren. Simplicius Simplicissimus ist also sein falscher, sein verkehrter, der aber in der verkehrten Welt wiederum richtig, nämlich angemessen ist. Grimmelshausen hat den Namen, den er als Kind trug und während des Krieges behielt, später geändert. Hans Jacob Christoffel wurde durch ›von Grimmelshausen‹ ergänzt. Wie sehr sich Grimmelshausen mit der historischen Figur des Jakob oder James von Ramsay beschäftigt hat, geht auch aus der Hanauer Taufe des Simplicius hervor. Ramsay hatte nämlich in aller Öffentlichkeit seinen Gegenspieler Graf Philipp Moritz von Hanau als »stultus stultissimus« bezeichnet, was im *Theatrum Europaeum* zu lesen war.[24]

In der dichten Hanauer Zeit geschehen wundersame Dinge, die es schließlich erlauben werden, Grimmelshausens biographische Wasserzeichen im *Simplicissimus* und anderen Werken deutlicher zu erkennen.

Aufmerksamkeit verdient zuerst der seltsame Aufzug des komischen kleinen Kerls:

Zunächst einmal waren meine Haare seit zweieinhalb Jahren weder auf griechische noch auf deutsche noch auf französische Art geschnitten, gekämmt, gekräuselt oder gelockt worden, sondern standen mir in natürlicher Verwirrung und bestreut mit mehr als einjährigem Staub (statt dem Puder oder Pulver, mit dem andere Narren und Närrinnen ihren Haarplun-

der berieseln) so zierlich auf dem Kopf, dass ich mit meinem bleichen Gesicht darunter hervorsah wie eine Schleiereule, die zuschnappen will oder auf eine Maus lauert. Und weil ich stets ohne Kopfbedeckung zu gehen pflegte, mein Haar aber von Natur her kraus war, sah es aus, als hätte ich einen Turban auf dem Kopf. Der übrige Aufzug passte zu meiner Hauptzierde, denn ich trug den Rock meines Einsiedlers, falls ich ihn noch einen Rock nennen darf. Der erste Stoff, aus dem man ihn geschnitten hatte, war nämlich ganz verschwunden und nur die Form geblieben, die jetzt durch tausend aneinandergesetzte und zusammengestückte Flicken von unterschiedlich gefärbtem Tuch nur noch dargestellt wurde. Über diesem gründlich verschlissenen und doch vielmals verbesserten Rock trug ich das härene Hemd als Schulterkleid (weil ich die Ärmel des Rocks als Strümpfe gebraucht und zu diesem Zweck abgetrennt hatte). Mein ganzer Leib war, wie man den Sankt Wilhelm zu malen pflegt, hinten und vorn mit eisernen Ketten sorgfältig über Kreuz umgürtet, so dass ich fast aussah wie einer von den Bettlern, die als Gefangene der Türken herumziehen und für ihre Freunde betteln. Meine Schuhe waren aus Holz geschnitten und die Schuhbändel aus Lindenrinde geflochten. Die Füße selbst aber sahen so krebsrot aus, als hätte ich Strümpfe von der Farbe der spanischen Uniformen angehabt oder die Haut mit Fernambuk gefärbt. Ich glaube, wenn mich damals ein Gaukler, Marktschreier oder Landfahrer angestellt und als Samojeden oder Grönländer ausgegeben hätte, würde so mancher Narr einen Kreuzer bezahlt haben, um mich zu sehen.[25]

An diesem höchst seltsamen Aufzug des durch das Tor in die Festung Hanau gelangenden Simplicius lässt sich exemplarisch Grimmelshausens Arbeitsweise demonstrieren. Der Knabe plaudert zunächst munter drauflos: »Bevor ich erzähle, wie es mir weiter erging, muss ich dem Leser meine damalige ansehnliche Erscheinung schildern (...).«[26]

Dann wird dieser Leser durch die fast enzyklopädischen Kenntnisse des gerade aus dem Wald gekommenen Buben überrascht. Er weiß, von welchen Farben die spanischen Uniformen sind und kennt zum Beispiel die wahrscheinlich bei Indianern vorkommende Sitte, sich die Haut mit ›Fernambuk‹ zu färben. Dieses Detail ist ein winziger Beleg für Grimmelshausens virtuoses Spiel mit Verweisen. Fernambuk ist nämlich ›Brasiliensaft‹, aus Rotholz gewonnener Farbstoff. Und wie sich in der *Continuatio*, dem sechsten, 1669 nachgeliefertem Buch des *Simplicissimus Deutsch* herausstellen wird, hat der Einsiedler, als welcher Simplicius schließlich auf einer einsamen Insel leben wird, seinen Bericht, also die sechs Bücher des *Simplicissimus*, mit Brasiliensaft auf Palmblätter geschrieben. Die verwegene und verquer daherkommende kleine Ausgabe des mächtig weisen und asketisch fromm lebenden Einsiedels springt als – fast möchte man sagen – Erzählerchen über fünf Bücher hinweg ans Ende, wiederum zu einem Einsiedler, der er selbst nach einem wüsten, in alle erdenklichen Sünden verstrickten Leben sein wird.

Dass es ›Probleme‹ mit dem Erzähler gibt, erweist sich schon zu Beginn; denn neben dem Ich-Erzähler Simplicius läuft immer ein anderer Erzähler her, der aus der Breite und der Tiefe eines fast unendlichen Wissens schöpfen kann, dabei aber seine Quellen derart opulent fließen lässt, dass die Erzählspur neben der Schrift- und Verweisspur sehr eng würde, wenn der dritte Erzähler, der über die beiden anderen regiert, die ganze Angelegenheit nicht mit epischer Stringenz zusammenhalten würde. Es entsteht der Eindruck, dass man es hier mit einem großen epischen Rettungswerk zu tun hat. Eben noch wich Simplicius angesichts der Leichen auf Gelnhausens Straßen entsetzt zurück und machte sich auf den Weg nach Hanau. Jetzt wird er einerseits von den Torwachen gepackt, die ihn ins Gefängnis sperren wollen; andererseits wird die dramatische Handlung erst einmal in ellenlangen Abschweifungen gekühlt. Man könnte an 1001 Nacht erinnern, an den Aufschub des angedrohten Todes durch Erzählen. Simplicius wird auf seiner Lebensreise in sehr brenzligen Situationen noch öfter durch waghalsiges Geschichtenerzählen gerettet werden.

Der seltsame Simplicius, der selbst im Vergleich zu den elend ausschauenden Flüchtlingen in Hanau verdächtig fremd wirkt, wird auf die Wachstube geführt.

Obwohl nun jeder vernünftige Mensch aus meinem mageren, ausgehungerten Anblick und schäbigen Aufzug unschwer erschließen konnte, dass ich aus keiner Garküche und keinem Frauenzimmer oder gar vom Hof eines großen Herrn entlaufen war, wurde ich auf der Wachstube doch streng verhört. Und so wie mich die Soldaten anglotzten, staunte ich, meinerseits über den extravaganten Aufzug ihres Offiziers, dem ich Rede und Antwort stehen musste. Ich wusste nicht, ob er ein Er oder eine Sie war, denn er trug Haar und Bart nach französischer Manier. Auf beiden Seiten hingen ihm lange Zöpfe wie Pferdeschwänze herunter, und sein Bart war so elend zugerichtet und niedergemacht, dass zwischen Mund und Nase nur noch ein paar kurze Haare hervorlugten, die man kaum sehen konnte. Erhebliche Zweifel wegen seines Geschlechts erregten bei mir auch seine weiten Hosen, die mich eher wie ein Weiberrock als wie Mannshosen anmuteten.[27]

Simplicius muss auf der Wache das Schlimmste befürchten, das auch nicht lange auf sich warten lässt. Da kommt ein burlesk gestalteter Geschlechtszweifel gerade recht. Unsicherheit über die geschlechtliche Identität manifestiert sich bei Grimmelshausen oft in der Figur eines grotesk-komischen Hermaphroditen. Der fügt sich in die unübersehbare Fülle von Bildern und Motiven der Verkehrten Welt. Diese Kippfigur zwischen den Geschlechtern steht auch für die Auflösung der Wahrnehmungsgewissheit in Zeiten des Krieges. Ob jemand Mann ist oder Frau, erkennt man nicht mehr immer, die gesellschaftlichen Ordnungen und Grenzziehungen gelten nicht mehr.[28]

Er wird dem Gouverneur vorgeführt, scharf verhört, an Händen und Füßen gefesselt, um dem Henker mit seinen

Folterknechten ausgeliefert zu werden. Der Gouverneur hatte bei ihm ein Briefchen in einer Schrift gefunden, die ihm zwar bekannt vorkam, die er aber nicht lesen konnte. Dieses Schriftstück war offenbar ein Vermächtnis des Einsiedels aus dem Spessart, für Simplicius »mein größter Schatz und mein Heiligtum«. Es deutet sich schon allerhand an. Woher kennt der Gouverneur die Handschrift des Briefes? Was hat es mit dem Heiligtum auf sich?

Schon zittert der Leser mit dem armen, der Spionage verdächtigten Simplicius, da eilt in höchster Not Hilfe herbei.

Denn als ich, von den Schergen umringt, inmitten einer großen Volksmenge vor dem Gefängnis stand und darauf wartete, dass es geöffnet und ich hineingesperrt würde, wollte mein Pfarrer, dessen Dorf vor kurzem geplündert und niedergebrannt worden war, ebenfalls sehen, was da draußen los war (auch er saß nämlich ganz in der Nähe in Arrest). Als er zum Fenster hinaussah und mich erblickte, rief er laut: »Oh Simplicius, bist du es?« Als ich ihn hörte und sah, hob ich unwillkürlich beide Hände zu ihm auf und schrie: »O Vater! O Vater! O Vater!«[29]

Pfarrern, denen Simplicius an den Stationen seiner wirren Karriere begegnet, kommt eine besondere Funktion zu. Im Roman ist der protestantische Pfarrer eine Schlüsselfigur der literarischen Sozialisation des Knaben, denn er hatte den Einsiedler einst mit Büchern versorgt. Diesen vertrauten Pfarrer trifft Simplicius in Hanau in dem Augenblick, als die Wachsoldaten des Gouverneurs den seltsam gekleideten Spessart-Buben ins Gefängnis stecken wollen. Es ist eigentlich nicht üblich, lutherische Pfarrer mit ›Pater‹ oder ›Vater‹ anzureden, aber der arme Bub begrüßt ihn mit: »O Vater! O Vater! O Vater!«, und der erklärt, er kenne Simplicius besser »als jeder andere lebende Mensch«. Was sich gut fügt, denn der Pfarrer wiederum ist bestens mit dem Gouverneur bekannt und sorgt dann für die Freilassung des Knaben.

Simplicius ist offenbar bereit, den Pfarrer in seiner Not als Ersatzvater um Hilfe zu bitten. Und dieser wacht während der wichtigen Hanauer Zeit des Helden über dessen Entwicklung. Im Roman wird er als ›Bücher-Vater‹ beschrieben, als Hauptgehilfe und Interimsnachfolger des übermächtigen Einsiedel. Er schützt ihn, führt mit ihm überaus gelehrte Diskurse und begleitet ihn beim martialischen Brimborium der Initiation und Verwandlung in ein närrisches Kalb. Denn als Simplicius aus einem tiefen Schlaf erwachte, fand er sich in ein Kalb verwandelt, in ein spezielles aber, das sich, dank des Pfarrers, seines närrischen Gestaltwandels bewusst ist und nur so tut, als tappe es zum Vergnügen des Gouverneurs als verrücktes Vieh in der Gegend herum.

Grimmelshausens Roman wurde seit seinem Erscheinen nicht nur durch editorische oder im Namen vorgeblicher Leserinteressen wohlmeinende Eingriffe, Kürzungen und verlängernde Kommentare ›produktiv‹ verändert, er bot und bietet auch eine unerhörte Vielfalt für Lektüren und Interpretationen. Grimmelshausen habe über »magno ingenio et eruditione«, einen großen Geist und Bildung verfügt, sollte der Renchener Pfarrer über ihn im Jahre 1676 ins Kirchenbuch schreiben. »Die astrologischen, alchimistischen, allegorischen, emblematischen, exegetischen Konstruktionselemente des Romans sind uns heute nicht mehr geläufig. Noch komplizierter gestaltet sich der Text durch zahlreiche Anspielungen auf mythologische, biblische und historische Stoffe sowie durch zahlreiche Zitate aus der Bibel und aus zeitgenössischen Werken.« Diese Bemerkung stammt von Peter Triefenbach,[30] dem es gelingt, in der Parallele zu einer biblischen Gestalt die als ›Typus‹ aufgefasste Figur des Simplicius umfassend zu interpretieren. Simplicius vergleicht sich in seinem narrenhaften Kälberkleid mit Nabuchodonosor, das ist Nebukadnezar. Dessen »Geschichte ist der Schlüssel für das Romanschema«, schreibt Triefenbach. »Die Analogie zwischen Simplicius und Nebukadnezar wird getragen von einer bestimmten biblisch-theologischen Interpretation der Figur (...) der christlichen Heilsgeschichte. Durch seinen Vergleich mit Nebukadnezar bezieht Simplicius sich auf den Heilsspiegel und gibt den entscheidenden Hinweis auf die figurative bzw. typologische Konstruktion des Romans.«[31] Es ist bemerkenswert, wie weit solche, auf eine einzige Lesart zielenden Lektüren tragen. Alles scheint zueinander zu passen, und es spricht sehr für Grimmelshausens Roman, dass er unter solch schematischen Interpretationen nicht leidet. Allerdings unterliegen sie der Gefahr, das Schema mit dem Roman zu verwechseln, der durchaus handfest weitergeht.

Der Pfarrer erklärt dem gewitzten Narren Simplicius, dass er nunmehr eine Art zweiter Taufe empfangen habe. Er sei mitten hinein in eine verkehrte, närrische Welt geraten, die betrogen werden wolle. Diese Lektion wird Simplicius im Lauf seines Lebens wahrlich beherzigen. Der Pfarrer rät ihm:

Stell dir vor, du seist wie Phönix durchs Feuer gegangen, von der Unvernunft zur Vernunft, und dadurch zu einem neuen Menschenleben auch neu geboren worden.[32]

Hier schon wird die erste Zeile des paargereimten Widmungsgedichts unter dem Titelkupfer eingeholt: »Ich wurde durchs Feuer wie Phönix geboren.« Das macht dann auch gleich klar, dass das hermaphroditisch satyrische Monstrum mit Teufelskopf, Flügel, Fischschwanz und Bocks- wie Schwimmvogelfuß keineswegs das fünfmal »Ich« sagende Subjekt des Gedichts sein kann. Wohl aber der durch die vier Elemente gereiste Simplicius. Und wirklich wird der Phönix mehr und mehr zu seinem Wappenvogel. Am Ende, in den sogenannten Kalender-Continuationen, kommt es zu einer regelrechten Phönix-Inflation nach dem Muster: ›Lieber, hochverehrter Leser, du wunderst dich, was meine Verwandlungsfähigkeit anbelangt, doch sowieso schon über nichts mehr. Du weißt doch, dass ich als Phönix immer wieder neu geboren werde.‹

Titelkupfer der Erstausgabe des *Simplicissimus* (1668/69)

Der ›liebe Herr Pfarrer‹ hat seinen armen Schützling Simplicius nicht nur vor dem Gefängnis bewahrt, er rettet ihm auch das intellektuelle Leben, indem er ihm vor den deftigen Initiationsriten einen Trank gibt, der seinen Verstand bewahrt. Im achten Kapitel des zweiten Buches kommt es zu einer wunderbaren simplicianischen Mischung aus närrischer Reflexion, keck übermütigen Sprüchen des frisch geretteten Pseudo-Kalbes Simplicius und hochgelehrten Diskursen, die man bei diesem wundersam altklugen Jungen im Roman nun schon gut kennt.

Vom wahren und falschen Zauber

Das achte Kapitel des zweiten Buches »redet von dem wunderbaren Gedächtnis mancher Menschen und der Vergesslichkeit anderer«. Der Pfarrer glaubt, dass allein seine Medizin Verstand und Gedächtnis des Initianden gerettet habe, und verliert sich dann in einer ellenlangen Aufzählung gigantischer Gedächtnisleistungen antiker Persönlichkeiten. Als gelehrte Autoritäten nennt er den griechischen Lyriker Simonides Melicus, der als Erfinder der Gedächtniskunst, der Mnemotechnik, gilt, sowie den Philosophen und Politiker Metrodorus Sceptius aus dem zweiten vorchristlichen Jahrhundert, der ein weit verbreitetes Lehrbuch der Gedächtniskunst geschrieben hatte.

Jetzt erweist sich Simplicius als ein junger Gelehrter, der es mit dem Pfarrer mühelos aufnehmen kann. Dem Gouverneur Ramsay wird der Pfarrer später erzählen, dass Simplicius über außerordentliche Geistesgaben verfüge. »Ich weiß, dass er sehr belesen ist, schließlich sind er und sein Einsiedel alle meine Bücher durchgegangen.«[33] Vorher hatte Simplicius bemerkt, der einzige Reichtum, der ihm der Einsiedel hinterlassen habe, seien dessen Bücher gewesen.

Nun versetzt ihn sein früheres Studium dieser Bücher in die Lage, kompetent über antike Gedächtnistheorien zu diskutieren. Mehr als das; denn er scheint die Schriften von Metrodorus Sceptius besser verstanden zu haben als der Pfarrer.

Simplicius durchlebte bei seiner Verwandlung von einer ›Bestia zu einem Christenmenschen‹ (neuntes Kapitel, erstes Buch) in der Obhut des Einsiedels eine rauschhafte Lernphase, die seine vollständige Wandlung innerhalb von drei Wochen bewerkstelligte.

Seine Lebensweise und seine Reden waren mir eine immerwährende Predigt, die mein Verstand, der doch nicht gar so dumm und hölzern war, dank der göttlichen Gnade nicht fruchtlos über mich ergehen ließ – zumal ich in den besagten drei Wochen nicht nur alles begriff, was ein Christ wissen soll, sondern auch eine solche Liebe zu seinem Unterricht fasste, dass ich nachts nicht schlafen konnte.[34]

Seit diesem Lernschub habe Simplicius oft über das Verhältnis von göttlicher Gnade und menschlicher Übung nachgedacht. Dabei sei er zu dem Ergebnis gelangt, dass Aristoteles im dritten Buch seiner Schrift *De anima* (Von der Seele, III, 4) recht hatte mit der Theorie, Gott habe die Seele des Menschen als eine Art ›leere, unbeschriebene Tafel‹ geschaffen, damit der Mensch sie ›durch Eindrücke und Übung beschreibe und dadurch zu Perfektion und Vollkommenheit gebracht werde‹. Dem stimme im Übrigen auch der arabische Philosoph Averroes zu, indem er zu Aristoteles bemerkte, der Mensch sei zu allem fähig, doch ohne fleißige Übung könne gar nichts in ihn hineingebracht werden. Und auch Cicero komme in den Tuskulanischen Gesprächen zu dieser Überzeugung.

Auf den Hanauer Diskurs mit dem Pfarrer über die Gedächtniskunst bezogen, bedeutet dies, dass man seinen Verstand eben nicht durch einen Wundertrank ohne eigene Mitwirkung schärfen und mit Wissen füllen kann, sondern allein durch intensive Übung.

Es kommt aber in puncto Philosophie noch viel gewitzter, gelehrter. Der Grimmelshausen-Kenner Joseph B. Dallett hat in einem voluminösen Sonderband der Zeitschrift *Daphnis*[35] über Grimmelshausens Quellen für das achte Kapitel des zweiten Buchs des *Simplicissimus Deutsch* herausgefunden, dass der Autor beim Diskurs über die antike Gedächtniskunst vor allem aus Plinius, Johannes Coler(us) und Tomaso Garzoni schöpfte. Johannes Coler war ein aus Schlesien stammender protestantischer Pfarrer in Brandenburg und Mecklenburg und der wichtigste Vertreter der sogenannten Hausväterliteratur. 1593 erschien in Wittenberg sein Hauptwerk *Oeconomia ruralis et domestica*, das ab der zweiten Auflage von 1602 auf Deutsch unter dem Titel *Oeconomia* oder *Haußbuch* herauskam und mit dem *Calendarium Oeconomicum & perpetuum* als Einheit zu betrachten ist. Im ersten Teil geht es u. a. darum

Wie ein jeder Haußwirt, nach dem ihn Gott der Allmechtige gesegnet, ferner seine Nahrung, nebhst Gott anstellen sol, auch fruchtbarlichen gemessen und gebrauchen: All dieweil in solchem angezeiget wird, nicht allein, wie er beneben seiner Haußwirtin, sein Gesinde wol regieren: Sondern auch das jenige, so ihm der barmhertzige Gott gescheret, durch Brawen, Backen, Kochen, Bleichen, allerley Viehwartung, Fischfangen, Vogelfangen, Höltzunge, Jagten, Weinbergen, Gärten, Eckern, Wiesen, und vielen andern dingen, und bereitung aller hand Haußhaltungs notdurfft, etc. Gott zu lob und ehren, ihm und dem Nechsten zum besten, mit vortheil (...) anstellen, und auch fruchtbarlichen geniessen und verrichten, und also sich ferner in die Haußhaltung schicken sol.

Für den Kreislauf des ländlichen Arbeitsjahres werden astrologische, medizinische und meteorologische Ratschläge eingestreut. Im zweiten Teil, dem *Calendarium*, erfährt man viel über den Jahreslauf der Kräuter, Wurzeln, Blumen und Samen. Wann man welches Heilkraut am besten pflückt, was man überhaupt am besten isst und trinkt und wie die Gesundheit erhalten bleibt. Das Ganze als »gemeine Prognostication, auff eine jede zeit des jahrs« für Hauswirte, Ackerleute, Apotheker und andere gemeine Handwerksleute, Kaufleute, Wandersleute, Weinherren und Gärtner.

Dieses sorgfältig gedruckte, viel gebrauchte Doppelwerk fasst das deutsche land- und hauswirtschaftliche Wissen vor dem Dreißigjährigen Krieg zusammen. Coler schreibt im Geiste Luthers, aber undogmatisch und verständlich aus der Perspektive des bäuerlichen Wissens, das auf Erfahrung und einer lebenspraktischen Frömmigkeit beruht. Das XXI. Kapitel im 18. Buch des *Hausbuchs* handelt »Vom Gedechtnis«. Dort findet sich die enorme Gedächtnisleistung des Cyrus Major, der »einem jeden Landsknecht in seinem gantzen Heer bey seinem Namen zu nennen« wusste.[36] Im *Simplicissimus* heißt es, »dass Cyrus jeden seiner 30000 Soldaten mit dem eigenen Namen rufen«[37] konnte. Und auch die wundersame Fähigkeit von König Mithridates, alle 22 Sprachen zu beherrschen, die in seinem Reich gesprochen wurden, stammt ebenso aus Colers *Hausbuch* wie der Hinweis auf die Fähigkeit von Seneca, 2000 Namen wiederholen zu können, die ihm genannt worden waren. Im selben achten Kapitel des zweiten Buchs nennt Grimmelshausen dann genau diese Stelle aus Colers Buch als Quelle. Es spricht wahrlich sowohl für Grimmelshausens Lektüreökonomie als auch für sein glänzendes Gedächtnis, dass er aus dem Meer von Stellen immer exakt das Passende herausfischen kann. Die haarscharf stimmende Quellenangabe zeigt überdies zweierlei: dass Grimmelshausen offen und durchaus den Gepflogenheiten entsprechend kopiert oder mit Veränderungen ins eigene Werk übernimmt und dass er sich einen enormen enzyklopädischen Wissensspeicher zugelegt hat. Um eine exklusive Bibliothek kann es sich dabei schon aus Kostengründen nicht gehandelt haben.

Welch starken Einfluss *Oeconomia* (Hausbuch) und *Calendarium perpetuum*, was ja nichts anderes heißt als immer oder ›ewig währender Kalender‹, auf Grimmelshausen ausübten, wird noch zu behandeln sein. Als biographische Zwischensumme für Grimmelshausen lässt sich festhalten, dass sein luftig-spekulativer Geist, wie er sich schon in der Multiplikation der Perspektiven auf den jungen Simplicius andeutete, durch eine ausgeprägte Sympathie für bäuerlich-handwerkliche Enzyklopädien geerdet wurde. Das wird sich zeigen, wenn der Soldat und Regimentsschreiber aus dem Dreißigjährigen Krieg als Schaffner und Schultheiß aufs Land geht, wo er ohne ›Hausväter-Wissen‹ verloren gewesen wäre.

Zur Debatte steht hier ein Kernstück der mittelalterlichen Rezeption antiker Philosophie, die bis weit ins 17. Jahrhundert andauerte. Wenn die ›ars memoriae‹, die Gedächtniskunst, nicht auf einer göttlichen Gabe, sondern auf menschlichen Fähigkeiten und Techniken beruht, dann ist zu fragen, mit welchen Methoden und Übungsschritten man zu einem guten oder gar glänzenden Gedächtnis gelangen kann.

Grimmelshausen hat sich auch hier beim Grundbuch seines Wissens bedient, bei Garzonis *Piazza Universale*. Sowohl Plinius als auch Garzoni gehen ausführlich auf Simonides und Sceptius Metrodorus als Begründer der ›ars memoriae‹ ein. Grimmelshausen fand im 60. Kapitel von Garzonis *Piazza Universale*, das mit »Von denen/so Memoriam arificialem profitiren/und andere lehren wollen« (»De professori di memoria«) überschrieben ist, eine selbst gut zu memorierende Zusammenfassung des gesammelten Wissens. Da heißt es:

Es ist aber wol in acht zunehmen/daß das Gedächtnuß unter allen innerlichen Sinnen der fürnembste vnnd köstlichste/vnnd gleichsamb der andern allen Schatz und Rentmeister ist.[38]

Es sei noch angemerkt, dass Tomaso Garzoni, der große Sammler und Ordner aller menschlichen Professionen, im Diskurs über die Gedächtniskunst die wahren, redlichen Akrobaten der Erinnerung scharf absetzt von den Scharlatanen und Trickbetrügern, die ihre Gedächtnisleistungen als falschen Zauber inszenieren. Die Grenze zwischen Trick, Trug und Scharlatanerie auf der einen Seite, echter Kunst und wahrem Können auf der anderen ist schwer zu ziehen. Durch die unübersehbare Präsenz von Vagabunden, Bettlern, Leutbetrügern auf den Straßen und Plätzen im Europa des 16. und 17. Jahrhunderts, durch deren augenfällige Erfolge beim Verkauf falscher Arzneimittel, in der Wahrsagerei und allen Arten von angewandtem Zauber wirkten sie als permanente Provokation. Die Fahrenden in all ihren Fraktionen von Bettlern, Trickbetrügern, Joculatoren, Tanzbärführern oder Salbenkrämern sind bei Grimmelshausen als Gefahr und Verlockung auffällig oft gegenwärtig. Sie werden bald als Opfer, als Objekte einer ungerechten, absolutistischen Armenpolitik, bald als gefährliche Subjekte einer – um mit Michail Bachtin zu sprechen – provokanten Lachkultur des Volkes dargestellt. 1510 erschien der *Liber Vagatorum*, das *Buch der Vaganten* als Galerie der Verstellung. In mehreren Einzelporträts werden Bettlerinnen und Bettler präsentiert, die ihren kargen Lebensunterhalt durch Verstellungskunst verdienen. Mal simulieren sie epileptische Anfälle, täuschen eine Schwangerschaft vor, erzählen Lügengeschichten von ihrer Teilnahme an Kreuzzügen, oder sie machen den Bauern weis, ihre Söhne hätten sie geschickt, um für sie dringend benötigtes Geld in Empfang zu nehmen. Im Anhang dieses Warnbuches vor dem Theater der Armut findet sich ein *Vocabularium* der rotwelschen Geheimsprache der Bettler und Gauner. Mit diesem Kompendium sollten die besser Gestellten unterscheiden lernen, wer ein echter Armer ohne eigenes Verschulden und wer ein ›falscher‹, auch ›starker‹ Bettler war, der Armut oder Gebrechen nur vorspielte. Das in Pforzheim erschienene Büchlein stammte wahrscheinlich von einem Spitalmeister, der sein Völkchen wohl aus eigener Anschauung kannte. Es war nach Sebastian Brants *Narrenschiff* von 1494 ein weiterer großer Erfolg einer gegen

Narrentum und Falschbettler gerichteten Literatur. Luther brachte 1528 den *Liber Vagatorum* unter dem Titel *Von der falschen Bettler Büberei* heraus. Da er in der rotwelschen Geheimsprache vor allem die aus der jüdischen Volkssprache stammenden Wörter beachtete, benutzte er seine Ausgabe, um kräftig und sehr ungerecht auf die jüdischen Vaganten einzudreschen, die er als Hauptübel denunzierte. Es spricht sehr für Grimmelshausen, dass er auch auf diesem Terrain ein abwägender, zu keinerlei moralischem Fundamentalismus neigender Zeitgenosse war. Was ihn nie daran hinderte, auf widersprüchliche Weise zu urteilen. Im Übrigen hat sich auch Grimmelshausen mit der rotwelschen Gaunersprache beschäftigt. Wie nahe ihm die Fahrenden waren, sieht man schon am Untertitel des *Simplicissimus Deutsch*, wo vom *seltsamen Vaganten Melchior Sternfels von Fuchshaim*, also von Simplicius, die Rede ist. Und den jungen wilden Knaben, der so merkwürdig gekleidet nach Hanau kommt, kann man leicht für einen der schauspielendem Bettler aus dem *Liber Vagatorum* halten:

Ich glaube, wenn mich damals ein Gaukler, Marktschreier oder Landfahrer angestellt (...) hätte, würde so mancher Narr einen Kreuzer bezahlt haben, um mich zu sehen.[39]

Grimmelshausen ist das immer wieder aufgelegte Gaunerbüchlein gewiss unter die Augen gekommen. Bei keinem anderen Stoff zeigt sich die zwiespältige Haltung Grimmelshausens zu subkulturellen Lebensformen derart fruchtbar wie bei den Fahrenden. Das achte Kapitel des vierten Buchs handelt davon, »wie er ein Landfahrer, Marktschreier und Betrüger« wird. Im *Europäischen Wundergeschichten Calender* von 1670 ist zu erfahren, dass er nach seiner Rückkehr von der Kreuzinsel, auf der er am Schluss des *Simplicissimus* als Einsiedler gelebt hatte, Kalenderschreiber, Zeitungssinger, ›weltstreichender Arzt‹ und zweifelhafter Wunderheiler wurde.

Die Grenze von wahrem und falschem Zauber bei Grimmelshausen wird man noch öfter betreten. Der Zauber ist höchst zweischneidig, man kann ihm erliegen und ist ständig in Gefahr, daran auch noch Vergnügen zu haben. Schon das Lob der Gedächtniskunst des zu Grimmelshausens Zeit überaus populären Gebrauchsphilosophen Sceptius Metrodorus ist gewagt; denn auch dessen Gedächtniskunst operiert im Grenzbereich von Astrologie, magischen Praktiken und klassischer Philosophie. Metrodorus teilte die zwölf Tierkreiszeichen in 360 ›loci‹, Unterpunkte, und verband diese Stellen dann mit den zu memorierenden Dingen oder Sachverhalten.[40]

Auf der Basis der ›ars memoriae‹ des Metrodorus hatten Denker wie Raimundus Lullus, Giordano Bruno oder Petrus Ramus die Techniken der Gedächtniskunst mit Methoden der Astrologie, Magie, Kabbala und Kombinationskunst verknüpft, um die Welt zu erfassen. Diese Grenzgänge waren jedoch keineswegs verrufen oder auch nur unüblich. Die Scheidelinien zwischen philosophischer Erkenntnis und magischer Weltauffassung waren zu Grimmelshausens Zeiten keineswegs eindeutig und scharf gezogen.

Das überbordende, enzyklopädische Bücherwissen, das nicht nur im *Simplicissimus* als ständiger Stütztext mitläuft, deutet auf Überfluss und Mangel zugleich. Der Subtext könnte so zu lesen sein: »Schaut euch diesen Buben an, der von der abgebrochenen Lateinschule direkt in den Krieg geriet. Was andere auf Hohen Schulen, in theologischen Seminaren und an Universitäten lernen, das habe ich, Grimmelshausen, mir alles selbst angeeignet. Mich hat der Abbruch meines Bildungswegs dazu getrieben, mich selbst mit Büchern zu versorgen.«

Dabei haben ihm offenbar immer wieder Geistliche geholfen.

Ein Wunderkind der Bildung

Der Pfarrer aus dem Spessart hatte dem Einsiedel seine sämtlichen Bücher geliehen. Simplicius hatte sie, kaum dass er lesen und schreiben konnte, studiert.

Geistliche treten im *Simplicissimus* oft als Buchverleiher und Lektürehelfer auf. Simplicius legt während seiner Abenteuer und Irrfahrten immer wieder Lesepausen ein. Als Jäger von Soest, der in Teufelsgrün gekleidet im Westfälischen als ein Furcht und Schrecken verbreitender Einzelkämpfer auftritt, kommt er zu einem Frauenkloster mit dem schönen Namen Paradies. Jede Grobheit und Teufelei traut man diesem offenbar mit magischen Fähigkeiten ausgestatten Kerl zu. Aber ganz sicher nicht den vertrauten Umgang mit Büchern. Indes:

Wenn ich aber bei schlechtem Wetter nicht in den Wäldern und Feldern herumstreifen konnte, las ich alle möglichen Bücher, die mir der Verwalter des Klosters auslieh.[41]

Später wird der Jäger ein veritabler Frauenheld und übt sich fleißig in der »Kanonier- und Fechtkunst«. Wieder ›saß er fleißig über allen möglichen Büchern, aus denen er viel Gutes lernte‹. Der Jäger von Soest treibt dann weiter seine Possen als Waffen- und Frauenheld, galanter Kinderfreund, epikureischer Lebemann und auch als Jäger, der seine Freunde großzügig mit Wildbret versorgt.

Doch abermals wird seine martialische Vagabondage durch eine unerwartete Bücher-Episode unterbrochen. Erneut tritt ein Pfarrer als Bibliothekar auf:

Ich besuchte oft den ältesten Pfarrer der Stadt, der mir aus seiner Bibliothek viele Bücher lieh, und wenn ich ihm eines zurückbrachte, unterhielt er sich mit mir über alles Mögliche, denn wir kamen gut miteinander aus.[42]

Jetzt zeigt sich hinter Simplicius für einen kurzen, aber signifikanten Moment der Autor Grimmelshausen. Die Chronologie des Romans, die ja auf weite Strecken dem Verlauf des Dreißigjährigen Krieges folgt, wird aufgesprengt, und der Jäger von Soest schlüpft ins eigentlich vollkommen unangemessene Gewand eines Schriftstellers, des Autors Hans Jacob Christoffel von Grimmelshausen.

Als schließlich nicht nur die Martinsgänse und Wurstsuppen verzehrt, sondern auch die Weihnachtsfeiertage vorüber waren, wollte ich ihm [dem Pfarrer, d. A.] zu Neujahr eine Flasche Straßburger Branntwein verehren, den er nach westfälischer Sitte gern mit einem Stück Kandiszucker schlürfte, und traf ihn zufällig wie er gerade in meinem Josephsroman las, den mein Wirt ihm ohne mein Wissen geliehen hatte.[43]

Keuscher Joseph heißt der erste Roman von Samuel Greifnson vom Hirschfeld. Der Autor wählte die biblische Geschichte, um sich ›etwas im Schreiben zu üben‹. Die Geschichte erzähle sich beinahe von selbst, meinte der Münchener Hofprediger und erfolgreiche Erbauungsschriftsteller Jeremias Drexel und empfahl diese Historia »voller Safft«. Der Stoff überzeuge durch viele »sehr wunderseltzame / widerwärtige / glückliche / traurige / fröliche / grausame / verhoffte / gewünschte und gantz unverhoffte Außgänge« der Episoden. Ein weiterer Vorteil liege darin, dass alle Menschen angesprochen würden, »weß Stands sie seyen / hohen / niedrigen / reichen / armen / verheurathen vnd vnverheurathen / alten / jungen Männern / Weibern«[44].

Simplicius als Soldat und Schriftsteller und als Grimmelshausen, der vielleicht einen kleinen Buchtipp platziert. Das ist viel zu schön, um es nicht für die Lebensgeschichte des Autors zu verwenden.

Im 19. Kapitel des fünften Buches kehrt der gereifte Simplicius von einem Besuch des Mümmelsees zurück, um sich auf seinem Bauernhof der Lieblingsbeschäftigung hinzugeben, dem Lesen:

Nach meiner Rückkehr lebte ich zurückgezogen und saß am liebsten über den Büchern, die ich mir zu allen erdenklichen

Themen in großer Zahl besorgte, vor allem solche, die Stoff zum Nachdenken boten.[45]

Simplicius erscheint als Wunderkind der Bildung. In einer schlaflosen Lesewoche hat er die Bibliothek des Einsiedels verschlungen. Kaum konnte er denken, befasste er sich auch schon mit antiken Gedächtnistheorien. Wie sein Flickenkleid auf dem Weg von Gelnhausen nach Hanau, so ist auch die Romanfigur Simplicius aus disparaten Stücken zusammengenäht. Auf seinem Lebensweg wandelt er ständig seine Gestalt; der Jäger von Soest wird später in Paris als ›Beau Aleman‹ zum Adonis im Dienst schöner Frauen. Aber auch im Inneren vereinigt er mehrere Charaktere, Gestalten, Reifestufen. Der blitzgescheite, überaus altkluge, mit einem unglaublichen Gedächtnis ausgestattete Bub in Hanau weiß von der wirklichen, der verkehrten Welt um ihn herum erst einmal nichts. Sein christliches Wissensfundament hilft ihm nicht beim Verständnis der einfachsten Phänomene am Hanauer Hof und menschlicher Verhaltensweisen, zum Beispiel, wenn es sich um die Beziehungen zwischen Männern und Frauen handelt. Aber das Büchermännlein, das in Simplicius wie eine Puppe in der Puppe steckt, ist auf wundersame Weise Teil der Figuren-Collage namens Simplicius. Schon zweimal war zu erfahren, wie aus einem ungehobelten Klotz durch Bücher ein anderer Mensch wurde. Zuerst hat der Einsiedel mit seinen Büchern den ›Bub‹ aus einer ›Bestia‹ zu einem ›Christenmenschen‹ gemacht. Dann verwandelte sich im *Satyrischen Pilgram* ein »Idiot, Esel, Narr« durch Bücher und Erfahrung in einen Autor.

Der Bücher-Narr. Initiation in Hanau

Simplicius beobachtet den Einsiedel beim Lesen in der Bibel. Illustration aus der posthumen Grimmelshausen-Ausgabe (1683–1713)

Mutter und Vater, Meuder und Knan, die simplicianische Familie

Bevor es vom *Simplicissimus Deutsch* zur Lebensgeschichte seines Autors zurückgeht, wird den Andeutungen des Gouverneurs nachgegangen, die er beim Anblick der Handschrift des Briefes machte, der aus dem Buch des gefangenen Simplicius in Hanau gefallen war. Sie kam ihm bekannt vor.

Das kann nur dadurch aufgeklärt werden, dass die wahre Geschichte von Simplicius' Herkunft berichtet wird. Daraus ergeben sich dann Parallelen zwischen gewissen biographischen Strukturen Grimmelshausens und seiner literarischen Figuren. Und so ging es bei der Geburt von Simplicius zu:

Der Knan, also jener Spessartbauer, den Simplicius bis zu der gleich folgenden Geschichte für seinen Vater hielt, begegnete im achten Kapitel des fünften Buchs dem reifen Simplicius, der gerade in der Ortenau ein ordentliches Bauerngut gekauft hatte. Mit dem kompositorischen Raffinement einer dem Höhepunkt zueilenden Wiedererkennungsgeschichte, führt Grimmelshausen den Helden nach all seinen Irrfahrten mit dem Originalpersonal seiner Kindheit zusammen:

Ich sagte, das müsse ja eine interessante Geschichte sein, und bat ihn, damit uns nicht langweilig werde und weil wir doch sonst nichts zu reden hätten, solle er sie mir erzählen.

Da begann er zu sprechen.

»Als der Mansfelder die Schlacht bei Höchst verlor, zerstreute sich ein fliehendes Heer in der ganzen Gegend, weil viele nicht wussten, wohin sie sich retten sollten. Etliche kamen in den Spessart, um sich im Wald zu verstecken. Aber indem sie in der Ebene dem Tod entgingen, fanden sie ihn bei uns in den Bergen. Denn weil nun beide Kriegsparteien es für richtig hielten, einander auf unserem Grund und Boden zu berauben und niederzumachen, mischten wir Bauern uns ein und sahen zu,

dass auch für uns etwas dabei abfiel. Oft war es zu gefährlich für uns, daheim bei Hecke und Pflug zu bleiben, und selten ging ein Bauer ohne Gewehr in den Wald. In diesem Drunter und Drüber geriet mir eines Tages in einem wilden, gefährlichen Waldstück nicht weit von meinem Hof, nachdem ich vorher einige Schüsse in der Nähe gehört hatte, eine schöne, junge Edelfrau auf einem stattlichen Pferd in die Hände. Zuerst glaubte ich, sie sei ein Kerl, weil sie so männlich daherritt. Aber als ich sah, wie sie Hände und Augen zum Himmel hob und mit jammervoller Stimme Gott anflehte, ließ ich die Flinte, mit der ich auf sie schießen wollte, sinken und entspannte den Hahn wieder, weil mich ihr Schreien und ihre Gebärden überzeugten, dass sie eine Frau in Nöten war. So näherten wir uns einander, und als sie mich sah, sagte sie: ›Ach, wenn Ihr ein aufrechter Christenmensch seid, so bitte ich Euch um Gottes und seiner Barmherzigkeit, ja, auch um des Jüngsten Gerichts willen, vor dem wir für all unser Tun und Lassen Rechenschaft ablegen müssen – bringt mich zu rechtschaffenen Frauen, die mir mit Gottes Beistand helfen, mich meiner Leibesfrucht zu entledigen!‹«[46]

Der Knan bringt die Frau in das gut geschützte Versteck, in dem auch seine Familie nebst Gesinde und Vieh untergebracht sind. Dort kommt das Kind zur Welt. Die Mutter, eine wohlhabende Dame von hoher Geburt, beschenkt die Familie großzügig, bittet den Knan, das Kind in seiner Familie aufzuziehen – und stirbt. Dann folgt in der Dramaturgie der Enthüllung der Höhepunkt. Die leibliche Mutter war eine Edelfrau namens Susanna Ramsay, eine Schwester des Hanauer Gouverneurs. Der Vater hieß Melchior Sternfels von Fuchshaim und war niemand anderes als der Einsiedel.

In dieser kurzen Passage sind viele, für das Leben von Simplicius Simplicissimus höchst bedeutsame Motive verknüpft. Die Enthüllung seiner Herkunft wird in einer ›interessanten Geschichte‹ geliefert. Der epische Ertrag ist ebenso wichtig wie es die frappierenden Tatsachen sind, und wahrlich lassen die schönsten Bezüge zu heiligen und weniger heiligen Findelkind-Geschichten an literarischer Unterhaltung nichts zu wünschen übrig. Kommt hinzu, dass der frisch geborene Bub mit Geißenmilch genährt wird, womit sich die Prophezeiung der Wahrsagerin von Soest im 17. Kapitel des dritten Buches erfüllt. Dort fragt Simplicius die Wahrsagerin, ob er jemals in seinem Leben seine Eltern wiedersehen werde. Sie möge aber bitte nicht so dunkel daherreden, sondern »auf gut Deutsch mit der Sprache frei herauskommen«. »Darauf antwortete sie, nach meinen Eltern solle ich fragen, wenn mir mein Pflegevater unversehens über den Weg laufe und die Tochter meiner Säugamme an einem Strick hinter sich herziehe.«[47] Die Stelle erscheint hier zunächst auf grotesk-komische Weise rätselhaft und überzieht die Wahrsagerei mit einem immanenten Spott, den Grimmelshausen auch an anderer Stelle äußert. Im *Ewig-währenden Calender* heißt es:

(...) der es aber nicht glaubt/der soll gleichwohl bey mir Zollfrey seyn; dann wie auch zuvor gemeldet/nicht viel vff diese Speculier Kunst zuhalten/ja nicht mehr als vff alle Warsagungen und Auguria deren ich bißhero gedacht habe.[48]

Wer kann schon die Tochter einer Amme am Strick hinter sich herziehen? Hier handelt es sich um ein wichtiges Strukturmerkmal in Grimmelshausens Roman. Die häufigen Vorausblicke und Rückverweise knüpfen den epischen Teppich dichter. Auch wenn man der komplexen Handlung nicht immer folgen kann, wird man bei der Lektüre getragen von einem stabilen Geflecht aus Figuren und Motiven. Der Ziehvater, der Knan, ist ein Bauer, und er erinnert an die zwar adligen, aber auch bäuerlichen Vorfahren des Dichters Grimmelshausen im Hennebergischen. Der Knan wird hier als Opfer zwischen den Fronten der kämpfenden Kriegsparteien geschildert, aber auch als wehrhaftes Subjekt, das nicht unbewaffnet in den Wald geht. Dies entspricht der Hochachtung des Erzählers vor den Bauern in der Kriegszeit, was besonders zu Beginn des *Simplicissimus* im Lied vom Bauernstand zum Ausdruck kommt. Als der junge Bub noch vor der Begegnung mit dem Einsiedel und der Taufe auf den Namen Simplicius die Schafe hüten muss, hat er sich ein besonders wirkungsvolles Mittel gegen Wölfe ausgedacht. Er bekämpft die ihm vorläufig unbekannten Wesen mit seiner Sackpfeife und durch Gesang. In diesem Stadium kann er mit uneigentlicher Rede noch gar nichts anfangen. Seine Meuder hatte ihm gesagt, dass eines Tages die Hühner von seinem schrecklichen Gesang tot umfallen würden. Also, schließt er in seiner Kinderlogik, müsste ein besonders lauter Gesang dann auch gegen Wölfe helfen, die ja größer als Hühner sein sollen. Das zeigt auch, wie schön Grimmelshausen die Sprache beim Wort zu nehmen vermag, wenn er dadurch die Physiognomie des kleinen Buben zeichnen kann. Dieser vorlogisch denkende Hirtenbub ist aber schon ein Gedächtniskünstler der Extraklasse. Er kann die zehn Strophen des Bauernlobes auswendig und singt dann kräftig los gegen den gefürchteten Wolf:

Du sehr verachter Bauernstand,
Bist doch der beste in dem Land.
Kein Mann dich gnugsam preisen kann,
wann er dich nur recht siehet an
(...)[49]*.*

Zurück zur Geburtsgeschichte: Der Knan hält die schöne Dame auf dem Pferd zuerst für ›einen Kerl‹. Diese Geschlechterverwirrung, die ja immer einen Mangel an Eindeutigkeit und Identität anzeigt, durchzieht Grimmelshausens simplicianische Schriften. Sie bekommt aber an dieser Schlüsselstelle, unmittelbar vor der Geburt des Buben, eine grotesk gesteigerte Bedeutung. Größer kann ein Wahrnehmungsirrtum nicht sein, als eine hochschwangere Frau für einen Mann zu halten. Dieser getäuschte Blick weist auf künftige, verwirrte Identitäten voraus.

Dann aber überblendet die eine große Unsicherheit im Leben des Simplicius alle anderen Täuschungen, Ungewissheiten und Verkehrungen. Erst gegen Ende des Romans wird nach hundert Verstecken, nach rastlosen Reisen und Irrfahrten, nach anagrammatischen Namensspielen und kühnsten Wandlungen der Hauptfigur die Frage beantwortet, wer dieser produktive Proteus, dieser Erfinder von tausend Geschichten denn eigentlich sei. Zumindest, welcher Abkunft, wessen Sohn er sei, wo er geboren wurde. Jetzt stellt sich im Roman heraus: Es ist alles doppelt vorhanden. Zwei Väter, zwei Mütter, zwei Stände – der Bauernstand des Ziehvaters und der Adel der leiblichen Eltern – und nebenbei noch zwei Konfessionen. Susanna Ramsay soll im Roman die Schwester des Hanauer Stadtkommandanten gewesen sein, der, ein schottischer Oberst, dem reformierten Glauben angehörte. Und alle heißen sie Melchior. Der Wichtigste unter ihnen gewiss ist der adlige Junker Melchior Sternfels von Fuchshaim, der im Titel genannt wird:

Der abenteuerliche Simplicissimus Deutsch. Das ist die Beschreibung des Lebens eines seltsamen Vaganten, genannt Melchior Sternfels von Fuchshaim, nämlich: wo und wie er in diese Welt gekommen, was er darin gesehen, erfahren, gelernt und ausgestanden, auch warum er sie freiwillig wieder verlassen hat. Überdies unterhaltsam und für jedermann nützlich zu lesen.[50]

Gleich zu Beginn des *Simplicissimus Deutsch* wird der Leser in ein Labyrinth von verschlüsselten Namen versetzt. German Schleifheim von Sulsfort hat das Leben von Melchior Sternfels von Fuchshaim »an den Tag gegeben«, das heißt aufgeschrieben. In der Enthüllungsszene im achten Kapitel des fünften Buchs erfährt Simplicius seinen »wahren Namen«, der aber nur ein aus der Not geborener Kompromiss ist. Der Knan, sein Pflegevater, kannte den adligen Namen des Einsiedel, von Fuchshaim, musste dem Findelkind aber selbst einen Vornamen geben. Da ihm nichts Besseres einfiel, gab er ihm seinen eigenen: Melchior. Das ist für die Bildung einer selbständigen Identität nicht besonders günstig, zeugt aber von Familiensinn. Es war ja durchaus üblich, den väterlichen Vornamen dem Sohn als verpflichtende Mitgift zu vermachen.

›Melchior‹ aber ist ein Schlüsselname bei Grimmelshausen, denn er verbindet wie kein anderer die simplicianische Literaturfamilie mit der realen Familie in Gelnhausen.

Der wichtigste Melchior ist gewiss in der anagrammatischen Verschlüsselung von Grimmelshausen selbst zu finden; denn der merkwürdig so heißende Melchior Sternfels von Fuchshaim wurde ja durch ›Zifferantentum‹ aus Hans Jacob Christoffel von Grimmelshausen gewonnen. Übrigens ist auch in diesem Fall Grimmelshausen zu Kompromissen bereit. Das korrekte Anagramm ergäbe ›Fugshaim‹, was aber wie ›Fuchshaim‹ gesprochen wird. Gustav Könnecke fand in Oberkirch in der Nähe von Grimmelshausens Wohnort Gaisbach einen Schreiner namens Melchior Fuchsschwanz, und er legte nahe, Grimmelshausens Schreibername auf diesen Schreiner zurückzuführen. Das könnte von Grimmelshausen stammen, verdankt sich aber Könneckes Eifer, auch dort biographische Parallelen zu finden, wo es sich offenkundig um gewollte Mystifikationen des Autors Grimmelshausen handelt.

Schöner hätte er die instabile Brücke zwischen autobiographischen Partikeln und literarischer Fiktion im Werk nicht markieren können. Grimmelshausen ist im erfundenen Verfasser des *Simplicissimus* enthalten, aber in der Form eines der ältesten Buchstabenspiele, des Anagramms. Das wiederum könnte es zusätzlich rechtfertigen, am literarischen Material auch an anderen Stellen, ruhig mit spielerischem Eifer, zu rütteln, um biographische Befunde sichtbar zu machen. Gleich nach dieser Selbstverschlüsselung des Autors begegnet uns eine der bedeutenden Figuren aus Hans Jacobs Kindheit, der Großvater Melchior Christoph oder Christoffel.

Dass Simplicius' Ziehvater, der Knan, Melchior heißt, wurde schon gesagt. Die Galerie der Melchiors aber ist noch nicht vollständig; denn ein weiterer taucht in der politischen Flugschrift *Der stoltze Melcher* aus dem Jahre 1672 auf. Hier kehrt der Bauernsohn Melchior krank und verzweifelt aus dem Eroberungskrieg Ludwigs des XIV. zurück. Der allgemeingültige, allegorische Ertrag dieser sich scharf und historisch konkret gegen das ›Monstrum‹ des Krieges wendenden Schrift ergibt sich aus der Nähe zum biblischen Gleichnis vom verlorenen Sohn. Bedenkt man, dass Grimmelshausen als Schultheiß von Renchen kurz vor seinem Tod im August 1676 abermals in kriegerische Handlungen verwickelt war, dann erinnert der ›verlorene Sohn‹ an den jungen Hans Jacob, der im Dreißigjährigen Krieg verloren gegangen war.

Das durch die Geburt des Buben, genannt Simplicius, entstandene Namenslabyrinth könnte so entwirrt werden: Der nach dem Tod der Mutter in die Familie des Knan aufgenommene Bub ist zwar adliger Herkunft, kann aber wegen des Krieges nicht »angemessen« aufwachsen. Er wird in einer bäuerlichen Familie aufgenommen, in der er die ›Meuder‹, den Knan und als eine liebe Schwester das Ursele vorfindet.

Diese Bauernfamilie konstruiert sich Grimmelshausen für sein Spätwerk als oft rührendes und gelegentlich idyllisches Bollwerk gegen die stets bedrohlich schwankenden Lebensverhältnisse in der verkehrten Welt nach dem Großen Krieg. Leider verliert Simplicius sie nach der Plünderung des Hofs bis zu seinem Leben als gut situierter Bauer im Schwarzwald aus den Augen. Dann aber wandert sie in vielen Varianten durch seine Texte. Als Gruppenbild gelingender, friedlicher Kommunikation treffen wir auf Simplicius, den Knan und die Meuder als Teilnehmer einer quer durch die Stände besetzten Gesprächsrunde im *Rathstübel Plutonis*.

Die schönste Inszenierung dieser fiktionalen Familie findet sich im *Ewig-währenden Calender* von 1670. Hier spätestens, in diesem noch lange nicht zu Ende interpretierten

Kompendium aus bäuerlichem und Weltwissen, das nach einer atemberaubenden Poetik komponiert ist: »Chaos, oder Verworrenes Mischmasch ohne einige Ordnung« wird die simplicianische Familie als Autorenkollektiv präsentiert. Das beginnt mit einem Vorspruch nebst einem holprigen Widmungsgedicht des Filius. Der unter den Bedingungen einer Verwechslungskomödie gezeugte Sohn des Vaters Simplicius tritt hier etwas unbescheiden auf. Mit dem Verbrüderungspathos eines Beethovens wendet er sich an alle Simplicissimi in der Welt, besonders in Europa. Vor allem die ›Freunde, Schwäger, Brüder und Schwestern‹ werden begrüßt und eingeladen, das vom – inzwischen offenbar gestorbenen – ›geliebten und wehrten Vatter‹ hinterlassene Kalender-Kleinod zu lesen.

Das Geschick laß euch erleben lange Knans und
Meuder=Jahr/
So wird ich und meine Ursel glücklich leben immerdar.[51]

Der geliebte Vater hatte aber auch eine Widmung hinterlassen:

Simplicissimi des Aeltern Vorred und Erinnerung an seinen Natürlichen Sohn den Jüngsten Simplicium.[52]

Der Vater nutzt den prominenten Platz seiner Vorrede zu allerhand Ratschlägen und Mahnungen für seinen Sohn. Die gipfeln in einer Erklärung des Kalender-›Misch-Maschs‹ als eines Tricks. Simplicius Sen. hat »mit Fleiß« – also absichtlich –

ein und andere Sachen durcheinander gesetzt/damit vermittelst ordentlicher Folg und besonderer Ausführung einer jeden Materi dein Fürwitz nicht aufeinmal obenhin befriedigt/Sondern vielmehr genöhtigt werde/das Lesen zu wiederholen/auf daß du alles desto eigentlicher fassen/und in dein Gedächtnis bringen möchtest (...).[53]

Lesen, ganz besonders gründliches und wiederholtes Lesen ist die große Mitgift des Vaters für den Sohn. Und Gedächtnistraining. Simplicius als Lesepate seines Sohnes. Die

Welt erschließt sich durch Lektüre. Darüber weiß Hans Jacob Christoffel von Grimmelshausen mit seiner lebensrettenden Lesesucht mehr als jeder andere.

Und noch einmal wird das Lesen in den Erfahrungsschatz der simplicianischen Familie eingebracht. Im Gespräch des Simplicissimus mit seiner Mutter. Sie wirft ihm vor, er habe abermals »6 newe Practicken auff einmahl kaufft: nimb mich wunder/dass ihr das Geld so vernarren mögt«. ›Practicken‹ sind Kalender und Prophezeiungen.

Jetzt antwortet Simplicissimus mit der allerwichtigsten, seinem Namen stark widersprechenden Selbstauskunft:

Liebe Mutter/besser umb Bücher als verspielt: ich hab doch sonst kein Frewd in der Welt als lesen.[54]

Simplicius macht der Mutter ein Lesegeständnis. Nach allem, was bislang über Grimmelshausens Lesesozialisation bemerkt wurde, handelt es sich hier zweifellos um Hans Jacobs Lektürehunger.

Simplicius las viel und gern. In Westfalen wird er einmal eine halbjährige Pause einlegen, die der Fortbildung dient. In der Welt aber tummelt er sich in vielen Rollen, bewegt sich in unterschiedlichen Milieus und tritt immer wieder auch forsch und fordernd in adliger Camouflage auf. So bleibt er nicht nur der Sohn mindestens zweier Väter, er wandert als »seltsamer Vagant« immer auch zwischen den Ständen umher, kommt ziemlich weit nach oben und verachtet nie seine niedere Heimat in einer Bauernfamilie aus dem Spessart. Die ›leiblichen‹ Eltern tauchten im ersten Buch schon als Schlüsselfiguren in Simplicius' Sozialisation auf. Allerdings unerkannt und für den Leser bis zur Enthüllung von Simplicius' wahrer Herkunft nicht durchschaubar. Der Vater als sein starkes Vorbild, als Erzieher, Lehrer und vor allem als derjenige, der aus dem Bauernbuben ohne Verstand und Orientierung einen jungen Christenmenschen machte. Die Mutter als Schwester des Kommandanten Ramsay, der ebenfalls eine Vaterfigur des heranwachsenden Knaben zu sein scheint.

Courage, Springinsfeld und das simplicianische Wandelpersonal

Conrad Wiedemann, ein großer Kenner der Barockliteratur, hat in einem grundlegenden Aufsatz die herausragende Rolle des Motivs der doppelten Vaterschaft im gesamten Werk Grimmelshausens herausgearbeitet.[55]

Die böhmische Landstörzerin Courage, die eigentlich Libuschka heißt, ist das uneheliche Ergebnis der Liaison eines Grafen mit einer Kammerjungfer von wahrscheinlich bäuerlicher Herkunft. Courage bewegt sich im Krieg mühelos zwischen einfachen Soldaten, darunter recht üblen Gesellen, aber auch zwischen hohen Offizieren. Ihre vielen Ehemänner entstammen beiden militärischen Schichten. Am Ende gerät sie unter die Zigeuner und heiratet einen Leutnant. Sie führt dann einen Zigeunertrupp an, wird gar mit Frau Gräfin angeredet:

Aber was soll ich viel reden? Es dauerte nicht lange, da war ich in alledem so perfekt, dass man mich für die Generalin aller Zigeunerinnen hätte halten können.[56]

Die Erzbetrügerin Courage wird nicht als bloß willenloses Objekt zwischen den Fronten und Schichten präsentiert. Dass sie keinen festen Platz in den gesellschaftlichen Hierarchien hat, ist ihr durchaus bewusst:

Oft musste ich über mich selbst lachen und mich über die vielfachen Verwandlungen wundern, die ich durchgemacht hatte.[57]

Auch Springinsfeld entstammt recht unklaren Verhältnissen. Im *Seltsamen Springinsfeld*, dem achten Buch des simplicianischen Zyklus, erzählt er Simplicius auf dessen Wunsch über seine Herkunft.

Meine Mutter war eine Griechin vom Peloponnes, aus einem vornehmen, alten Geschlecht und sehr reich. Mein richtiger Vater aber war ein albanischer Gaukler und Seiltänzer von geringer Herkunft und aus ärmlichen Verhältnissen. Als er mit einem zahmen Löwen und einem Dromedar in der Gegend, wo die Eltern meiner Mutter wohnten, herumzog und diese Tiere wie auch seine Künste für Geld sehen ließ, gefielen meiner Mutter, die damals ein junges Ding von siebzehn Jahren war, Gestalt und Wuchs seines Leibes so gut, dass sie sich gleich in ihn verliebte und es mit Hilfe ihrer Amme zuwege brachte, ihren Eltern genug Geld zu entwenden, um ohne Wissen und gegen den Willen ihrer Eltern mit meinem Vater wegzulaufen (...).[58]

Wieder ist vom Wandel die Rede. Die simplicianischen Figuren gibt es offenbar nur als Wechselbälger zwischen den Ständen, mit instabiler Identität und dunkler Herkunft.

Springinsfeld erzählt weiter über seine Mutter:

Auf diese Weise verwandelte sich meine Mutter aus einer sesshaften, vornehmen Dame in eine umherschweifende Komödiantin. Mein Vater aber wurde ein halber Edelmann. Und ich selbst war die erste und letzte Frucht dieser ersten Ehe, denn kurz nach meiner Geburt stürzte mein Vater vom Seil, brach sich den Hals und machte viel zu früh aus meiner Mutter eine Witwe.[59]

Das simplicianische Wandelpersonal ist nicht nur von ähnlich wilder, phantastischer Herkunft, die Hauptfiguren Simplicius, Courage und Springinsfeld sind auch untereinander durch Verknotungen im Lebenslauf verbunden. So beginnt Springinsfeld die Erzählung seiner Herkunft mit einem Hinweis auf das mysteriöse Verwandtschaftsverhältnis mit Simplicius:

Da du nicht gescheut hast, deinen eigenen Lebenslauf durch den öffentlichen Druck aller Welt vor Augen zu stellen, will auch ich mich nicht schämen, den meinen hier im Dunkeln zu erzählen, zumal anscheinend schon bekannt geworden ist, was sich zwischen mir und der Courage abgespielt hat, durch die wir beide, wie ich höre, zu Schwägern geworden sind.[60]

Titelkupfer der Erstausgabe der *Courage* (1670)

Das ist hier nicht als gewöhnliche, verwandtschaftliche Beziehung gemeint, sondern als literarische Verkettung der Lebensläufe. Grimmelshausen zeigt sich dabei als ein Meister literarischer Fortsetzungen. Die zwei simplicianischen Folgefiguren Courage und Springinsfeld tauchen im *Simplicissimus Deutsch* schon auf und bereiten so den Platz vor für ihre eigenen, künftigen Lebensgeschichten. Von dort aus wird dann zurückgeschaut, und so stabilisiert sich das Vexierbild aus sich wandelnden Figuren in einem festen literarischen Verweisgefüge. Wenn schon im wahren Leben, zu Zeiten eines alles umwälzenden Krieges als fundamental barocke Erfahrung, alles im ständigen Wandel begriffen, alles Lug und Trug und Schein und Schaum ist, dann können doch wenigstens die Geschichten bei allem Chaos der geschilderten Verhältnisse literarische Konsistenz besitzen. Das beherrscht wohl niemand besser als Grimmelshausen. Er schüttelt die

Figuren wild durcheinander, hat sie aber mit seinen virtuos beherrschten literarischen Mitteln weiter fest im Griff.

Doppelte Vaterschaft, Vagieren zwischen den Schichten, unsichere Identitäten sind die Mitgift der drei wichtigsten simplicianischen Figuren. Aber auch in anderen Schriften bleibt Grimmelshausen diesen Mustern und Motiven treu.

In seinem zweiten Joseph-Roman *Musai* von 1670 stammt Musai, der Diener und Vertraute des Joseph, aus ähnlich disparaten Verhältnissen. Sein Vater war ein in die Einsamkeit geflüchteter Vertreter des Hochadels, seine Mutter ein einfaches Mädchen ländlicher Herkunft. Und im historischen Roman *Dietwalts und Amelinden anmuthige Lieb- und Leids-Beschreibung* (1670) wird Amelinde als illegitime bzw. legitimierte Tochter König Chlodwigs von Frankreich eingeführt.

»Am subtilsten ist das Motiv in *Proximus und Lympida* entfaltet«, schreibt Conrad Wiedemann. »Hier weisen zwar beide Protagonisten einen makellosen hocharistokratischen Stammbaum auf, doch ist Proximus auf andere Weise mit der Welt der unteren Stände verbunden. Er hat nicht nur eine Handwerkerwitwe als Ziehmutter, mit der zusammen sein politisch exilierter Vater nach dem Tod der Mutter jahrelang einen gemeinsamen Haushalt geführt hat, sondern ist in dieser Zeit auch – nach dem Willen seines Vaters, der selbst das Töpferhandwerk erlernt – handwerklich erzogen worden, wobei er sich mit seinem unstandesgemäßen Ziehbruder in einer dauernden Freundschaft verbunden hat (›als wan sie Brüder von Vatter und Mutter gewesen wären‹).«[61]

Deutlicher und differenzierter als Courage und Springinsfeld spricht Simplicius im fünften Buch seiner Lebensgeschichte über seine Verwandlungen quer durch die Stände, und er wundert sich dann in melancholischer Rückschau über seine Väter.

Ich führte mir vor Augen, dass meine Verwandlung vom freien Mann zu einem Knecht der Liebe hier [auf einer schattigen Wiese beim Mummelsee, d.A.] begonnen hatte; dass ich mich seither aus einem Offizier in einen Bauern, (...) aus einem Simplicius in einen Melchior, aus einem Witwer in einen Ehemann, aus einem Ehemann in einen Hahnreih und aus einem Hahnreih wieder in einen Witwer verwandelt hatte; dass ich aus einem Bauernsohn zum Sohn eines braven Soldaten und dann doch wieder zum Sohn meines Knans geworden war.[62]

Simplicius wird es in dieser Szene, in der er sich in regressiver Wehmut und stiller Betrachtung ganz auf seine eigenen staunenswerten Wandlungen konzentriert, auf eine wenig narzisstische Weise bang ums Herz. Schließlich wird er von der Wucht seines Schicksals überwältigt:

Da besann ich mich auch, wie mir seither mein Schicksal den Herzbruder geraubt und mich dafür mit zwei alten Eheleuten bedacht hatte. Ich dachte an das gottgefällige Leben und Sterben meines Vaters, an den jammervollen Tod meiner Mutter und an all die Veränderungen, die mich in meinem Leben heimgesucht hatten, und konnte zuletzt die Tränen nicht mehr zurückhalten.[63]

Die Tränen und die übermächtige Prägnanz der Bilder der eigenen Vergangenheit beglaubigen auf so rührend wie markante Weise Simplicius' Lebensgeschichte. Er hat nicht etwa einen Vater, eine Herkunft, einen Stand von sich abgespalten, den Einsiedler/Vater und die bei seiner Geburt gestorbene Mutter vergessen und verdrängt. Er erkennt und akzeptiert in dieser fast psychoanalytischen Liege-Situation (Wiese, Schatten, keine Aufmerksamkeit für die daherpfeifenden Nachtigallen) sein Schicksal, das aus lauter Doppelungen besteht.

Zur zweifachen Ausstattung mit Vätern und darüber hinaus mit einer Reihe von mehr oder weniger fürsorglichen Autoritäten wie Herrn von Ramsay oder dem Pfarrer in Hanau, kommt eine ›schwebende Existenz‹ zwischen den Ständen und Milieus, den Religionen, den Fronten im Krieg, den Professionen und auch den Orten auf den weiträumigen Wanderschaften durch die halbe Welt.

Bei allen Fertigkeiten und Fähigkeiten des Simplicius (er ist übrigens, ohne dass man ihn je angestrengt üben gesehen hätte, ein glänzender Gitarrist und versierter Musikliebhaber, bei seinem atemberaubenden Verwandlungsvermögen, glänzt er auch als Schauspieler und Simulant) bleibt die Liebe zur Welt der Bücher konstant.

Das Schicksal zweifacher Existenz

Grimmelshausen war der Sohn eines Bäckers in Gelnhausen und hieß wie sein Vater und sein Großvater Christoph oder Christoffel mit Nachnamen. Er wurde in der lutherischen Reichsstadt Gelnhausen selbstverständlich lutherisch getauft und unterrichtet. Im Krieg geriet er bald auf die Seite der Kaiserlichen, bald auf die der Protestanten. Dabei lernte er, ob er wollte oder nicht, schwedische Besatzer, kroatische Reiter, hessische Soldaten, bayerische Truppen und badische Regimenter kennen. Spätestens für die Hochzeit mit seiner Frau Katharina Henninger am 30. August 1649 nimmt er den katholischen Glauben an. Im Kirchenbuch der Offenburger Kirche zum Heiligen Kreuz wird er bei dieser Gelegenheit als Johann Jacob Christoph von Grimmelshausen aufgeführt und behält diesen Namen bis zu seinem Tod am 17. August 1676 in Renchen. Als Schaffner, kurzzeitiger Burgverwalter und schließlich Schultheiß von Renchen steht er zwischen den Untertanen, Winzern, Bauern, Handwerkern, und deren adligen Herren, mit denen er auch wieder in unterschiedlichen Rollen verkehrt: als Untergebener, aber auch als beinahe gleichrangiger Freund oder sogar literarischer Helfer. Um die Forderungen des Straßburger Bischofs nach immer höheren Abgaben der ihm unterstehenden Ämter abzuwehren, kommt es zu Widerstandshandlungen, an denen Grimmelshausen beteiligt ist. Das steigert sich bis zu offen rebel-

lischen Briefen des Renchener Schultheißen an Fürstbischof
Franz Egon von Fürstenberg. Es gab in Grimmelshausens
Leben immer einen Mangel an Zugehörigkeit. Seine Wechselfälle der Rollenidentität zwischen den Schichten, den Berufen und Überzeugungen mussten nicht erst dem barocken Topos der Unbeständigkeit zugeschlagen werden. Sein
Leben bestand sowieso schon aus Wechselfällen.

Am deutlichsten treten die biographischen Dissonanzen
in den Doppelungen seiner engsten Verwandtschaft zutage.
Den leiblichen Vater Johann Christoffel verliert Hans Jacob
mit vielleicht fünf Jahren. Die Mutter Gertraud[64] heiratet im
Mai 1627 in zweiter Ehe den Balbierer Johann Burck. Unbestritten ist die Bedeutung des Großvaters Melchior für
Hans Jacob. Aber auch der Großvater ist doppelt vorhanden.
Neben Melchior tritt der Frankfurter Drucker und Verleger
Leonhard Burck.

Damit sind die Doppelungen noch lange nicht erschöpft.
Zu den zwei Vätern und Großvätern – über die Eltern von
Gertraud weiß man nichts – treten die Spiegelungen von
leiblichen und literarischen Verwandten. Der Hanauer Onkel
Caspar Christoffel ist das beste Exempel. Simplicius erfährt
im fünften Buch des *Simplicissimus* seine wahren Verwandtschaftsverhältnisse. Der Stadtkommandant Ramsay entpuppt sich als Bruder der Mutter Susanna, nachdem er als
mächtiger Herr der Verwandlung von Simplicius in einen
Kalbsnarren und als starke Eminenz von dessen brutaler
Initiation aufgetreten war. Zu diesem merkwürdigen literarischen Onkel existiert in Gestalt des zweifelhaften Onkels
Caspar Christoffel ein leibhaftiges Double.

Schließlich gibt es ein paar Doppelungen, die nichts mit
verwandten Personen zu tun haben, sich aber in seine multiplen Lebensmuster zu schön fügen, um nicht genannt zu
werden. Die Kinzig, der ehedem schiffbare Fluss seiner Kindheit, findet sich, und nun wird es fast unheimlich, ein weiteres Mal ganz in der Nähe von Renchen im Hanauer Land.

Das Schicksal zweifacher Existenz

Und dieses Land gibt es auch zweimal. Das ist zum einen die Gegend um Hanau, Grimmelshausens Kindheitsgelände. Das ist aber auch das andere Gebiet, dessen Namen sich gräflicher Heiratspolitik verdankt. Graf Philipp der Ältere von Hanau schloss 1458 die Ehe mit Anna von Lichtenberg, welche eine Erbtochter Ludwigs V. von Lichtenberg war. Heute ist die ehemalige Burg eine der schönsten Ruinen des Elsaß. Das gleichnamige Dörflein hat etwa 600 Einwohner. Lichtenberg liegt 40 Kilometer nördlich von Straßburg, 20 Kilometer nördlich von Saverne, dem ehemaligen Zabern, wo die Regierung des Bischofs von Straßburg saß. Auf der anderen Rheinseite gehört die Gegend um Kehl als Region noch heute zum deutsch-französischen Hanauer Land. Das findet einen schönen Ausdruck im grenzüberschreitenden Zusammenschluss von Gemeinden zur ›Communauté de communes du Pays de Hanau‹. Ludwig V. starb 1473. Anna und Graf Philipp I. bekamen nun die Hälfte der Herrschaft Lichtenberg im Elsaß mit der Hauptstadt Buchsweiler. Das war der Beginn von Linie und Grafschaft Hanau-Lichtenberg. Groß war dieses Ländchen nicht, aber die Grafschaft lag links und rechts des Rheins mit ihren vielen Flecken, Dörfern, Städtchen auf der Bruchlinie zwischen französischer und Reichspolitik und hatte darunter, wie die Ortenau, in kleinen und großen Kriegen zu leiden. Nach dem Tod des letzten Grafen von Hanau, Johann Reinhard III., bekam der Erbprinz Ludwig IX. von Hessen-Darmstadt die Grafschaft Hanau-Lichtenberg, der damit über zwei Schlösser mit Namen Lichtenberg verfügte: eines im heutigen Südhessen, das andere im Hanauer Land.

Für Grimmelshausen ist mit diesem doppelten Hanau das Schicksal der zweifachen Existenz bedeutender Bezugsgrößen noch nicht erschöpft. Der satirische Autor, Pädagoge und Staatsmann Johann Michael Moscherosch (1601–1669) schrieb mit seinem Hauptwerk *Wunderbahre Satyrische gesichte verteutscht durch Philander von Sittewalt,* das erstmals

1640 in Straßburg erschien und unter abweichenden Titeln bis heute viele Auflagen ereichte, ein für Grimmelshausen sehr bedeutsames Buch. Er zitiert und kopiert die *Gesichte* des öfteren und berührt sich auch mit den Schreibstrategien seines Nachbarn. Denn Moscherosch wurde in Willstätt in der Grafschaft Hanau-Lichtenberg geboren, das er anagrammatisch in »Sittewalt« verwandelte. Die *Gesichte* sind eine Bearbeitung der berühmten *Sueños* von Francisco de Quevedo y Villegas, die wiederum Grimmelshausen als Quelle dienten. Moscherosch war von 1656 bis zu seiner Entlassung 1660 Rechtsberater des Grafen Friedrich Casimir von Hanau. Dort kam er auf recht unangenehme Weise Hans Jacobs Onkel Caspar, dem Capitain d'Armes, nahe. Beide mussten vor Gericht, weil sie auffällig brutal ihre Frauen verprügelt hatten.

Quirinus Moscherosch (1623–1674) war Pfarrer und Gelegenheitsdichter in Bodersweier im Hanauer Land. Der jüngste Bruder von Johann Michael Mocherosch wohnte nur wenige Kilometer von Grimmelshausen und Renchen entfernt. Weil von diesem Nachbarn des *Simplicissimus*-Dichters eine der ganz wenigen Beurteilungen Grimmelshausens stammt, wird noch etwas ausführlicher von ihm die Rede sein.

Grimmelshausens Schreibanfänge

Als in der Grimmelshausen-Forschung noch die Ansicht herrschte, beim Autor handele es sich um einen ›Bauernpoeten‹,[65] dessen wahres und beinahe einziges literarisches Genie gewesen sei, immens viel erlebt zu haben, (was dann fast von allein aufs Papier geflossen sei), da musste man sich um Grimmelshausens Bildungsweg nicht kümmern. Es gab ihn ja nicht.

Inzwischen belegen viele Einzelstudien und vor allem der vorzügliche Kommentar in der dreibändigen kritischen Ausgabe von Dieter Breuer,[66] dass Grimmelshausen ein ›homo doctus‹ war, ein äußerst belesener, auf vielen Gebieten beschlagener Autor, der zahlreiche Quellen für seine Werke nutzte. Vieles beruht auf eigener Erfahrung, die er aber mit einer beängstigenden Fülle von Text- und Tonarten überschrieb. Wie kam der Autor an seine Lektüre? Dazu finden sich in diesem Buch zahlreiche Belege, allerdings, der rudimentären Quellenlage wegen, auch Vermutungen. Alles aber, alle Hinweise, Quellenfunde und auch die begründeten Spekulationen zeigen uns einen von Kindheit an lesehungrigen Menschen, dessen schwankende Existenz zwischen Kriegsfronten, gesellschaftlichen Schichten und Ständen, Konfessionen und Loyalitäten ein einziges Kontinuum aufweist: Lesen und Schreiben, Literatur.

Grimmelshausen kann und muss man sich nicht als einen abgebrochenen Lateinschüler vorstellen, der über Hanau in den Krieg verschleppt wird, dort länger als zehn Jahre als illiterater Pferdejunge und Soldat sein Wesen und Unwesen treibt, um dann, nach einer Lehrzeit als Kopist, Brief- und Urkundenschreiber in Offenburg, zu einem der bedeutendsten deutschen Schriftsteller zu werden.

So wenig über Grimmelshausens Gelnhäuser Schreibanfänge bekannt ist, so sehr darf man einer Selbstauskunft trauen, die er im ›Schluss‹ des *Simplicissimus* erteilt:

Hochverehrter, wohlgeneigter, lieber Leser! Dieser Simplicissimus *ist ein Werk von Samuel Greifnson vom Hirschfeld. Ich habe es nämlich nach dessen Ableben unter seinen hinterlassenen Schriften gefunden, und außerdem bezieht er selbst sich in diesem Buch auf den von ihm verfassten* Keuschen Joseph *und in seinem* Satirischen Pilger *wiederum auf diesen seinen* Simplicissimus*, den er teils schon in seiner Jugend geschrieben hat, als er noch ein Musketier war. (...)*

Der Leser lebe wohl. Rheinnec, den 22. April 1668.

H. J. C. V. G.
P. zu Cernheim[67]

Es ist nicht besonders schwer, diese Initialen und das Ortsanagramm zu entschlüsseln. Die ineinander verschachtelten Verfasser und Herausgebermystifikationen werden mit Ort, Datum und Autorenname entziffert: Hans Jacob Christoffel von Grimmelshausen. Prätor, also Schultheiß, zu Renchen.

Hier finden wir auch gleich den Hinweis auf den *Keuschen Joseph* und den *Satirischen Pilgram.*

Bisher wurde erwähnt, dass er die Vorbemerkung »An den Leser« in seinem ersten Buch, dem *Satyrischen Pilgram,* am 15. Februar 1666 unterschrieben hat. Die ersten Hinweise auf dieses Buch finden sich in den Katalogen der Frankfurter und der Leipziger Herbstmessen des Jahres 1665.

Als Jäger von Soest trifft er den Pfarrer von Lippstadt, der merkwürdigerweise gerade in seinem Roman *Keuscher Joseph* liest. Das kann selbst in der sprunghaften Chronologie des *Simplicissimus* nicht stimmen, befindet sich Simplicius als der Jäger von Soest doch mitten im Dreißigjährigen Krieg. Der Joseph-Roman wurde ebenfalls 1665 in den Katalogen der Leipziger und Frankfurter Herbstmessen avisiert, erschien aber erst zusammen mit dem *Satyrischen Pilgram* Ende September 1666, vordatiert auf 1667, also ein Jahr vor dem *Simplicissimus*. Das Verwirrspiel lässt sich als Hinweis auf die Frühgeschichte von Grimmelshausens Schreiben deuten. Simplicissimus reagiert auf die Lektüre des Pfarrers in pubertärer Bestürzung:

Ich erbleichte bei dem Gedanken, dass meine Arbeit einem so gelehrten Mann in die Hände geraten war, zumal es ja heißt, einen Menschen erkenne man am besten an seinen Schriften.[68]

Da lag er richtig; denn der Pfarrer konfrontiert ihn sogleich mit dem Verdacht, aus eigener amouröser Erfahrung geschrieben zu haben:

(Er) lobte nun zwar meine Erfindungsgabe, tadelte aber heftig, dass ich mich so lange bei den Liebesangelegenheiten der

Selicha, der Frau des Potiphar, aufgehalten hätte. »Wes das Herz voll, des geht der Mund über«, fuhr er fort. »Wenn der Herr nicht selbst wüsste, wie einem Buhler ums Herz ist, hätte er die Leidenschaften dieser Frau nicht so gut darstellen und vor Augen führen können.«[69]

Diesen Verdacht bremst Simplicissimus mit einem gekonnten Hinweis auf die gelegentliche Dominanz des Schreibens über die Erfahrung. Jedenfalls bei jemandem, der Schriftsteller werden will:

Ich antwortete, was ich da geschrieben hätte, sei nicht meine eigene Erfindung. Ich hätte es aus anderen Büchern gezogen, um mich ein wenig im Schreiben zu üben.[70]

Mit dem *Simplicissimus* hat Grimmelshausen als Musketier also im Krieg begonnen. Im *Ewig-währenden Calender* begegnet man zweimal diesem Musketier aus Gelnhausen. Eindeutig von sich selbst spricht Grimmelshausen in der dritten Kalendergeschichte, in der er in einem Kupferstich über die verkehrte Welt sein ästhetisches Programm entdeckt. In der 34. Geschichte, von der noch die Rede sein wird, erwähnt er einen »sehr jungen Musketier, von Geburt ein Gelnhäuser«, und der ist ganz sicher Grimmelshausen.

Also hat man von einem jungen Musketier auszugehen, der während des Dreißigjährigen Krieges nicht nur gelesen und geschrieben hat. Er arbeitete schon an seinen künftigen Büchern, mit Titel werden *Simplicissmus* und *Keuscher Joseph* erwähnt.

Man hat sich seine Existenz als Trossbube und ›Musketierer‹ im Krieg nicht so vorzustellen, dass er ständig mit irgendwelchen Disziplinen des Kriegshandwerks beschäftigt gewesen wäre. Der Krieg, so dominierend er in seinen Schlachten war, legte auch große Pausen ein. Man war lange Zeit in halb Europa unterwegs und verbrachte Tage und Wochen mit dem Warten auf die nächste Bataille. Durchaus möglicht ist es, dass Hans Jacob während des Krieges auch

Schulen besuchte, sogenannte Feldschulen, die den Tross, zu dem auch Frauen und Kinder zählten oder zählen konnten, als fahrbare Lehranstalt begleiteten.

Gustav Könnecke und die Anfänge der biographischen Forschung zu Grimmelshausen

Jede Grimmelshausen-Biographie setzt sich mit der Tatsache auseinander, dass der Autor des *Simplicissimus* schon bald nach seinem Tod mit Namen nicht mehr bekannt war. Grimmelshausen war verschwunden, seine Anagramme konnten nicht mehr entziffert, seine Initialen nicht zum Namen verlängert werden. Erst um 1830 wurde er wieder als Autor der simplicianischen Schriften sichtbar. Über kaum einen anderen Schriftsteller von Rang existiert eine solche Fülle von biographischen Spekulationen, Phantasien und Projektionen. 1924 erschien im Sudetendeutschen Verlag Franz Kraus in Reichenberg i. B. der erstaunlich selbstsicher auftretende *Versuch einer psychologischen Persönlichkeitsanalyse unter Berücksichtigung literaturgeschichtlicher und kulturgeschichtlicher Gesichtspunkte* unter dem Titel *Grimmelshausen. Ein deutscher Mensch des siebzehnten Jahrhunderts*. Der Autor, Rudolf Lochner, hat viel Material zusammengetragen, scheitert aber mit seinem volks- und individualpsychologischen Ansätzen vollkommen. Er sitzt der Illusion auf, den Menschen Grimmelshausen mit einer Reihe von ›Verhaltungsweisen‹ und ›Eigenschaften‹ als ›Typus‹ identifizieren zu können. Dieser biographische Versuch wurde und wird kaum oder gar nicht beachtet. In den letzten dreißig, vierzig Jahren hat das Wissen über Grimmelshausens Leben enorm zugenommen. Vor allem in den *Simpliciana*, den seit 1978 erscheinenden *Schriften der Grimmelshausen-Gesellschaft*, finden sich immer wieder behutsam interpretierte biographische Funde und Einzelheiten. Grundlage aller biographischer Grimmelshausen-Forschung ist das schon ausgiebig zitierte Werk von Gustav Könnecke: *Quellen und Forschungen zur Lebensgeschichte Grimmelshausens*, das in zwei Bänden 1926 und 1928 vom großen Grimmelshausen-Forscher Jan Hendrik Scholte herausgegeben wurde. Bei Könnecke waren Energien im Spiel, die kriminell genannt werden müssten, schlüge nicht als mildernder Umstand sein zäher Wille zu Buche, ein biographisches Monopol auf Grimmelshausen verteidigen zu müssen. Zu *Buche* schlug es wirklich, und die Geschichte des fast 700 Seiten starken, von positivistisch-genialischer Sammelwut strotzenden Werkes spiegelt Grimmelshausens Absicht, selbst zur Verrätselung seiner Lebensgeschichte beizutragen. Dass es aber Schauenburger Freiherren waren, die im gewaltigen Durcheinander des Urkundenschatzes ihrer Familie auf den ehemaligen Schaffner Grimmelshausen stießen, mag eine Variante nachgetragener Gerechtigkeit sein. Schließlich haben ihn zwei Schauenburger vor rund 360 Jahren aus dem Dienst entlassen.

Im Quellenwerk einer Forscherin, die Gustav Könnecke an investigativem Durchhaltevermögen kaum nachsteht, findet man die Geschichte der Schatzentdeckung.[71] Später wird die bedeutende Rolle einiger Schauenburger Freiherren für Grimmelshausen in seiner Zeit am Ende des Dreißigjährigen Krieges und danach ausführlich dargestellt. Zunächst geht es um den Schauenburgischen Familiensitz im Dorf Gaisbach, das heute zu Oberkirch gehört. Der Gutshof, der in einigen Teilen einem Schloss, in anderen einer Burg ähnelt, wird noch heute von einem Schauenburger bewohnt, von Ulrich Freiherr von Schauenburg. Dem Familienwunsch entsprechend, hat er Jura studiert, den eigenen Interessen folgend, ließ er sich zum Piloten ausbilden. Er sorgt dafür, dass die substantiellen Grimmelshausen-Erinnerungsorte in Gaisbach/Oberkirch auch gastronomisch mit Gewinn besucht werden können. Und er gebietet über das Archiv der Freiherren von Schauenburg, das, nach Anmeldung, auch von Privatleuten genutzt werden kann.

Sein Vorfahr Rudolf von Schauenburg, promovierter Jurist im diplomatischen Dienst, kümmerte sich seit 1888 um die Geschichte beider Linien der Schauenburger. Es ging ihm vor allem um die Vervollständigung und Zusammenführung der Familienarchive, wobei er auf die traurige Geschichte von Verstreuung, Veruntreuung und gar Diebstahl von Familienurkunden stieß. Mit Hilfe eines Rechtsanwaltes, einiger Archivare und eines sachkundigen Professors gelang es ihm mit mühseliger Geduld, den Großteil der Urkunden zurückzubekommen. Zusammen mit seinem Vater, Emil von Schauenburg, hatte er schon in den 1870er Jahren damit begonnen, Material für eine Familiengeschichte zu sammeln.

Bei Recherchen in seinem Archiv stieß Rudolf von Schauenburg auf den Namen Johann Jacob Christoffel von Grimmelshausen. In den Akten des Gaisbacher und vor allem des Archivs in Winterbach, neben Gaisbach ein anderer Stadtteil von Oberkirch, fand er die Belege für Grimmelshausens Tätigkeit als Schreiber und Schaffner (Verwalter) der Schauenburger in Gaisbach. Das war eine Sensation: Nun konnte zum ersten Mal mit einer Reihe von amtlichen Briefen und Urkunden *die* Zeit in Grimmelshausens Leben zwischen etwa 1650 und 1667 dokumentiert werden, in der er den Grundstock für sein literarisches Werk gelegt hatte. Sein Vertrauter beim Sichten und Publizieren war zunächst Philipp Ruppert, Professor und Stadtarchivar von Konstanz.

Er veröffentlichte den sensationellen Quellenfund 1886 in der noch heute existierenden *Zeitschrift für die Geschichte des Oberrheins*.[72] Man verwies ihn auf den bekannten und angesehenen Gustav Könnecke, königlicher Archivrat in Marburg, der von 1845 bis 1920 lebte. Könnecke war mit seinem großformatigen *Bilderatlas* zur Geschichte der deutschen Nationalliteratur weithin bekannt geworden.

Der Archivar witterte sofort seine Chance und machte sich auf den Weg nach Gaisbach. Seine überschwängliche Begeisterung war offenbar so überzeugend, dass der durch schlechte Erfahrungen einschlägig enttäuschte Freiherr dem Marburger Archivar dennoch bereitwillig anbot, ihm die Grimmelshausen-Urkunden zu leihen. Könnecke bedankte sich in einem Brief vom 27. April 1887 für »die große Freundlichkeit, die Grimmelshausiana leihweise dem hiesigen königlichen Staatsarchive zukommen zu lassen«.[73] ›Leihweise, für kurze Zeit‹. 1894 besuchte Könnecke abermals Gaisbach. Wieder freute er sich in einem Brief mit Rudolf von Schauenburg über die Archivschätze: »Ihr Archiv ist für ein Familienarchiv herrlich!«[74]

Mit besitzergreifendem Fleiß hatte Könnecke im Familienarchiv herausgesucht, was ihm nützlich erschienen war. Er bat den Freiherrn, diese Schriften säuberlich mit den Nummern I bis X zu versehen, ordentlich zu verpacken und wiederum als Leihgut ans königliche Archiv Marburg zu schicken. Was von Schauenburg tat. Er fügte noch weiteres Material hinzu und vermittelte Könnecke überdies den Zugang zum Archiv seines Vetters Hannibal in Oberkirch.

1895 erschien die zweite Auflage von Könneckes *Bilderatlas* mit einer kleinen Auswahl aus dem Grimmelshausenfund. Inzwischen waren acht Jahre nach dem ersten Besuch in Gaisbach vergangen. Immer wieder drängte Rudolf von Schauenburg mit freundlichen Worten auf die Rückgabe der wertvollen Dokumente, genau so oft wurde er von Könnecke vertröstet, ebenfalls freundlich. Zwanzig Jahre später, 1908, bot der Freiherr an, ihm bei den Recherchen zu helfen, was abgelehnt wurde. Dann spitzte sich die Angelegenheit weiter zu. Inzwischen hatte der Freiburger Grimmelshausen-Forscher Artur Bechtold ebenfalls Kontakt zum Gaisbacher Schauenburg-Archiv aufgenommen, und er hatte für seine breit angelegte Quellenstudie *Johann Jacob Christoph von Grimmelshausen und seine Zeit*, die erstmals 1914 erschien, auch von der engagierten Hilfe Rudolf von Schauenburgs profitieren können. Könnecke saß absurderweise noch immer auf dem Quellenmaterial, das er einst ›für kurze Zeit‹ entliehen hatte. Bechtold zitierte aus Könneckes kargen Neuigkeiten, die er im *Bilderatlas* publiziert hatte, alles weitere musste er sich aus anderen Archiven besorgen.

Ein kurzer Blick auf Artur Bechtolds Grimmelshausen-Buch zeigt: Zwar konnte er auch ohne das von Könnecke gleichsam beschlagnahmte Material vieles zu Grimmelshausens Biografie beitragen, aber er nutzte das Vorwort zur zweiten Auflage seines Buches im Jahr 1919 auch dazu, den martialischen Rahmen zu erweitern, in den er schon die Vorkriegsauflage gespannt hatte. Ganz anders als der leidenschaftliche Kriegsgegner Grimmelshausen schrieb er 1919 in seiner Biographie:

Ein tragisches Verhängnis hat es gefügt, dass wir das Jubiläum des berühmten Romanes (»Simplicissimus Teutsch«, der 1668 erschien, d. A.) nicht mit frohem Herzen, aus einer glücklichen, friedlichen Zeit auf längst vergangene böse Tage zurückblickend, feiern können; wir begehen seinen zweihundertfünfzigsten Geburtstag unter ähnlichen politischen Verhältnissen, wie sie bei seinem ersten Auftreten waren: in einem niedergeworfenen, zertretenen, verstümmelten, von den Fremden geknechteten Vaterlande. (...)

Aus dem Folgenden ist zu ersehen, wie der Schaffner Grimmelshausen als pflichttreuer Beamter und tüchtiger Landwirt alsbald nach dem großen Kriege wacker die Hand mit angelegt hat, die Schäden der langen Kriegsjahre zu bessern und seine des Arbeitens entwöhnte Gemeinde zu Zucht und Ordnung zurückzuführen. Nach einem arbeitsreichen Leben hat er schließlich den Tod gefunden, als er im Begriffe stand, in seinem Alter noch einmal gegen den Feind, der räuberisch seine Heimat überfiel, auszureiten; in jeder Beziehung, mit Feder, Pflug und Degen, ein kerndeutscher Mann, uns ein Vorbild.[75]

So schrieb der Literaturwissenschaftler nach dem Ersten Weltkrieg. Dass mit dem nationalistisch verquer interpretierten Werk des ›kerndeutschen Mannes‹ im Tornister 20 Jahre später abermals gegen den Feind marschiert werden konnte, kündigt sich in den chauvinistischen Floskeln des

»Der Bücher-Narr«. Kupferstich von Johann Christoph Weigel (1709). Aus den *Hundert ausbündigen Narren* von Abraham a Sancta Clara

kerndeutschen Germanisten an, der damit eine unselige Tradition schrecklicher Wissenschaftler fortschrieb.

Nach dem Ersten Weltkrieg spielte sich dann eine Art philologischer Bürgerkrieg ab. Weil Könnecke mit seiner, nun schon seit Jahrzehnten in Aussicht gestellten großen Studie über Grimmelshausen nicht zu Rande kam, versuchten jüngere Forscher wie der Amsterdamer Germanist Jan Hendrik Scholte im direkten Kontakt mit Ulrich von Schauenburg und seinen Vettern in Oberkirch weiterzukommen. Die Familie beschloss, dass die von Könnecke nach wie vor usurpierten Quellen zur allgemeinen Nutzung frei zu geben wären. Das ärgerte wiederum Könnecke heftig, der sich um die Früchte seiner Arbeit betrogen sah, die sich allerdings leider nicht in einer Publikation materialisiert hatte.

Nun griff Scholte Könnecke in aller Schärfe an, bekam aber die begehrten Quellen nur stückweise nach Könneckes Belieben. Scholte erwies sich jedoch als fair im Verhältnis zu den Schauenburgern. Er ermunterte Rudolf von Schauenburg, seine geplante ausführliche Familiengeschichte vor Könneckes Grimmelshausen-Buch zu veröffentlichen, damit man nicht zuerst über die Schaffnertätigkeit des Dichters und die Beziehung zu den Schauenburgern aus der literaturwissenschaftlichen Forschung, sondern quasi aus erster Hand erführe.

Sie scheiterten schließlich beide. Weder erschien Könneckes Monumentalwerk, an dessen projektierter Größe sich der Archivar, wie er selber bemerkte, verhoben hatte, noch schaffte es Rudolf von Schauenburg seine Familiengeschichte zu schreiben. Könnecke starb 1920. In einer versöhnlichen Lösung des philologischen Knotens brachte Jan Hendrik Scholte schließlich dessen Werk, vermehrt um weiterführende Erklärungen und Anmerkungen heraus.[76]

Rudolf von Schauenburg starb 1923. Seine Frau Bertha veröffentlichte 1954 die von ihrem Mann nicht vollendete *Familiengeschichte der Reichsfreiherrn von Schauenburg.*

Wenn Grimmelshausens Lebensweg oder zumindest einige Spuren auf diesem Weg immer wieder auch mit Verweisen auf Könneckes Forschungen zu rekonstruieren versucht werden, soll nicht vergessen werden, mit welchen Schwierigkeiten dieser Versuch zu kämpfen hat. Grimmelshausens Geiz mit biographischen Informationen, seine Manie, den Namen meist in Anagrammen zu verstecken, und der Mangel an zuverlässigen Berichten derer, die ihn kannten, könnten zu einer Art biographischem Verdikt führen. Als würde man beim Vorhaben, die Konturen seines Lebenswegs auszufüllen, immer wieder darauf verwiesen, sich an sein Werk zu halten und das Leben in dessen Schatten ruhen zu lassen. Andererseits wurden, wie am Beispiel von Artur Bechtold zu sehen war, aus Grimmelshausen groteske Figuren gemacht, die je nach ideologischem Wahn oder nach den Wünschen von allzu leichtfertig operierenden Biographen wechselten zwischen einem naturechten Bauernpoeten, einem Helden treudeutsch-kerniger Tugenden, einem Rebellen an der Seite der aufbegehrenden Landbevölkerung, einem konservativ-katholischen Propagandisten des gottgefälligen Lebens und anderen Festschreibungen. Diese Figuren stehen immer noch und immer wieder an zur Dekonstruktion.

Erst in den letzten Jahrzehnten dominiert angesichts des dürren Quellenmaterials eine biographische Bescheidenheit. In dieser Tradition, der so viele Beiträge der seit 1978 erscheinenden, *Simpliciana* genannten *Schriften der Grimmelshausen-Gesellschaft* entstammen, möchten wir uns sehen. Dort wird das biographische Interesse an Grimmelshausen mit vielen Einzeluntersuchungen wachgehalten, die sich unterschiedlichen Positionen und Bildern des bedeutendsten deutschen Barockautors verdanken.

Der Bücher-Narr. Initiation in Hanau

1 Zit. nach: L. Weinrich: Die Aufhebung der Blockade der Stadt Hanau im Jahr 1636. Hanau 1863 (Reprint: Hanau 1981), S. 47.
2 Hans Magnus Enzensberger: Nachwort. In: Hans Jacob Christoffel von Grimmelshausen: Die Lebensbeschreibung der Erzbetrügerin und Landstörzerin Courasche. Frankfurt am Main 1989, S. 177 f.
3 Hans Jacob Christoffel von Grimmelshausen: Satyrischer Pilgram. Hrsg. von Wolfgang Bender, Tübingen 1970.
4 Momos ist laut Hesiods Theogonie einer der vielen Söhne der Nyx. Er erscheint als Personifikation des Tadels und der Schmähsucht und ist ein scharfzüngiger Kritiker, der auch die Götter angeht.
5 Satyrischer Pilgram, a. a. O., S. 14.
6 Satyrischer Pilgram, a. a. O., S. 13.
7 Satyrischer Pilgram, a. a. O., S. 156.
8 Satyrischer Pilgram, a. a. O., S. 158.
9 Satyrischer Pilgram, a. a. O., S. 116.
10 Hans-Christian Huf: Mit Gottes Segen in die Hölle. Der Dreißigjährige Krieg. Berlin 2004, S. 241.
11 Eckhard Meise: Der Dreißigjährige Krieg und Hanau. In: Gottfried Lammert (Hrsg.): Auswirkungen einer Stadtgründung. Hanau 1993, S. 86–121.
12 Zit. nach: Meise, a. a. O., S. 106.
13 Zit. nach: Weinrich, a. a. O., S. 48.
14 W. Matthäi: Landgraf Georg II. und Jakob Ramsay. In: Archiv für hessische Geschichte und Altertumskunde. Neue Folge 1, 1883, S. 518.
15 Hans Jacob Christoffel von Grimmelshausen: Der abenteuerliche Simplicissimus Deutsch. Aus dem Deutschen des 17. Jahrhunderts von Reinhard Kaiser. Frankfurt am Main 2009, S. 462 f.
16 Zit. nach: Meise, a. a. O., S. 112.
17 Grimmelshausen/Kaiser, a. a. O. (2009), S. 147.
18 Theatrum Europaeum III., Frankfurt am Main 1639, S. 383.
19 Grimmelshausen/Kaiser, a. a. O. (2009), S. 65 f.
20 Grimmelshausen/Kaiser, a. a. O. (2009), S. 67.
21 Zit. nach: Jan Peters (Hrsg.): Ein Söldnerleben im Dreißigjährigen Krieg. Eine Quelle zur Sozialgeschichte. Berlin 1993, S. 146.
22 Grimmelshausen/Kaiser, a. a. O. (2009), S. 125.
23 Ebenda.
24 Vgl.: Ludwig M. Eichinger: Die Personennamen in Hans Jacob Christoffel von Grimmelshausens Simplicius Simplicissimus. In: Neophilologos. Bd. 72 (1988), S. 66–81.
25 Grimmelshausen/Kaiser, a. a. O. (2009), S. 66 u.67.
26 Grimmelshausen/Kaiser, a. a. O. (2009), S. 66.
27 Grimmelshausen/Kaiser, a. a. O. (2009), S. 67 f.
28 Zur Interpretation des Hermaphroditismus bei Grimmelshausen vgl.: Peter Triefenbach: Der Lebenslauf des Simplicissimus. Figur, Initiation, Satire. Stuttgart 1997.
29 Grimmelshausen/Kaiser, a. a. O. (2009), S. 72.
30 Triefenbach, a. a. O. S. 9 u. 10.
31 Triefenbach, a. a. O., S. 20 u. 21.
32 Grimmelshausen/Kaiser, a. a. O. (2009), S. 135.

33 Grimmelshausen/Kaiser, a.a.O. (2009), S. 158.
34 Grimmelshausen/Kaiser, a.a.O. (2009), S. 38 u. 39.
35 Joseph B. Dallett: Mensch und Tierreich im Simplicissimus. Neue Perspektiven zu den Quellen. In: Daphnis, Band 5, Heft 2–4, Amsterdam 1976, S. 218–265.
36 Zit. nach: Dallett, a.a.O., S. 228.
37 Grimmelshausen/Kaiser: a.a.O. (2009) S. 136.
38 Piazza Universale: Das ist allgemeiner Schauplatz (...). (Reprint Nürnberg 1962), S. 605.
39 Grimmelshausen/Kaiser, a.a.O. (2009), S. 67.
40 Vgl.: Italo Michele Battafarano: Von Andreae zu Vico. Untersuchungen zur Beziehung zwischen deutscher und italienischer Literatur im 17. Jahrhundert. Stuttgart 1979, S. 55–102.
41 Grimmelshausen/Kaiser, a.a.O. (2009), S. 214.
42 Grimmelshausen/Kaiser, a.a.O. (2009), S. 305 f.
43 Grimmelshausen/Kaiser, a.a.O. (2009), S. 306.
44 Zit. nach: Breuer: Grimmelshausen-Handbuch. München 1999, S. 182.
45 Grimmelshausen/Kaiser, a.a.O. (2009), S. 504.
46 Grimmelshausen/Kaiser, a.a.O. (2009), S. 460 f.
47 Grimmelshausen/Kaiser, a.a.O. (2009), S. 301.
48 Des Abenteurlichen Simplicissimi Ewig-währender Calender. Faksimile-Druck der Erstausgabe Nürnberg 1671. Hrsg. von Klaus Haberkamm. Konstanz 1967, S. 71, Spalte 6.
49 Grimmelshausen/Kaiser, a.a.O. (2009), S. 21.
50 Grimmelshausen/Kaiser. A.a.O. (2009), S. 9.
51 Ewig-währender Calender, a.a.O., S. 2.
52 Ewig-währender Calender, a.a.O., S. 3.
53 Ebenda.
54 Ewig-währender Calender, a.a.O., S. 42.
55 Conrad Wiedemann: Zur Schreibsituation Grimmelshausens. In: Daphnis. Zeitschrift für mittlere deutsche Literatur, Band 5, Heft 2–4, 1976, S. 707–732.
56 Hans Jacob Christoffel von Grimmelshausen/Reinhard Kaiser (Übers.): Lebensbeschreibung der Erzbetrügerin und Landstörzerin Courage. Der seltsame Springinsfeld. Frankfurt am Main 2010, S. 132.
57 Ebenda.
58 Grimmelshausen/Kaiser, a.a.O. (2010), S. 197 f.
59 Grimmelshausen/Kaiser, a.a.O. (2010), S. 198.
60 Grimmelshausen/Kaiser, a.a.O. (2010), S. 197.
61 Wiedemann, a.a.O., S. 721.
62 Grimmelshausen/Kaiser, a.a.O. (2009), S. 469 f.
63 Grimmelshausen/Kaiser, a.a.O. (2009), S. 470.
64 Vgl.: Grimmelshausen/Kaiser, a.a.O. (2009) S. 38. Sankt Gertraud ist die Heilige Gertrud von Nivelle, Patronin der Feld- und Gartenfrüchte am 17. März: Beginn der Feldarbeit im Bauernkalender.
65 Manfred Koschlig: Der Mythos vom Bauernpoeten Grimmelshausen. In: Ders.: Das Ingenium Grimmelshausens und das ›Kollektiv‹. Studien zur Entstehungs- und Wirkungsgeschichte des Werkes. München 1977, S. 117–192.

66 Dieter Breuer (Hrsg.): Hans Jacob Christoffel von Grimmelshausen: Werke I–II, Frankfurt am Main. Band I, 1: Der abentheuerliche Simplicissimus Teutsch und Continuatio des abentheuerlichen Simplicissimus, Frankfurt am Main 1989. Band I, 2: Courasche, Springinsfeld, Das Wunderbarliche Vogel-Nest. Erster Teil, Das Wunderbarliche Vogel-Nest. Zweiter Teil, Rathstübel Plutonis. Frankfurt am Main 1992, Band II: Grimmelshausens satirische Schriften. Frankfurt am Main 1997.
67 Grimmelshausen/Kaiser, a. a. O. (2009), S. 668.
68 Grimmelshausen/Kaiser, a. a. O. (2009), S. 306.
69 Ebenda.
70 Ebenda.
71 Archiv der Freiherren von Schauenburg Oberkirch. Urkundenregesten 1188–1803. Bearb. von Magda Fischer. Inventare der nichtstaatlichen Archive in Baden-Württemberg, herausgegeben vom Landesarchiv Baden-Württemberg, Band 33, Stuttgart 2007.
72 Philipp Ruppert: J. J. Chr. v. Grimmelshausen. In: Zeitschrift für die Geschichte des Oberrheins 40, 1886, S. 371–375.
73 Archiv der Freiherrn von Schauenburg Oberkirch, a. a. O., S. 40.
74 Ebenda.
75 Artur Bechtold: Johann Jacob Christoph von Grimmelshausen und seine Zeit. München ²1919, S. V u. VI.
76 Quellen und Forschungen zur Lebensgeschichte Grimmelshausens von Dr. Gustav Könnecke weiland Direktor des Staatsarchivs für den Reg.-Bez. Kassel in Marburg. Herausgegeben im Auftrag der Gesellschaft der Bibliophilen von Dr. J. H. Scholte, ord. Professor der deutschen Sprache und Literatur an der Universität Amsterdam. Gesellschaft der Bibliophilen Weimar. Erster Band: Grimmelshausens Leben bis zum Schauenburgischen Schaffnerdienst. Weimar 1926. Zweiter Band: Schauenburgischer Privatdienst, Wirt, Schaffner und Schultheiß. Leipzig 1928.

PIAZZA UNIVERSALE.
DER LESEPATE TOMASO GARZONI

Ottaviano Garzoni wurde 1549 in Bagnacavallo geboren, wo er 1589 auch starb. Als Frater der Basilika Santa Maria in Porto in Ravenna nannte er sich Tomaso Garzoni. Er studierte Jura in Ferrara, in Siena Philosophie. Die großen enzyklopädischen Werke, die ihn berühmt machten, verfasste er in den letzten sechs Jahren seines Lebens. Unter diesen Werken wurde eines in ganz Europa bekannt: *PIAZZA UNIVERSALE, das ist Allgemeiner Schauplatz, Markt und Zusammenkunft aller Professionen/Künsten/Geschäfften/ Händeln und Handwercken (...)*. So begann der Titel der im Frankfurter Verlag von Matthäus Merian Erben 1659 herausgekommenen Ausgabe. Die erste deutsche Ausgabe war 1619 in Frankfurt im Verlag von Lukas Jennis erschienen. Diese frühere Ausgabe gibt Dieter Breuer als Grimmelshausens Quelle an. Als weitere Quelle desselben Autors nennt Breuer noch das *Spital Unheylsamer Narren/vnnd Närinnen*, das 1618 in Straßburg erschien.

Garzoni erscheint – anagrammatisch verschlüsselt – gleich am Anfang des *Ewig-währenden Calenders*: »Simplicissimi Discurs mit Zonagrio/die Calender=Macherey und was deme anhängig/betreffent« und wird im Werk noch öfter mit Lob und Anerkennung erwähnt.

Der *Schauplatz* diente Grimmelshausen nicht nur als enzyklopädischer Speicher unterhaltsam präsentierten Weltwissens, er half ihm wohl auch dabei, eigene Positionen für die Darstellung der Welt zu finden. Eines der großen Probleme einer Literatur, die aus christlicher Perspektive auf die Wirklichkeit blickte, und es besteht kein Zweifel daran, dass Grimmelshausen über diese Perspektive verfügte, bestand in der Wahrnehmung und der Darstellung des Bösen, der sündhaften Realität. Wie sehr, wie drastisch darf ein Autor die vom christlichen Glauben abgefallene oder überhaupt verkehrt agierende Welt mit ihren Sündern porträtieren, ohne sich dabei selbst zu vergreifen.

Reicht es, die Vollkommenheit der Schöpfung und beispielhafte Wege aus den Drangsalen des irdischen Labyrinths zu Gott möglichst überzeugend zu beschwören, oder muss auch das Böse, Verkehrte in seinen je aktuellen Erscheinungsformen beschrieben werden, damit die Hindernisse auf diesen Wegen in den Blick kommen? Oder noch grundsätzlicher: Welchen Platz, welchen Sinn hat überhaupt das Böse in der gottgewollten Wirklichkeit?

Im Jahrhundert der Gegenreformation und des Absolutismus stellen sich die Fragen konkreter. Wie geht man mit dem Erbe von Renaissance und Humanismus um? Wie wird man mit der Präsenz der heidnischen Antike fertig? Mit ihren Körperbildern, Wissenskulturen, vielfältigen wissenschaftlichen Traditionen?

Der Münchener Hofbibliothekar und Vertreter der Gegenreformation Aegidius Albertinus (1560–1620) hat mit einer Reihe von Werken auch Vorratskammern für Grimmelshausens Zitatbedarf geschaffen. Dazu gehört das 1615 in Leipzig erschienene Kompendium *Der Welt Thurnierplatz. Darinn Erstlich die Geistlichen Manns- vnd Weibs Personen in jhren Zierden vnd Eigenschafften (...)*. Darin publiziert Albertinus, fünf Jahre vor Erscheinen der deutschen Übersetzung, eine eigene Version des 73. Diskurses von Garzonis *Schauplatz* mit dem Titel *Von Huren vnd denen do jhnen anhangen*.

> # PIAZZA
> # UNIVERSALE:
> ### Das ist:
> ## Allgemeiner Schauplatz/
> #### Marckt und Zusammenkunfft aller Professionen/ Künsten/ Geschäfften/ Händeln und Handwercken/ꝛc.
>
> Wann und von wem dieselbe erfunden: Wie sie von Tag zu Tag zugenommen: Sampt außführlicher Beschreibung alles dessen/ so darzu gehörig: Beneben deren darin vorfallenden Mängeln Verbesserung:
>
> Allen Politicis, auch jedermänniglich/ weß Stands der sey/ sehr nützlich und lustig zu lesen:
>
> **Erstmahln durch** Thomam Garzonum, **Italiänisch** zusammen getragen: Anjetzo aber auffs treulichste verdeutscht/ mit zugehörigen Figuren/ und unterschiedlichen Registern gezieret/ und in Druck gegeben.
>
> #### Franckfurt am Mäyn/
> ### In Verlag Matthæi Merians Sel. Erben/
> Druckts Hieronymus Polich und Nicolaus Kuchenbecker.
> Im Jahr M DC LIX.

Wie der italienische Grimmelshausen-Spezialist Italo Michele Battafarano in seiner Abhandlung über den *Schauplatz* ausführt,[1] handelt es sich beim *Turnierplatz* um die »gegenreformatorische, absolutistische Variante der Piazza Universale«[2].

Zum einen steht der feudal-ritterliche Turnierplatz im Gegensatz zum städtisch-bürgerlichen Markt der *Piazza Universale*, zum andern kappt Albertinus in seinem Artikel über die Huren jeden Verweis auf die antike Vorgeschichte der Prostitution, die bei Garzoni bis zur Göttin Venus hinaufführt. Auf dass nur nicht ein Hauch von Legitimierung des Hurengewerbes durch seine Verbreitung schon in der Antike entstehe. Auch verbannt der gestrenge Gegenreformator die in der mittelalterlichen und frühneuzeitlichen Ständegesellschaft so genannten unehrlichen Berufe von seiner Versammlungsstätte. Dazu gehören die Bettler, Zauberer, Wahrsager, das gesamte fahrende Volk, die Totengräber und Scharfrichter und leider auch die Balbierer, wie Grimmelshausens zweiter Vater einer war.

Auf diesem *Turnierplatz* führt Albertinus die Welt metaphorisch als Tummelplatz der Vanitas, der Vergeblichkeit und des leeren Scheins, vor. Eine antik-mythologische Darstellung der Turnierplatz-Figuren hätte sie gleichsam mit zu viel Sein und altehrwürdiger Geschichte versehen. Albertinus verengt das Bild der Welt, es »wird quasi auf eine figurale Definition des absolutistischen Modells des bayrischen Kurfürsten Maximilian I. reduziert«[3].

Schon hier kann man große Differenzen zwischen der gegenreformatorisch-didaktischen Literatur eines Aegidius Albertinus und der satirischen Weltliteratur Grimmelshausens erkennen.

Der aus den Niederlanden stammende Albertinus verfügte über exzellente Sprachkenntnisse und war ein höchst produktiver Autor und Übersetzer italienischer, französischer und lateinischer Literatur. 1593 kam er mit 33 Jahren aus Spanien an den Münchener Hof, wo er zunächst als Hofsekretär, ab 1601 als Bibliothekar tätig war.

Grimmelshausen hat sich bei Albertinus nach Kräften bedient, hat ganze Textpassagen von ihm kopiert, so als einzige Übernahme aus der spanischen Literatur und nahezu wörtlich: Simplicius' Abgesang auf die Welt, den Albertinus erklärtermaßen vom Hofprediger Karls V., Antonio de Guevara, abgeschrieben hatte. Mit diesem stets mit »Leb wohl, Welt« oder »Gott behüte dich, Welt« schrecklich und schön formulierten Klagelied über die Unbeständigkeit der Welt und ihre, den entsetzlichsten Sünden verfallenen Bewohnern, schließt der *Simplicissimus*:

Alle diese Worte erwog ich mit Eifer und beharrrlichem Nachdenken, und sie ergriffen mich so stark, dass ich die Welt verließ und wieder ein Einsiedler wurde. (...) Deshalb begab ich mich in eine andere Wildnis und fing mein Spessarter Leben wieder an. Ob ich aber, wie mein seliger Vater, bis an mein Ende darin verharren werde, steht dahin. Gott schenke uns allen seine Gnade, auf dass wir von ihm erlangen, woran uns am meisten gelegen ist, nämlich ein seliges
ENDE.[4]

Durch das Hintertürchen mit der Frage, ob Simplicius bis an sein Ende wirklich Einsiedler bleiben wird, spaziert dann schon sehr bald mit der *Continuatio* das sechste Buch des *Simplicissmus*.

So düster Grimmelshausen das fünfte Buch mit Albertinus/Guevara enden lässt, so sehr ist sein poetisches Zuhause doch weniger das Kirchenschiff als der Marktplatz. Seine Figuren dienten nicht als allegorische Zeigeobjekte einer katholischen Glaubensdoktrin. Mit Garzonis *Schauplatz* hat er die Menschen aller Stände und auch die Elenden, die Ausgegrenzten, Unehrlichen in seinen Schriften versammelt. Immer im Zeichen einer alles beherrschenden Irritation, nämlich der Frage, wie all das Grauen, der Schrecken, das Unheil der Welt dennoch von Gottes Willen und Gnade zeugen könnten. Und der vielstimmigen Beschwörung, dass es allem Anschein zum Trotz so sein müsse. Der Wiener gegenreformatorische Volksprediger Abraham a Sancta Clara war ein rhetorischer Wortzauberer und zum Beispiel in der Disziplin des anagrammatischen Wortspiels Grimmelshausen ebenbürtig. Ganz anders aber als Grimmelshausen redete er in seinen stets gut besuchten Predigten die Gläubigen schwindlig und machte sie kurz und klein als erbärmliche Sünder, die Krieg, Pest und Untergang ihrer Verfehlungen wegen sehr wohl verdient hätten und unweigerlich zur Hölle fahren müssten, wenn sie nicht auf der Stelle zur Umkehr bereit wären. In seiner 1680 in Wien erschienenen Mahnschrift *Mercks Wienn! Das ist: des wüthenden Tods umständige Beschreibung* bittet er zum Totentanz:

(...)/dafern aber dieses Schmieren und Zieren/nicht vil wircket/so muß der arme Spiegel dieser gläserne Richter für einen Lügner gehalten werden/unnd wird der Spiegel in einem Annagramatismo oder Buchstaben Wechsel für ein Gispel (= närrischer, einfältiger, zappeliger Mensch, d. A.) gespöttelt. zu was aber ihr üppige Welt-Docken/dient solcher euer unmässiger Auffputz und angemasset Schönheit?[5]

Grimmelshausen verfährt ganz anders als der im Übrigen stark misogyne und judenfeindliche Prediger. Er öffnet die Welt hin zu den lebendigen Menschen, ihren Verstrickungen und Verwirrungen, der ganzen schrecklichen Breite ihrer Sünden, den grotesken Schauspielen ihrer Gottlosigkeit. Mit einem monströsen Aufwand sprachlicher Mittel bringt er immer neue Gemeinheiten ans Licht, präsentiert er die kuriosesten Winkel der Erde, wo es auf gottlose Weise hergeht. Aber Grimmelshausen sieht, beobachtet seine Figuren hinter wunderbaren Nebelwänden aus allegorischen Zeichen, Zitatkaskaden, aufdringlich gelehrten Anspielungen. Dieser ganze Aufwand an satirischen, grotesken, verschlüsselten oder gar unverständlichen Einfällen und Abschweifungen wächst häufig ins Monströse, weil die Welt selbst monströs geworden ist: nicht irgendeine beliebige, seit je sündige und verkehrte, sondern die Welt des Krieges mit namhaften Feldherren und Schlachten, Verbrechen, mit Mord, Pest, Hunger und Verderben. Aber Grimmelshausen verdammt die Menschen nicht, von Garzoni oder zumindest auch von Garzoni übernimmt er eine enzyklopädische Schreibweise und fächert die Menschheit nicht nur auf, um zu demonstrieren, dass und warum sie dem Untergang geweiht ist. Das wahrhaftig breit und hart geschilderte Sündenregister öffnet sich immer auch der Frage, wie es sich trotzdem leben lässt. So hat Grimmelshausen mehr mit Garzoni gemein als mit Albertinus oder Sancta Clara.

Es ist durchaus möglich, dass Grimmelshausen den in Frankfurt erschienenen *Schauplatz* schon als Kind durch seinen Stiefvater zu sehen bekam.

---

1 Italo Michele Battafarano: Vom polyhistorischen Traktat zur satirischen Romanfiktion. Garzonis *Piazza Universale* bei Albertinus und Grimmelshausen. In: Ders. (Hrsg.): Polyhistorismus und Interkulturalität in der frühen Neuzeit. Bern 1991, S. 109–124.
2 Battafarano, a. a. O., S. 114.
3 Ebenda.
4 Grimmelshausen/Kaiser, a. a. O. (2009), S. 530.
5 Abraham a Sancta Clara: Mercks Wienn (Wien 1680). Reprint. Hrsg. von Werner Welzig. Tübingen 1983, S. 109 f.

ENTFÜHRT IN DEN KRIEG.
VON HANAU NACH OFFENBURG

Der Winter 1634/1635 war so kalt, dass die Kinzig und die Wallgräben der Festung Hanau zufroren. Ramsay ordnete die Enteisung der Gräben an. Das aber war mühsam und nahezu sinnlos, denn die Kälte fuhr den Soldaten derart in die Glieder, dass sie nichts mehr ausrichten konnten. Auch das Einschlagen von Palisaden, das der Gouverneur befahl, scheiterte. So ergab sich eine seltsame Mischung aus Spiel und bitterem Ernst. Kinder nutzten das Eis, um aus der überfüllten Stadt ins Freie zu kommen. Sie trotzten der Kälte und tollten auf dem Eis herum. Konnte man von innen nach außen gelangen, so galt das auch in der Gegenrichtung. Ende Januar stürmte ein Trupp von berittenen Kroaten auf die gefrorenen Festungsgräben zu. Die Reiter packten etliche der spielenden Kinder und machten sich mit ihnen davon.

Die Szene wird im 14. Kapitel des zweiten Buchs des *Simplicissimus* mitgeteilt. Simplicius ›spaziert mit einigen anderen Knaben vor der Festung auf dem Eis herum‹.

Da führte plötzlich ich weiß nicht wer einen Trupp Kroaten herbei, die uns ergriffen, auf ein paar freie Bauernpferde setzten, die sie eben gestohlen hatten, und uns alle miteinander entführten.[1]

Hans Jacob war höchstwahrscheinlich eines dieser entführten Kinder. Man brachte sie ins nahe gelegene Büdingen, wo die meisten von ihnen gegen Lösegeld an die Eltern in Hanau zurückgegeben wurden.

Für das Waisenkind Hans Jacob aber fand sich niemand, der ihn hätte auslösen können. Nach dem Schock der Plünderung und Zerstörung Gelnhausens und den erbärmlichen Zuständen in der Hanauer Festung wurde er mit diesem Raub in den Krieg geschleppt, dem er bis zum Friedensschluss im Jahr 1648 nicht entkommen sollte.

Die kriegshistorischen Umstände des Hanauer Kroatenkommandos wurden detailliert nachgezeichnet. Der Kroatenoberst Marco von Corpes (auch Korpes, Korpus, Corpesz) wird im *Theatrum Europaeum* für die Jahre 1634 bis 1637 häufig als ein Unterführer des Grafen von Isolani genannt, der als kaiserlicher General der kroatischen Reiter Wallenstein diente und aus Schillers gleichnamigen Stück bekannt ist. Grimmelshausen macht sich aus der Raubszene zunächst einen Jux. Einer von den kroatischen Reitern legt auf Böhmisch los: »Mih weme daho Blasna sebao ...«, was zu Deutsch heißt:

›*Den Narren nehmen wir mit und bringen ihn zum Obristen.*‹

Ein anderer antwortet:

»Prschis am bambo ano ...« Zu Deutsch:

›*Bei Gott, ja. Wir setzten ihn aufs Pferd. Der Obrist spricht Deutsch, er wird Seinen Spaß mit ihm haben.*‹[2]

Auf die Gefahr hin, mit solchen und vielen anderen fremd- oder geheimsprachlichen Einschüben und in wilden Dialektpassagen nicht auf Anhieb verstanden zu werden, schafft der Autor vor allem in den simplicianischen Schriften neben dem Lese- einen Sprechtext, der seine Literatur auch körperlich präsent werden lässt. Zitate und längere Passagen aus Geheimsprachen, Fremdsprachen, vor allem aber Dialekten bilden ein wesentliches Merkmal des ›simplicianischen Realismus‹, und gewiss war in den Heeren des Dreißigjährigen Krieges ein Sammelsurium aller möglichen Sprachen und Dialekte zu hören.

Der Spaß für den Obristen schlägt gleich in die bitterste Klage des entführten Simplex um:

Also musste ich aufsitzen und erfahren, dass einem ein einziges unglückliches Stündchen alles Wohlergehen rauben und alles Glück und Heil so weit entrücken kann, dass man die Erinnerung an diesen Schlag sein Lebtag nicht mehr loswird.[3]

Ist es allzu vermessen, hier die Schilderung eines Traumas zu erkennen und diesem Schicksalsschlag mit der Erfahrung des jungen Grimmelshausen zu verbinden?

Es folgt dann ein recht detailliertes Porträt des Obristen Corpes:

Mein Herr hatte keine Frau (wie alle Kriegsleute dieses Schlages keine Frauen bei sich zu haben pflegen), keinen Pagen, keine Kammerdiener, keinen Koch, wohl aber einen Haufen Pferdeknechte und Stalljungen, die gleichzeitig ihm und den Pferden aufwarteten. Aber er schämte sich auch nicht, ein Ross selbst zu satteln oder ihm Futter vorzuschütten. Er schlief immer auf Stroh oder auf der nackten Erde und deckte sich mit seinem Pelzrock zu. Folglich sah man oft Läuse auf seinen Kleidern herumwandern, wofür er sich nicht im geringsten schämte – ja, er lachte noch dazu, wenn ihm jemand eine Laus von der Jacke las. Er trug sein Haar kurz und einen breiten Schweizerbart, was ihm gut zustatten kam, denn er verkleidete sich oft als Bauer, um die Gegend auszukundschaften.[4]

Unter dem Kommando dieses Obristen lernt Simplicius in der Gegend von Fulda und Hersfeld das Fouragieren.

Dieses Fouragieren besteht aber nur darin, dass man mit viel Mühe und Anstrengung, oft auch nicht ohne Gefahr für Leib und Leben, auf die Dörfer ausschwärmt, um zu dreschen, zu mahlen, zu backen, zu stehlen und zu nehmen, was man findet, auch um die Bauern zu quälen und zu ruinieren und sogar ihre Mägde, Frauen und Töchter zu schänden! Und wenn den armen Bauern das nicht gefällt und sie sich erdreisten, dem einen oder anderen Fouragierer, von denen es in Hessen damals viele gab, bei seinem Geschäft auf die Finger zu klopfen, dann bringt man sie um, sofern man sie zu fassen bekommt, oder schickt zumindest ihre Häuser im Rauch zum Himmel.[5]

Das entspricht einer Maxime des Dreißigjährigen Krieges, nach der der Krieg sich selbst zu ernähren habe. Man sieht den Knaben Hans Jacob im Frühjahr 1635 in den Wäldern zwischen Fulda und Hersfeld als Trossbuben, der gerade das Curriculum des Raubens und Plünderns eingebläut bekommt.

Im *Theatrum Europaeum* werden die Beutezüge der Kroaten im Nordhessischen so beschrieben wie das Fouragieren bei Grimmelshausen:

Als die Obristen Corpes, Forgatsch und Plaschkowitz im April 1635 bei Eschwege in einen Hinterhalt gefallen waren, gerieten die Kroaten darüber in solche Wut, dass sie 14 Dörfer niederbrannten und alle Einwohner, alt und jung, Weib und Kind, niedersäbelten.[6]

Grimmelshausen erwähnt, dass die Hessen auch nicht ruhten, und unter General Melander, der eigentlich Peter Holzapfel hieß und für den Landgrafen von Hessen-Kassel auf Seiten der Schweden kämpfte, den Kaiserlichen manchen kroatischen Reiter raubten und mit nach Kassel nahmen. Den Melander übrigens platziert er falsch bzw. er verfährt mit ihm anders, als es in seiner Quelle, dem *Theatrum Europaeum*, berichtet wurde. Melander kämpfte nämlich zu jener Zeit in Westfalen. Das ändert freilich nichts daran, dass es dem jungen Grimmelshausen selbst wie beschrieben widerfuhr. In einem seiner wenigen biographischen Bemerkungen schreibt der Autor 1670 im *Ewig-währenden Calender*:

ANno 1635. wurde ich in Knaben-weiß von den Hessen gefangen und nach Cassel geführt/in welche Vestung ein hiesiger Leutnant kam sambt zweyen Knechten/beydes seine Beuth abzulegen/und seine Verwandte zubesuchen.[7]

Könnecke belegt aus den erhaltenen Akten, dass hessische Truppen tatsächlich am 12. März 1635 den Kroaten Knaben (und damit höchstwahrscheinlich auch Grimmelshausen) abgenommen haben, und auch der ›hiesige Leutnant‹ ist aktenkundig. An diesem Tag berichtet der hessische Obristleutnant Georg Eberhard von Hörde aus Eschwege an seinen Chef nach Kassel, dass es zu verschiedenen erfolgreichen Scharmützeln mit den Kroaten gekommen sei, die überfallartig und clandestin abgelaufen seien. Der wichtigste Satz lautet:

Ich habe der deibischen Jungen 10 und 4 kerls noch alhir sitzen, sie kosten mir mehr zu unterhalten als die deibe wert sein, ich muss alle auß meinem beutel halten, ich bitte, der herr oberst wölle mir entbeiten, wie ich's mit ihnen halten wen ich etwas geldes für die schelmen widder krigen könnte, möchte man sie widder hingeben.[8]

Raub gegen Raub. Erst entführen die Kroaten den Jungen aus Hanau, dann wird er ihnen von den Hessen abgenommen. So lernte Hans Jacob, dass die große barocke Formel von der Unbeständigkeit der Welt, dass Frau Fortunas willkürlicher Umgang mit Einzelschicksalen im Kleinen offenbar ganz besonders für ihn galt. Dass Grimmelshausen sich in den Bistümern Fulda und Hersfeld aufhielt, darf als sicher angenommen werden.

Im Dom zu Fulda hängt ein Bild des Heiligen Simplicius, der mit seinem Bruder Faustinus als Märtyrer unter Kaiser Diokletian im Jahre 303 n.Chr. umgebracht wurde. Die Brüder sind die Stadtheiligen von Fulda. Gut möglich, dass Grimmelshausen hier den Namen seines Romanhelden gefunden hat, zumal es der augusteischen Variante des christlichen Glaubens von Grimmelshausen entsprochen hätte, einen Heiligen aus der Zeit des Urchristentums zu favorisieren.[9]

In der Forschung gibt es auch andere Angebote. So sieht ihn Werner Welzig in der Tradition von Gryphius' *Horribilicribifax Teutsch*. Simplex sei eine reine Typenbezeichnung wie sie für einfältige Toren in den Heiligenlegenden vorkomme. Einen »Paulus Simplex oder den Einfältigen« verzeichnen die *Vitae patrum*, ein Sammelwerk der hagiographischen Literatur. Grimmelshausen dürfte dem Simplicius in Fulda eher begegnet sein als in diesem entlegenen Kompendium, zumal er mit dem Schreiben des Romans ja schon im Krieg begonnen hat. Dann würde der Name Simplicius aus Fulda stammen, seine Steigerung aus Hanau. Obwohl der investigative Philologe Gustav Könnecke noch die Spur eines Magister Georgius Simplicius verfolgte, der 1620 in Offenburg als lateinischer Schulmeister bezeugt ist, bleibt die tatsächliche Herkunft des selbst zur geflügelten Figur gewordenen Romanhelden weiterhin unklar.

Über Grimmelshausens Zeit in Kassel wüsste man gern mehr oder überhaupt etwas. In der damals berühmten Residenzstadt hatte Landgraf Moritz der Gelehrte von Hessen-Kassel mit dem Ottoneum das erste eigenständige Theater im deutschsprachigen Raum bauen lassen. Der, wie der Name sagt, gelehrte, polyglotte Landgraf und Autor brachte im Jahr 1597 eine *Enzyklopaedie* und 1598 ein Poetik-Lehrbuch heraus. Politisch und militärisch galt er als Versager, als Förderer der Künste und der Bildung aber klang sein Name weit über die Grafschaft hinaus. Zu schön ist die Vorstellung, der mittlerweile etwa 13-jährige Fourage-Lehrling Grimmelshausen hätte in den wenigen Monaten seines Kasseler Aufenthalts zum Beispiel in der *Enzyklopaedie* geblättert.

Sehr viel wahrscheinlicher ist, dass er vom regierenden Landgrafen Wilhelm V. von Hessen-Kassel, dem Sohn des gelehrten Moritz, gehört hat. Man nannte ihn den ›Beständigen‹. Im Dreißigjährigen Krieg verbündete sich Wilhelm V. als einer der ersten deutschen Fürsten mit Gustav Adolf von Schweden und unterstellte ihm die gesamte Armee. Nach dem Tod von Gustav Adolf 1632 in der Schlacht bei Lützen zerbrach die Koalition von Hessen-Kassel mit den Schweden. 1635 schloss sich Kaiser Ferdinand II. im Vertrag von Prag mit einer Reihe von deutschen Fürsten zusammen, um die ausländischen Mächte aus Deutschland zu vertreiben. Wilhelm V. beteiligte sich nicht an diesem Bündnis, sondern koalierte mit Frankreich. Der Kaiser bekämpfte daraufhin

Hessen-Kassel, wobei besonders die unbarmherzige Kriegsführung der kroatischen Reiter in Erinnerung blieb. Wilhelm wurde zum Reichsfeind erklärt, Landgraf Georg II. von Hessen Darmstadt zum nordhessischen Administrator berufen. 1637 war für Hessen-Kassel ein annus horribilis; als ›Kroatenjahr‹ ging es mit entsetzlichen Kriegsgräueln in die Geschichte ein. So sah der Krieg im Norden Hessens aus, als Hans Jacob in ihn verschleppt wurde.

Hexenflug und Hexenglauben

Es folgt ein Schnitt, eine blinde Stelle. Grimmelshausen und Simplicissimus verschwinden irgendwo im Pulverdampf des Krieges; erst gegen Ende Mai 1636 tauchen sie wieder auf. Der Krieg hat sie nach Magdeburg in die Reihen der Kaiserlichen verschlagen. Für Simplicius kann man das nachlesen. Grimmelshausen führt ihn nicht nach Kassel. Er bleibt, noch immer im Kalbskleid des Narren, Gefangener der Kroaten und streift orientierungslos im Hersfelder und Fuldaer Gebiet umher.

Eines schönen Frühlingsabends bietet er an, das Quartier von Schlachtabfällen zu säubern, die einen entsetzlichen Gestank verbreiteten. Dann ›blieb er einfach weg und entwischte im nächsten Wald‹.

Im 17. und 18. Kapitel des zweiten Buchs des *Simplicissimus* geht es hoch her. Hoch in die Lüfte und erst bei Magdeburg wieder hinab auf den Boden. Simplicius war, ›während er so durch die Wälder strich‹, auf der Suche nach etwas Essbarem, das er den Bauern stibitzen wollte, an einen merkwürdig stillen Hof gekommen. Durch den Spalt in einer Tür sah er zu seiner allergrößten Überraschung, wie ›Hexen und Hexenmeister‹ »Stöcke, Besen, Mistgabeln, Stühle und Bänke einschmierten und auf diesen einer nach dem anderen zum Fenster hinausflogen«. Kaum hatte sich der völlig verdutzte Simplicius auf eine Bank gesetzt, als er auch schon nach einem Flug von unbestimmter Dauer irgendwo in einem Wald landete und Zeuge des Spektakels eines wilden Hexentanzes wurde. Alle schienen in einem grausigen Durcheinander eigene Melodien zu singen, man tanzte in verschiedene Richtungen: »alles sah sonderbar und unheimlich aus«. Simplicius war direkt bei den Musikanten niedergegangen und schaute sich deren groteske Instrumente an, die von Hieronymus Bosch hätten gemalt sein können:

In diesem Getöse kam ein Kerl mit einer riesigen Kröte auf dem Arm auf mich zu, die bestimmt so groß war wie eine Kesselpauke. Ihr waren die Därme aus dem Hintern gezogen und vorn wieder ins Maul gestopft worden, was so ekelhaft aussah, dass ich mich fast erbrochen hätte.[10]

Dieser fürchterliche Vertreter der grotesken Lachkultur, in Grimmelshausens Traumsatire über die *Verkehrte Welt* wird man ebenbürtigen Kreaturen begegnen, redet Simplicius mit Namen an, was ihn im höchsten Maße verdutzt und sogleich nach seinem Herrgott rufen lässt. Daraufhin verschwindet der gesamte Hexenspuk, und Simplicius bekreuzigt sich ›wohl hundertmal‹, bevor er auf einem freien Feld von Fouragierern geweckt wird.

Das 17. Kapitel endet mit Simplicius' Frage, ob nicht alles bloß ein schwerer Traum gewesen sei, das 19. nimmt das wieder auf und berichtet, dass er trotz allem geschlafen habe und wie benommen reglos auf dem Bauch liegengeblieben wäre.

Solche Dämmerzustände bei Simplicius sind schon bekannt. In sie gerät er immer, wenn Initiationen anliegen, wenn er eine andere Gestalt annimmt und eine neue Etappe des krumm und schief verlaufenden Lebensweges betritt.

Grimmelshausen ist ein Experte der Wortzauberei, er versteht sich auf Sprachmagie, ist mit kabbalistischer Buchstabenmystik vertraut und überhaupt ein gewiefter Trickkünstler im Umgang mit ästhetischem Material. Das alles baut er geschickt und verwegen in seine Texte ein.

Hier aber geht es um eine andere Variante der Zauberei. Es geht um Hexen und Hexer, um die Frage, ob es sie wirklich gibt, ob sie mit dem Teufel im Bunde stehen und daher in aberwitzigen Prozessen zum Tode verurteilt und hingerichtet werden müssen. Das kurze 18. Kapitel im zweiten Buch befasst sich damit. Hier wird wiederholt spekuliert, ob Simplicius alles nur geträumt habe. Das wäre immerhin die Möglichkeit einer radikalen Sicht auf die Hexerei. Alles Phantasien, Hirngespinste, ›schwere Träume‹, aus denen man erwachen kann und sollte. Aber dann liefert Grimmelshausen in diesem Kapitel einen seiner weitschweifigen enzyklopädischen Extrakte. Er hat sich dafür entschieden, die Strecke zwischen den hessischen Wäldern und Magdeburg mittels Zauberei aus dem Repertoire des Hexenfluges zu bewältigen. Das könnte ein episches Zauberstückchen sein,

Hexenflug. Kupferstich um 1500

um zwei Schauplätze spektakulär miteinander zu verknüpfen. Es ist aber viel mehr. In der Forschung wird mit Vorliebe über diesen magischen Transport gestritten. Könnecke sprach von einer »tollen Fiktion, die aber den meisten zeitgenössischen Lesern des Romans unzweifelhaft glaubwürdig erschien«[11]. Artur Bechtold sieht darin »ein technisches Hilfsmittel, um die schnelle Veränderung des Schauplatzes herbeizuführen« und die Intention des Autors, »eine Lanze für den damals doch schon erschütterten und bedrohten Hexenglauben zu brechen«[12]. Italo Michele Battafarano indes, der in der Grimmelshausen-Forschung stets aufgeklärt-emanzipatorische Positionen vertritt, meint, die ›realistische‹ Darstellung des Hexenfluges trage eher dazu bei, ›Zweifel und Skepsis in puncto Hexenglauben hervorzurufen‹[13].

Der Exkurs in die gelehrte Literatur zur Hexerei im 17. Kapitel trifft in Grimmelshausens Leben auf eine ausgedehnte Erfahrung mit der Hexenverfolgung. Auch in vielen anderen Werken befasst er sich wieder und wieder mit den Nachtseiten seines satirisch-aufklärerischen Schreibens. Mit der Macht des Teufels, mit Magie, Zauberei, Aberglaube und eben Hexerei. Er verfolgt dabei keine eindeutige Strategie, verfügt nicht über klar umrissene Positionen. Mal wettert er gegen Aberglauben, schreibt gegen die Versuche, Geld durch magische Praktiken zu verdienen (wie im *Galgenmännlein*), oder schimpft gegen die plakative Zauberei der Bettler und Trickbetrüger.

Ein andermal spielt er selbst mit magischen Traditionen und unterscheidet zwischen teuflischer und erlaubter Magie. Immer aber sind Magie, Betrug mit falschem Zauber, ist der Teufel, sind Hexen und Unholde präsent im Werk. Grimmelshausen kann als Autor wenig anfangen mit der schlichten Existenz von Glaubenssätzen, Überzeugungen oder Traditionen. Er schlägt sich immer auf die Seite seiner fiktiven Helden, die in der bestehenden verkehrten Welt des Krieges und der Gottverlassenheit dennoch nach Auswegen zum Heil suchen. Das geschieht aber zu allererst mit den Mitteln der Literatur. Nur was er in Literatur verwandeln kann, in seine Manier der satirischen Menschenkunde und literarischen Gottsuche, zählt wirklich für ihn.

Hexerei im Verhör

In Grimmelshausens 17. Jahrhundert war der Glaube an die Existenz von Hexen, an Magie und an die Macht des Teufels allgegenwärtig. Das wurde schon an den dramatischen Ereignissen in Grimmelshausens Heimatstadt Gelnhausen gezeigt.

Hexen gab es nicht einfach irgendwo im Abseits verrufener Orte. Durch theologische ›Fachliteratur‹ und juristisch kartierte Verfolgungspraktiken war das Hexenunwesen, war die leibhaftige Existenz des Teufels und seiner Gehilfen Teil des privaten und öffentlichen Alltagslebens der Menschen. Das Wahnsystem der Hexenverfolgung wurde dadurch wirklich, dass man als Hexe oder Hexer verfolgt, geächtet oder getötet werden konnte. Die Existenz von Hexen war dadurch zu beweisen, dass diejenigen, die der Hexerei beschuldigt wurden, unter der Folter gestanden, Hexen zu sein.

Hexen und Hexer rückten zuweilen sehr nah an Grimmelshausen heran.

Das 17. Jahrhundert gilt als Hochzeit bzw. Tiefpunkt der europäischen Hexenverfolgungen.[14] Zwischen 1590 und 1660, so besagen realistische Schätzungen, dürften in Deutschland etwa 30–40 000 Menschen wegen Hexerei hingerichtet worden sein. Die Verfolgungen verdichteten sich aus bisher nicht gänzlich geklärten Gründen in regelrechten Prozesswellen, so zum Beispiel 1590 bis 1595, um 1630 und um 1660.

Grimmelshausen kannte die Verfolgung von Hexen aus seiner Heimatstadt, schließlich stand sein Gelnhäuser Geburtshaus in unmittelbarer Nähe des Hexenturms. Und es sei noch einmal daran erinnert: Allein 1633 und 1634 wurden in Gelnhausen 21 Personen wegen Hexerei angeklagt. Achtzehn von ihnen wurden hingerichtet, drei starben im Hexenturm. Aber Grimmelshausen hatte die Hexenverfolgung nicht nur aus der Distanz, wenn auch einer sehr kurzen, erlebt, sie gab es auch in seiner eigenen Familie. Sein Onkel Kaspar verdächtigte sogar seine eigene Frau, eine Hexe zu sein. Dieser Fall ist auch typisch für das Hexenthema im Alltagsleben. Da gab es ein wunderbares Denunziations-Potential. Als Caspar Christoffel (von Grimmelshausen) im Jahre 1638 von Gelnhausen nach Hanau zog, um dort seine soldatische Karriere als ›Capitaine d'Armes‹ (Waffenmeister) zu beginnen oder fortzusetzen, gingen die wüsten Streitereien mit seiner Frau Katharina, deretwegen er Gelnhausen wohl hatte verlassen müssen, in übler Weise weiter. Über Einzelheiten informieren Hanauer Regierungsprotokolle von 1646. Caspar hatte (wohl schon in Gelnhausen) ›Unzucht‹ mit seiner Magd getrieben, seiner Frau drei Rippen gebrochen, sie verprügelt und offenbar regelmäßig aufs Schlimmste misshandelt. Zwischen der Magd, die von Katharina als ›Hur‹ beschimpft wurde, Caspar und Katharina muss jahrelang ein infernalisches Dreieck mit Bezichtigungen, Gewalt, Streitereien vor Gericht und zeitweiligem Hausverbot für Magd und Ehefrau bestanden haben. Einmal sollte Caspar vor dem Richter erklären, ob er sich künftig ›halten wollte wie sich's gehörte‹ und seine Frau wieder zu sich kommen ließe. Darauf erwiderte er, es gäbe Leute, die sagten, Katharina sei ›Ursach an seiner Kinder Tod‹. Darauf die Frau:

Ihres Manns Schwester hätte der Magd ein Wollenhemd gestohlen, worauf sie auf Befehl des Manns dieselbe stark geschlagen. Dahero sichs begeben, dass dieselbe aus Haß nachgehends zu Liebeles (Lieblos, Dorf in der Nähe von Gelnhausen, d. A.) auf sie der Hexerei halben bekennet.[15]

Caspar wurde auferlegt, seine Frau unverzüglich wieder zu sich zu nehmen, anderenfalls sei er ins ›Stockhaus zu setzen‹.

Die Folter. Stich von Hans Burgkmair (16. Jh.)

In einen verständlichen Verleumdungsdiskurs übersetzt, heißt das: Bei der Gerichtsverhandlung in Hanau ging es vor allem um die Frage, ob der Onkel von Hans Jacob Christoffel, Caspar Christoffel, trotz aller Ehestreitigkeiten seine Frau Katharina wieder zu sich nehmen müsse. Caspar deutete an, es gäbe gewisse Leute, die der Meinung seien, seine und Katharinas Kinder, also die Vettern und Basen des Dichters, seien durch Hexereien seiner Frau zu Tode gekommen. Er deutete es nur an, Katharina sprach es offen aus: Caspars Schwester, Hans Jacobs Tante, habe der Magd ein Wollhemd gestohlen, daraufhin habe sie, Katharina, ihre Schwägerin auf Befehl ihres Mannes kräftig durchgeprügelt. Als Reaktion auf die Schläge habe Caspars Schwester, Hans Jacobs Tante, im Dorf Lieblos verbreitet, Katharina Christoffel sei eine Hexe.

In Gelnhausen hätte eine solche Beschuldigung sehr wohl dazu führen können, dass Katharina offiziell der Hexerei bezichtigt worden wäre und auf der Folter ein todbringendes Geständnis abgelegt hätte. Im reformierten Hanau war Katharina Christoffel besser dran. Dort gab man nichts auf böswilliges Geraune, sondern sperrte 1641 eine Frau solange ins Gefängnis, bis sie einer als Hexe denunzierten Bürgerin eine Ehrenerklärung gab.[16]

Der Dichter Grimmelshausen scheint nach seiner Flucht 1634/35 nie wieder nach Gelnhausen gekommen zu sein. Jedenfalls wird nirgends darüber berichtet. Er korrespondierte aber mit der Gelnhäuser bzw. Hanauer Verwandtschaft. Nach dem Tod seines Onkels Caspar im Mai 1651 kam es zu langwierigen Familienstreitigkeiten um das vom Großvater Melchior hinterlassene Haus in der Gelnhäuser Schmidtgasse. Nach vielen Windungen und Umwegen stellte sich heraus, dass der Schauenburgische Schaffner in Gaisbach, Hans Jacob Christoffel von Grimmelshausen, 1654/1655 noch 15 Gulden ›Nachsteuern‹ auf sein Erbe an den Rat in Gelnhausen zu zahlen hatte.

Alles spricht dafür, dass Grimmelshausen nicht nur über die Schwierigkeiten bei der Aufteilung des Gelnhäuser Erbes informiert war, die ihn direkt betrafen, dass er also den überlebenden Verwandten nicht verloren gegangen war, sondern dass er auch Bescheid wusste über die erbärmlichen Zustände im Hanauer Haus seines Onkels Caspar und dessen Frau Katharina.

In der Gegend von Oberkirch, wo Grimmelshausen später im Dienst der Freiherren von Schauenburg stand, war es 1631/32 zu einer regelrechten Jagd auf Zauberer gekommen. 154 Menschen wurden wegen angeblicher Hexerei hingerichtet. Auch im engsten Umkreis der Familie des Obristen von Schauenburg ermittelte die aufgeputschte Justiz; ein Page des Reinhard von Schauenburg kam wegen angeblicher Zauberei vor Gericht.

Grimmelshausen mag an Hexen und allerhand andere Geister und Unholde geglaubt haben. Dass Hexen und Zauberer ›gemacht‹ werden können, dass Geständnisse unter der Folter nichts mit der Wahrheit zu tun hatten, geht aus einer Bemerkung des Ich-Erzählers im *Wunderbarlichen Vogel-Nest* von 1672 hervor. Dieser Erzähler, ein Hellebardierer, entstammt der Sprossgeschichte des *Seltsamen Springinsfeld*, in dem er einen kurzen Auftritt hat. Er erzählt in einzelnen Episoden seine Abenteuer mit dem unsichtbar machenden Vogelnest. In einer melancholischen Selbstbetrachtung erkennt er einmal, dass er mit seinem magischen Vogelnest doch recht allein und elend und außerdem von Läusen befallen sei und an Leib und Seele verderben müsse, wenn er nicht von freundlichen Mitmenschen leibliche wie seelische Hilfe bekäme. Da überkommt ihn der Gedanke, dass Gott und die Natur, die doch voller seltsamer Kräfte und Wunder steckten, den Zauber mit dem Vogelnest einmal außer Kraft setzen und ihn sichtbar machen könnten. Gleich fährt ein Schreck in ihn. Was wäre, wenn er dann in die Hände der Obrigkeit geriete,

die mich wegen so scheinbarlicher Anzeigung und selten gesehener Verkleidung mit gutem Fug an die Torttur werfen: und so lang peinigen lassen dörffte / biß ich unangesehen meiner Unschuld so viel bekennen würde / daß man mich wie die vorige Possessorin meines Vogel-Nestes auff einen Scheiterhauffen / als einen Zauberer / im Rauch gen Himmel schickte.[17]

Auch als Renchener Schultheiß war Grimmelshausen mit Hexenprozessen in der Ortenau konfrontiert, allerdings trat er dabei nicht selbst in Erscheinung.

Grimmelshausen hatte die Realität der Hexenverfolgung aus nächster Nähe erlebt und kannte das denunziatorische

Potential dieses wahnhaften Delikts, er wusste sehr gut, dass Frauen, Männer und in hohem Maße auch Kinder nicht verurteilt wurden, weil sie in der Luft herum geflogen waren, sondern weil sie aus einer Reihe von meist trivial-hässlichen Motiven der Hexerei bezichtigt worden waren und unter der Folter alles gestanden hatten, was die Inquisitoren hören wollten. Schließlich hieß diese schändliche Institution ›Heilige Inquisition‹[18].

Grimmelshausen war die Verfolgungsenergie von Kirche und Justiz wohl bekannt, er wusste aber – vor allem in seinem Umfeld in der Ortenau als Beamter des Bischofs von Straßburg –, wie gefährlich es war, als Gegner der Hexenverfolgung öffentlich aufzutreten. Und auch in der ›Fachliteratur‹ war er beschlagen. So zitiert er im prall mit Verweisen auf Gedächtnistheorien gefüllten achten Kapitel des zweiten Buchs seines *Simplicissimus* den ersten großen Gegner der Hexenverfolgung, Johann Weyer, mit dessen 1563 erstmals erschienenem Hauptwerk *De praestigiis daemonum* (Von den Blendwerken der Dämonen).

Das Buch gehörte zum Grundschatz der Schriften, die der Pfarrer dem Einsiedel geliehen hatte. In ihnen kannte sich Simplicius bestens aus, besser als der Leihgeber. Die zitierte Stelle wird als besonders ›glaubwürdig‹ apostrophiert, passt aber mit der offenkundigen Komik zu Grimmelshausens satirischem Generalbass:

Glaubwürdiger ist, was Johann Wierus (das ist Johann Weyer, d. A.) ›De praestigiis daemonum‹, Buch 3, Kapitel 18, schreibt: dass man, wenn man Bärenhirn verzehre, sich vorzustellen und zu phantasieren beginne, man sei selbst ein Bär geworden, was er am Beispiel eines spanischen Edelmanns beweist, der, nachdem er solches zu sich genommen hatte, in der Wildnis herumgelaufen sei und sich eingebildet habe, er sei ein Bär.[19]

Grimmelshausen kennt gewiss auch fanatische Befürworter der Hexenverfolgung, unter ihnen ›fleißige‹ Richter, die es auf hohe Zahlen bei der Hinrichtung von Zauberern gebracht hatten. Er nennt aber ebenso Johann Weyer, dessen Dämonen-Buch in vielen Auflagen und Übersetzungen herausgekommen war und auf dem kirchlichen Index der verbotenen Bücher stand.

Weyer war auch ein entschiedener Gegner des *Hexenhammers* (*Malleus Maleficorum*), den der Dominikaner Heinrich Kramer 1486 in Speyer als ›Hauptwerk‹ des Hexenwahns publiziert hatte. Dieses Buch erlebte bis ins 17. Jahrhundert 29 Auflagen und steht auch heute noch für die grausige Kombination von wahnhafter Verfolgungswut im Allgemeinen und sadistischer Genauigkeit im Besonderen.

Johann Weyer wurde von den einflussreichen Propagandisten der Hexenverfolgung Jean Bodin und Martin Anton Delrio angegriffen, lebte aber am Düsseldorfer Hof, der sich den toleranten Ideen des Erasmus von Rotterdam verschrieben hatte, in einem aufgeklärten Milieu. Grimmelshausen schätzte Erasmus außerordentlich und zitierte öfter aus seinen Schriften; er gehörte zu den von Grimmelshausen hoch gelobten oberrheinischen Humanisten.

Zurück zum 18. Kapitel des zweiten Buchs im *Simplicissimus*: ›Warum man den Simplicius nicht für einen Aufschneider halten soll‹ heißt die Überschrift.

Darin bekommt der Leser ein raffiniertes Schelmenstück simplicianischer Logik geboten: Es gibt viele, auch hochgelehrte Leute, »die nicht glauben, dass Hexen und Unholde wirklich existieren, und erst recht nicht, dass sie durch die Lüfte fahren«[20].

Diese Position gibt es also, und sie wird nicht von Dummköpfen geteilt. Simplicius könnte daher ›mit dem großen Messer aufgeschnitten‹ haben, als er von seinem karnevalesken Flug berichtete. Hatte er aber nicht – im Gegenteil: Neben den teils hochgelehrten Zweiflern würden seit jeher namhafte Gelehrte die Wahrheit über den Hexenflug bezeugen. An sie sollte man denken, wenn Zweifel an Simplici-

DIE ANDERE BIBLIOTHEK
im Eichborn Verlag

Im September 2011

Liebe Leserinnen und Leser,
liebe Freunde der »Anderen Bibliothek«,

Sie erinnern sich, es war ein Ereignis: die Neuübertragung des *Simplicissimus*, der *Courage* und des *Seltsamen Springinsfeld* aus dem Barockdeutsch durch Reinhard Kaiser. Mit den Romanen von Hans Jacob Christoffel von Grimmelshausen haben wir einen verschollenen Virtuosen der deutschen Literaturgeschichte wiederentdecken können – dessen eigene Lebensgeschichte uns aber sonderbarerweise weiterhin verborgen blieb.
Heiner Boehncke und Hans Sarkowicz, leidenschaftliche Grimmelshausen-Detektive und seit Jahren auf literarischer Spurensuche, haben *die* Lebensgeschichte von Grimmelshausen geschrieben und ihre aufsehenerregenden Funde werden zum neuen Glücksfall für die »Andere Bibliothek«.
Wie ein Bäckersohn in den Dreißigjährigen Krieg geworfen und dieser Musketier zum Weltautor wird, diese Rettung aus einer verkehrten Welt durch Lesen und Schreiben – es ist schon selbst ein beispielloser Roman. Unsere beiden Autoren haben Lebens- und Schreibgeheimnisse erhellt und zugleich auch eine wunderbare Werkeinführung geschrieben. Sie werden ihre Freude haben und, wenn Sie es noch nicht sind, begeistert zum Grimmelshausen-Bewunderer werden.

Lesen Sie wohl, das wünscht
Ihr

Christian Döring

us' Lufttransport aufkämen. Schaut man sich nun aber die Galerie der Hexenflugbezeuger an, verliert der Gegensatz erheblich an Beweiskraft. Zwar werden in dichtgedrängter Fülle alle möglichen Ärzte, Richter, Dämonologen, Heilige und sogar Doktor Faustus aufgefahren, sie werden aber eingesponnen in Lachgeschichten, die den Ernst der Beweisführung zersetzen. So musste ein junger ›Johann aus Heubach‹ seine Mutter zum Hexentanz begleiten und von einem Baum aus aufspielen. Er wunderte sich über das versammelte Hexenvölkchen mit den Worten:

Ach, du lieber Gott, wo kommt bloß das ganze närrische, unsinnige Volk her?[21]

Daraufhin fiel er vom Baum und verrenkte sich die Schulter. Weil er den Namen Gottes gerufen hatte, verschwand der komplette Spuk ebenso wie bei Simplicius.

Als Zeuge wird auch der Grimmelshausen wohlbekannte letzte katholische Erzbischof von Uppsala, Olaus Magnus, aufgerufen, der in seiner *Beschreibung der mitternächtlichen Völker* berichtet hatte, dass der dänische König Hardingus auf einem Pferd, das allerdings in Wahrheit der Heidengott Odin war, über das Meer geflogen sei. Auch durch abseitige Beispiele, die gar nicht zur Hexenbeglaubigung taugen, lassen sich Beweisketten sprengen. Und zwischen den Zeilen des ›tapferen, gelehrten, verständigen‹ Nikolaus Remigius, »der im Herzogtum Lothringen mehr als ein halbes Dutzend Hexen verbrennen«[22] ließ, kann man doch wohl eher lesen, dass es zum Hexenverbrennen keine tapferen, gelehrten und verständigen Männer braucht.

Dieser Diskurs jedenfalls taugt nicht dazu, Grimmelshausen auf die Seite der Hexenverfolger zu stellen. Der richtige Schluss aus Satz und Gegensatz aber wird am Ende des Kapitels gezogen. War schon der Karnevalszug der aus dem Bauernhaus entflogenen Leute höchst komisch, so fällt der gesamte, selbst karnevaleske Argumentenhaufen am Kapitelende in sich zusammen. Es ist dem Simplicius, sagt er, ganz gleichgültig, ob man ihm den Flug auf der gesalbten Bank glaubt oder nicht – obwohl er ja gerade hat beweisen wollen, dass er kein Aufschneider sei. Ganz aus der Hexenbeweis-Logik und hinein in die satirische Literatur fällt Grimmelshausens Schlusssatz:

Und wer es nicht glauben will, der möge sich eine andere Methode ausdenken, wie ich in so kurzer Zeit aus dem Bistum Hersfeld oder Fulda (denn ich weiß selbst nicht, in welchen Wäldern ich mich herumgetrieben habe) in das Erzbistum Magdeburg marschiert sein könnte.[23]

Grimmelshausens ›wahre Meinung‹ über Hexen und Aberglauben, Magie und Teufelsspuk ist nicht bekannt. In der Bilderwelt wie in allen Ausprägungen des Glaubens und des Aberglaubens, in der Kirche und in den kollektiven Ängsten der Menschen im 17. Jahrhundert waren, wie schon angesprochen, Wunder und Dämonen, Hexen und Teufel allgegenwärtig. Schließlich hatte man gerade in dieser Zeit des Krieges und der großen Epidemien von der Apokalypse nicht bloß abstrakte Angst, man rechnete mit ihr oder glaubte, sie habe schon begonnen.[24]

Gelegentlich wird der *Simplicissimus* und werden auch andere Werke von Grimmelshausen so gelesen, als ginge es um eine Aneinanderreihung von Meinungen und Positionen oder Glaubenssätzen. Es handelt sich aber um ein mit allen literarischen Wassern gewaschenes satirisches Weltbuch, worin viel eher davon die Rede ist, was geschieht, wenn Menschen mit steinharten Meinungen und Positionen aufeinanderstoßen. Das literarische Personal in den simplicianischen Schriften hat nämlich, teils weil es selbst gottlos ist, teils weil die Zeiten überhaupt gottlos sind, schlechte Erfahrungen gemacht mit der Haltbarkeit von Meinungen und Positionen.

Als Grimmelshausen überlegte, wie er Simplicius vom hessischen Kriegsschauplatz in die Nähe der Schlacht von Wittstock befördern sollte, sparte er, warum auch immer, seinen eigenen Weg aus und machte einmal mehr klar, dass sein

Held eine literarische Figur und nicht ein Mensch, schon gar nicht er selbst ist. Dass er dabei seine eigenen Erfahrungen in der Gelnhäuser Kindheit, mit der Familie seines Hanauer Onkels Caspar, in den Diensten der Freiherren von Schauenburg und als Schultheiß in der Ortenau verarbeitet hat, steht außer Frage. Hexenängste und ›tapfere‹ Henker lassen sich auch mit Witz und Ironie bekämpfen.

Mit oder ohne Hexerei ins zerstörte Magdeburg

Ende Mai 1636 kam Simplicius in das Lager der sächsischen und kaiserlichen Truppen. Dorthin hatte es auch Hans Jacob verschlagen. Simplicius war per Zauberflug angereist, Grimmelshausen hatte die etwa 200 Kilometer aus Hessen in die Gegend von Magdeburg auf andere Weise zurückgelegt. Simplicius sieht dort, wo einst die stolze Stadt Magdeburg war, nur noch kümmerliche Reste. Die Stadt schien ihm »aus nichts als Leinwand und Stroh mit Mauern zu bestehen«[25], womit die notdürftig errichteten Zelte gemeint waren und die Ruinenreste der Stadt. Die etwa noch 500 Einwohner lebten in diesen Zelten oder hatten sich in Keller und Ruinen verkrochen. Im *Teutschen Florus* und dem *Theatrum Europaeum*, Grimmelshausens wichtigsten Geschichtsquellen, ist von Zelten keine Rede, auch andere Einzelheiten kann Hans Jacob nur selbst gesehen haben. Simplicius ist durch den Tod des älteren Herzbruders und das Auftauchen des Erzschurken Olivier in trauriger Stimmung. Das Lager vor Magdeburg ist ihm »ganz verleidet«. So passt die Traurigkeit zum furchtbarsten Denkmal des Dreißigjährigen Krieges, die Leere dort, wo einst Magdeburg war. Hans Jacob wird in dieser Stadtödnis an sein Gelnhausen erinnert, das er ja erst zwei Jahre zuvor verlassen hatte.

Fünf Jahre vorher, am 20. Mai 1631, war die einst reiche, wehrhafte protestantische Stadt an der Elbe vollständig niedergebrannt. Unter dem Ansturm der mit beispielloser Brutalität vorgehenden Kaiserlichen unter den Generälen Tilly und Pappenheim kamen wohl zwei Drittel der 35 000 Einwohner um. Noch heute wird die Verwüstung Magdeburgs als ein ›deutsches Trauma‹[26] bezeichnet. Der Begriff ›magdeburgisieren‹ steht seitdem für die vollständige Vernichtung einer Stadt und ihrer Einwohner.

Für lange Zeit sollte der Fall von Magdeburg im kollektiven Gedächtnis als apokalyptische Heimsuchung mit allen erdenklichen Formen menschlicher Grausamkeit bewahrt bleiben. In der gerade durch diese Katastrophe angeschwollenen Publizistik versuchte man auch, den unfassbaren Schrecken in biblische Bilder zu bannen. Zwanzig Zeitungen, 41 illustrierte Flugblätter und 205 Pamphlete machten die Vernichtung Magdeburgs zum ersten großen Medienereignis in der deutschen Geschichte.

Bis heute ist nicht vollständig geklärt, wer am 20. Mai 1631 die vielen Brände in der Stadt gelegt hat. Wahrscheinlich war es die schwedische Partei unter Feldmarschall Falkenberg, die den kaiserlichen Truppen die Stadt nicht heil überlassen wollte. Der Magdeburger Physiker und Ratsherr Otto von Guericke schreibt in seinem Augenzeugenbericht:

Da ist nichts als Morden, Brennen, Plündern, Peinigen, Prügeln gewesen. (...) Insonderheit hat ein jeder von den Feinden nach vieler und großer Beute gefragt. (...) Endlich aber, wenn es alles hingegeben und nichts mehr vorhanden gewesen, alsdann ist die Noth erst angegangen. Da haben sie angefangen zu prügeln, ängstigen, gedrohet zu erschießen, spießen, henken etc. (...) Mit den Weibern, Jungfrauen, Töchtern und Mägden aber, (...) ist es mit vielen fast übel abgelaufen, sind theils genothzüchtigt und geschändet, theils zu Concubinen behalten worden.[27]

Mit oder ohne Hexerei ins zerstörte Magdeburg

Dem kaiserlichen General Tilly wurde die Schuld an dem Magdeburger Inferno zugeschrieben.

Daniel Friese, Sohn des Magdeburger Stadtschreibers, konnte sich mit zwölf Jahren aus der brennenden Stadt retten. Es erging ihm wie Grimmelshausen in Gelnhausen. Später schrieb er darüber:

Als wir nun (...) durch ein paar Gassen gangen waren, sahen wir unterschiedliche Todten aneinander liegen, musten offt im grossen Gedräng über die toten Cörper lauffen und schreiten.

Unter andern sahen wir auch einen Bauern oben aus einem Giebel herunter werffen, welcher mit heissem Wasser verbrennet war, und gewaltig rauchte. Dieser lag auf der Gasse, weltzte sich und schrie erbärmlich. (...) Wir sahen ettliche Weibs-Personen gantz entblösset liegen, welche mit dem Kopff in ein grosses Brau-Faß, so in der Gasse voll Wasser stund, gestürzt und ersäufft waren, aber mit halben Leibe und Beinen heraus hungen; welches ein erbärmlich spectacul war.[28]

Und auch der Söldner Hagendorf, der von der Schlacht bei Nördlingen berichtet hatte, war in Magdeburg. Er erzählt mit einem Anflug von Ironie:

Den 20. Mai haben wir mit Ernst angesetzt und gestürmt und erobert. Da bin ich mit stürmender Hand ohne allen Schaden in die Stadt gekommen. Aber in der Stadt, bin ich zweimal durch den Leib geschossen worden. Es ist meine Beute gewesen.[29]

Als Brandbeschleuniger der Katastrophe von Magdeburg hatte die ausufernde konfessionelle Propaganda gewirkt. Magdeburg war als erste Stadt im Reich ein Bündnis mit dem Schwedenkönig Gustav Adolf eingegangen, von hier aus sollte der Katholizismus in die Knie gezwungen werden. Als ›unseres Herrn Gottes Canzelei‹ sollte die Stadt zum Bollwerk gegen die Kaiserlichen werden. In apokalyptischem Vokabular sahen die Protestanten in den Kaiserlichen den Antichristen, die Vollstrecker des Willen Gottes, der die ›feste Burg‹ Magdeburg offensichtlich strafen wollte. Mit Liedern und Gebeten sollte in letzter Sekunde erreicht werden, dass es Magdeburg nicht ergehen möge wie einst Jerusalem.

Die Gegenseite, Tillys Truppen, stand den Protestanten, fast möchte man sagen: weiß Gott, an religiösem Hass in nichts nach. Im Gegenteil. Angefeuert durch die ›Erfolge‹ beim Niedermetzeln der Einwohner von Magdeburg, beim Plündern, Vergewaltigen und Frauenraub, kamen sie als ›Soldaten Gottes‹ erst richtig in Fahrt. Kaiser Ferdinand II.

hatte die Magdeburger für vogelfrei erklärt. Für die katholische Seite war Magdeburg zu einem hoch aufgeladenen Symbol des frevelhaften Abfalls vom wahren Glauben geworden. Das galt es nun als loderndes Exempel mit Stumpf und Stil auszurotten. Selbstverständlich ›im Namen Gottes‹. Der Dreißigjährige Krieg war nicht ausschließlich ein Krieg der Konfessionen; am schrecklichen Beispiel von Magdeburg aber lässt sich begreifen, wie religiöser, besser gesagt: konfessioneller Fundamentalismus, wenn er den Krieg aufheizt, die menschliche Zivilisation in ungehemmter Barbarei zunichte machen kann.

Magdeburg hat ein sprechendes Wappen, das unmittelbar zu verstehen ist. Eine Magd mit erhobenem Kranz steht auf den Zinnen einer Burg, deren Tor geöffnet ist; die Magd wird in ihrem Habit als Jungfrau dargestellt. Und dann verbindet sich die Grausamkeit der Eroberung in einer Form emblematischer Kuppelei mit dem Bildgehalt des Stadtwappens. In der anschwellenden Publizistik entsteht der mit sexueller Konnotation aufgeladene Begriff der ›Magdeburgischen Hochzeit‹. Die Sieger, die Kaiserlichen also, bekommen die Stadt zur Braut, und das wird in Flugschriften, Liedern oder Gedichten ausgeschlachtet. Tilly, seit Wallensteins Entlassung 1630 Oberbefehlshaber der katholischen Liga und der kaiserlichen Truppen, war Junggeselle und eignete sich so in besonderer Weise dafür, endlich ›vermählt zu werden‹.

»Die Hochzeit endete – wenn auch gegen Tillys Willen – mit Brand, Blut und Tränen.«[30] Die Verknüpfung von kriegerischer und sexueller Gewalt in der ›Magdeburgischen Hochzeit‹ blieb, wie Claus Lenz zeigt, lange Zeit im Gedächtnis. Noch im 18. Jahrhundert findet sich der Begriff in *Zedlers Universal-Lexicon*:

Als die Käyserlichen Magdeburg erobert hatten, verübten sie solche Grausamkeiten, die fast nicht zu beschreiben sind. Unter andern schleppten sie grosse Hauffen todte Cörper zusammen, setzten sich oben drauf, soffen einander Gesundheit zu, und nannten das die Magdeburgische Hochzeit, weil sie an der Stadt eine Jungfrau zur Braut bekommen hatten.[31]

Wenn Grimmelshausen schildert, wie der Hof seines Knan überfallen oder Gelnhausen geplündert wird, und damit »die Grausamkeiten in diesem unserem Deutschen Krieg« zur Sprache bringt, lässt er an den sexuellen Freveltaten der Soldateska überhaupt keinen Zweifel. Auch demontiert er sol-

Die »umgekehrte Kirche« als immer wieder auftauchendes Symbol. Hier auf einem Bilderbogen zur »Verkehrten Welt« (18. Jh.)

che Euphemismen, die der ›Magdeburgischen Hochzeit‹ ähneln, zum Beispiel den ›Schwedentrunk‹:

Den Knecht legten sie gefesselt auf die Erde, sperrten ihm mit einem Holz das Maul auf und schütteten ihm einen Melkeimer voll Jauchewasser in den Leib.[32]

Grimmelshausen befindet sich im Jahre 1636 in der Nähe Magdeburgs. Dieses Jahr taucht im Titel eines der bekanntesten Gedichte aus dem Dreißigjährigen Krieg auf: *Thränen des Vaterlandes/Anno 1636* von Andreas Gryphius (Trauerklage des verwüsteten Deutschlands) das zu den im polnischen Lissa 1637 erschienenen Sonetten gehört:

WJr sind doch nunmehr gantz/ja mehr denn gantz
                                                    verheeret!
Der frechen Völcker Schaar/die rasende Posaun
Das vom Blutt fette Schwerdt/die donnernde Carthaun /
Hat aller Schweiß/und Fleiß/und Vorrath auffgezehret.
Die Thürme stehn in Glutt/die Kirch ist umgekehret.
Das Rathauß ligt im Grauß/die Starcken sind zerhaun /
Die Jungfern sind geschänd't/und wo wir hin nur schaun
Jst Feuer/Pest/und Tod/der Hertz und Geist durchfähret.
Hir durch die Schantz und Stadt/rinnt allzeit frisches Blutt.
Dreymal sind schon sechs Jahr/als unser Ströme Flutt /
Von Leichen fast verstopfft/sich langsam fortgedrungen
Doch schweig ich noch von dem/was ärger als der Tod /
Was grimmer denn die Pest/und Glutt und Hungersnoth
Das auch der Seelen Schatz/so vilen abgezwungen.[33]

›Die Kirch ist umgekehret‹, prägnanter lässt sich der Verfall der christlichen Ordnung zu Zeiten des Krieges kaum formulieren. Diesen kurzen Satz kann man auch als Schlüssel zu Grimmelshausens Werk benutzen.

Im Roman erzählt Simplicius von den Feldlagern der vereinigten kaiserlichen und sächsischen Armeen bei Magdeburg und teilt anschließend mit, in welchen Schritten die Armeen bis vor Wittstock vorrückten, wo am 4. Oktober 1636 die berühmte Schlacht bei Wittstock zwischen den vereinigten Kursachsen und Kaiserlichen auf der einen und den Schweden unter General Banér auf der anderen Seite begann. Die Folge der Lagerplätze von Magdeburg über Havelberg und Perleberg bis vor Wittstock kann Grimmelshausen nur als Teilnehmer wahrgenommen haben, weil die Angaben in den von ihm gelesenen Kriegschroniken nicht in dieser Weise genau sind.

Verhör und Folter

Vor der Schlacht bei Wittstock überschlagen sich die Ereignisse.

In der ›großen Handlung‹ liegen die vereinigten kursächsischen und kaiserlichen Armeen vor Magdeburg und sind im Begriff, in Richtung Wittstock zu ziehen, um sich mit den Schweden unter General Banér eine verlustreiche Schlacht zu liefern.

Im Kleinen, in der Figurengruppe um Simplicius, spitzt sich alles dramatisch zu. Simplicius gelingt zunächst die Rückverwandlung in einen Menschen ohne Narrenkleid nicht wie gewünscht, der Umweg über die burleske Frauenrolle fügt ihm neues Ungemach zu; denn als sein wahres Geschlecht entdeckt wird, gibt es neue Schrecken.

Zunächst schlüpft Simplicius aus der Narrenhaut. Das närrische Kalbsgewand verschwindet im Lokus, einem der skatologischen Sphäre zugehörenden Ort, den Grimmelshausen öfter anführt, wenn es um kreatürliche Prozesse des Verschwindens geht. Dann folgt ein komischer Geschlechtswandel mit grotesk-witzigen Konsequenzen, schließlich kommt der wahre Simplicius in einem rohen Akt sexueller Gewalt zum Vorschein. Es folgt eine harte Gerichtsszene mit dem Vorwurf der Zauberei, nahe an Folter und Hinrichtung. Man kann diese Szenen als Initiation von Simplicius in eine andere Daseinsrolle lesen: vom Narren zum niederen Soldaten, als welcher er in der Folgezeit agiert, bevor er durch einen erneuten Kleiderwechsel zum Jäger von Soest wird.

Mit den Elementen von verkehrtem Geschlecht, Gewalt, Verkleidung und Zauberei führt Grimmelshausen ein

Initiationstheater auf, das deutliche Anleihen an der populären Volkskultur des Karnevals und der Verkehrten Welt macht.

Über die Schwelle vom Narren zum Pferdejungen, vom Burschen in Mädchenkleidern zum jungen Mann, dem Folter und Hinrichtung drohen, hilft sich Grimmelshausen mit einer teils komischen, teils bitter ernsten Verkehrten Welt en miniature hinweg.

Zwischendurch stirbt der alte Herzbruder, er hatte einem Leutnant geweissagt, der würde »noch in dieser Stunde aufgehängt«. Dieser Leutnant ersticht den alten Herzbruder und wird dafür sogleich selbst »an seinem allerbesten Hals« aufgehängt. Die beiden Armeen rüsten nun zum Aufbruch. Simplicius wird als Mädchen Sabina den Stallknechten überlassen.

Sie schleppten mich zu einem Gebüsch, um dort ihre viehischen Begierden an mir zu befriedigen, wie es bei diesen Teufelsbraten der Brauch ist, wenn man ihnen eine Frau ausliefert.[34]

Dabei entdecken die Stallknechte, dass Simplicius keine Frau ist. Das frustrierte Gebrüll lockt den Rumormeister, einen Offizier, der nicht für Krach (=Rumor), sondern für Ruhe und Ordnung zu sorgen hatte, herbei, und alles verharrt in ängstlicher Starre. Die Armeen stehen unmittelbar vor dem Abmarsch, als retardierendes Moment aber wird Simplicius in Ketten gelegt und dem »Generalauditor (dem Chef der Militärjustiz, d. A.) oder Generalprofoss« übergeben. In einem strengen Verhör wird nun mit sieben Fragen seine prekäre Existenz überprüft. Warum er als Narr aufgetreten sei, ob er nicht studiert habe, warum er sich als Frau verkleidet habe, wer seine Eltern seien, wo er gelernt habe, Laute zu spielen? Das üble Resultat: Simplicius wird sowohl des Verrats als auch der Zauberei stark verdächtigt. Es folgt die Drohung, ›die Zunge mit der Folter zu lockern‹. Noch am selben Abend wird er vor den Profoss geführt und rechnet nun mit dem Allerschlimmsten. Da rettet ihm im 27. Kapitel des zweiten Buchs der Beginn der Schlacht das Leben.

Die Schlacht bei Wittstock

Die nun im *Simplicissimus* folgende Beschreibung der Schlacht wurde oft als besonders authentisch charakterisiert. Gerade in ihr wollte man den Beweis dafür finden, dass Grimmelshausen an den Kämpfen unmittelbar beteiligt war. So wertete der Historiker Rudolf Schmidt im 19. Jahrhundert den Text Grimmelshausens als Augenzeugenbericht, um ihn in seiner vermuteten Authentizität von nachträglichen Bearbeitungen zu unterscheiden.[35]

Das ist aber ganz falsch. Der junge Grimmelshausen muss, seinen Aufgaben als Pferdejungen entsprechend, ziemlich weit hinten gestanden haben. Von dort aus hat er wohl den Schlachtenlärm gehört, aber kaum etwas gesehen. Der Bericht des Autors fußt nicht auf eigener Anschauung, sondern auf der weitgehend unverändert übernommenen Vorlage aus dem dritten Buch des höfisch-heroischen Romans *Arcadia* von Philip Sidney aus dem Jahre 1580, der posthum 1590 publiziert wurde. Grimmelshausen lag eine von Martin Opitz 1638 überarbeitete Übersetzung des Textes vor, die Valentinus Theocritus von Hirschberg – ausnahmsweise kein Anagramm von Grimmelshausen – 1629 erstellt hatte. Anders als im Text von Sidney und in den Beschreibungen der Schlacht aus dem *Theatrum Europaeum*, die er wahrscheinlich auch hinzuzog, fügt Grimmelshausen zu den Schreien der Verwundeten »Trompeten, Trommeln und Pfeifen« hinzu, was seinem ausgeprägten Sinn für akustische Phänomene geschuldet ist. Damit bereicherte er übrigens das ästhetische Darstellungsarsenal der Literatur im 17. Jahrhundert.[36]

Grimmelshausen lässt Simplicius Sidneys *Arcadia* während der sechsmonatigen Winterpause lesen, die er als Jäger von Soest in der Manier eines freigebigen Freiherrn verbringt. Zu dieser Reifephase, in der Simplicius ›vollends erwachsen‹ werden will, passt bestens die gehobene Lektüre des im Adelsmilieu spielenden Romans von Sir Philip von Sidney (1554–1586), der »von Vätterlicher Seiten auß einem der edelsten Stämme in England«[37] kam. Es gehe in diesem Romantypus immer darum, schreibt Rosemarie Zeller, »die Tugenden wie Treue, Keuschheit, Standhaftigkeit zu bewahren, weshalb die Heldinnen und Helden verschiedenen Proben ausgesetzt werden wie Entführungen, Schiffbrüchen, Überfällen von Seeräubern, Misshandlungen durch Tyrannen«[38].

Simplicius berichtet über seine Lektüre:

Ich saß zwar fleißig über allen möglichen Büchern, aus denen ich viel Gutes lernte. Es gerieten mir aber auch solche in die Hände, die mir bekamen wie dem Hund das Gras. Der unvergleichliche Roman Arcadia, aus dem ich die Beredsamkeit erlernen wollte, war das erste Buch, das mich von den echten Historien zu den Liebesbüchern und von den wahren Geschichten zu den Heldengeschichten herüberzog. Solche Bücher suchte ich mir aus, wo immer ich sie fand, und wenn ich eines ergattert hatte, hörte ich nicht auf zu lesen, bis ich damit fertig war, auch wenn Tage und Nächte darüber vergingen.[39]

Simplicius will aus der Lektüre die Beredsamkeit lernen, Grimmelshausen entnimmt dem Roman *Arcadia* nicht nur die zentrale Beschreibung der Schlacht bei Wittstock, sondern überträgt auch das Kleidertausch-Motiv aus dem adligen Ambiente des Romans in die Szene, in der Simplicius unabsichtlich an Frauenkleider gerät und darin mit schrecklichen Folgen vor der Schlacht bei Wittstock bedrängt und schließlich verhaftet wird. Auch für die *Continuatio* bedient sich Grimmelshausen bei Sidney, ohne aber den Kontext in den *Simplicissimus* zu übertragen.

Die dichte Beschreibung der Schlacht umfasst nur etwas mehr als eine Seite und findet sich in dem Kapitel, das lapidar die Überschrift trägt: »Wie es dem Profoss in der Schlacht bei Wittstock erging«.

Der hielt sich mit dem gefesselten Simplicius »ziemlich weit hinter dem Schlachtfeld auf« und suchte gleich danach das Weite; schließlich erscheint der junge Herzbruder, befreit Simplicius von seinen Ketten und lässt den feigen Profoss erschlagen.

Die kurze und äußerst drastische Beschreibung der Schlacht wirkt in ihrer Plazierung wie ein Fremdkörper. Die Romanhandlung wird von Simplicius' Verhör durch den Profoss und sein weiteres Schicksal dominiert, und gleich nach der Schlacht bei Wittstock folgt der groteske Kampf gegen die Läuse, der in der Kapitelüberschrift als ›große Schlacht‹ angekündigt wird. Schaut man genauer hin, erweist sich dieser Komplex als eine einzige Kette von Verkehrungen.

Eine blutige, entfesselte Kriegsmetzelei rettet Simplicius vor der Folter, dem üblen Profoss aber bringt sie den Tod. Der in Frauenkleidern ergriffene Simplicius gerät nach der Schlacht auf die Seite des Feindes, darf aber seinem neuen Herrn auf der Laute vorspielen. In einer neuen ›großen Schlacht‹ wütet er unbarmherzig gegen den Feind, wobei es sich aber um Läuse handelt.

Ausdrücklich wird die Schlacht nicht aus der Perspektive von Simplicius geschildert, sie wird mit dem Verweis auf den schwedischen Feldmarschall Josef Banér historisch verortet, berührt aber im unmittelbaren Kampfgeschehen weder Simplicius noch den Profoss.

Grimmelshausen fand in der Schlachtszene aus *Arcadia* ein rhetorisches Element, das genau zu seinem Stil passte und von ihm dann in ähnlicher Funktion im *Simplicissimus* öfter verwendet wurde. Es geht um den Krieg als verheerende Erscheinungsform der Verkehrten Welt. Die folgende Verkehrungsszene aus *Arcadia* hätte man ohne weiteres Grimmelshausen zuschreiben können:

Andere waren um gleicher Ursachen willen auff ihre Reutter gefallen; denen widerfuhr in ihrem Tode noch die Ehr/daß sie von denjenigen getragen wurden/welche sie in wehrendem Leben tragen müssen.[40]

Im *Simplicissimus* lautet dieser Passus:

Andere stürzten aus der gleichen Ursache auf ihre Reiter und hatten so im Tod die Ehre, von denen getragen zu werden, die sie in ihrem Leben hatten tragen müssen.[41]

Von Läusen und Menschen

Die Vertauschung von Ross und Reiter war eines der beliebtesten Motive der Verkehrten Welt, weil die Vorstellung, das gerittene Tier könnte sich dadurch rächen, dass es selbst zum Reiter wird, besonders gut dazu geeignet war, als unumkehrbar geltende Herrschaftsverhältnisse imaginär aufzusprengen.

Die Schlacht in der Beschreibung ist gar nicht die Schlacht bei Wittstock, und sie passt nicht an diese Stelle im Roman. Sie taucht hier als unverbundenes Leitmotiv auf. Als schlimmstmögliche Verkehrung wird das Leben mit dem Tod vertauscht. So gipfeln all die Verkehrungen zuvor und danach, vom Kleidertausch, über die Umkehrung von Fänger und Gefangenem, Sieger und Besiegten bis zum schwankartigen Kampf gegen die Läuse statt gegen den Feind in diesem unverbunden aufscheinenden, drastisch gezeichneten Textausschnitt gegen den Krieg. Mit den Läusen allerdings, die Simplicius als schreckliche Plage heimsuchen, schickt Grimmelshausen noch eine Verkehrungsgeschichte hinterher. Ein schwedischer Rittmeister, der nach dem Sieg über die Kaiserlichen zum Oberstleutnant befördert wurde, ›erbte‹ den

Simplicius als Burschen. Auf dem Marsch musste er Kürass und Brustpanzer seines Herrn tragen, die über und über von Läusen befallen waren und sofort auf ihn übersprangen.

Eigentlich hat man solche Panzer ja erfunden, um ihren Träger vor feindlichen Stößen zu beschützen. Bei mir jedoch verhielt es sich genau umgekehrt: Meine eigenen Jungen konnten mir in seinem Schutz umso unbehelligter zusetzen.[42]

Flöhe, Läuse und Holzböcke gelten als ›Saturnkreaturen‹[43], waren also dem Gott der Melancholie und der schlechten Laune zugeordnet. Flöhe sind aus den Jupiter-Kapiteln im dritten Buch *Simplicissimus* bekannt. Das sechste Kapitel lautet ›Was die Gesandtschaft der Flöhe bei Jupiter ausrichtete‹. Was richtete sie aus? Die Läuse des Simplicius verweisen als ›saturnische Quälgeister‹ auf Jupiter, der dem Jäger von Soest als ein merkwürdiger Heiliger voller utopischer Phantasien begegnen wird. Jupiter entpuppt sich in der Floh-Geschichte als ein ›enkomiastischer Gott‹. In der enkomiastischen Literatur, die auf antiken Vorbildern fußt, werden kleine, unscheinbare, oft besonders unwichtige oder unwürdige Dinge beschrieben oder ausdrücklich gelobt. Dieses Verfahren galt auch als rhetorische Fingerübung. Wenn hier Jupiter in eine breit geschilderte Interaktion mit Flöhen verwickelt wird, scheint auch ein kleines, Vergil zugeschriebenes Epos mit dem bedeutenden Titel *Culex* (Schnake, Mücke) auf.

Die Flöhe hatten erfahren, dass Jupiter auf die Erde herabzusteigen plante, und eine Delegation zu ihm geschickt, die ihm huldigen sollte. Einst habe er den Flöhen als Habitat das Fell des Hundes zugewiesen, nun aber sei einiges schiefgelaufen. Hier bedient sich Grimmelshausen bei Johann Fischart, der in seinem Ehezuchtbüchlein *Flöh Haz/Weiber Traz*, das 1577 in Straßburg erschienen war, die Flöhe zu Jupiter schickt, um sich über die Frauen zu beklagen. Jetzt bekommt die Sache einen leicht misogynen Drall, den Grimmelshausen durchaus aufnimmt, wenn er Jupiter erklären lässt, dass die Flöhe ›wegen gewisser Eigenschaften, die Frauen an sich hätten, in deren Pelz gerieten‹. Bei den Frauen aber blühe ihnen ein fürchterliches Schicksal. Bevor sie ermordet würden, foltere man sie zwischen den Fingern. Jupiter möge sich dafür einsetzen, dass sie, wenn sie schon sterben müssten, einen heroischen Tod bekämen: ›Ein Schlag mit der Axt, wie man ihn den Ochsen verabreicht.‹ Am Ende bietet Jupiter den Läusen an, ›bei ihm einzuziehen‹, damit er sich selbst ein Urteil bilden könne. Das taten sie. Mit folgender Konsequenz:

Da begann mich dieses Lumpenpack derart zu plagen, dass ich sie (...) abschaffen musste. Und nun werde ich ihnen ein Privileg auf die Nase klatschen, demzufolge die Frauen sie nach Belieben zerreißen und vertreiben können.[44]

Im selben Kapitel hatte Grimmelshausen eine Garzoni-Stelle zitiert, bei der die Mythen der olympischen Götter veralbert werden und mit ihnen der absolutistische Fürstenstaat. Mag man die doppelt und dreifach konnotierten Flöhe als saturnisch missliche Schadensbringer, Gegenstand enkomiastischer Schreibübungen, Mythentravestie, Tyrannenschelte oder mäßig witzige Männerphantasien lesen, gleich nach der Schlachtbeschreibung muten sie dem Leser zu, von der welthistorischen Schlacht zum Kampf gegen die Läuse zu springen. Aber genau das wurde Simplicius auch zugemutet. Ihm rückten die Läuse näher auf den Leib als die Kanonenkugeln der Schlacht bei Wittstock, nach der er, immer als Spielball Fortunas, auf die andere, die schwedische Seite geriet, ohne danach gefragt zu werden. Der berühmte *Arcadia*-Auszug in Grimmelshausens Version lautet:

Im Gefecht selbst aber versuchte jeder, dem eigenen Tod zu entgehen, indem er sein Gegenüber niedermachte. Das gräuliche Schießen, das Klappern der Harnische, das Krachen der Pieken, die Schreie der Verwundeten und der Vorwärtsstürmenden und dazu die Trompeten, Trommeln und Pfeifen – das alles ergab eine grausige Musik. Man sah nur dicken Rauch und Staub, der den grauenhaften Anblick der Verwundeten und Toten verdecken zu wollen schien. (...) Die Pferde schienen, je länger die Schlacht währte, zur Verteidigung ihrer Reiter

General Banér in der Schlacht bei Wittstock. Illustration aus dem 19. Jh.

immer frischer zu werden – so heißblütig zeigten sie sich bei der Erfüllung ihrer Aufgabe. Manche sah man tot unter ihren Herren zusammenbrechen, übersät mit Wunden, die sie unverschuldet, zum Lohn für ihre treuen Dienste empfangen hatten. Andere stürzten aus der gleichen Ursache auf ihre Reiter und hatten so im Tod die Ehre, von denen getragen zu werden, die sie in ihrem Leben hatten tragen müssen. Wieder andere, nachdem ihnen die tapfere Last abgenommen war, die sie zuvor kommandiert hatte, ließen die Menschen in ihrer Wut und Raserei hinter sich, rissen aus und suchten ihre erste Freiheit auf dem offenen Feld.

Die Erde, die doch sonst die Toten deckt, war an diesem Ort nun selbst mit Toten übersät, die ganz unterschiedlich zugerichtet waren.

Da lagen Köpfe, die ihre natürlichen Herren verloren hatten, und Leiber, denen die Köpfe fehlten. Manchen hingegen hingen grausiger-, beklagenswerterweise die Eingeweide aus dem Leib, anderen war der Kopf zerschmettert und das Hirn zerspritzt. Da sah man entseelte Leiber blutleer liegen, während lebendige von fremdem Blut trieften. Da lagen abgeschossene Arme, an denen sich noch die Finger regten, als wollten sie in den Kampf zurück, während anderswo Kerle, die

Reitergefecht im Dreißigjährigen Krieg

noch keinen Tropfen Blut vergossen hatten, das Weite suchten. Da lagen abgetrennte Schenkel, die, obwohl der Bürde ihres Körpers entledigt, trotzdem viel schwerer waren als zuvor. Da sah man verstümmelte Soldaten um die Beschleunigung ihres Todes flehen und andere um Gnade und Verschonung ihres Lebens. Summa summarum war da nichts als ein elender, jammervoller Anblick![45]

Entführt in den Krieg. Von Hanau nach Offenburg

In der Schlacht am Scharfenberg bei Wittstock im heutigen Bundesland Brandenburg kämpften etwa 16 000 schwedische gegen 22 000 kaiserliche Soldaten. Durch den Sieg der Schweden geriet der Dreißigjährige Krieg unerwartet noch einmal in eine neue Phase, die bis zum Frieden von 1648 dauern sollte. In und nach der Schlacht kamen 6000 Soldaten ums Leben. Im folgenden Auszug eines Briefes des schwedischen Feldmarschalls Johan Banér an Wilhelm V. von Hessen-Kassel wird die Bedeutung der Schlacht aus der Sicht eines Zeugen, der im Gegensatz zu Grimmelshausen selbst mitgekämpft hatte, auf andere Weise deutlich:

(...) Den Feindt nun in seiner so großen avantage anzugreiffen habe ich nicht unbillig bedencken gehabt, auch gar eine unmüglichkeit zu sein ersehen, zumahl der Feindt, der gefangenen bestendigen aussage zuwieder auch nicht schwach, sondern mir an reuttern undt knechten sehr überlegen gewesen, derhalben mich mit der armee nach der rechten Seite des Waldes gegen der stadt werts, an das ende eines an des Feindes battaglia rührenden berges gezogen, undt mich mit dem rechten flügel, den Ich undt Herr General Torstenson geführet, dahin geschwencket, In gantzlicher intention, den Feindt von seinem Vortheil abzuziehen, Welches auch dermaßen geschehen, dass der Feindt erwähnte seine erste posture verendern müssen, anfangs durch den waldt, welcher etwas weitleufftig, mit hohen eichen beumen bewachsen und leicht dadurch zukommen gewesen, mir eine gantze Cavallerie auff den Hals geworfen, auch alsobalden zue so einem crudelen treffen und fechten gediehen, dass Ich die zeit meines Lebens dergleichen nicht beigewohnet.[46]

In Westfalen

Mitten im 28. Kapitel des zweiten Buchs, gleich nach der Schlacht bei Wittstock, befindet sich Simplicius in Westfalen. Dieses Mal nicht mittels Zauberflug, sondern infolge einer militärischen Order:

»Einmal bekam mein Oberstleutnant den Befehl, mit einem größeren Trupp nach Westfalen vorzustoßen.«[47] So sprunghaft ging es im Krieg zu und läuft es auch im Roman.

Nach der Schlacht bei Wittstock am 4. Oktober 1636 hatte es Simplicius auf die Gegenseite verschlagen. Als Trossbube eines schwedischen Oberstleutnants, dessen Läuse er geerbt hatte, gehörte er zu dem größeren Trupp, der nach Westfalen geschickt wurde. In der Günner Mark, einem Wald zwischen Hamm und Soest, verstecken sich die Soldaten, aber Simplicius wird von einem tückischen Feind gequält. Er ist jetzt über und über von den Läusen befallen, die ihn in einen burlesken Nahkampf verwickeln. Derart abgelenkt, bemerkt er nicht, wie die Kaiserlichen attackieren. Darüber gerät er erneut in Gefangenschaft und ist wieder bei den Kaiserlichen.

Grimmelshausens Anwesenheit in Westfalen ist gut belegt. Dort lernte er sehr rasch eine für das Überleben im fremden Kriegsgelände wichtige Lektion. Er fand heraus, welche ess- und trinkbaren Spezialitäten Westfalen zu bieten hatte, und gerade dieser Detailrealismus in Sachen Lebensmitteln bezeugt seine Anwesenheit im westfälischen Kriegsgebiet.

Zunächst der Pumpernickel. Es könnte ja sein, dass Grimmelshausen die gesamte ›Pumpernickel-Frage‹ für den Roman recherchiert hat, ohne jemals in Westfalen gewesen zu sein. Schon möglich. Dass er aber minutiös das komplizierte Verfahren des Pumpernickel-Backens mitteilt und öfter erzählt, wie das Brot schmeckt, lässt doch auf überzeugende Weise seine Anwesenheit vermuten. Grimmelshausen weiß, dass Pumpernickel 24 Stunden Backzeit benötigt. Das hat er sich nicht ausgedacht. Johann Dietrich von Steinen führt in seiner *Westfälischen Geschichte* aus, dass Pumpernickel die beste Speise der Westfalen sei. ›Das schwarze Brot Bonpournickel‹ nennt er es. Damit hat sich nebenbei auch eine hübsche etymologische Geschichte erledigt, die Napoleon zugeschrieben wird. Er habe, als man ihm das westfälische Schwarzbrot angeboten hatte, mit säuerlicher Miene geantwortet: »C'est bon pour Nickel.« Das sei nicht gut für ihn, sondern für sein Pferd Nickel. Napoleon lebte aber deutlich später als Grimmelshausen, und so bleibt die Herkunft des Wortes ungeklärt.

Es folgen als Beweisspeisen im *Simplicissimus* noch:

›Stuten‹ (süßes Weißbrot), Schinken und leckere Knackwürste, in Salzwasser gekochtes Rindfleisch, Hammelkolben, Potthast (ein speziell westfälisches Lieblingsgericht), mit ›Candel-Zucker‹ gesüßter Branntwein und jede Menge Dünnbier.

Ein weiterer Beleg für Grimmelshausens Anwesenheit in Westfalen ist die professionelle Verwendung des westfälischen Plattdeutschen. Die Leute nannten den Jäger von Soest ›dat Jägerken‹. Und als der protzende Jäger mit seinen Paradepferden durch die Gassen von Soest preschte, riefen die beeindruckten Einwohner: »Min God, war vor en prave Kerl is mi dat.« Zwar entsprechen, wie ein versierter Mundartforscher gezeigt hat, die niederdeutschen Sprechfragmente nicht haargenau der in der jeweiligen Region üblichen Dialektversion, aber auch dieses erneute Beispiel für Grimmelshausens Vorliebe für gesprochene Sprache zeigt einen Schriftsteller, der ›vor Ort‹ war. Timothy Sodmann meint, dass in hochdeutschen literarischen Texten des 17. Jahrhunderts die Verwendung von Mundart äußerst selten war.[48] Grimmelshausen war daran beteiligt, den Dialekt literaturfähig zu machen.

Mündlich überlieferte Kleinformen wie Redensarten, Sprichwörter, Sagen, Sentenzen oder Apophtegmen (kurze, prägnante Sinnsprüche in Prosa wie zum Beispiel ›Erkenne dich selbst‹) sind häufig in seinem Erzählrepertoire. Das gilt besonders auch für die unterschiedlichen Dialekte, die für die Physiognomie einer Region wie kaum etwas anderes sprechen.

In der folgenden Dialekt-Szene kann man sich an Grimmelshausens derb-witzigem Realismus und seinem Hang, verquere Sprachspiele aufzuführen, aufs Beste erfreuen.

Im 23. Kapitel des dritten Buchs macht Simplicissimus einen Abstecher nach Köln oder in eine andere, nicht näher bezeichnete Stadt, um seinen in Attacken und Glücksfällen gehorteten Schatz abzuholen. Geld in allen Variationen: des Wuchers, Geizes, der Schatzbildung und vor allem des kaum je versiegenden Vorrats für Simplicius, begegnet im *Simplicissimus* allenthalben. Der seit acht Tagen (zwangs-)verheiratete Simplicius macht sich wie Hans im Glück auf den Weg, wird als intimer Kenner der Wege und Stege von niemandem entdeckt, sieht selbst aber und hört umso mehr.

Da belauscht er im Bergischen Land einen Bauern, der ihn an seinen Spessart-Knan erinnert und dessen Sohn Simplicius ähnelt. Ein signifikantes Beispiel für die bei Grimmelshausen sehr häufig vorkommende ›Eigen-Intertextualität‹. Er zitiert, wie hier, Stellen aus dem *Simplicissimus*, noch lieber aber knüpft er quer durch die Simplicianischen Schriften ein mit großem Lesevergnügen zu entzifferndes Text- und Beziehungsnetz.

Es folgt das kleine, böse Stück Volkstheater:

Dieser Bauernjunge hütete die Schweine. Sie witterten mich, als ich bei ihm vorüberwollte, und begannen zu grunzen. Der Knabe aber begann, auf sie zu fluchen: dass Donner und Hagel sie erschlagen und ›dä Düvel dartoo halen soll‹. Das hörte die Magd und schrie den Jungen an, er solle aufhören zu fluchen, sonst würde sie es seinem Vater sagen. Der Knabe antwortete, sie solle ihn am Arsch lecken und ihre ›Moer dartoo brühen‹ (etwa: und es dazu auch ihrer Mutter besorgen). Der Bauer hatte seinen Sohn ebenfalls gehört, kam mit einem Prügel in der Hand aus dem Haus und schrie: ›Halt dein Maul, du Flegel, ick sall di lehren swören. Dä Hagel schlag die dann, datt dir der Düwel in den Lief fahr‹ – packt ihn beim Kragen, verdrischt ihn wie einen Tanzbären und ruft bei jedem Streich: ›Du böse Bof! Ick sall die lehren fluocken. Dä Düvel hal di dann. Ick sall die im Arsch lecken. Ick sall die lehren, dine Moer brühen‹ etc. Solche Erziehungsmethoden erinnerten natürlich an meinen Knan und mich (...).[49]

Könnecke erwähnt noch weitere Einzelheiten über die Westfalen-Kenntnisse des jungen Grimmelshausen. Er findet sich – immer nachweislich des *Simplicissimus* – sehr gut in den dortigen Häusern zurecht, erwähnt ein Waldstück zwischen Hamm und Soest mit dem Lokalnamen ›Gemmer Mark‹ (oder ›Günner Mark‹) und weiß auch, dass ein Soester Tor ›St. Jakobspforte‹ und nicht wie später ›Jakobstor‹ heißt. All diese und manche weiteren Belege haben dazu geführt, dass in der Forschung nicht am Westfalen-Aufenthalt des dann etwa 14- oder 15-jährigen Hans Jacob gezweifelt wird.

Der Jäger von Soest

Wo war Grimmelshausen in seiner westfälischen Zeit stationiert? Es gilt als ausgemacht, dass er als Pferdejunge im Leibregiment des kaiserlichen Generals und späteren Feldmarschalls Johann Wenzel Graf von Götz diente. Der Feldherr in wechselnden Diensten war als äußerst brutal und trunksüchtig bekannt. Das Regiment war von Dezember 1636 bis März 1638 in Soest stationiert. Götz hielt sich in Soest immer nur vorübergehend auf. Er kämpfte in Westfalen gegen schwedische und hessische Truppen, bis er 1638 an den Oberrhein nach Offenburg und Breisach zog. Grimmelshausen war an den westfälischen Streifzügen des Grafen Götz als Leibdragoner beteiligt.

In Soest geriet er abermals in prekäre Verhältnisse. Die Stadt galt vor dem Dreißigjährigen Krieg als wohlhabend und prosperierend. Schon vor Kriegsbeginn, 1616, wurde sie zum ersten Mal in ihrer Geschichte erobert. Katholisch-spanische Truppen zogen ein und blieben vier Jahre lang. 1622 folgte der Söldnerführer Christian von Braunschweig, der als der ›Tolle Christian‹ berühmt und berüchtigt wurde. Auch danach kam es immer wieder zu Belagerungen, Plünderungen und Zerstörungen.

In einer Katastrophe endete die Eroberung der hessisch besetzten Stadt durch General Götz im Dezember 1636.

Der Rat hatte mit Götz über eine friedliche Übergabe verhandelt, da aber die hessischen Besatzer die Stadt nicht kampflos übergeben wollten, griff der kaiserliche General sie schließlich mit Granaten an, die ein Feuer verursachten, das, vom Wind weiter angefacht, 500 Feuerstätten in Schutt und Asche legte und auch die Vorräte verzehrte.[50]

Als Grimmelshausen mit Götz ins verwüstete Soest kam, sollen in der Stadt nur noch 200 Bürger in der Lage gewesen sein, zu den geforderten Lasten beizutragen. Anfang 1637 muss die Stadt dann nahezu menschenleer gewesen sein, sie war ausfouragiert, eine gestorbene Stadt.

Graf Götz war am 11. Dezember 1636 zusammen mit dem kaiserlichen General Graf Hatzfeld und den Stäben in Soest eingezogen, um für kurze Zeit dort zu bleiben. Was sich hinter solchen Mitteilungen verbirgt, demonstriert ein Bericht an den Kurfürsten von Brandenburg vom 23. Januar 1637.[51]

Darin heißt es, die Stadt Soest befinde sich in ›leidigem Kläg- und erbärmlichen Zustand und äußerster Desolation‹. Soest sei bei seiner Eroberung fast zur Hälfte eingeäschert worden, General Götz und General Hatzfeld seien mit ihren gesamten Stäben und zum dritten Mal eingezogen und für den Winter habe man nach deren Abzug ein ganzes Regiment Dragoner und vier Kompanien Kürassiere vom Götz'schen Leibregiment einquartiert, die nun mit Geld und Lebensmitteln zu versorgen seien. Außerdem habe man der Stadt noch 130 Kranke zur Pflege hinterlassen.

Die Klagen über die Zerstörungen und die auferlegten Lasten im Dreißigjährigen Krieg bilden eine eigene Chronik der Verzweiflung. Wenn eine Stadt, ein Dorf, eine ganze Region ausgeplündert, niedergebrannt, Männer getötet, Frauen vergewaltigt worden waren, dann fiel schon wieder eine Garnison, ein ganzes Regiment über sie her, um neue Fourage, Pferde, Geld, Lebensmittel zu fordern.

Soest bildete da keine Ausnahme. Die Stadt blieb das gesamte Jahr 1637 über bis zum letzten Drittel des März 1638 Garnison der Leibdragoner des Grafen Götz. In ebendiesem Regiment diente Grimmelshausen. Dort herrschten wilde Zustände. Der bayerische Generalfeldzeugmeister Graf von Wahl, Chef der in Westfalen zurückgelassenen bayerischen Armada, schrieb am 6. Oktober 1637 an den Kurfürsten Maximilian:

Ich habe das insolenteste Volck sonderlich die Reuterey, so man finden kann, da auch keine Straff hilft, und die Rittmeister mit den gemeinen Reuttern unter der Decken liegen.[52]

Damit waren die Götz'schen Leibdragoner gemeint, wie aus einer anderen Meldung des Grafen von Wahl an Maximilian vom 7. September 1637 hervorgeht. Im Götz'schen Leibdragonerregiment herrschten Zustände, wie er sie sein Lebtag noch nicht gesehen habe; Rädern, Hängen, Köpfen, das alles helfe nichts, schuld seien die Offiziere.

Wieder zeigen die Schilderungen der Kämpfe zwischen den Truppen des Grafen Götz und den Hessen, dass sie bei Grimmelshausen nur aus eigener Anschauung herrühren können. Götz war aus Hessen nach Westfalen gezogen, um die von den Hessen besetzten Städte und Schlösser zu erobern. Am 5. Oktober 1636 war Dortmund durch Verhandlungen in seine Hand gefallen. Dann gelangten Hamm und Unna und viele weitere Städte zwischen Coesfeld und Soest in den Besitz seiner Chur-Bayerischen Reichs-Armada. Grimmelshausen ist über die jeweiligen Eroberungen oder Verteidigungen der westfälischen Städte bestens informiert und beweist das auch in seinem Roman *Der seltsame Springinsfeld*.

Soest wurde, wie erwähnt, bei der Eroberung durch General Götz beinahe ausgelöscht. Im *Simplicissimus* ist davon keine Rede, wie überhaupt die alltägliche Realität des Krieges in den ›Jäger-Kapiteln‹ des Romans von den Karrierewünschen des Jägers von Soest überdeckt wird. Das heißt aber nicht, die entfesselte Gewalt des Krieges sei aus den Westfalen-Kapiteln des Romans verschwunden. Sie ist in den Episoden mit dem Jäger von Soest auf plötzlich hervortretende Weise präsent. Simplicius als Jäger changiert zwischen Schwank, Schabernack, erotischen Abenteuern und den ständigen erfolgreichen Versuchen, durch Beutezüge, Kommandounternehmen Eindruck und Karriere zu machen, und reich und berühmt zu werden. Dabei fügt er sich den Regeln der raschen Überrumpelung und Vernichtung des Feindes.

Einmal befiehlt Graf von Wahl einen ›Kavallerievorstoß‹, um aus dem Stift Paderborn zwei Kompanien hessischer Reiter zu vertreiben. Der Text nimmt Tempo auf.

Ich wurde den Dragonern zugeteilt, und sobald sich in Hamm eine größere Truppe gesammelt hatte, zogen wir schnell fort und bestürmten (...) das schlecht befestigte Städtchen, in dem die hessischen Reiter sich einquartiert hatten. Sie versuchten zu fliehen, aber wir jagten sie in ihr Nest zurück (...).

Wir räumten die Gassen in kurzer Zeit, denn alles, was in Waffen daherkam, wurde niedergemacht.[53]

Entführt in den Krieg. Von Hanau nach Offenburg

Ausgeplünderter Bauer und Offizier (nach einer Radierung von Hans Ulrich Frank)

In den Jäger-Passagen des dritten und vierten Buchs erinnern solche Vorstöße und Streifpartien immer wieder an die Logik einer militärischen Karriere. Nur wer Erfolg hat, Beute macht, sie verteilt und ein Netzwerk von gegenseitigen Abhängigkeiten knüpft, überlebt in diesem Krieg. Es gibt aber noch andere Gründe, die Grimmelshausen hier auf die grobe Darstellung der Kriegsgräuel verzichten lassen, es sind gleichsam epische, autobiographisch getönte. Der Jäger von Soest schafft es trotz aller militärischer Bravourstücke und entgegen dem prächtigen äußeren Anschein nicht, über den Status eines einfachen Dragoners hinauszukommen. Er wird Gefreiter, mehr nicht. Dem Jäger begegnet man mit gemischten Gefühlen zwischen Furcht und Bewunderung, aber nicht mit Respekt vor seinem militärischen Rang. Zwar staffiert er sich aus wie ein adliger Offizier, er verziert seinen Hut ›mit einem dollen Federbusch (...) wie ein Offizier‹[54] und

DER JÄGER VON SOEST

Ermordung und Vergewaltigung durch Landsknechte (nach einer
Radierung von Hans Ulrich Frank)

stolziert daher ›wie ein junger Edelmann‹; es mangelt ihm
aber an Aufstiegschancen, die einem Adligen mit Familienhintergrund ganz selbstverständlich zufallen würden. Solche
Gedanken können einem lausigen Dragoner im jugentlichen
Alter, der einem Adelsgeschlecht entstammt, schon einmal
kommen. Ein solcher war Simplicius – wie auch Grimmelshausen.

Mitten im westfälischen Abenteuer fragt sich Simplicius
eines Nachts, ›wie er sein künftiges Leben einrichten soll‹,
und beschließt, eine sechsmonatige Pause einzulegen:

In dieser Zeit, so sagte ich mir, wirst du vollends erwachsen, erlangst deine ganze Stärke und kannst dann im nächsten Frühling mit der Kaiserlichen Armee desto tapferer wieder ins Feld ziehen.[55]

Nach all den militärischen Abenteuern, dem Schatz- und
Beutemachen und den Anstrengungen der Inszenierung

als Jäger von Soest, beschließt Simplicius, sich intensiv um seine Fortbildung zu kümmern. Musische und militärische Aspekte sollen sich ergänzen, schließlich überwiegt aber der immer lebendige Wunsch nach Lektüre mit der Aussicht, aus den Büchern etwas für das Leben zu lernen.

Mein bester Bekannter unter den Bürgern war der Organist, denn ich liebte die Musik und hatte – ohne prahlen zu wollen – eine sehr gute Stimme, die ich nicht verkommen lassen wollte.[56]

Dann folgt die Hauptpassion:

Außerdem erlangte ich vom Kommandanten die Genehmigung, dass mich einer von seinen Kanonieren gegen ein Entgelt im kunstvollen Umgang mit Artillerie und Pulver unterweisen durfte. Ansonsten lebte ich so still und zurückgezogen, dass sich die Leute wunderten, wenn sie mich ständig über den Büchern sitzen sahen wie ein Student, während ich mich doch früher hauptsächlich mit Rauben und Blutvergießen abgegeben hatte.[57]

Solche immer wieder eingestreuten Lese-Utopien sprengen die Chronologie von Simplicius' Lebensgeschichte, die ja ohnehin nicht streng dem Kalender folgt. Es handelt sich um Wunsch-Zeiten, die sich mit fiktiven Orten verbünden können, um den Kriegsverlauf, die Aneinanderreihung immer derselben Untaten zu unterbrechen. Wenn dieses Pausieren wie hier so offenkundig gegen die Logik der Überfälle und des frechen Renommierens des Jägers von Soest verstößt, der alles andere tut als ›still und zurückgezogen‹ zu lesen, dann melden sich die Wünsche des Dragoners Hans Jacob. Solche Auszeiten vom Krieg muss er sich genommen haben, als er mit seinem *Simplicissmus* begonnen hat, ›als er noch ein Musketier war‹. Und warum soll er nicht ein halbes Jahr lang sowohl Zeit als auch Pfarrer gehabt haben, die ihm Bücher ausliehen.

Wieder wird er wie seinerzeit als Bub in einen wahren Leserausch gezogen. Zwar hatte er geplant, die Auswahl der Bücher seinem Fortbildungsprogramm anzupassen, aber durch die Stoffe wurde er in ganz andere Richtungen geführt. Die Lektüre des *Arcadia*-Romans sollte ja seiner Beredsamkeit dienen. Nun aber versinkt er in den Büchern wie eine pubertäre Leseratte und lässt sich vom gehobenen Kriegshandwerk fort in die Sphäre der Liebes- und Heldengeschichten tragen.

Solche Bücher suchte ich mir aus, wo immer ich sie fand, und wenn ich eines ergattert hatte, hörte ich nicht auf zu lesen, bis ich damit fertig war, auch wenn Tage und Nächte darüber vergingen.[58]

In der Liebe machte er dann auch gehörige Fortschritte. Neben den sonst geschilderten Initiationen, aus denen Simplicius immer unter Schmerzen als eine andere Figur hervorgeht, verläuft dieser Anfall von Lesesucht als Wachstumsschub in Richtung einer erotisch voll entfalteten Persönlichkeit mit schöner Stimme, guter Figur, hübschem Gesicht und Fertigkeiten auf verschiedenen Musikinstrumenten sehr viel angenehmer. Gewiss deutet sich hier schon der ›Beau Allemand‹ an, der als Lustknabe in Pariser Edeletablissements verkehren wird; wieder ein ordentlicher Fortschritt auf dem von Gott abgewandten Weg. Es fällt aber schwer, in der geschilderten Wirkung von Liebes- und Heldenliteratur nicht Leseerlebnisse des in Westfalen 14- oder 15-jährigen Hans Jacob zu sehen, der irgendwo im Krieg endlich einmal Zeit und Gelegenheit gefunden hat, etwas anderes zu tun, als niederen militärischen Dienst zu verrichten. Grimmelshausen hat als Zeuge und emsiger Verwerter von Kriegschroniken, Geschichtswerken und Enzyklopädien das Monstrum Krieg eindringlicher und nachhaltiger beschrieben als die meisten anderen Autoren seiner Zeit. Zu Recht wird das mit seiner eigenen Beteiligung am Krieg begründet – und so begründet er es auch selbst. Darin geht aber seine Zeugenschaft nicht auf. Als entführtes Kind, Pferdejunge, Musketier, Dragoner verhält er sich zum Krieg nicht zuerst als Reporter und Chronist, sondern als jemand, der ständig daran gehindert wird, das zu tun, was ihm offenkundig das Liebste ist: Lesen, Schreiben, Erzählen, Singen und Musizieren neben einer ganzen Reihe von Bedürfnissen, die ein Jugendlicher überall besser als im Krieg befriedigen kann. Die Gelnhäuser Mitgift seines Stiefgroßvaters, der immense Büchervorrat seiner Kindheit, kann ihm dabei geholfen haben, Lesen und Schreiben als seine Überlebensstrategie zu Zeiten des Krieges zu begreifen. Diese Fähigkeiten sind die Basis für die Produktion eines Überschusses an Literatur in tausend Spielarten, der vom Krieg nicht absorbiert werden kann. So gelesen, verraten diese quer zur simplicianischen Lebensgeschichte wie kleine utopische Störfeuer platzierten Buch- und Lesestellen etwas über Grimmelshausens eigene Lese- und Schreibgeschichte.

Der Krieg, so könnte man ihn verstehen, kann die an ihm Beteiligten mit Haut und Haar verschlingen. Ihn aber nicht, denn er hat sich Ruhepausen verschafft, in denen er lesend und schreibend an ihm vorbeischauen konnte.

Grimmelshausen schreibt nicht nur über den Krieg, er schreibt gegen ihn und quer zu ihm. Er zersetzt die Vorherrschaft des Krieges mit vielerlei Mitteln. All die Schwänke und Fragmente, die Sprüche, die gesammelten Weisheiten und Abschweifungen, die Zitate, Übernahmen und Verweise, die Reden und Dialekt-Dialoge, die Anleihen bei den populären Bilder- und Textstoffen, gewiss vor allem auch die biblischen und allegorisch verschlüsselten Passagen zeugen von der literarischen Überschuss-Produktion. Bei Grimmelshausen stößt man auch auf explizit utopische Bilder und Texte, die ein anderes Licht als die trübe Dämmerung der verkehrten Kriegszeiten verbreiten.

Der Autor erweitert seine epische Provinz, indem er aus dem *Simplicissimus* zwei weitere große Figuren hervorsprießen lässt. Man nennt deshalb die *Courage* und den *Springinsfeld* auch ›Sprossgeschichten‹. Beiden hat Grimmelshausen eigene Bücher gewidmet, die den siebenten und achten Teil des vom Autor so definierten ›Simplicianischen Zyklus‹ bilden. Des Wunderbarlichen Vogel-Nestes erster und zweiter Teil sind dann Band neun und zehn. Genauer tragen diese vier simplicianischen Folgebücher diese Namen:

Trutz Simplex: Oder
Ausführliche und wunderseltzame Lebensbeschreibung
Der Ertzbetrügerin und Landstörtzerin Courasche

erschien zur Herbstmesse 1670 bei Felßecker in Nürnberg. Es folgte nach den Herbstmessen desselben Jahres im selben Verlag

Der Seltzame Springinsfeld.

Schließlich kam

Das Wunderbarliche Vogel-Nest

bei Felßecker nach den Herbstmessen 1672 heraus, gefolgt vom zehnten und letzten Teil des Simplicianischen Zyklus, der mit dem Titel

Deß Wunderbarlichen Vogelnessts Zweiter theil

im Frühjahr 1675, ein Jahr vor Grimmelshausens Tod, beim Straßburger Verleger Georg Andreas Dollhopf erschien.

Springinsfeld, einer von den vielen Ehemännern der Courage, taucht im *Simplicissimus* unvermittelt im letzten, dem 31. Kapitel des zweiten Buchs, auf, das eine der typischschräg summierenden Überschriften trägt: ›Wie der Teufel dem Pfaffen seinen Speck stiehlt und der Jäger sich selbst fängt.‹

Simplicius mimt den Teufel, der einen Pfarrer und eine Köchin mit schaurig verstellter Stimme in erhebliche Unruhe versetzt und schließlich mit einem ordentlichen Stück Speck davonzieht. Springinsfeld, der beim Diebstahl kongenial assistiert, ist ›ein durchtriebener Spitzbube‹, wird aber oder deshalb zu Simplicius' ›treuestem Kameraden‹. Im dritten Buch bekommt er gar ein eigenes Kapitel, das wieder spannend rätselhaft lautet: ›Wie er in einem Trog den Teufel findet, Springinsfeld hingegen schöne Pferde an sich bringt.‹ Dieser Kamerad wird in seinem eigenen Buch den Krieg noch intensiver und brutaler miterleben als Simplicius. Hier tritt er erst einmal als Nebenfigur auf, um später eine große Zukunft als Titelheld des gleichnamigen Romans zu haben. Gleich beim Speckdiebstahl passt er glänzend in die Dramaturgie. Gerade mit seiner seltsamsten Eigenschaft, der Tierstimmenimitation, kann er sich außerordentlich nützlich machen:

Titelkupfer und Titelblatt der Erstausgabe des *Wunderbarlichen Vogel=Nest* (Erster Teil 1672)

Als er hörte, wie es in der Küche stand, dass ich mich als Teufel ausgab und der Geistliche mich auch für einen hielt, heulte er wie eine Eule, bellte wie ein Hund, wieherte wie ein Pferd, blökte wie ein Ziegenbock, schrie wie ein Esel und krakeelte mal wie ein Haufen Katzen, die im Februar rammeln, mal wie eine Henne, die ein Ei legen will. Denn dieser Bursche konnte die Stimmen aller Tiere nachahmen und, wenn er wollte, so natürlich heulen, als wäre ein ganzer Haufen Wölfe beieinander.[59]

Man merkt an dieser wieder sehr akustischen Stelle, wie gern Grimmelshausen eine Vorlage benutzte, um sie bis hart an die Grenze einer akuten Aufzählungsmanie auszureizen. Immerhin sieben Tiere lässt Springinsfeld hören. Zwei hätten auch gereicht, aber derart imitationssicher eingeführt, prägt man sich diese neue Figur ein und wundert sich zwei Jahre später, wenn der Roman erscheint, überhaupt nicht mehr, dass er der Sohn einer Griechin vom Peleponnes und eines albanischen Gauklers und Seiltänzers von geringer Herkunft ist.

Dass gerade hier, wo sich Simplicius als Jäger von Soest in ›seiner Stadt‹ befindet, vom Springinsfeld die Rede ist, hat einen wichtigen Grund. Ausgerechnet an einem Tiefpunkt kriegerischer Brutalität, in Soest nämlich, das vom amoralischen General Götz zerstört worden war, hatten sich Simplicius und Springinsfeld einst kennengelernt:

Als ich auf diese Weise meinen Reichtum – so wie das ganze Land den seinen – in kurzer Zeit erschöpft hatte, ging der kleine Rest unseres einst so glanzvollen Regiments nach Westfalen, wo wir unter dem Grafen von Götz Dortmund, Paderborn, Hamm, Unna, Kamen, Werl, Soest und andere Städte einnehmen halfen. Soest wurde damals meine Garnison, wo ich dann auch mit dir, mein lieber Simplicius, Bekanntschaft und Kameradschaft schloss, und weil du längst weißt, wie ich dort gelebt habe, ist es unnötig, davon zu erzählen.[60]

Soest ist demnach auch die Stadt des Dreiergipfels: Simplicius, Springinsfeld und Grimmelshausen.

Simplicius als der ›Jäger von Soest‹ hat sich inzwischen auf kaiserlicher Seite zu einem äußerst erfolgreichen Draufgänger entwickelt. Graf Götz, so berichtet Simplicius in Gestalt des Jägers, habe in Westfalen drei feindliche Garnisonen übrig gelassen: Dorsten, Lippstadt und Coesfeld. »Denen setzte ich gewaltig zu. Denn ich lag mit meinen kleinen

Trupps fast täglich, mal hier mal dort, vor ihren Toren und machte dabei manch gute Beute.«[61]

Und weiter:

Beide Seiten trauten mir Wunders was zu, und so wurden mir die gefährlichsten Operationen übertragen und zu diesem Zweck auch ganze Trupps unterstellt. Da begann ich hinzulangen wie ein Böhme, und jedes Mal, wenn ich etwas Nennenswertes ergattert hatte, ließ ich meinen Offizieren einen so großen Anteil davon, dass ich mich in diesem Handwerk auch dort betätigen konnte, wo es eigentlich verboten war, denn ich hatte überall Protektion.[62]

Und:

Wenn es nichts zu fouragieren gab, ging ich trotzdem stehlen. (...) Wenn ich solche Fänge heimbrachte, teilte ich stets redlich mit den Offizieren und meinen Kameraden. Daher konnte ich auch immer wieder losziehen, und wenn mein Diebstahl einmal verraten oder ausspioniert war, halfen mir die anderen aus der Klemme. (...) Über all dem Fressen und Saufen fing ich an, ein echtes Epikureerleben zu führen. (...) Meine Offiziere machten ja selbst mit, wenn sie bei mir schmarotzten.[63]

Im Kloster Paradies

Grimmelshausen lebt nun als Pferdejunge im Leibregiment des Grafen Götz und lernt bei den Streifzügen westfälische Städte wie Soest, Werl, Paderborn, Rheine, Coesfeld, Dorsten, Recklinghausen und Münster kennen.

Im drei Kilometer westlich von Soest gelegenen Kloster Paradies wird er nicht gewesen sein und wenn doch, dann passte er es für eine Schlüsselszene im Roman einer literarischen Topografie an, die mit dem in Wirklichkeit ziemlich heruntergekommen Kloster wenig gemein hatte.

Paradies war 1252 als Dominikanerinnenkloster gegründet worden, und der berühmte Bischof Albertus Magnus war aus Köln herübergekommen, um die Profess der ersten Nonnen entgegenzunehmen. Nach der Reformation wäre es beinahe aufgelöst worden, der Krieg und die Pest hatten das Gebäude und die zugehörigen Einrichtungen schwer beschädigt. 1636, als Grimmelshausen in Westfalen unterwegs war, bestand der Konvent nur noch aus drei katholischen und einer evangelischen Jungfer, was die Priorin Elisabeth Benedicta nicht an einem sehr strengen Regiment und Ausfällen gegen die evangelische Jungfer hinderte. Bei Kriegsende war das Problem gelöst. Nun war die Zahl der katholischen Nonnen auf 16 gestiegen, evangelisches Personal wurde nicht mehr verzeichnet.[64]

Im Roman wird das Kloster Paradies zum Schauplatz einer abermaligen Verwandlung des Simplicius. Grimmelshausen, den man auch selbst als Experten für einschneidende Veränderungen und Wandlungen bezeichnen kann, rückt Simplicius vor dessen Gestalt- und Namenswandel wieder mit einer aus der populären Bilderwelt bekannten Szenerie auf den Leib. Vielleicht hängt es mit der Erfahrung körperlicher Mangelerscheinungen im Krieg zusammen, mit Hunger und Durst und manch anderen Entbehrungen.

Als der junge Simplicius bei der Musterung in Hanau gerade um den Nachnamen Simplicissimus bereichert worden war, erlebte er eine schlaraffische Phase in der Festung:

So wuchs und gedieh ich ohne Sorgen wie ein Narr im Zwiebelland [bedeutet Schlaraffenland, d. A.], und meine Körperkräfte nahmen merklich zu. Bald sah man mir an, dass ich mich nicht mehr im Wald mit Wasser, Eicheln, Bucheckern, Wurzeln und Kräutern kasteite, sondern mir den Rheinwein und das Hanauische Doppelbier bei einem guten Bissen schmecken ließ.[65]

Gleich darauf wird Simplicius in den Krieg entführt. Grimmelshausen erlitt das gleiche Schicksal. Ganz ähnlich geht im Kloster Paradies ein Speisenwechsel dem Gestalt- und Namenswechsel voran. Diesmal aber wird das Schlaraffenland viel üppiger ausgemalt.

»Potz Glück, Simbrecht!«, sagte er unterwegs [der zum Schutz des Klosters abgestellte, etwas beschränkte Hauptmann, d. A.] – denn er konnte sich den Namen Simplicius nicht merken. »Nun kommen wir also ins Paradies. Da werden wir fressen!«[66]

Außerhalb des Paradieses musste Simplicius dröges Pumpernickel »mit aller Kraft zerbeißen und mit Wasser oder, wenn es hochkam, mit Dünnbier nachspülen. (...) Meine Kehle wurde von dem trockenen Schwarzbrot ganz rau, und ich magerte am ganzen Leib ab.«

Anders im Paradies.:

Das Paradies fanden wir so, wie wir es uns gewünscht hatten – sogar noch besser, denn statt der Engel lebten schöne Jungfrauen darin, die uns mit Speise und Trank so gut bewirteten, dass ich bald wieder rund und gesund aussah. Da kamen das dickste Bier und die besten westfälischen Schinken auf den Tisch, außerdem Knackwürste und köstliches, zartes Rindfleisch, das man in Salzwasser kochte und kalt aß. Da lernte ich das Schwarzbrot schmieren, fingerdick mit gesalzener Butter, damit es besser rutscht, und Käse drauf. Und wenn ich über einer mit Knoblauch gespickten Hammelkeule saß, neben mir eine gute Kanne Bier, lebten Leib und Seele auf, und ich vergaß alles Leid, das ich ausgestanden hatte. Kurz, dieses Paradies tat mir so gut, als wenn es das echte gewesen wäre.[67]

Mit dem einfältigen kaiserlichen Dragoner führte Simplicius das »faulste Leben von der Welt, in dem das Kegelschieben unsere anstrengendste Arbeit war«. In Soest wurde ihm ein grünes Gewand geschneidert. Mit Hut, neuen Schuhen und allerhand aufwendigen Accessoires sah er nun aus wie ein eleganter Jäger. Und so wurde er fortan auch genannt. Er war jetzt der Jäger von Soest. Der vom Autor ersonnene Klosterjäger nannte ihn hier zum ersten Mal ›dat Jäjerken‹.

Dieses Paradies entspricht in vielen Details den Bildern vom Schlaraffenland, wie sie besonders im 17. Jahrhundert auf Einblattdrucken, Kupferstichen, in Gedichten, beispielsweise von Hans Sachs, und Märchen verbreitet waren. Hier versammelten sich die Wünsche der kleinen Leute, der ärmeren Bauern und Tagelöhner. In ganz Europa war diese Ikonographie der irdischen Träume verbreitet und, wenn es ein Paradies war, dann eine besonders angenehme Ausgabe des irdischen. Anders als im etwas dumpfen Bechstein-Märchen vom Griesbreiberg geht es im Schlaraffenland der Popularkultur nicht nur, aber auch um Faulheit und Fressen. Im irdischen Wunschland sind Jungfrauen vorhanden, stehen auch Jungbrunnen zur Verfügung, wird gespielt statt gearbeitet und viel dummes Zeug gemacht. Dieses Schlaraffenland der Popularkultur teilt viele Motive mit den Bildern der Verkehrten Welt.

Grimmelshausen verwandelt das heruntergekommene, kaum belegte Kloster in ein schlaraffisches Gelände, inszeniert dort Simplicius' abermalige Häutung, gibt ihm einen neuen Namen und lässt ihn während der Passage-Zeit alle Annehmlichkeiten eines sinnlich befriedigenden Lebens auskosten. Ein Sprachspiel fehlt auch im Kloster nicht. Der mit Spruchweisheiten gut gespickte Simplicius meint, der Name des Klosters verspreche viel: »Der Nomen ist ein gutes Omen«, worauf der dumme Soldat zustimmt und repliziert: »Na klar (...) jeden Tag zwei Ohmen vom besten Bier, das wird uns bekommen!« Das wären immerhin 300 Liter gewesen. So geht es zu im Schlaraffenland. Ein verlauster Pferdejunge wird im paradiesischen Schlaraffenland in einen Elegant verkehrt, der immer tiefer in die Abgründe sexueller und finanzieller Schatzbildung sinkt.

Jupiter vor Dorsten

Dass Grimmelshausen ein ›Mann zwischen den Schichten‹ war, klang nun schon öfter an. Diese Zwischenstellung gilt auch für sein Werk. Bekanntlich wird der *Simplicissimus* im Gegensatz zum sentimentalen oder höfischen Roman zur Gattung des ›niederen‹ Romans gerechnet. Das bedeutet aber beileibe nicht, Grimmelshausens Perspektive beschränke sich auf die Vertreter der unteren Schichten. Er blickt horizontal in alle Richtungen der gesellschaftlichen Wirklichkeit und vertikal auf alle Stände. Diese enzyklopädische Wahrnehmung verweist vor allem und immer wieder auf sein Hausbuch, Garzonis *Schauplatz*. Mehrmals war zu sehen, wie Grimmelshausen die hohen wie niederen, die theologischen wie profansten Themen und Objekte in seine Schreibweise, seinen Stil einspinnt. Mit Dieter Breuer kann man von einem »reflektierten, satirisch-ironischen Erzählstil«[68] sprechen.

Dieser Stil gibt bei der Jupiter-Episode ziemlich viele Rätsel auf. Der Jäger von Soest lauert in der Nähe von Dorsten, neben Lippstadt und Coesfeld Orte, die noch von den Hessen und Schweden gehalten werden, einem Konvoi von Fuhrleuten auf, der nach Dorsten kommen sollte.

Weil wir dem Feind nahe waren, hielt ich meiner Gewohnheit gemäß selbst Schildwache. Da kam ein einzelner Mann des Wegs. Er war ehrbar gekleidet, redete mit sich selbst und fuchtelte dabei mit einem Rohrstock, den er in der Hand hielt, vor sich in der Luft herum. Von dem was er sagte, verstand ich nur: »Ich werde diese Welt bestrafen, sofern sie sich meines höheren Waltens nicht besinnt.« Mir kam der Gedanke, der Mann sei womöglich ein mächtiger Fürst, der inkognito herumging, das Leben und die Sitten seiner Untertanen zu erkunden, und habe soeben – vielleicht aus Unzufriedenheit mit dem, was er vorgefunden – beschlossen, sie zu strafen.[69]

JUPITER VOR DORSTEN

Über vier Kapitel des dritten Buchs spannt sich diese Episode, die man, weil es sich bei diesem Mann um den auf Erden wandelnden Gott Jupiter handelt, nach ihm benannt hat. Diesem merkwürdigen Mann zwischen Fürst und Schulmeister (Rohrstock), jedenfalls aber einem verrückten Narren, legt Grimmelshausen eine utopische Prophezeiung in den Mund, die das Kommen eines ›deutschen Helden‹ verheißt, der »keine Soldaten braucht, aber doch die ganze Welt reformieren wird«[70]. In einer brisanten Mischung aus bekannten Versatzstücken der staufischen Kaiserprophetie, Verheißung des ewigen Friedens und religiöser Toleranz, jüngstem Gericht und einem Parlament der ›klügsten und gelehrtesten Männer‹, die für Aufhebung der Leibeigenschaft, Steuern, Zölle, Zinsen, Pachten sorgen, stellt er Zustände in Aussicht, in denen die ›Menschen noch glückseliger leben werden als auf den Feldern von Elysium‹. Dies alles wird ein ›deutscher Held‹ besorgen, der stärker sein wird als Herkules und so schön und tugendsam, wie man es sich kaum vorstellen kann. Die herrlichen Aussichten werden nur durch die Hinweise darauf getrübt, was mit denen geschehen wird, die sich den neuen Verhältnissen nicht fügen wollen; die sollen nämlich mit beispielloser Härte ausgerottet werden.

Es ist nur zu verständlich, dass diese utopische Mixtur, die noch dazu unter deutscher Anleitung realisiert werden soll und die die größten Wünsche und Sehnsüchte der Menschen im Deutschland des Dreißigjährigen Krieg berührt, zu den wildesten Interpretationen Anlass bot und bietet. Es muss kaum betont werden, dass etliche nationalsozialistische Ideologen in dem ›deutschen Helden‹ ihren Führer Adolf Hitler sahen. Manfred Koschlig bietet in seinem Aufsatz *Das Lob des Francion bei Grimmelshausen* aus dem Jahre 1957 eine weitreichende Erklärung an. Sie führt zu einem Schriftsteller, der autodidaktisch und ohne Kommunikation mit Kollegen die überschäumende Fülle seines literarischen

Projekts in einem Stil gleichsam bändigen wollte. Die Rede ist – wer hätte das gedacht – von Hans Jacob Christoffel von Grimmelshausen. Koschlig fand heraus, dass die Jupiter-Episode sehr eng mit einer tiefgreifenden Lektüreerfahrung des *Simplicissimus*-Autors zu tun hat.

Grimmelshausen las nach 1662, das belegt Koschlig, die deutsche Übersetzung des ersten französischen Picaro-Romans *La vraie histoire comique de Francion* des um 1602 in Paris geborenen Charles Sorel, Seigneur de Souvigny. Die erste von mehreren deutschen Übersetzungen erschien 1662 beim Frankfurter Verleger Thomas Mathias Götz, vordatiert auf 1663.

Grimmelshausen las dieses poetologische Erweckungswerk in den Jahren zwischen 1663 und 1666, als er als Schaffner auf der Ullenburg saß und ab 1665 sein Gasthaus zum ›Silbernen Stern‹ in Gaisbach betrieb. Die Lektürezeit dieses für Grimmelshausen so wichtigen Buches lässt sich recht genau bestimmen. Im Herbst 1662 erschien der *Francion* in Frankfurt; im zweiten Teil seines *Satyrischen Pilgrams*, der zu den Ostermessen 1667 herauskam, findet sich im *Gegensatz* des Kapitels *Von der Poetery* ein zweifaches Lob des *Francion*. Zuerst erwähnt er den poetischen Furor, von dem die ›Köpf der besten Poeten‹ sich derart ›angefüllet finden‹,

daß beynahe kein Platz mehr übrig bleibt/dahin sich die Gedanckhen uff Verrichtungen anderer nötigen Geschäfften logiren könten; und wan man einen solchen Kerl siehet poetisiren/dürffte mancher aus seinen Gebärden urtheilen und darauff schweren/er were gar verruckt im Kopff![71]

Den poetischen Furor nennt Grimmelshausen ›Morbus Francion‹. Ein dichterisches Irresein. Der deutsche Titel des *Francion* in der Ausgabe von 1662 hieß *Wahrhaftige und lustige Historie vom Leben des Francion*. Im 11. Buch fand Grimmelshausen in der Gestalt des Hortensius das Vorbild seines vom poetischen Wahn befallenen seltsamen Helden Jupiter. Hortensius ist der Lehrer Francions. Als eitler Pauker verfällt er mehr und mehr dem Furor poeticus und bildet sich ein, er sei zum ›König von Polen‹ auserwählt. Auch Jupiter kommt ins Spiel. Schließlich erscheinen vier deutsche, als Polen verkleidete Edelleute und überzeugen den reichlich überspannten Hortensius davon, dass er berufen sei, die alten Prophezeiungen zu verwirklichen, nach denen Polen zum ›glückseligsten Land‹ der Welt werden würde. In einer Mischung aus König und Gott nimmt der ehemalige Schulmeister Hortensius die Rolle an und verkündet, durch ihn werde die ›güldene Zeit‹ wieder kommen.

Im *Satyrischen Pilgram* preist Grimmelshausen den *Francion* aber nicht für die Erfindung eines utopischen Phantasten, sondern er lobt die poetische Ausführung, die Art und Weise der Darstellung der Macht der Poesie. So prägnant hat Sorel die ›Francion'sche Krankheit‹ (Morbus Francion) geschildert, dass man meinen könnte, die von ihr Befallenen seien ›verrückt im Kopf‹:

(...) welchen Morbum Francion in seines Lebens Erzehlung so artlich austruckhet/daß es auch kein Mahler mit lebendigen Farben besser entwerffen hette können.[72]

In der deutschen Fassung von Sorels *Francion* fand Grimmelshausen einen Schelmenroman, der die Perspektive des Picaro poetisch verfeinerte und gesellschaftlich erweiterte. Sorel kannte die beiden großen spanischen Vorbilder. Als er sich im dritten Buch bei einem Edelmann dafür entschuldigen möchte, dass er so viele ›schlechte Possen‹ erzähle, erwidert der Adlige:

Ists euch unwissend dass einen die geringen Sachen zu meist erfrewen/und daß man mit Lust von Bettlers und Holtzträgers Possen erzehlen höret/als von dem Gutzman von Alfarach und von dem Lazaril von Tormes.[73]

Grimmelshausen arbeitet an seinem Hauptwerk, dem *Simplicissimus*, das 1668 erscheinen wird. Er kämpft mit den ungeheuren Stoffmengen, den hunderten oder tausenden von Zitaten, er muss Ordnung in seine eigenen Erfahrungen aus der Kriegszeit bringen. Da gerät er, wohl in letzter Minute, an den *Francion*. Charles Sorel, der einer Pariser Juristenfamilie entstammte, hatte seinen *Francion* mit Anfang 20 geschrieben. 1635 erwarb er von einem Onkel das Amt eines ›Historiographe de France‹, das mit geringem Gehalt, aber höherem Ansehen verbunden war. Grimmelshausen hatte in Sorel jemanden gefunden, der als Autor und Historiograph zwischen den Ständen platziert war; er hatte vor allem aber jemanden gefunden, der sich mit seinem picarisch-satirischen Stil die ganze Gesellschaft vorknöpfte. Dazu verhalf Sorel eine geschickte Erweiterung der Perspektive des Helden. Er beförderte den Picaro aus der ›Novela picaresca‹ zum Adligen, ließ ihm aber die Neigung zum Herumvagabundieren und Sammeln von Abenteuern. Francion sieht vom erhöhten Standpunkt aus mehr und besser. Koschlig bringt es auf den Begriff:

Sorel kritisiert schonungslos die ganze Gesellschaft seiner Zeit, deren sämtliche Stände er vorführt: das Volk von Paris, die Bauern, die Edelleute, die Studenten, die Literaten, die Gelehrten, Pilger, große und kleine Betrüger, Quacksalber, Huren und Kupplerinnen. Ein immenses Panorama, eine derb-realistische Satire der gesellschaftlichen Zustände![74]

Grimmelshausen hatte in der Zeit seiner *Francion*-Lektüre seinen ersten Roman, den *Keuschen Joseph*, zu Ende gebracht und konnte im *Satyrischen Pilgram* noch ein deutliches Lob des *Francion* unterbringen. Was den Schaffner und Wirt aber rettete, war das Beispiel eines Stils, der es in satirischer Schärfe und derbem, durchaus obszönem Ton dem Autor erlaubte, sich von der Gesellschaft zu entfernen, damit er sie besser sehen, beschreiben konnte.

Grimmelshausens gesellschaftliche Stellung war prekär. Seiner Isolation als Autor und der schwebenden Existenz zwischen den Ständen setzte er ein Weltbuch entgegen. Viel war die Rede von den Voraussetzungen seines Schreibens, von Büchern, Bücherpaten, Bildungslust und literarischem

Proviant wie Garzonis *Schauplatz*. Der ›Durchbruch‹ und die ›stilistische Erleuchtung‹ kamen mit Sorels *Francion*.

Schade, dass von der Ullenburg nahezu nichts mehr übrig ist, zu gern hätte man sich in ihrer Ruine einen vielbeschäftigten Burgvogt mit großer Familie und zum Teil sehr kleinlichen Aufgaben vorgestellt, den ein Buch, das er nur nebenher lesen konnte, wie ein erlösender Blitz traf.

Grimmelshausens *Francion*-Lektüre befreit ihn keineswegs von den Mühen der Interpretation, des Verständnisses von dessen christlichem Fundament, von der Suche nach Orientierungsfäden im intertextuellen Labyrinth seines eigenen Schreibens und überhaupt nach weiteren ›angemessenen‹ Lektüren. Seine *Francion*-Rezeption kann uns von ein paar wichtigen Irrtümern befreien. Zum Beispiel, hinter dem *Simplicissimus* nach irgendeiner politischen, ideologischen oder theologischen Hauptbotschaft zu forschen. Die wichtigste Botschaft könnte dagegen lauten: Hier hat jemand aller biographischen Wahrscheinlichkeit zum Trotz ein Buch und noch viele mehr geschrieben, in denen die literarischen Mittel von ihrem Zwang befreit werden, einer einzigen übergeordneten Wahrheit zu dienen. Das heißt überhaupt nicht, was für einen Satiriker auch absurd wäre, es würde an schärfster Kritik bestehender Zustände mangeln oder an gemeinen Freudenfesten aus Spott und Witz – es bedeutet aber, dass Grimmelshausen sein überbordendes Schreibprojekt nicht durch Glaubensgewissheit oder Erleuchtung bewältigen konnte, sondern nur durch die feste Überzeugung, für dieses Vorhaben mit Hilfe von Sorels *Francion* einen Stil, eine poetische Klammer gefunden zu haben, die das Ganze zusammenhielt.

Unbekümmert übernimmt Grimmelshausen von Sorel Textpassagen, Denkfiguren, Kompositionsmittel, Schreibintentionen. Das macht er immer so und verschont kaum einen ihm genehmen Autor vor kleineren und größeren Anleihen. Eines aber hätte ihn aus der Bahn geworfen, wenn

Vollkommene COMISCHE HISTORIE DES FRANCIONS.

Vor etlichen Jahren / durch einen besondern Liebhabern der Sprachen / gar artig auß dem Französischen verteutschet: und nun in diesem Druck von einem berühmten Mann fleißig übersehen und gebeßert: mit beygefügten Kupfferstücken.

Zu LEYDEN/
Bey den HACKES. 1668.

Titel der Ausgabe des *Francion* von 1668

er nicht genau danach gesucht hätte: die Vorstellung eines poetischen Furors, der die Autoren ganz verrückt machte, wenn sie nicht in der Lage waren, ihn in Literatur zu verwandeln.

Der Jäger von Soest trifft den Erzphantasten Jupiter kurz vor Dorsten in Westfalen. Deshalb wurde der überspannte Jupiter-Darsteller an dieser Stelle als merkwürdiger Brückenheiliger benutzt, an dessen Beispiel sich erklären ließ, wie und woher ein solch manischer Poet und überstudierter Scribent nach Westfalen beziehungsweise in Grimmelshausens *Simplicissimus* kommt. Simplicius nähert sich dem moralfreien Gentilhomme und Schwerenöter Francion beziehungsweise Hortensius am meisten in einer Situation an, in der er sich selbst als Jäger von Soest aufführt wie ein Edelmann, es an sittlicher Stabilität aber fehlen lässt.

Im Lauf des Frühjahrs/Sommers 1637 werden aus dem in Soest liegenden Regiment Götz etliche Dragoner abkommandiert, um unter dem Kommando des Grafen Joachim Christian von Wahl im hessisch-westfälischen Grenzgebiet Kavalkaden zu unternehmen.

Von diesen Zügen berichtet Simplicius, und wieder gelingt es Könnecke, die Teilnahme des jungen Grimmelshausen als Dragoner oder Pferdejunge plausibel zu machen.

Ende März, Anfang April fiel von Wahl in Hessen-Waldeck ein. Darüber schrieb er unter dem 10. April 1637 an den Kurfürsten Maximilian, er habe eine Kavalkade nach Hessen gemacht, um das »Brennen der Hessen, das im Stifte Paderborn geschieht, durch Wiederbrennen zu verbieten«[75]. Dem Landgrafen Wilhelm V. von Hessen-Kassel teilte er mit, er habe seinen Zug übernommen, weil der hessische Obrist St. André es »gar zu grobgemachet«.[76] Dann musste von Wahl Hessen rasch verlassen, um dem vom Feind bedrängten Vechta beizuspringen. Wahl rückte aus Paderborn über Rheda, Münster, Warendorf und Telgte auf die umzingelte Stadt zu. Es gelingt ihm jedoch nicht, Vechta zu erreichen.

Wenn Grimmelshausen, wie es Könnecke nahelegt, die Züge von Wahls mitgemacht hat, dann war er auch in Telgte.

Das Treffen in Telgte

Günter Grass hat sich häufig in die Tradition Grimmelshausens gerückt. In Renchen hielt er 2001 die Lobrede auf Adolf Muschg, dem dort der Grimmelshausen-Preis verliehen wurde. In ihr zeigt Grass klug und voller Sympathie, wie nah ihm der Schriftsteller Grimmelshausen ist. Schon in seinem *Treffen in Telgte* von 1979 hat er sich als Grimmelshausens literarisches Alter Ego inszeniert, der nach 1945 Deutschland so in Trümmern liegen sah wie Grimmelshausen im Jahre 1647. Mit diesem etwas mehr als hundertseitigen Buch, das ein Bestseller wurde, beeinflusste Günter Grass das Grimmelshausen-Bild stärker als viele Verfasser wissenschaftlicher Literatur.

Grass schreibt sich in Grimmelshausens Leben und Werk mit Methoden ein, die dem *Simplicissimus*-Dichter verwandt sind. Das beginnt mit dem unzuverlässigen Erzähler. Zwar merkt man bald, dass der hier Christoffel Gelnhausen Genannte dem mit demselben Konsonanten Beginnenden ziemlich ähnlich ist, es gibt aber auch noch einen Ich-Erzähler, der sich dann und wann einmischt. Das setzt sich in Parallelen zum derb-sinnlichen Stil fort (was nicht immer überzeugt) und ist mit der rhetorisch umspielten Differenz zwischen Kriegsrealität und Schreibsublimierung noch nicht beendet.

Grass hat das Buch Hans Werner Richter zu dessen 70. Geburtstag gewidmet. Richter hatte die Gruppe 47 in Herrlingen bei Ulm gegründet, und die sublime Kunst von Günter Grass besteht auch darin, die etwas mehr als 20, mit gehörigen Kenntnissen porträtierten Barockautoren in Mitgliedern der Gruppe 47 zu spiegeln. Das Ratespiel, ob Simon

Dach, der Patron des Literatentreffens in Telgte im Jahre 1647, Hans Werner Richter ähnelt – was offenkundig ist –, ob der hier frech und frisch agierende Georg Greflinger mit seinem *Nordischen Mercurius* dem Spiegel-Chef Rudolf Augstein entspricht, was ebenfalls klar zu sein scheint, und August Buchner als Reich-Ranicki passieren kann, dieses Ratespiel könnte von Grimmelshausen stammen, bei dem es ebenso von Parallelfiguren und kopierten Doppelgängern wimmelt.

Es ist das gute und für die Literatur und ihre Leser äußerst fruchtbare Recht des Schriftstellers, ältere Texte nach Gusto zu aktualisieren und Kolleginnen oder Kollegen zu Wiedergängern aus dem Beinhaus der Literaturgeschichte zu machen. Ein produktiver Gewinn des *Treffens in Telgte* besteht in den Kurzporträts der Barockautoren (es sind nur Männer, wenn man von Libuschka alias Courage absieht, die als literarische Figur aber auch von einem Mann stammt). Treffsicher und mit satirischem Geschick führt Grass seine Kollegen vor. Man lernt ihre Positionen, Macken und auch viele ihrer Schriften kennen. Der Taschenbuchausgabe dieses vielstimmigen, gewiss auch unbescheidenen Buches sind 43 der schönsten Gedichte aus dem Barock beigefügt. Vom *Treffen in Telgte* aus lässt es sich gut aufbrechen zu eigenen Lektüren der Werke Grimmelshausens oder Georg Philipp Harsdörffers, Johann Rists oder Philipp von Zesens.

Christoffel Gelnhausen ist im Jahre 1647 noch nicht Schriftsteller. Grass porträtiert ihn als vorwitzigen, praktisch gesonnenen, von der Friedenssuche der in Telgte versammelten Autoren relativ unbeeindruckten, kaiserlichen Haudrauf. Er rettet überhaupt das Treffen im Brückenhof, indem er aus dem Gasthaus in Telgte mitten in der Nacht die Gäste – hansische Kaufleute – von seinen kaiserlichen Reitern verscheuchen lässt. Später kommt an den Tag, dass die als Anerkennungsgeschenk des Grafen Johann von Nassau deklarierten, von den Dichtern mit Freuden verzehrten Gänse, Ferkel und Hammel sowie das Altartuch und die Kerzenleuchter aus einem Überfall von Gelnhausen und seinen Männern in Coesfeld stammen. Die Nonnen des Klosters Marienbrink, erzählt der zungenfertige Gelnhausen, ›kenne er bis unter die Kutten‹. Und dann schlägt er der ihm in Hassliebe verbundenen Courage auch noch mit der Faust aufs Auge.

Der Westfälische Friedensschluss im Jahr 1648. Illustration aus dem 19. Jh.

Der gewalttätige Mundraub mischt die Dichterschar kräftig auf und zwingt sie zu moralischen Stellungnahmen. Nun folgt der poetologische Schlüsselsatz, der erklärt, wie sich Günter Grass die Geburt des Schreibens bei Hans Jacob Christoffel von Grimmelshausen vorstellt. Am Treffen nimmt auch der hochberühmte und verehrte Komponist Heinrich Schütz teil. Er genießt eine Sonderstellung, fühlt sich den Literaten nicht eigentlich verbunden und muss überhaupt früher abreisen. Vorher aber nimmt er Gelnhau-

sen zur Seite, der vor lauter Respekt niederkniet, aber keinen Segen empfängt, sondern den Schreib-Ratschlag fürs Leben:
Als der Stoffel vor ihm auf die Knie fiel, zog ihn Schütz hoch. Er soll, was Harsdörffer später erzählte, zu dem Regimentsschreiber gesagt haben: Er dürfe seine Lügengeschichten nie

Verstecktes Porträt Grimmelshausens? Detail aus dem Titelkupfer zu *Simplicianischer Zweyköpffiger Ratio Status* (1670)

wieder mörderisch ausleben, sondern müsse sie beherzt niederschreiben. Lektionen habe ihm das Leben genug erteilt.[77]

Dieser Gelnhausen war im Krieg ein robuster Draufgänger und im Erzählen von Geschichten, besonders Lügengeschichten, außerordentlich begabt. Ein kampferprobter Teufelskerl mit unkontrollierten Wutausbrüchen, vor allem in Richtung der Courage. So stellen wir uns Grimmelshausen nicht vor. Wir sehen ihn als jemanden, der im Krieg genug Erfahrungen machte, um diesen später vehement und in Form von Literatur zu geißeln, eher nach Schonräumen und Auszeiten zum Lesen suchend als nach Scharmützeln; als scharfsinnigen Beobachter, der schon immer sammelt für sein *Simplicissimus*-Projekt und jedenfalls kein kampflustiger Haudrauf ist.

Günter Grass hält sich bei der Beschreibung der äußeren Erscheinung Grimmelshausens zurück. Er erwähnt nur seine roten Haare. Mehr wissen wir nicht. In Schauenburgischen Diensten hieß er ›der rothe Schaffner in Gaisbach‹. Als feines Beispiel für Grimmelshausens Vorliebe für Selbstironie kann seine kleine Neujahrsschrift von 1673 gelten: *Bart–Krieg/oder Des ohnrecht genannten Roth–Barts Widerbellung gegen den welt–beruffenen Schwartz–bart deß Simplicissimi*. Simplicissimus hatte sich einst beim Zechen im Wirtshaus über einen rotbärtigen Kumpanen lustig gemacht, der sich wegen starken Trunks nicht ›rechtschaffen apophtegmatisch‹ hat wehren können. Nun tritt der anonym bleibende, aber Grimmelshausen heißende Autor der rhetorisch herrlich flimmernden Schrift als Anwalt des sprachlos gebliebenen Rotbarts auf.

Gleich erfahren wir die unhintergehbare Wahrheit:

Die Rot–Bärt solt du nicht schelten.

Die Schwartz–Bärt geraten selten.

Diese im Dreischritt von ›Vortantz‹, ›Fort-Trab‹ und ›Beschluß‹ scharfsinnig, kenntnis- und anspielungsreich durchgespielte Beweisführung einer sowieso feststehenden Tatsache erinnert an die apophtegmatischen Exempelerzählungen aus dem *Ewig-währenden Calender*. Als Lob der Rotbärtigkeit und starke Schelte der Schwarzbärtigen könnte sie der oben genannten Gattung enkomiastischer Literatur, dem Lob unwürdiger Gegenstände wie der Laus oder der Nuss, zugeschlagen werden. Aber Grimmelshausen verankert die in die Tradition der Neujahrsscherze gehörende Schrift gleich mehrfach in seinem Werk und seiner Gegend. Der von Simplicius beleidigte Rotbart könnte gut der Gastwirt Schrepffeysen aus dem *Wunderbarlichen Vogel-Nest* sein, in dem sich der Wirt zum

›Silbernen Stern‹ in Gaisbach verbirgt. Zitate aus Garzonis Schatzkammer über die ›Goldfarb‹ und die ›Schwartze Farb‹ schimmern durch und, was die Gegend betrifft, verbirgt sich hinter der Datierung am Schluss »Rodeck in Edom den 1. Jan. 1673« die Burg Rodeck bei Kappelrodeck. Und Edom ist die Heimat der roten Nachkommenschaft Esaus.

Lippstadt

Die rasante Entwicklung im *Simplicissimus* mit Simplicius' Gefangennahme vor Lippstadt, seinem Aufenthalt in der Festung dieser Stadt, der Reise nach Köln und Paris, seiner Karriere als Quacksalber auf dem Rückweg von Paris, den Zwischenfällen in Philippsburg, dem Schiffbruch im Rhein, der Begegnung mit den Räuberbanden der Merodebrüder, dem Abenteuer mit dem Räuber Olivier, dem Treffen mit dem jüngeren Herzbruder in Villingen, dem Übertritt von Simplicius zum katholischen Glauben und vielem mehr führen nach der Chronologie des Romans bis ins Jahr 1645. Die Wege des Musketiers Grimmelshausen und des Romanhelden Simplicius haben sich getrennt. Wie ging es mit Grimmelshausen weiter?

Wenig ist bekannt oder gesichert. Einen wichtigen Hinweis gibt aber ein weiteres autobiographisches Goldstück aus dem *Ewig-währenden Calender*:

Als ich in sibenzehenden jährigen Alter noch ein Mußquetirer oder Tragoner war / und nach verstrichenem Sommer vnd vollendem Feldzug im Land der jenigen Völcker im Winterquartier lag die nach art der uralten Teutschen zur Anzeigung jhrer angebornen Beständigkeit nach lätz tragen / wurde ich durch meinen vorgesetzten Corporal Commandirt eine Caravana selbiger Nation (...) in eine vornembste Statt jhres Lands / deren ehelicher und wohlhergebrachter Nahm zwar über drey

Buchstaben nit vermag/wegen Unsicherheit unserer Völcker streiffenden Partheyen zu convoiren (...).[78]

Mit Vergnügen macht man sich an die Auflösung der verrätselten Angaben: Das ›Land der Latzträger‹ ist Schwaben.

Tross auf dem Marsch. Nach Jost Amman

Das war es schon im *Simplicissimus,* wo Simplicius in Hanau in einer Strafrede den Aufzug der Jungfrauen beklagte, deren geschminkte Wangen er mit dem Rot der Lätze der schwäbischen Fuhrleute verglich. Die Hauptstadt dieser Region mit drei Buchstaben heißt natürlich Ulm. Nun muss nur noch geklärt werden, ob und wie der junge Musketier oder Dragoner Grimmelshausen nach Schwaben gekommen ist.

Dass Hans Jacob die Feldzüge der Bayerischen Armada in Westfalen mitgemacht hat, steht fest. Mitte Dezember 1638 bekam diese Armada den Befehl, Breisach zu entsetzen. Als das nicht gelang, zog sich die Armee in den Schwäbischen Kreis zurück. Dort lag auch das frühere Leibdragonerregiment Götz, in dem Grimmelshausen zuerst als Pferdebursche, dann als Dragoner gedient hatte. Götz hatte dem Kurfürsten Maximilian von Bayern am 21. März 1638 mitgeteilt, er würde aus dem bergischen Winterquartier seine zwei Regimenter auf den oberrheinischen Kriegsschauplatz mitnehmen. Damit waren die Leibregimenter gemeint, in denen Grimmelshausen gedient hatte. Im Dezember 1638 wurde General Götz, der, nach seinem Übertritt zur katholischen Kirche zum Generalfeldmarschall ernannt worden war, von Graf Philipp von Mansfeld verhaftet. Er habe tatenlos zugesehen, so der Vorwurf, als General Lamboy beim Versuch, das strategisch äußerst wichtige Breisach einzunehmen, von den Schweden bedrängt worden war, und er habe Feldmarschall Federigo Savelli bei der Schlacht von Wittenweiher nicht ausreichend unterstützt. Seine Regimenter kamen unter anderen Befehl. Es kann als erwiesen gelten, dass Grimmelshausen beim ehemals Götz'schen Leibregiment geblieben ist. Und wieder spiegeln einige Kalendergeschichten seine Anwesenheit; Götz hatte vom 8. bis 10. Juni 1638 in Bruchsal gelegen.

Unter dem Titel *Ein Pappierer* heißt es in der 56. Kalendergeschichte, Simplicissimus habe einmal einen Wagen voller Lumpen mit einem Papierhändler von Bruchsal aus begleiten müssen. Der Händler sah ihn wegen seiner zerrissenen Kleider schief an, und er antwortete: »Herr wann die Lumpen nicht das jhrig thäten, so hettet jhr vielleicht auch keinen so köstlichen Mantel umb.« Trüge ich keine Lumpen, hättet ihr, Herr Papierhändler, keinen so kostbaren Mantel.

Eine andere Geschichte lässt auf Grimmelshausens Teilnahme an der Schlacht bei Wittenweier (bei Schwanau) am

9. August 1638 schließen. Diese Ultrakurzgeschichte wirft ein helles Licht auf die Kunst des Autors, sprachliche Mehrdeutigkeiten für die Kritik an menschlichen Fehlern und Unsitten zu nutzen:

Eine widerwillige zufriedenheit

Ein geitziger Officier blieb bey Wittenweier an einem Musquetenschuß todt/da sagte Simplicissimus dieser war niemahlen mit vielem Geld zubefridigen/nunmehr aber hat er sich mit zwey Loth Bley vergnügen lassen.[79]

Die Lumpen werden zu Papier und sorgen dafür, dass der Händler sich ein schönes Gewand leisten kann. Der geizige Offizier hat im Tod endlich genug Metall abbekommen. In einer anderen Geschichte mit dem Titel *Der teutsche Bawr (=Bauer)* entspinnt sich ein virtuoses Kommunikationsspiel zwischen einem Bauern und einem Trupp der Götz'schen Armee. Der Bauer kalkuliert haargenau, was seine Worte bei den Soldaten bewirken könnten, und versucht, in einer verzwickt gefährlichen Lage mit dem Leben davonzukommen:

Die Soldaten der Götz'schen Armee fragen den Bauern nach dem Weg zum Bodensee und (»per Spaß«), ob er schwedisch oder kaiserlich sei. Der Bauer spielt blitzschnell die Reaktionen auf seine Antworten durch. Sagst du schwedisch, behaupten sie, sie seien kaiserlich und geben dir den Rest. Sagst du das Gegenteil: dito. Also muss eine andere Antwort her. Er wisse es nicht. »Du Schelm«, sagte einer der Reiter, er werde doch wohl wissen, zu wem er gehöre. Der Autor knöpft sich in einer Nebenbemerkung den Ausdruck ›Schelm‹ vor:

dann damahls waren wenig redlich Leuth,/weil die Soldaten die Bawren Schelmen nennten, daß sie es höreten/und hingegen die Bawren die Soldaten Dieb schalten/wann sie es nicht höreten.[80]

Der Bauer erklärt seine Unkenntnis und meint, die Antwort sei ihm zu gefährlich, nur auf seinem Misthaufen fühle er sich sicher.

Nun erhöht ein Offizier den Sprachspieleinsatz und sagt, wenn er ihm aus freiem Herzen die Wahrheit sage, geschähe ihm nichts. Sofort dreht der Bauer den Spieß rum. Gut,

> Des Abenteurlichen Simplicissimi
> Ewig-währender Calender/
> Worinnen ohne
> Die ordentliche Verzeichnus der unzehlbar
> vieler Heiligen Täge auch unterschiedliche
> Curiose Discursen von der Astronomia, Astrologia, Item den Calendern/Nativitäten/auch allerhand Wunderbarlichen Wahr- und Vorsagungen/mit untermischter Bauren-Practic/
> Tag- und Zeitwehlungen/rc.
> Nicht weniger
> Viel Seltzame/ jedoch Warhaffte Wunder-Geschichten/
> und andere Merckwürdige Begebenheiten/ samt Beyfügung etlicher
> Künst- und Wissenschafften befindlich.
>
> Woraus ein Jeder/der nur Lesens und Schreibens kündig/
> nicht allein Jedes Jahr die bewegliche Fest und dergleichen Ding / so zu
> Einem Calender nohtwendig erfordert werden / leichtlich finden:
> Sondern auch lernen kan/ Ihm und andern die Nativität zu stellen /
> und aus fleissiger observation künfftig Gewitter/Krieg/Kranckheit/
> Frucht- und Unfruchtbarkeit vorzusagen.
>
> Der sIMpLI   CIo geVVogen /
> Kan seln stetIg   Vnbetrogen.
>
> In Nürnberg / i 670.
>
> Verlegt und zu finden bei Wolf Eberhard Felßecker.

Ewig-währender Calender (1670)

ich will doch viel lieber die Wahrheit sagen als im Bodensee ersaufen, und ich kann es auch, weil man mir immer gesagt hat, auf einen ehrenhaften Adligen sei, und darum handele es sich bei dem Offizier offensichtlich, Verlass. Ja, genau, antwortet der Offizier. Nur Schelme halten ihr Wort nicht. Und jetzt folgt eine so gewagte wie überraschende Antwort des Bauern.

Da sagt der Bawr es bleibt darbey,/was aber meine Afexion anbelangt/so wolte ich wünschen, die Käyserische Soldaten wären eine Milchsup so groß als diser See/und die Schwedische wären die Brocken drein,/alsdann möchte der Teuffel sie mit einander außfressen (...).

Der Kalendergeschichten-Erzähler schließt: »Daß gab bey uns ein Gelächter und dem Bawren wider die Freyheit.«[81]

Könnecke verweist auf die Berichte Grimmelshausens über die Kriegszüge des Grafen Götz, worin zu lesen sei, dass dieser vom 26. September bis zum 13. Oktober 1638 sein Lager in Neustadt auf dem Schwarzwald aufgeschlagen hatte.[82] Darüber finde sich in keinem einzigen der von Grimmelshausen benutzten Geschichtswerke etwas, und also habe es der junge Dragoner oder Musketier Hans Jacob wohl selbst erlebt. Im Abstand von vielleicht 30 Jahren sprengt Grimmelshausen die seinerzeit brisante Kriegsrealität mit kurzen, mehrfach zündenden Geschichten auf, worin erzählt wird, wie es zuging zwischen Schein und Wesen, Wahrheit und Lüge, unter den obwaltenden Umständen Gesagtem und Gemeintem.

In diesen Geschichten wirbelt Grimmelshausen Sprache und Sprechen so gekonnt durcheinander, dass es zwischen dem Bedeutendem und dem Bedeuteten zu kleinen Feuerwerken kommt. Wer sagt zu wem das – damals viel beleidigendere – Wort Schelm? Wer hat die Macht, ›offen‹ zu reden? Wer ist ehrlich, wer lügt unter welchen Bedingungen? Was kann aus Lumpen und Flicken werden? Wie kann man an zu viel Geld zugrunde gehen?

Diese Geschichten funktionieren alle nach einem ähnlichen Muster. Der moralische Nutzen, das Offenlegen des Widerspruchs zwischen Schein und Wesen, Wahrheit und Falschheit geschieht in einem außerordentlich vergnüglichen Spiel mit Paradoxen, Doppeldeutigkeiten, Verkehrungen, die, bevor sie verstanden werden, uns zum Lachen bringen. Viel zu wenig ist bekannt, dass Grimmelshausen ein Mitbegründer der Kalendergeschichte war, die in Johann Peter Hebel und Bertolt Brecht später ihre besten Vertreter fand. Die besondere Kalendergeschichten-Kunst besteht darin, Moral und Erfahrung so zusammenzubringen, dass beide aneinander fragwürdig werden.

Ich wurde einsmals mit einer Parthey von der Götzischen Armee, die damal zu Neustatt uff dem Schwartzwalt lag, in die Schwabenheit commandirt (...).[83]

So beginnt die sechste Kalendergeschichte des *Ewig-währenden Calenders* »Der teutsche Bawr«, die so gut in Grimmelshausens Soldatenzeit zu datieren ist. Beim ›commandirten Ich‹ handelt es sich um Grimmelshausen. Zeit, Ort und Erzähler sind bekannt. Das ist ein Glücksfall, aber man erfährt noch mehr als diese biographischen Daten. Die gewitzten Antworten des ›deutschen Bauern‹ entstammen sicher nicht der Situation, in der er von der ›Partei der Götz'schen Armee‹ festgehalten wurde. Der Bauer dürfte in seinem Schrecken ziemlich sprachlos gewesen sein. Auch dürfte dem jungen Musketier verborgen geblieben sein, was der Bauer dachte. Das Verfahren aber verrät viel über Grimmelshausens Denkart und Schreibweise. Der Erzähler war zu einer bestimmten Zeit an einem bestimmten Ort, er nennt sein Alter und seine Stellung in der kaiserlichen Armee. Dem Leser wird die gefährliche Lage des Bauern schlagartig klar. Es ging in diesem Krieg selten gut aus, wenn ein Bauer einer ›Parthey‹ begegnete – für den Bauern. Schon stellt der Leser sich auf einen brutalen Schabernack des kaiserlichen Trupps ein. Dass die Geschichte von einem leibhaftigen Dragoner erzählt wird, steigert ihren Wahrheitsgehalt und lässt erwarten, dass aus der Perspektive des Soldaten der Bauer als verachtetes Objekt geschildert wird. Es kommt aber ganz anders: Der Bauer ›besiegt‹ die Soldaten mit Schläue, Geistesgegenwart und – Literatur. Denn die Geschichte vom Bodensee als einer gewaltigen Milchsuppe, in der die Kaiserlichen als Mehlbrocken herumschwimmen, hat der Bauer sich gewiss nicht selbst ausgedacht, schon gar nicht in diesem gefährlichen Augenblick. Die Armee des Generals Götz war als besonders brutal bekannt. Dass ein schwäbischer Bauer eine Götz'sche Streife derart durch schlagfertiges literarisches Widerstreben zum Lachen bringt, ist äußerst unwahrscheinlich, zeigt aber, wie Grimmelshausen gegen den Krieg zu Felde zieht. Und es demonstriert abermals, dass er schon als junger Dragoner eher literarisch als militärisch interessiert war. Jedenfalls stellt er sich so dar.

Offenburg

Zu Beginn des Großen Krieges blieb das 1240 von Friedrich II. zur Reichsstadt erhobene Offenburg zunächst unbesetzt. 1591 hatte der Rat der Stadt beschlossen, dass nur, wer der ›wahren römischen Kirche‹ angehöre, das Bürgerrecht bekommen könnte. Das sollte für Grimmelshausen bald eine Rolle spielen. 1626 zogen die Kaiserlichen ein, die am 16. September 1631 Offenburg an die Schweden unter General Gustav Horn übergaben. Dieses Intermezzo endete am 31. Juli 1635, als Markgraf Friedrich V. von Baden als Bundesgenosse der Schweden die Stadt aufgab und sie erneut an die Kaiserlichen fiel. Offenburg blieb wegen seiner wichtigen strategischen Lage begehrt und umkämpft. Wieder trifft man den bayerischen Feldmarschall Graf Götz, der dafür sorgte, dass die Stadt durch Dragoner gesichert wurde.

Bei deren Abzug ließ Götz einen Kommandanten zurück, der für Grimmelshausen für lange Zeit eine bedeutende Rolle spielen sollte: Oberstleutnant Freiherr Hans Reinhard von Schauenburg.

Er hatte als ›gelernter Soldat‹ den militärischen Dienst für Kaiser Ferdinand III. schon aufgegeben, die Position als Stadtkommandant nun aber, Graf Götz zum Gefallen, angenommen. Götz hatte sich beim Kaiser für Schauenburg verbürgt und angekündigt, der neue Kommandant würde – bei geringen Kosten für die Stadt Offenburg – in der Lage sein, etwa 500 Mann für die Garnison anwerben zu können. Das gelang allerdings nicht.

Dass Offenburg nicht zur Ruhe kommen sollte, stellte sich schon bald heraus.

Herzog Bernhard von Weimar zog mit 1200 Mann vor die Festung. Mit 40 Leitern versehen, versuchten die Weimaraner, die Mauern zu überwinden, wurden aber von den Soldaten Hans Reinhard von Schauenburgs aufs Heftigste zurückgeschlagen.

Im Sommer 1639 befindet sich der Musketier Hans Jacob unter den Besatzungstruppen von Offenburg.

Mit wenigen kurzen Geschichten aus Grimmelshausens *Ewig-währendem Calender* konnten bisher einige Stationen seines Lebens im Großen Krieg nachvollzogen werden. Es folgt die schon einmal erwähnte Wundergeschichte vom *Platteyßlein*. Das ist eine Meeresschollenart, die in Wassergräben von Befestigungsanlagen nicht vorzukommen pflegt. Anders in Offenburg:

Platteyßlein.

Nach Eroberung Preysach rüstet sich Hertzog Bernhart von Weymar/auch Ofenburg Zubelägern/warinn der Käys. Obriste von Schawenbergk commandirte, *daselbst wurde damalen im Mühlbach ein Plateyßlein gefangen/welches der Orthen vor ein ohngewöhnliches Wunderwerck gehalten: Und dannenhero besagtem Obristen von den Fischern verehrt worden/ der es auch verspeyset: aber ein noch sehr junger Mußquedirer von Geburt ein Gelnhäuser macht diese Außlegung drüber: Es würde/sagte er /die Statt Ofenburg so lang der Obriste lebt und darinn* commandirte *nicht eingenommen werden:*

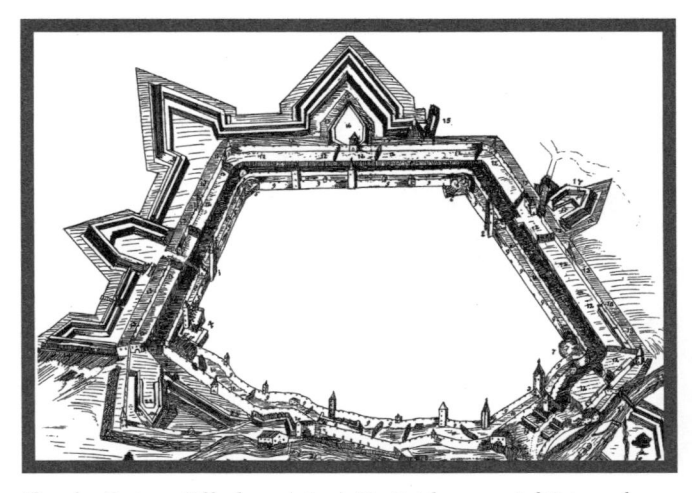

Plan der Festung Offenburg (1645). Die Zeichnung wird Grimmelshausen zugeschrieben

weswegen der Jüngling zwar verlacht wurde: Es hatte sich im Werck befunden/daß er wargesagt/in dem der Obrist die Statt biß in den Fridenschluß erhalten: seynd demnach dergleichen Sachen nicht allemahl zuverachten.[84]

Diese wundersame Geschichte zeigt außer dem orthographischen Chaos, das Autor und Setzer gemeinsam zu verantworten hatten – sogar ›Platteyßlein/Plateyßlein‹ wird unterschiedlich geschrieben – wie doppelt- und dreifachbödig Grimmelshausen schreibt, und mit welch strategischem Raffinement.

Grimmelshausen wird die 1670 bei Felßecker in Nürnberg erschienene Geschichte 1669 in Renchen geschrieben haben, als er dort Schultheiß war.

Er blickte auf eine lange Zeit zurück, die er in Diensten der Familie von Schauenburg verbracht hatte. Es scheinen sich, trotz mancherlei Konflikten, auch freundschaftliche Beziehungen zu den Schauenburgern ergeben zu haben.

1670 hatte sich Grimmelshausen, wenn auch im Versteck des anagrammatisch veränderten Namens, als sehr erfolgreicher Autor etabliert. Er kannte mittlerweile seine literarischen Fähigkeiten, seinen hervorragenden Rang als viel gelesener und gerne auch schon kopierter Autor. Seit dem *Simplicissimus* von 1668/69 führte er eine einzigartige Doppelexistenz als angesehener, bei aller Bereitschaft, auch gegen seine Herrschaft aufmüpfig zu agieren, gesetzestreuer und eher konservativ eingestellter Schultheiß auf der einen Seite, als kühner, grandios gebildeter und dem Schreiben verfallener Autor aus eigenem Recht auf der anderen. In einer schicksalsschweren Wundergeschichte stilisiert er sich als Wahrsager in eigener und der Sache seines Herrn. Was muss das für ein herausragender Musketier gewesen sein, der in der Lage war, Zeichen und Wunder zu deuten und Vorhersagen zu treffen, die sich dann auch noch als zutreffend erweisen sollten. Wie klug muss Herr von Schauenburg gewesen und noch immer sein, dass er einem unbekannten Soldaten Aufmerksamkeit und Glauben schenkte. Und einmal mehr erfahren wir, dass Grimmelshausen aus Gelnhausen stammt.

In der Geschichte vom Platteislein steckt aber noch mehr aus dem immensen Reservoir der Volkskultur: Grimmelshausen empfiehlt, Prophezeiungen nicht zu verachten, besonders dann, wenn sie in Erfüllung gehen. In einer anderen Kalendergeschichte, die im Jahr 1648 spielt, entlarvt er dagegen die Angaben eines Winzers mit Namen Hans Keil als faulen Zauber. Der behauptete, er habe Blut geschwitzt und es sei ihm ein apokalyptischer Engel erschienen, der ihm mitgeteilt habe, dass Gott der menschlichen Sünden wegen die Welt noch ordentlich bestrafen würde. Nicht sehr originell, weil die mit dem Großen Krieg schon genug gestraft worden war und der Chor einschlägiger Strafpredigten, die Pest und Krieg, Hunger und Verderben als Gottes Reaktion auf die von ihm abgefallene Menschheit bezeichneten, den armen Sündern seit langem in den Ohren dröhnte.

Grimmelshausen knöpft sich diesen Hans Keil vor und teilt ordentlich gegen alle aus, die aus solchen falschen Wundergeschichten ihren Profit schlagen: Pfarrer, die ein wenig nachhelfen, betrügerische Landfahrer, die gefälschte Reliquien feilbieten, und Leute, die auf gelehrte Herren hereinfallen, die in bestellten Gutachten alles als wahr und richtig bezeugen.

Es gibt für Grimmelshausen demnach zweierlei, Wunder und Wahrsagerei. Den echten, wie im Falle des Platteislein, und den faulen Zauber, vor allem derer, die damit als Quacksalber, Vaganten, Falschbettler ihr unrechtes Geld verdienen. Grimmelshausen hielt den Teufel, Hexen und Hexer, Zauberei und magische Künste für durchaus real, und er war auch nicht frei von apokalyptischen Ängsten. Aber er wollte von all diesen, im 17. Jahrhundert noch quicklebendigen Phänomenen die betrügerischen, verlogenen, auf Messen und Märkten dargebotenen Varianten geschieden wissen. Darin ähnelte er den oberrheinischen Reformatoren und Humanisten, die, wie Johannes Reuchlin, Geiler von Kaysersberg oder Thomas Murner und Sebastian Brant, die Schliche, Kniffe und Künste der Vaganten als Teufelszeug geißelten.

Die feinen Unterschiede zwischen ›schwarzer‹ und ›weißer‹ Magie, echten und erlogenen Wundern, hindern Grimmelshausen aber keineswegs daran, in seiner Schreib- und Sprachmagie alle Arten von Zauber und Verkehrung durcheinanderwirbeln zu lassen. Mag also Grimmelshausen die guten, ehrlichen, nicht getricksten Formen von Magie akzeptiert haben, mag er an allerhand Zauberei und Unerklärbares geglaubt haben! Wo er in seinem Werk auf Hexenglauben oder Wahrsagerei zu sprechen kommt, wird der Zauber meist für literarische Zwecke instrumentalisiert, oder glaubte der junge Soldat in Offenburg etwa selbst an den sprechenden Butt im Stadtgraben, dessen Botschaft so wunderbar die schon erwiesene Tugend des Stadtkommandanten preist. Eher zitiert Grimmelshausen wieder aus dem Reservoir der Verkehrten Welt, wo das Vorkommen eines Ozeanfisches im Süßwasser den Impossibilia entspräche, das sind zum Beispiel Flüsse, die bergauf fließen. Solche ›Unmöglichkeiten‹ können Zeichen für apokalyptische oder eben auch unvermutet wunderbare Wendungen sein. Man kann bei Grimmelshausen beobachten, wie Zauberei, Magie und Wunder noch draußen in der Welt lebendig sind, aber gerade auch dabei sind, in literarische Magie verwandelt zu werden.

Wie in Hanau befindet sich Grimmelshausen jetzt in einer Festung. Über den Hanauer Stadtkommandanten Jakob Ramsay waren recht gemischte Urteile im Umlauf. Verglichen mit Hans Reinhard von Schauenburg ist er der böse Kommandant. Die beste Tat aber des ›guten Kommandanten‹ von Offenburg war, den jungen Musketier Hans Jacob Christoph oder Christoffel zum Schreiber in seiner Regimentskanzlei zu machen. Diese Wende im Leben des ›miles‹, wie der Soldat Christoffel in den Offenburger Kirchenbüchern genannt wird, die ihn am 10. November 1646 und am 2. Februar 1648 als Taufzeuge aufführen, war grundlegend für seine weitere Lebensgeschichte. Spätestens zum Termin der Taufe muss Grimmelshausen vom lutherischen zum katholischen Glauben konvertiert sein, denn in Offenburg wurde katholisch getauft. Gewiss wüsste man gern, aufgrund welcher Fähigkeiten Hans Reinhard von Schauenburg aus der Menge der jungen Soldaten den Mann aus Gelnhausen ausgewählt hatte, um ihm eine Karrierechance zu geben. Dass er als Kanzleischreiber eingestellt wurde, bedeutet doch wohl, dass er in seinen Schreibfähigkeiten nicht auf dem Niveau des zwölfjährigen Gelnhäuser Lateinschülers stehen geblieben war. Dass er, wie auch sein Plan der Festung Offenburg zeigt, manierlich zeichnen konnte, wird er gelegentlich demonstriert haben. Er muss aber darüber hinaus als ein besonderer und besonders begabter junger Mann aufgefallen sein. Sollte er sich tatsächlich in irgendeiner auffälligen Weise in die Auslegung des außergewöhnlichen Fischfundes eingemischt haben, spräche das für seine Intelligenz und eine gewisse Unverfrorenheit, denn das Lesen und Deuten von derlei Zeichen war eigentlich den Ältesten vorbehalten.

Gustav Könnecke hat mit etwas abenteuerlichen graphologischen Inspektionen der Schriftstücke aus der Schauenburgischen Regimentskanzlei in einer Reihe von amtlichen Schreiben, ›Außenadressen‹ oder wichtigen Briefen, etwa an den Kurfürsten Maximilian von Bayern, Grimmelshausens Handschrift identifiziert.

Darüber hinaus glaubte er, in einigen Schreiben die geübte, kalligraphisch versierte Handschrift des Kanzleichefs und studierten Magisters Johannes Witsch wiedererkennen zu können. Diese Schriftanalysen wurden aber überzeugend von Sibylle Penkert angezweifelt, die aus der Offenburger Zeit Grimmelshausens als Schreiber im Schauenburgischen Regiment nur einen einzigen Brief Grimmelshausens als authentisch anerkennt, nämlich die eigenhändige Kopie eines Schreibens von Hans Reinhard von Schauenburg an die Erzbischöfliche Regierung in Elsaßzabern.[85] Über das vielleicht besonders ausgeprägte Schülerverhältnis Hans Jacobs zum Sekretarius Witsch ist nichts Näheres bekannt. Festzuhalten bleibt, dass Grimmelshausen von 1639 bis 1648 in Offenburg war. Er diente im Regiment von Hans Reinhard von Schauenburg, und er stieg spätestens im Januar 1645[86] zum Schreiber in der Regimentskanzlei auf, deren Chef Johannes Witsch war.

Grimmelshausen war als Autor ein außerordentlich beschlagener Leser. Er muss aber auch ein überaus fleißiger Kopist gewesen sein. Die wertvollen, dickleibigen Werke, aus denen er ständig zitierte, dürften kaum in seinem Besitz gewesen sein. Eine Daueraufgabe der Grimmelshausen-Forschung besteht vielmehr in der Suche nach Bibliotheken, die ihm zur Verfügung gestanden haben mögen. So wird man sich seinen Arbeitsplatz in Gaisbach, auf der Ullenburg und später in Renchen als eine großenteils imaginäre Bibliothek vorzustellen haben, als einen Albtraum aus tausend Zetteln, Exzerpten, Notizen auf engstem Raum. Die Häuser waren schon mit Frau und Kindern gut belegt, viel Platz stand einem Schaffner ebenso wenig zu wie einem Dorfschultheiß zur Verfügung. Ohne ein phänomenales Textgedächtnis wäre Grimmelshausen als Autor vermutlich ganz und gar verloren gewesen.

So trifft es sich gut, dass der enzyklopädisch gebildete Autor beizeiten und in einer Regimentskanzlei wohl sehr effektiv das Abschreiben und Aufschreiben gelernt hat. Wer jahrelang die reichlich redundanten Sätze seiner Herren für den rhetorisch überbordenden Briefverkehr schreiben musste, der konnte leicht auf den Gedanken kommen, ob sich in so schöner Schrift nicht auch eigene Texte verfassen ließen, ob nicht zu viel Tinte und Papier für zu wenig Inhalt verbraucht würden. Diese Einsicht wird Grimmelshausen in seinen Schreibprojekten, mit denen er schon früher begonnen hatte, bestärkt haben.

Grimmelshausen im Regiment Elter

In Offenburg sollte Grimmelshausen ins zivile Leben wechseln. Am 30. August 1649 heiratete er in der katholischen Offenburger Heiliggeist-Kirche Katharina Henninger. Sie wurden von Pfarrer Adam Haffner getraut, der aus Molsheim im Elsaß stammte.[87] Es war ein bedeutendes Fest, denn am selben Tag und in derselben Kirche heiratete Katharinas Schwester Anna Maria den Johann Baptist Reifflein, Sohn des ›gewesenen‹ Obervogts von Hüfingen. Der Vater beider Henninger-Schwestern hieß Johannes und war ein aus Zabern (heute Saverne) stammender Wachtmeister-

Leutnant im Regiment Hans Reinhard von Schauenburgs in Offenburg. Elfmal stand Johannes Henninger Pate bei armen Soldatenkindern, was für seine Großherzigkeit spricht. Katharina trat am 17. März als Gevatterin in Offenburg in Erscheinung; es sollte nicht das einzige Mal bleiben, dass sie Patenschaften übernahm. 1650 kehrte Grimmelshausens Schwiegervater als abgedankter Soldat nach Zabern zurück, wo er ein angesehener Ratsherr und Spitalschaffner wurde. Seine Spur verliert sich am 3. Juli 1673, als ihm in der Verwaltung der Hospitalschaffnerei ein Gehilfe zur Seite gestellt wurde.

In Zabern, dem späteren Regierungssitz des Straßburger Bischofs, war Katharina zur Welt gekommen. Sie wurde dort am 10. November 1628 getauft, war also sechs Jahre jünger als ihr Mann. Ihre Schwester Anna Maria wurde am 13. Oktober 1624 getauft. Johann Heinrich, dessen Taufdatum ungewiss ist (1624?), war Musketier im Schauenburgischen Regiment in Offenburg. Ein weiterer Bruder namens Johannes Andreas ist 1644 ebenfalls als Musketier in Offenburg bezeugt. Grimmelshausen heiratete in gutbürgerliche Kreise. Später wird sein Schwiegervater als Helfer in Grimmelshausens Geldangelegenheiten auftreten. Dass sich die mit der Hochzeit gegründete Familie um ein und denselben imaginären Mittelpunkt versammelt, fällt auf. Es ist Hans Reinhard von Schauenburg, und er wird in Grimmelshausens Leben noch eine überaus wichtige Rolle spielen.

Vor der Hochzeit aber war noch ein militärischer Karriereschritt zu Buche geschlagen. Das letzte Kriegsjahr brachte für den zum Schauenburgischen Schreiber avancierten Soldaten noch einmal Veränderungen.

Am 13. Februar 1648 verlieren sich erst einmal seine Offenburger Spuren, dann taucht er in den Quellen als Regimentssekretär beim Obristen Johann Burkhard Elter auf, einem Schwager von Hans Reinhard von Schauenburg. Diese Quellen sind Schriftstücke aus der Regimentskanzlei des Fußregiments Elter zwischen dem 25. Juni und dem 23. November 1648 in der Handschrift des mittlerweile etwa 26-jährigen Hans Jacob. Vierzehn Jahre lang war er kreuz und quer durch Deutschland gezogen, um an wechselnden Fronten dem Schrecken des Großen Krieges ausgesetzt zu sein. Erst als ›Kindersoldat‹, nun als Mitglied des Regimentsstabes des Obersten Elter; denn der Sekretär stand im Rang zwischen dem Regimentsschultheißen und dem Kaplan. Das war doch immerhin ein kleiner Aufstieg in zwei Richtungen: in eine militärische und eine andere, die mit Schrift, Archivwesen, Ordnungssystemen zu tun hatte.

Nun musste Grimmelshausen nicht mehr nur Briefe abfassen, er hatte auch den Regimentschef vor allem in Fragen der Kommunikation mit dem obersten Befehlshaber und anderen hohen Ranginhabern zu beraten.

Mag sein, dass Oberst von Elter ähnlich wie der Offenburger Regimentssekretär Johannes Witsch und Hans Reinhard von Schauenburg die besonderen Fähigkeiten und Talente Grimmelshausens erkannt und gefördert hat. Jedenfalls muss sich Grimmelshausen rasch Ansehen erworben haben, sonst hätte er es nicht zu derartigen Vertrauensstellungen bringen können.

Wie auch immer seine Bildungssozialisation im Einzelnen ausgesehen hat, neben den Fertigkeiten eines Pferdejungen, dem militärischen Geschick eines Kürassiers oder Dragoners, muss Hans Jacob weiter gestreute Interessen besessen und entwickelt haben. Nun hatte er das fahrende Regimentsarchiv zu führen. Da berührten sich schon militärischer Dienst und persönliche Schreibpraxis. Als Regimentssekretär musste er Dokumente stapeln, ordnen und beschriften. Er musste aber auch das Material im Hinblick auf die Militärgeschichtsschreibung sichten und verzetteln. Dabei war es ganz offiziell geboten, historische Werke und Enzyklopädien zu benutzen. Er betont öfter, dass er schon während des Krieges am *Simplicissimus* gearbeitet habe. Die später im

Ewig-währenden Calender erscheinenden Geschichten über Erlebnisse und Gedanken, etwa im Regiment Götz, wird er als Schreiber und Sekretär skizziert haben, auch am Joseph-Roman hat er, wie er selbst berichtet, schon geschrieben. Wir haben es also mit einer bemerkenswerten Hybrid-Arbeit zwischen Schrift und Schreiben zu tun. Könnecke malte diese Archivarbeiten liebevoll aus:

Die nähere Betrachtung solcher aus dem von Grimmelshausen verwalteten Registraturen stammenden Schriftstücke läßt auch ungefähr erkennen, wie sie äußerlich behandelt und aufbewahrt wurden. Einzelstücke von der Größe eines Foliobogens sind nämlich meist zu Halboktav gebrochen. Sie erhielten dadurch ein sehr kleines Format, so daß sie leicht zu handlichen Bündeln zusammengeschnürt werden konnten, die dann im Felde leicht in einer Kiste untergebracht oder, wenn es sich um dauernde Aufbewahrung in einem Registraturraume handelte, in Gefache kleineren Formats gelegt werden können.[88]

Grimmelshausens Zeit bei Oberst von Elter ist nur für ein knappes halbes Jahr bezeugt. In diesen Monaten wechselte das Regiment als Teil des bayerisch-kaiserlichen Heeres unter dem Oberbefehl von Graf Piccolomini seine Stellungen zwischen Isar und Inn. Die verbündeten schwedisch-französischen Kräfte auf der Gegenseite suchten nicht die offene Konfrontation, weil sie genug damit zu tun hatten, Bayern aus Rache an Kurfürst Maximilian zu verwüsten, der den Ulmer Waffenstillstand einseitig aufgekündigt hatte.

Namentlich in Vilshofen und Wasserburg hielt sich das Regiment von Oberst Elter in dieser Zeit auf. Zwar tobten die Kämpfe an diesen Plätzen nicht mehr, näherte sich auch das Ende des Großen Krieges, aber die ›gewöhnlichen Plagen‹ Pest und Hunger herrschten weiter.

Die Soldaten wurden auf halbe Sommerration gesetzt, weil durch die ständigen Kontributionen, das Fouragieren, Rauben und Plündern die Städte und Festungen mit ihrem

Umland leer gefegt waren. Immer wieder ist von ›zügellosen Kroaten‹ die Rede, von Deserteuren und allgemeiner, tiefer Erschöpfung.

Grimmelshausens Tätigkeit als Regimentssekretär des Obersten Elter lässt sich bis zum 23. November 1648[89] belegen. Spätestens am 15. Januar 1649 war er nicht mehr in dieser Funktion tätig.[90]

Bis zum 28. August, zwei Tage vor der Hochzeit, fehlt außer den beiden genannten Einträgen jede Spur von ihm. Elter starb am 14. Juni 1649. Im Regiment seines Nachfolgers Obristleutnant Euler diente nicht Grimmelshausen, sondern der Regiments-Sekretarius Stadler. Der nunmehr Hans Jacob Christoffel von Grimmelshausen heißende Soldat muss per Schriftbeleg auch noch nach dem 15. Januar 1649 bei der Bayerischen Armee gewesen sein. Im *Ewig-währenden Calender* erwähnt er für den 2. Februar 1649 (»Der II. Hornung IV nonas Februarii«) einen Brauch, dessen Vollzug er selbst erlebte:

In der Obern Pfaltz schlägt sich heut der Winter mit der Sonnen/da gemeinicklich der Sommer Meister wird; Ist ein alt herkommen/und denen so agirn, umb ein Verehrung zu thun.[91]

Eine ›Verehrung‹ ist ein Geschenk. Das bekamen die Darsteller des Kampfes zwischen Winter und Sommer, die bei Umzügen Lieder sangen und diesen Zwist theatralisch andeuteten. Der unermüdliche Könnecke hat nachgewiesen, dass der 2. Februar als Aufführungstag dieses Brauchspektakels in der Oberpfalz durchaus üblich war. Schließlich lässt sich Grimmelshausens Abdanken aus dem Militärdienst in der Bayerischen Armee auf einige Wochen vor der Hochzeit datieren.

Zwischen Ende 1634 und Anfang 1635 war Hans Jacob aus Gelnhausen nach Hanau geflohen und anschließend durch einen brutalen Akt von Kindesentführung in den Krieg geraten. Den verließ er 17 Jahre später für einen durchaus zivilen Zweck: Hans Jacob Christoffel von Grimmelshausen heiratete seine Frau Katharina Henninger.

1 Hans Jacob Christoffel von Grimmelshausen: Der abenteuerliche Simplicissimus Deutsch. Aus dem Deutschen des 17. Jahrhunderts von Reinhard Kaiser. Frankfurt am Main 2009, S. 160.
2 Vgl.: Grimmelshausen/Kaiser, a. a. O. (2009), S. 160.f.
3 Grimmelshausen/Kaiser, a. a. O. (2009), S. 161.
4 Grimmelshausen/Kaiser, a. a. O. (2009), S. 162.
5 Ebenda.
6 Theatrum Europaeum III. Frankfurt am Main 1639, S. 459.
7 Johann Jakob Christoffel von Grimmelshausen: Des Abenteurlichen Simplicissimi Ewig-währender Calender. Reprint. Hrsg. von Klaus Haberkamm, Konstanz 1967, 2. Spalte, S. 46.
8 Zit. nach: Gustav Könnecke: Quellen und Forschungen zur Lebensgeschichte Grimmelshausens. 2 Bd. Weimar 1926 und Leipzig 1928. Band 1, S. 176.
9 Siehe dazu: Dieter Breuer: Grimmelshausens simplicianische Frömmigkeit. In: Chloe. Beihefte zum Daphnis. Band 2: Frömmigkeit in der Frühen Neuzeit. Amsterdam 1984, S. 213–252.
10 Grimmelshausen/Kaiser, a. a. O. (2009), S. 170.
11 Könnecke, a. a. O., Band 1, S. 186.
12 Artur Bechtold: Zur Quellengeschichte des Simplicissimus. In: Euphorion 19 (1912), S. 19–66 und S. 491–546, hier S. 498. Auch nach Tobias A. Kemper: Luftfahrt und Hexentanz – Zauberei und Hexenprozess in Grimmelshausens Simplicissimus. In: Simpliciana XIX (1997), S. 107–123.
13 Italo Michele Battafarano: Mit Spee gegen Remigius: Grimmelshausens antidämonopathische Simpliciana im Strom nieder-ober-rheinischer Vernunft. In: Simpliciana XVIII (1996), S. 139–146.
14 Wir folgen hier Tobias A. Kemper, vgl. Anm. 12.
15 Zit. nach: Johannes Koltermann: Kaspar Christoph von Grimmelshausen, der Oheim des Dichters Grimmelshausen und seine Hanauer Umwelt. In: Geschichtsblätter für Stadt und Kreis Gelnhausen, Neue Folge, Nr. 1 (1951), S. 7.
16 Nach: Koltermann, a. a. O., S. 1–19.
17 Hans Jacob Christoffel von Grimmelshausen: Das Wunderbarliche Vogel-Nest. In: Dieter Breuer (Hrsg.): H. J. Ch.v. Grimmelshausen: Werke I.2. Frankfurt am Main 1992, S. 389.
18 Wir folgen hier wieder Tobias A. Kemper, vgl. Anm. 12.
19 Grimmelshausen/Kaiser, a. a. O. (2009), S. 138.
20 Grimmelshausen/Kaiser, a. a. O. (2009), S. 171.

21 Ebenda.
22 Ebenda.
23 Grimmelshausen/Kaiser, a. a. O. (2009), S. 173.
24 Vgl.: Lorraine Daston und Katharine Park: Das Wunderbare und die Ordnung der Natur 1150–1750. Aus dem Englischen von Sebastian Wohlfeil und Christa Krüger, Frankfurt am Main 2002, und Jean Delumeau: Angst im Abendland. Die Geschichte kollektiver Ängste im Europa des 14. bis 18. Jahrhunderts. Darin: Die große Hexenverfolgung: Versuch einer Interpretation. Reinbek 1985, Band 2, S. 537–572.
25 Grimmelshausen/Kaiser, a. a. O. (2009), S. 195.
26 Hans-Christian Huf: Mit Gottes Segen in die Hölle. Berlin 2004. S. 145.
27 Zit. nach: Huf, a. a. O., S. 153.
28 Zit. nach: Huf, a. a. O., S. 147.
29 Jan Peters (Hrsg.): Ein Söldnerleben im Dreißigjährigen Krieg. Eine Quelle zur Sozialgeschichte. Berlin 1993, S. 138.
30 Claus Lenz: Die Jungfrau und der Poet – Martin Opitz über die Eroberung Magdeburgs. In: Simpliciana IX (1987), S. 193.
31 Zit. nach: ebenda.
32 Grimmelshausen/Kaiser, a. a. O. (2009), S. 26.
33 Andreas Gryphius: Thränen des Vaterlandes / Anno 1636. In: Martin Szyrocki (Hrsg.): Lyrik des Barock II. Reinbek 1971, S. 44.
34 Grimmelshausen/Kaiser, a. a. O. (2009), S. 200.
35 Rudolf Schmidt: Die Schlacht bei Wittstock. Halle 1876.
36 Vgl.: Jochen Berns, zitiert bei Stephanie Schwarzer: Zwischen Anspruch und Wirklichkeit. Die Ästhetisierung kriegerischer Ereignisse in der Frühen Neuzeit. München 2006, S. 203.
37 Philip von Sidney: Arcadia. Reprint der vierten Edition Frankfurt 1643. Darmstadt 1971.
38 Rosemarie Zeller: Simplicius liest Arcadia. In: Simpliciana XXVII (2005), S. 78.
39 Grimmelshausen/Kaiser, a. a. O. (2009), S. 302.
40 Sidney, a. a. O., S. 507.
41 Grimmelshausen/Kaiser, a. a. O. (2009), S. 206.
42 Grimmelshausen/Kaiser, a. a. O. (2009), S. 208.
43 Dieter Breuer (Hrsg.): Der abentheurliche Simplicissimus Teutsch. In: H. J. Ch. v. Grimmelshausen: Werke I.1. Frankfurt am Main 1989, Kommentar, S. 886.
44 Grimmelshausen/Kaiser, a. a. O. (2009), S. 254.
45 Grimmelshausen/Kaiser, a. a. O. (2009), S. 205–207.
46 Zit. nach: Gustav Könnecke, a. a. O., Band 2, S. 214.
47 Grimmelshausen/Kaiser, a. a. O. (2009), S. 209.
48 Timothy Sodmann: »Min God/wat vor en prave Kerl is mi dat!« Niederdeutsch in den Werken Grimmelshausens. In: Peter Heßelmann (Hrsg.): Grimmelshausen und Simplicissimus in Westfalen (=Beihefte zu Simpliciana, Beiheft 2). Bern 2006, S. 207–217.
49 Grimmelshausen/Kaiser, a. a. O. (2009), S. 322.
50 Gunnar Teske: Die sozialen und politischen Verhältnisse in Soest und Lippstadt. In: Heßelmann (Hrsg.), a. a. O., S. 60.
51 Zit. nach: Könnecke, a. a. O., Band 1, S. 219.

52 Zit. nach: Könnecke, a. a. O., Band 1, S. 223.
53 Grimmelshausen/Kaiser, a. a. O. (2009), S. 260.
54 Vgl.: Michael Kaiser: Der Jäger von Soest. Historische Anmerkungen zur Darstellung des Militärs bei Grimmelshausen. In: Heßelmann (Hrsg.), a. a. O., S. 93–119.
55 Grimmelshausen/Kaiser, a. a. O. (2009), S. 295.
56 Grimmelshausen/Kaiser, a. a. O. (2009), S. 299.
57 Ebenda.
58 Grimmelshausen/Kaiser, a. a. O. (2009), S. 302.
59 Grimmelshausen/Kaiser, a. a. O. (2009), S. 225.
60 Hans Jacob Christoffel von Grimmelshausen: Lebensbeschreibung der Erzbetrügerin und Landstörzerin Courage / Der seltsame Springinsfeld. Aus dem Deutschen des 17. Jahrhunderts von Reinhard Kaiser. Frankfurt am Main 2010, S. 226.
61 Grimmelshausen/Kaiser, a. a. O. (2009), S. 217.
62 Ebenda.
63 Grimmelshausen/Kaiser, a. a. O. (2009), S. 233 f.
64 Nach: Michael Gosmann: Paradiese. In: Westfälisches Klosterbuch. Hrsg. von Karl Hengst, Münster 1994, S. 262–268.
65 Grimmelshausen/Kaiser, a. a. O. (2009), S. 159.
66 Grimmelshausen/Kaiser, a. a. O. (2009), S. 211.
67 Grimmelshausen/Kaiser, a. a. O. (2009), S. 212.
68 Dieter Breuer: Grimmelshausen-Handbuch. München 1999, S. 45.
69 Grimmelshausen/Kaiser, a. a. O. (2009), S. 240 f.
70 Grimmelshausen/Kaiser, a. a. O. (2009), S. 243.
71 Grimmelshausen: Satyrischer Pilgram. Hrsg. von Wolfgang Bender, Tübingen 1970, S. 93.
72 Ebenda.
73 Warhafftige vnd lustige Histori / Von dem Leben des Francion. Auffgesetzt Durch Niclas von Mulinet Herrn zu Parc einem Lottringischen von Adel An vielen Orten auß des Scribenten seinem mit eigner Hand geschriebenem Buch vermehret und ergrösert; Nunmehr den lustigen Gemüthern zu mehrer Ergetzung außm Frantzösischen ins Teutsch versetzet. M DC LXII. Auf dem Titelkupfer steht: »Lustige Historia Von dem Leben des Francions. Franckfurt In verlegung Thoms Mathias Götzens Anno 1663«. Hier zitiert nach: Manfred Koschlig: Das Lob des »Francion« bei Grimmelshausen, in: Ders.: Das Ingenium Grimmelshausens und das ›Kollektiv‹. Studien zur Entstehungs- und Wirkungsgeschichte des Werkes. München 1977, S. 74.
74 Ebenda.
75 Zit. nach: Könnecke, a. a. O., Band 1, S. 252.
76 Ebenda.
77 Günter Grass: Das Treffen in Telgte. Eine Erzählung. Göttingen 1993, S. 95.
78 Ewig-währender Calender, a. a. O., S. 106, 3. Spalte und S. 108, 3, Spalte. (=III. Kalendergeschichte).
79 Ewig-währender Calender, a. a. O., S. 150, 3. Spalte und S. 152, 3. Spalte. (=46. Kalendergeschichte).
80 Ewig-währender Calender, a. a. O., S. 118.

81 Ewig-währender Calender, a. a. O., S. 120.
82 Vgl.: Könnecke: a. a. O., Band 1, S. 224.
83 Ewig-währender Calender, a. a. O., S. 116.
84 Ewig-währender Calender, a. a. O., S. 140 und 142.
85 Vgl.: Sibylle Penkert: Dreihundert Jahre danach. Unbekannte Grimmelshausen-Handschriften. Das Schreiben des Renchener Schultheißen von 1673 an Bischof Franz Egon von Fürstenberg und andere Quellen des Straßburger Archivs. In: Jahrbuch der Deutschen Schillergesellschaft, 17. Jahrgang, Stuttgart 1973, S. 3–20.
86 Vgl.: Könnecke, a. a. O., Band 1, S. 351.
87 Jörg Jochen Berns: Zum Grimmelshausen-Biographismus und der Nachlaß-Frage. In: Simpliciana XXV (2003), S. 97.
88 Könnecke, a. a. O., Band 1, S. 375.
89 Vgl.: Könnecke, Bd. 1, a. a. O., S. 378.
90 Vgl.: Könnecke, Bd. 1, a. a. O., S. 379.
91 Ewig-währender Calender, a. a. O., S. 30, 2. Spalte.

SCHRIFT UND SPRECHEN.
DER SCHREIBER UND DIE MÜNDLICHKEIT

Grimmelshausen war der Schrift besonders durch seine Arbeit als Schreiber verbunden. Es kann kaum eine bessere Schule für Schriftkunde geben; im mühsamen Erlernen der Schwünge und Bögen, der graphischen Konventionen, der Begleitornamente und Schmuckformen begreift man den Überschuss an Zeichenmaterial, lernt man, was Ferdinand de Saussure die ›Arbitrarität des sprachlichen Zeichens‹ nannte, dass es keine feste Verbindung von Laut und Schriftzeichen gibt. In den formvollendeten, beinahe schon kalligraphischen Schriftstücken, die der Schreiber Grimmelshausen hat fertigen müssen, schlottert das Schriftkleid um den schon rhetorisch aufgebesserten Inhalt herum.

Diese Art praktischen Schriftunterrichts mag Grimmelshausen dabei geholfen haben, die Räume zwischen Schrift und Bedeutung auszuspielen; dabei entsteht nicht selten eine spezielle Komik, aber auch schöne Hybriden von Mündlichkeit und Schriftlichkeit.

Bei Simplicius verfolgt man die Alphabetisierung vom Dialekt sprechenden Spessart-Buben bis zum schriftbesessenem Einsiedler der *Continuatio*, der das Buch der Schöpfung auf der Kreuzinsel mit seinen frommen Sprüchen überschreibt.

Im ersten Dialog mit dem Einsiedel kommt es zu witzigen Fehlern, wenn Simplicius die aus der Schriftsprache des Einsiedels stammenden Wörter nicht versteht:

Einsiedel: Kannst du denn beten?
Simplicius: Nein. Die Betten haben immer unsere Ann und meine Meuder gemacht.
(...)
Einsiedel: Bist du den nie in die Kirchen gegangen?
Simplicius: Oh, ich kann gut klettern und hab mal ein ganzes Brusttuch voll Kirschen gepflückt.
Einsiedel: Ich rede nicht von Kirschen, sondern von Kirchen.
Simplicius: Ach ja, die Kriechen, das sind so kleine Pfläumlein, gelt?[1]

Ganz komisch wird es, wenn durch Trunkenheit die Schrift- und Lautordnung gestört wird:

Der Gouverneur in Hanau befindet sich in diesem Zustand und verstört Simplicius durch gänzlich unverständliches Gelalle:

Br-bra-bring da-das, du Schuft. La-la-lang's Lavoir, ich m-mu-muss ein Fu-Fuchs schießen.[2]

Den ›Fuchs‹ kann man sich denken.

Hier nähert sich die Schrift dem alkoholischen Stottern an. Ein andermal zeichnet sie lautmalerisch den Kanonendonner der Schlacht bei Wittstock nach. Wie eine Geheimschrift wirkt das Anagramm auf den Namen des Autors, wenn alle Buchstaben alphabetisch sortiert werden:

Acceeffghhiillmmnnoorrssstuu.

Genau auf solche barocke Buchstabenspiele beruft sich die Pariser OuLiPo-Gruppe (Ouvroir de littérature potentielle). Das sind seit nunmehr über 50 Jahren Autoren, die wie Raymond Queneau, Georges Perec oder das deutsche Mitglied Oskar Pastior das Spiel zwischen strenger literarischer Regel – zum Beispiel und mit Vorliebe das Anagramm – und der Phantasie des Autors ausschöpfen. Frech, aber traditionsbewusst erklären sie Leute wie Grimmelshausen, die vor OuLiPo in ähnlicher Manier geschrieben haben, zu antizipatorischen Plagiatoren. Unter denen gebührt Grimmelshausen ganz gewiss ein Ehrenplatz.

Dem ästhetisch-spielerischen Umgang mit der Schrift, die in üppigen Figurengedichten, reichsten emblematischen Schrift/Bild-Kombinationen und kalligraphischen Wunderwerken im Barock allgegenwärtig war, standen die noch lange nicht beendeten Normierungsprozesse der Hochsprache und ihrer Orthographie gegenüber. Grimmelshausens Werke bezeugen das eindringlich. Von einheitlicher Orthographie kann keine Rede sein, zu den regionalen Eigenheiten der Drucker treten die vielen Fehler der Setzer und Kopisten und vor allem die Variationsfreude des Autors.

Seit der 1531 erschienenen *Orthographia Teutsch* von Fabian Frangk existierte im deutschen Sprachraum die Zielvorstellung einer Gemeinsprache und -schrift über den Dialekten. Luthers Bibel-Übersetzung wirkte über zwei Jahrhunderte als stärkste normierende Kraft, war aber konfessionell begrenzt und konnte nicht verhindern, dass regionale Sprech- und Schreibweisen erhalten blieben.

Martin Opitz forderte dann 1624 im *Buch von der deutschen Poeterey* von ›denen, die rein reden wollen‹ den Gebrauch des Hochdeutschen ›und nicht der Örter Sprache, wo falsch geredet wird‹.

In seinem *Teutschen Michel* von 1673, einem selbst höchst vergnüglichen ›Tractätl‹ lässt Grimmelshausen, wie auf dem Titelkupfer ersichtlich, einen Narren in die große Diskussion um Sprachreinheit, um die ›teutsche Heldensprache‹ und die Reinigung von ihren verderblichen inneren und äußeren Einflüssen fahren. Grimmelshausen setzt sich wieder mehrere Kappen auf. Als Autor zeichnet er mit Signeur Meßmahl. Agierendes, höchst gelehrt und belesen diskutierendes Subjekt ist Simplicius im Narrengewand. Das Erscheinungsjahr hat er in einem Chronogramm versteckt, ein weiteres Exempel barocker Buchstabenspiele, das aus der doppelten Lesbarkeit von Zeichen: als lateinische Zahlen und Buchstaben lebt.

In diesem noch immer mit Gewinn und Vergnügen zu lesenden Büchlein kommt die poetische Doppelnatur Grimmelshausens bestens zum Ausdruck. Hier feiert er seinen Leitsatz »es hat mir wollen behagen mit Lachen die Wahrheit zu sagen« bis an die Grenzen und darüber hinaus. Nicht selten verliert er sich wunderbar in einer Beispielfülle, die für den Diskurs wahrlich nicht nötig wäre. Seine Position im Kampf für eine ›reine‹, verbindliche deutsche Hochsprache, die nicht den Alamode-Einflüssen erliegt, ist gemäßigt, tolerant und zeugt von großer praktischer Schreiberfahrung. Einerseits wendet er sich, wie die Sprachgesellschaften des 17. Jahrhunderts, gegen den üppigen Gebrauch vor allem französischer Wörter und Redeweisen, er lehnt aber andererseits die dogmatischen, auf künstliche Sprachreinheit zielenden Vorschläge einiger dieser Gesellschaften ab. Er weiß, dass Sprachen niemals rein und ohne Fremdeinflüsse sind, und empfiehlt den Gebrauch einer Muttersprache, die sich, ihrer selbst bewusst, anderen Einflüssen in Maßen öffnen möge. Grimmelshausens Position wäre manch einem deutschen Sprachpuristen unserer Tage ernsthaft und als Lesespaß aufs Dringendste zu empfehlen.

Ein gewisser Stadtschreiber ist zu tadeln und auszulachen, weil er »ein Ding mit weitläufigen Umständen vorbringt«, das er auf ›spartanisch gar wohl kurz und gut geben könnte‹. Und dann folgen zwei Befehle, die dieser Umstandsschreiber seinem Jungen und seiner Magd gab, sowie was er zu seiner Frau kurz vor dem Schlafengehen sagte. Seitenlang darf der Leser sich in den Kunststücken dieser Weitschweifigkeit verlieren. Die Schlafrede des Stadtschreibers an seine Frau:

Du meines Leibs untergebener Schleppsack, lasse dir belieben, dich alsobalden in das mittlere Teil unserer häuslichen Wohnung zu verfügen und daselbst in solcher Gestalt, als wie dich die Natur zu solchem Dienste anfänglich hervor gebracht, in die Lindigkeit des Wasserflügels zu begeben, um allda vor Ankunft meiner selbst eignen Person die eingeschlichne Art des mitternächtigen Lufts zu mildern und meinem Gefühl angenehm zu machen, damit alsdann beides, das Zitterschlagen und unlustige Geklöpper meiner Mühlstein, sich anzumelden kein Ursach habe; doch schaue zu, daß bei diesem deinem aufgetragenen und dienstschuldigem Geschäfte der warme Westwind, den du vom Niedergang her wehen zu lassen pflegest, nicht gebraucht werde, damit, wenn ich komme, mit dir diejenigen Sachen abzuhandeln, um welcher willen wir ein Paar genannt werden, meines Hirns Destillierschnabel, dadurch sich die Wohnung meines Verstands reinigt, nit gleich anfangs schimpflich betrübt und also der ganze angenehme Lusthandel verderbt werde.[3]

Das Anprangern sprachlicher Unarten entpuppt sich als Vorwand, um sie in Höchstform zu präsentieren. Kein Mensch wird nach dem Muster der Verkehrten Welt und populären Lügengeschichten so sprechen wie Signeur Meßmal es zu geißeln vorgibt:

Also befahl neulich eine Bäurin ihrer Magd: Hör Kettu, wir haben viel Richten zu vermorgen, darum mußt du better aus dem Frühe, wird aber noch Hahn genug sein, wann die Zeiten das zweite Mal krähen. Alsdann heb das Bett aus dem Hintern, teige den Knet und mach Bachofen ins Feuer. Ich schaudere am Empfinden, daß ich den Hals am Rotlauf hab, liege derowegen; ich werde schwitzen früh sorgen bleiben müssen, bis ich ein wenig ausgemorgt habe; wanns aber aufstehn kann, so will ich müglich sein; wo nit, so melke die Hühner, greife den Säuen und geb den Kühen die Tränk, und mach, daß die Hirten beizeiten vor das Vieh getrieben werden (...).[4]

Grimmelshausen zeigt sich hier als großer Kenner und Liebhaber der ›niederen Kulturen‹. Wenn der Begriff der ›Lachkultur des Volkes‹ nach Michail Bachtin nicht so inflationär gebraucht worden wäre, könnte man das Schöpfen aus den Spielformen des Karnevals, der Unsinnspoesie, der für die bäuerlichen Schichten gedachten Unterhaltungskünste und der immer wieder beschworenen Welt der Vaganten mit Bachtins Forschungen zur Karnevalskultur im Werk von François Rabelais durchaus dieser ›Lachkultur‹ zuordnen.

Das würde aber der Poetik Grimmelshausens kaum gerecht; denn er bedient sich bei seinen literarischen Raubzügen, seinen Kopierstrategien und Übernahmegewohnheiten überall: ›oben‹ und ›unten‹, bei Kupferstichen zur Verkehrten Welt, Spruch- und Schwanksammlungen wie bei antiken Philosophen und theologischen Autoritäten, ganz abgesehen von solchen zu seiner Zeit schon vor etlichen Jahren gestorbenen Dichtern wie Hans Sachs oder Johann Fischart.

Und wenn man meint, er habe dem Volk aufs Maul geschaut, aufs Dialekt sprechende gar, dann stammen zum Beispiel ein paar besonders verruchte Brocken der rotwelschen Gaunersprache nicht aus der Unterwelt der Fahrenden, sondern aus der Literatur.

Dennoch sind die meisten Werke Grimmelshausens doppelt geprägt von Bruchlinien und höchst unterschiedlichen Stil- und Schreibebenen. Die großen Debatten des 17. Jahrhunderts über eine deutsche bzw. hochdeutsche Literatursprache, über normative Poetiken, orthographisch verbindliche Regeln oder Regionalsprachen und Dialekte spiegeln sich deutlich erkennbar in seinen Schriften. Zum literarischen Leben aber erweckt Grimmelshausen diese Debatten, Moden und Kämpfe, indem er sie auf unerhörte Weise in seinem Werk thematisiert und ausspielt. Er diskutiert nicht nur mit oft satirischer Wucht die Nobilisten, die ihre gewöhnliche Herkunft ins Adlige aufhübschen und schon auf der ersten Seite des *Simplicissimus* vorkommen, Sprachverderber, Fremdwort-Gecken oder die Raubdrucker und bedenkenlosen Profiteure überflüssiger Druckwerke, er ordnet sie auch ein in die große Klage über den Zustand der Welt. Poetische Kraft aber, die bis heute wirkt, gewinnt Grimmelshausens Werk vor allem dadurch, dass der Autor selbst Schauplatz der Widersprüche wird. Der *Simplicissimus* gibt nicht einfach nur die normativen Debatten des 17. Jahrhunderts wieder. Grimmelshausen zeichnet und überzeichnet diese Debatten und demonstriert, wie in seiner ›niederen Literatur‹ Schreibweisen, Gattungen, Niveaus zusammenkommen, Platz haben können. So finden sich ›Reste von Mündlichkeit‹, die nicht getilgt wurden, neben wahrscheinlich unbemerkt übernommenen eigenen Dialektausdrücken und Glanzstücken gesprochener Sprache; Dialekte werden nicht nur praktiziert, sie werden auch als Bereicherung und Spezialität präsentiert. Das dürfte in der deutschen Barockliteratur wohl einmalig sein.

Der Lebensweg von Hans Jacob Christoffel von Grimmelshausen führt von Gelnhausen über Hanau, Hersfeld, Fulda, Kassel in die Gegend von Magdeburg und Wittstock. Von dort nach Westfalen und schließlich über Offenburg nach Oberkirch/Gaisbach und Renchen in der Ortenau. Seine und die Wege von Simplicius berühren und überschneiden sich, sind aber nicht identisch. Diese Wege, die im Krieg oft mit jahrelangen Aufenthalten verbunden waren, kreuzen unterschiedliche Dialektregionen. Grimmelshausen zeichnet die Reise durch die Dialekte nach und lässt außer Simplicius auch andere Figuren in ihren jeweiligen Idiomen zu Wort kommen.

Gewiss darf nicht einfach von den Dialekt-Passagen im Werk auf die Sprecher-Kompetenz Grimmelshausens geschlossen werden, sind auch Mundart-Stückchen zu berücksichtigen, die der Autor literarischen Quellen entnommen hat. Dass er aber ein feines Ohr für Sprachfärbungen besaß, hat er im Werk oft genug bewiesen. Seine souveräne Schriftfassung gesprochener Dialekte berechtigt zur Annahme, dass Grimmelshausen ein versierter Ohrenzeuge der ihm begegneten Mundarten war. Vor allem beweisen das die ›impliziten‹ Dialektausdrücke, die er im laufenden Text ganz selbstverständlich benutzt.

Das beginnt in Gelnhausen. Das ›Gellhäuser Deutsch‹[5] ist eine Variante des oberhessischen Dialekts, der zur nordrheinfränkischen Familie gehört. Der Heimatforscher Adolf Seibig fand in Grimmelshausens Werken mehr als 70 Belege für das ›Gellhäuser Deutsch‹. Das können explizite Stellen sein wie Simplicius' Gespräch mit dem Einsiedler:

> Er sagte: »*Bub, bis fleißig. Loss die Schof nit ze weit vunananger laafen und spil wacker uff deer Sackpfeifa, dass der Wolf nit komm und Schada dau, dann hej üss a solcher vieraboinigter Schelm und Dieb, der Menscha und Vieha frisst*«[6],

oder die Begegnung des Knan mit Simplicius am Sauerbrunnen nach langen Jahren der Trennung. Der Knan führt eine Ziege in die Stadt und erkennt seinen Pflegesohn nicht, führt sich aber mit seinem Dialekt, wie unabweisbar zu hören, als Sprachgenosse ein: »Gnädiger Hearr, eich darff's auch währlich neit sahn.«[7]

Das betrifft aber auch die impliziten Dialektausdrücke, die nur der Kenner identifizieren kann.[8] Wie zum Beispiel: ›Jemandem Baumöl geben‹ (ihn prügeln), ihm ›die Schuhe austreten‹ (ihn verfolgen, verdrängen), ihn ›am Narrenseil ziehen‹. ›Tribulieren‹ bedeutet bei Grimmelshausen quälen; ›durmeln‹ ist taumeln, ›Huddeler‹ ein Pfuscher, ›Kolben‹ der Kopf. Das ist nur eine kleine Auswahl von ›Gellhäuser‹ Dialektausdrücken. Viele schöne Wörter aus dem Kinzigtal kommen hinzu. Im *Simplicissimus* finden wir ›die Bach‹, der Eul', ›das Kamin‹ oder ›der Heurath‹. Oder: »Deller, Tung, erdappen, poldern, butzen, dapfer, Dasche, kruntzen, Plitz.«[9] Daraus lässt sich schließen, dass Grimmelshausen den *Simplicissimus* geschrieben hat, als er noch die Gelnhäuser Mundart sprach. Das stützt zusätzlich die These vom frühen Schreibbeginn während des Dreißigjährigen Krieges.

Das sechste Buch des *Simplicissimus*, die *Continuatio*, wurde erst 1668 verfasst, als sich der überraschende Erfolg des Romans herausgestellt hatte. Inzwischen lebte Grimmelshausen seit 20 Jahren im oberdeutschen Sprachgebiet. Im badischen Renchen wurde und wird ein alemannisches Schwäbisch gesprochen, das sich in der *Continuatio* findet. Zum Beispiel: »Behueff (Behuf), zuer, besuechen, Hueffeysen, mueß, allergüetigster, buckler (bucklig), lupfen (aufheben), nit in d'Höll.«[10] Mögen die Anteile an Dialektausdrücken im Lauf der Druckgeschichte der verschiedenen Ausgaben des *Simplicissimus* schwanken, in den ersten Ausgaben von 1668/69 sind die Gelnhäuser und die alemannischen Dialektspuren klar zu erkennen. Mag sein, dass der Renchener Schultheiß eine Mischung aus Main-Kinzig-Hessisch und Alemannisch gesprochen hat, was nicht schlecht zu ihm als Experte für Wechsel und Wandel gepasst hätte.

Aus der westfälisch-norddeutschen Zeit im Krieg hat Grimmelshausen allerhand niederdeutsche Dialektproben mitgebracht. Im *Springinsfeld* wird der ›Musquetierer‹ einmal von einem schlitzohrigen Bauern aufgefordert, zwei verschwundene, geschlachtete Schweine wieder herbeizuzaubern, die Springinsfeld selbst gestohlen und zur Seite geschafft hatte. Der Bauer:

(...) min Herr, ik vertruwe ju nichtes Böse, maar iken hebbe mi segen laten, dat welche Kriegers wat Künste konnden maken, derlichen Sachen weder bitobtringen. Wann jei dat künnt, ik sall ju twen Riksdaler geven.[11]

Schließlich bekommt Simplicius als Jäger von Soest im Kloster Paradies den niederdeutschen Namen ›dat Jäjerken‹. So sind die Dialekte eine Art sprachliche Beute, die aber zu friedlichen Zwecken für die realistische Schilderung des Krieges benutzt werden.

Im *Teutschen Michel* erweist sich Grimmelshausen mit seinen Vorschlägen für ein gutes ›Teutsch‹, das am Althergebrachten festhält, ohne sich neuen Einflüssen zu verschließen, als hervorragender Kenner von deutschen Dialekten, von allen möglichen modischen, geckenhaften und manierierten Schreib- und Sprechweisen. Er kann auch glänzend Ausländer imitieren, die ihre Sprache mit dem Deutschen vermischen, was man beim Titel des *Stoltzen Melcher* schon sehen konnte. Er ist sich der schwierigen Aufgabe bewusst, beim Schreiben regionalen und anderen Eigenheiten zum Ausdruck zu verhelfen, ohne dadurch den Text den widerstrebenden Eigenarten zu opfern. Ausdrücklich appelliert er an das ›gesunde Gehör‹, als Kontrollorgan für ein gutes Deutsch. Der *Teutsche Michel* lässt sich auch lesen als ein witziger und gelehrter Versuch, gesprochene und geschriebene Sprache miteinander zu versöhnen. Hans Jacob Christoffel von Grimmelshausen war ein Autor, in dessen Kopf Mündlichkeit und Schriftlichkeit die allerschönsten und fruchtbarsten Kämpfe miteinander ausfochten. Als offenkundiger Dialektexperte, was gewiss auch mit seiner Musikalität zu tun hatte, musste er nicht alle Sprachen und Dialekte selbst gehört haben oder gar beherrschen. Gern benutzte er auch einmal literarische Quellen, um seine Kenntnisse über merkwürdig sprechende Leute zu demonstrieren. Es ist mehrfach bezeugt, dass Grimmelshausen intensive Kontakte zu Bettlern und Vaganten hatte, das ist für einen Soldaten des Dreißigjährigen Krieges und späteren Dorfschultheißen auch gar nicht anders denkbar. Höchstwahrscheinlich kannte er mehr als ein paar Brocken aus der rotwelschen Gaunersprache. Obwohl gerade ein besonders schönes rotwelsches Stück aus dem *Teutschen Michel* nicht von ihm stammt:

Doch gehen oft solche Dockmäuser gewaltig an, wann man ihnen die Hand im Sack erwischt, wie jene zween Landsknecht, die im Wirtshaus ein Halbs tranken, da einer zum andern sagt: Dort stehet ein Bleisack (Kandel) und Paar Trittling (Schuch), ich wills bracken (stehlen); – dem aber die Magd antwortet: Ihr Lenninger (Soldaten), laßts Bracken sein; oder der Schächer (Wirt) soll euch grandige Kuffen stecken (das ist: schwere Schläg geben).[12]

Das ist eben nicht den rotwelschen Spitzbuben abgelauscht, sondern stammt aus der Schrift *Steganologia et Steganographica aucta. Geheime, Magische, Natürliche Red und Schreibkunst* des Nürnberger Orientalisten und Mathematikers Daniel Schwenter, die um 1620 erschien.[13]

Warum sollte Grimmelshausen, der aus allen Quellen geschöpft hat, auf diesen kleinen Rotwelsch-Fund verzichten, nur weil er die Szene nicht selbst erlebt hat? Wenn es so etwas gibt, war er ein literarischer Kopist so gut wie ein akustischer.

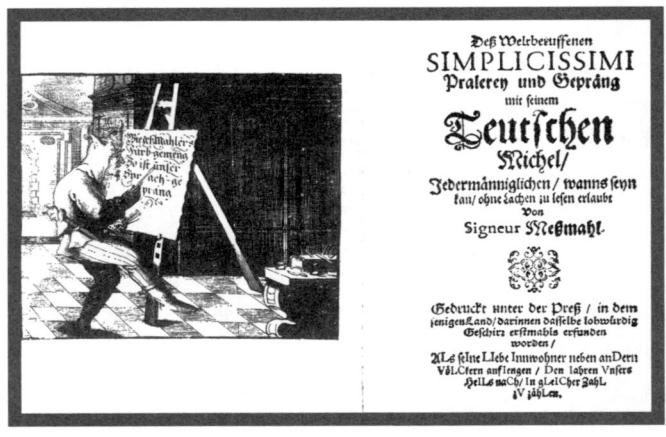

Titelkupfer und Titelblatt der Erstausgabe des *Teutschen Michel* (1673)

Die Geschichte mit dem ›e‹

Im *Teutschen Michel* geißelt Grimmelshausen satirisch den ›fleißigen teutschen Scribenten‹ Zeilerus, der in seinem zu Ulm 1662 gedruckten *Reisbuch* mitteilt, es gäbe 2170 einsilbige deutsche Wörter. Das findet er nicht verwunderlich, weil die meisten ›Ding, so die Teutschen von Alters gehabt mit einer Silb genannt werden‹. Es folgt eine wilde Aufzählung solcher Grundwörter wie ›Haus, Hof, Gart, Scheur (...) Maus, Mensch, Mann, Weib (...)‹. Durch absichtliches Weglassen des ›e‹ könne man den Vorrat solcher deutscher Urworte leicht auf viel mehr als zwei- bis dreihundert bringen.

Es klänge ja durchaus besser, statt zum Beispiel ›Tagleuchter‹ einfach ›Fenstr‹ zu sagen. Dann folgt ein typischer Querverweis in ein anderes Werk desselben Autors. Die Sprache will er nicht reformieren,

doch werde ich nicht unterlassen, sonder erkühnen, nächstkünftig mein Galgen-Männlein (das ist ein curioses kurzes, so genanntes Tractätlein) mit diesem wieder neu-zugerichteten simplicianischen Stylo ausmontiert in die Welt zu schicken, welches im Vorbeigehen neben andern seinen Nutzbarkeiten auch lehren und erinnern wird, auf was Weis man mit den guten ehrlichen E gesparsamer umgehen und die einsilbige Wörter in unserer Sprach wiederum vermehren möge.[14]

Tatsächlich wird dann im Herbst des Jahres 1673 das *Galgenmännlein* erscheinen und gleich den sparsamen Gebrauch des Buchstabens E demonstrieren.:

Liebr Sohn,

Dein Schreibn vom 17. dies ist mir wohl zukomm, in welchm du von den sogenanntn Galgnmännln so ausführlichn Bricht von mir bgehrst, dass ich glaubn müsst (wenn du mich nit bessr kennst) du hältst dfür, ich hätt auch eins; odr wie soll ich von dir gdenkn, du seist gsinnt, dern eins selbst in die Kost znem.[15]

Die wohl wichtigste Quelle für Grimmelshausens Übernahmen aus der mündlich überlieferten Literatur sind Sprichwörter und Redensarten. Albert Hiß kommt in einer ungemein fleißigen Zusammenstellung auf 293 Stück. Diese wertvolle Arbeit ist in einem gelehrten Werk der literarischen Heimatkunde erschienen.[16]

1 Grimmelshausen/Kaiser, a. a. O. (2009), S. 35.
2 Grimmelshausen/Kaiser, a. a. O. (2009), S. 106.
3 Hans Jacob Christoffel von Grimmelshausen: Der Teutsche Michel. Hrsg. von Gunther Kleefeld, Karlsruhe 1986, S. 58.
4 Grimmelshausen: Der Teutsche Michel: a. a. O., S. 59.
5 Hier folgen wir Adolf Seibig: Gellhäuser Deutsch. Hrsg. vom Geschichtsverein Gelnhausen, Gelnhausen 1977.
6 Grimmelshausen/Kaiser, a. a. O. (2009), S. 20.
7 Grimmelshausen/Kaiser, a. a. O. (2009) S. 458.
8 Helmut Weidemann: *Naut im Schrank*. Dialektfunde im *Simplicissimus*. Zum 333. Todestag des Gelnhäuser Barock-Schriftstellers. In: Gelnhäuser Neue Zeitung vom 15. August 2009.
9 Ebenda.
10 Ebenda.
11 Grimmelshausen/Kaiser, a. a. O. (2010), S. 210.
12 Grimmelshausen: Der Teutsche Michel, a. a. O., S. 82.
13 Vgl.: Timothy Sodmann: Mundart, »Welsches Deutsch« und Rotwelsch in Grimmelshausens *Teutschem Michel*. In: Gedenkschrift für Jost Trier. Hrsg. von Hartmut Becker und Hans Schwarz, Köln und Wien 1975, S. 307.
14 Grimmelshausen: Der Teutsche Michel, a. a. O., S. 76 f.
15 Grimmelshausen: Simplicissimi Galgenmännlein. In: H. J. Chr. von Grimmelshausen: Simplicianische Schriften. Hrsg. von Alfred Kelletat, München o. J., S. 771.
16 Albert Hiß: Volksweisheit in den Sprichwörtern und Redensarten des Simplicissimus von Johann Jakob Christoph von Grimmelshausen. In: Um Renchen und Grimmelshausen. Grimmelshausen-Archiv. 1. Buch, Renchen 1976, S. 1–89.

ZURÜCK IN DIE ALTEN VERHÄLTNISSE. SCHAFFNER IN GAISBACH

Grimmelshausen hatte wieder eine Metamorphose erlebt, hatte seinem Namen den Adelstitel vorangestellt, war zum katholischen Glauben übergetreten und war nun im Begriff, sich in die Welt des Adels zu integrieren. Allerdings ziemlich weit unten. Vom Musketier mit früh abgebrochener Schulkarriere aus gesehen, war es ein markanter Aufstieg, im sozialen Gefüge der Herrschaft aber blieb er von der Kultur und den Kommunikationsgepflogenheiten des Adels und der Grundbesitzer weitgehend ausgeschlossen.

Am 7. September 1649, gleich nach der Hochzeit, begann er mit seinem Dienst als Schaffner, Verwalter würden man heute sagen, bei den Reichsfreiherren (ab 1654) Hans Reinhard von Schauenburg und dessen Vetter Karl Bernhard, auch genannt Junker Karl von Schauenburg, in Gaisbach. Wenn man erfährt, dass Grimmelshausen ab November 1650 auch als »Schaffner des gemeinen Stammes« tätig war, ahnt man schon, dass er von nun an in einer anderen Welt zu Hause sein sollte. Man trieb in seiner Zeit die Metaphorik der Stämme und Zweige des Adels noch viel weiter; da erblühten oder verdorrten die Zweige uralter Adelsstämme so, dass sich in ihrer quasi natürlichen Beständigkeit adlige von wirklichen Bäumen, am besten Eichen, kaum unterscheiden ließen.

Im Falle derer von Schauenburg bestand der ›gemeine‹, das heißt gemeinsame Stamm zu Zeiten Grimmelshausens aus zwei Linien: der protestantischen Ulrich-Diebold'schen oder Herlisheimer sowie der Harthard'schen oder Luxemburger. Der ehemalige Offenburger Stadtkommandant Hans Reinhard gehörte zur Harthard'schen Linie, benannt nach dem 1545 gestorbenen Harthard von Schauenburg. Junker Claus von Schauenburg war ein Enkel von Ulrich Diebold und teilte sich zunächst mit Hans Reinhard die Herrschaft Gaisbach. Anfang 1650 schlossen sie, die schlecht miteinander zurechtkamen, einen Vergleich und teilten ihre grundherrschaftlichen Einnahmequellen auf. Nun waren Hans Reinhard, Claus und Karl von Schauenburg zerstritten. Ihre Konflikte hatte auch Grimmelshausen auszutragen. Claus warf dem Schaffner vor, ihn im Streit mit Hans Reinhard und Karl ›hinterrücks‹ übervorteilt zu haben, und so kam es im November 1650 zum Bruch. Grimmelshausen schied aus dem Dienst für Claus aus. Claus von Schauenburg lebte in Oberkirch, verfügte über einen eigenen Schaffner, Johann Preiner, der wiederum mit Grimmelshausen befreundet blieb. Im März 1655 starb Claus von Schauenburg. Einer seiner Söhne, Philipp Hannibal, sollte ein weit besseres Verhältnis zu Grimmelshausen entwickeln. Ihm widmete der Schaffner 1670 seinen Roman *Dietwald und Amelinde*. Grimmelshausen wird im selben Jahr, seinem annus mirabilis in puncto Publikationen, als kräftig helfender ›Redakteur‹ bei der Herausgabe einer Schrift von Hannibals Vater auftreten.

Grimmelshausen diente also zunächst einerseits den Vettern Hans Reinhard und Karl von Schauenburg, zum andern aber auch dem besagten ›gemeinen Stamm‹. Dessen Linien-Vertreter waren wiederum Hans Reinhard als sogenannter Baumeister (Ältester) und Junker Claus, nach dessen Tod Philipp Hannibal. Claus und später Philipp Hannibal hatten für ihre eigenen Obliegenheiten, wie schon erwähnt, den Schaffner Johann Preiner. Das muss hier einigermaßen umständlich mitgeteilt werden, weil die Aufteilung von Grimmelshausens Loyalität genau diesen Verzweigungen entsprach.

ZURÜCK IN DIE ALTEN VERHÄLTNISSE. SCHAFFNER IN GAISBACH

Grimmelshausens Dienstherr in Gaisbach: Hans Reinhard von Schauenburg. Gemälde im ›Silbernen Stern‹ in Gaisbach

Es leuchtet sogleich ein, dass es für den Adels-Novizen und abhängig Beschäftigten Hans Jacob recht schwierig war, den Ansprüchen und Aufgaben seiner neuen Vorgesetzten nachzukommen.

Zunächst war die Lage dadurch noch verwickelter, dass Hans Reinhard, der nach seiner militärischen Karriere zum Oberamtmann und markgräflich badischen Geheimrat der Herrschaft Mahlberg ernannt wurde, in Offenburg wohnen blieb und wohl erst nach einer Reise zum Kaiser in Wien im Auftrag des Markgrafen Wilhelm von Baden im Juni 1651 fest nach Gaisbach zog. Er starb am 12. Dezember 1664. Karl Bernhard, der Vetter von Hans Reinhard und zweite Dienstherr Grimmelshausens, hatte es im Krieg zum Obristleutnant in spanischen Diensten gebracht, um nach dem Krieg als spanischer Rat nach Luxemburg (Lützelburg) zu gehen, wo er der Stammvater der bereits erwähnten Luxemburger Linie der Schauenburg wurde. Er starb 1702. (Seine Nachkommen leben noch heute in Gaisbach.) So war es also aufgeteilt: Hans Reinhard in Offenburg beziehungsweise auf Schloss Mahlberg, Karl in Luxemburg und Claus in Oberkirch. Ständig in Gaisbach war allein der Schaffner von Grimmelshausen.

Gaisbach ist heute ein Ortsteil der Gemeinde Oberkirch. Zur Herrschaft Oberkirch gehörten bis zum Ende des Heiligen Römischen Reiches Deutscher Nation die Gerichte Oberkirch, Oppenau, Renchen, Cappel, Ulm und Sasbach.

Die Reichsfreiherren Reinhard und Karl von Schauenburg mögen für die lange Dauer dieses Adelsgeschlechts stehen. Als Grimmelshausen das Amt des Schaffners in Gaisbach annahm, konnte aber von Kontinuität und Stabilität der Adelsherrschaft in dieser Region keine Rede sein.

1604 hatte der Markgraf von Brandenburg dem Herzog von Württemberg das Amt Oberkirch für 9000 Gulden jährlich verpfändet. Es herrschte Krieg zwischen dem katholischen und dem protestantischen Anwärter auf den Straßburger Bischofsstuhl. Im selben Jahr verschacherte der württembergische Herzog die bischöflich-straßburgischen Besitzungen für 380000 Gulden auf 30 Jahre an den katholischen Anwärter, Kardinal Karl von Lothringen, der das Amt

Oberkirch an den Herzog von Württemberg für die gleiche Summe auf 30 Jahre verpfändete. Die Bewohner sollten zunächst katholisch bleiben dürfen; als 1663 das Amt wieder an das Bistum Straßburg fiel, mussten sie katholisch sein. Der verfügte Konfessionswechsel scheint in der Ortenau zu einem Klima religiöser Toleranz geführt zu haben. Man hatte erfahren, dass die kirchliche Erscheinungsform des christlichen Glaubens nicht mit tiefen Überzeugungen verbunden war, sondern dem Willen der weltlichen Herrscher entsprach. Grimmelshausen, dessen im Werk dokumentierte und im Leben praktizierte Frömmigkeit ohne jeden konfessionellen Fundamentalismus auskam, hatte durch den Wechsel zum Katholizismus seine religiöse Mobilität bewiesen.

Seit 1638 war Oberkirch Residenz der bischöflichen Regierung. 1645 hatten es die Schweden vorübergehend besetzt. 1648 schließlich gab der Bischof die Herrschaft an den württembergischen Herzog zurück, da er die Pfandschaft wegen Geldmangels nicht einlösen konnte. Dies geschah erst 1663/64 gegen 400000 Gulden.

Während des gesamten Jahrhunderts veränderten sich so die Besitz- und Herrschaftsverhältnisse, wechselten die konfessionellen Zugehörigkeiten, wurden Unsicherheit und Ungewissheit zur Grunderfahrung der Menschen. Und das nicht bloß während der Jahre von 1618 bis 1648. Im Dreißigjährigen Krieg allerdings verschärften sich die Lebensbedingungen katastrophal.

Die Schauenburg, heute eine sehenswerte, nicht gänzlich zerfallene Ruine mit Burgwirtschaft und Aussichtspunkten, hatte im Dreißigjährigen Krieg gelitten, wurde durch die Truppen Ludwigs XIV. 1689 weiter zerstört und dann erstmals 1731 als Ruine beschrieben. Hans Reinhard zog nach seiner Militärzeit in Offenburg nicht auf die Burg, sondern in den ›Edelhof‹ in Gaisbach, der auch ›der Hof‹ oder ›das neue Schloss‹ genannt wurde, ein ›stattliches Anwesen mit

Zierbauten, Wirtschaftsgebäuden, Gärten‹. Eines der Gebäude hieß später ›Fuggerhof‹, da Maria Dorothea, eine Tochter Hans Reinhards von Schauenburg, in zweiter Ehe den Grafen Albert von Fugger geheiratet hatte. Es gilt als sicher, dass dieser Fuggerhof, ein niedriges Gebäude im Gaisbacher Schlossgarten links vom Eingang gelegen, Hans Reinhard und seiner Frau Anna Walpurgis als Wohnhaus diente, weil das Allianzwappen des Obristen auf den Wandverputz gemalt wurde. Günther Weydt[1] ist der Ansicht, dort habe Grimmelshausen die reich bestückte Schauenburgische Bibliothek nutzen können.

Pflichten des Schaffners und die Polizeiordnung von 1651

Als Grimmelshausen das Schaffneramt antrat, war die Gegend von den Zerstörungen des Krieges gezeichnet. Die Beziehungen der Herrschaft, der Schauenburger, zu den abgabepflichtigen Untertanen galten als ›verwildert‹, und die Zahlungen waren durch den Krieg ins Stocken geraten. Die politische Lage im Territorium zwischen dem Bistum Straßburg und Württemberg blieb prekär, wechselhaft, unsicher. Das Verhältnis der Reichsfreiherren von Schauenburg war untereinander schwierig, die Situation der Bevölkerung nach dem Krieg erbärmlich. Gaisbach hatte zur Zeit Grimmelshausens ca. 60 Bürger, zwei Wirte, einer davon sollte später der Schaffner sein, aber keine eigene Pfarrei.[2] Grimmelshausen war durch die Erfahrungen seines Lebens zum entschiedenen Gegner des Krieges geworden. Ausgerechnet er musste nun dabei helfen, die Kriegsschäden zu beseitigen.

Als Schaffner arbeitete er an dem aufwendigen Projekt mit, die ›alten Zustände‹, die hergebrachte, spätfeudale Rechtsordnung, mit Schwung und Disziplin wiederherzustellen, nachdem die Wirren des Krieges die Verhältnisse kräftig durcheinandergewirbelt hatten. Aus heutiger Sicht erscheint das ungute Verhältnis von Unrecht, Machtspielen – die sehr ernste Folgen für die Untertanen hatten –, Zerstörungen und Verwüstungen auf der einen, Verpflichtungen, Einschränkungen, Disziplinierungen auf der anderen Seiten nicht selten als grotesk. Im Extremfall konnte es sein, dass in einem Dorf oder Städtchen der Krieg mit seinen Kämpfen, Seuchen und Verwüstungen kaum noch Menschen und Tiere, Höfe, Äcker oder Weinberge, Werkstätten oder Amtshäuser übrig gelassen hatte. Die Reste aber sollten rasch zu einer Ordnung finden.

Gaisbach, seinerzeit meist Gayßbach geschrieben, bestand aus ›Dorf und Tal Gaisbach‹, die zusammen das Gericht Gaisbach bildeten. Die Bewohner waren zumeist zinspflichtige Bauern und Halbmeier der Freiherren von Schauenburg, die von Ackerbau, Weinbau, Wald- und Weidewirtschaft lebten, vereinzelt auch Handwerker und Schauenburgische Bedienten. Sie waren den beiden Schauenburger Linien untertan, deren operative ›Regierung‹ aus zwei herrschaftlichen Verwaltern, Schaffnern und einem Schultheiß bestand.

Grimmelshausen hatte nicht nur die Forderungen der Herrschaft durchzusetzen, Abgaben einzutreiben, Verträge zu schließen, Urkunden aufzusetzen und Streitigkeiten beizulegen; er musste auch dabei helfen, alte Lehensverpflichtungen, denen im Krieg nicht nachgekommen worden war, zu aktualisieren und zu veranlassen. Hinzu kam eine Art ›Beziehungsarbeit‹, die Harmonisierung der divergierenden Interessen der Schauenburger Familienmitglieder. Aber das war noch lange nicht alles. Zu seinen eher abstrakten Tätigkeiten wie Schreib- und Kopierarbeiten, Verhandlungen oder Inspektionen kam eine unübersehbar Fülle von praktisch-handwerklichen, land- und hauswirtschaftlichen Hilfsdiensten. Grimmelshausen wurde zum ›Allrounder‹, der sich in kurzer Zeit eine ganze Enzyklopädie von Fähigkeiten und Fertigkeiten aneignen musste. Die Bürger und Untertanen hatte er nicht nur zu kontrollieren, er musste ihnen auch auf vielfältige Weise helfen. Diese komplizierte Zwischenstellung ist keine schlechte Schule für jemanden, der bald Bücher schreiben wird, die bis zum Rand mit Beobachtungen der gesellschaftlichen Realität angefüllt sind. Seine Realität sah zum Beispiel so aus, dass er die Pflicht hatte, für das Tal Gaisbach den Gemeindestier zu halten. Dafür musste ihm jeder Untertan jährlich sechs Schillinge zahlen. Für den Bullen durfte Grimmelshausen die sogenannte Stiermatte, eine Wiese im Gemeindebesitz, nutzen. So konnte er die Stierabgabe als Einkommen verbuchen. Festgelegt waren solche Verpflichtungen oder Vergünstigungen in der Gaisbacher Polizeiordnung in der Fassung von 1651, die auch die Strafen für Übertretungen benennt.[3] Grimmelshausen musste diese Ordnung allen Bürgern vorlesen, was bei ihrer abschweifenden Ausführlichkeit ziemlich lange gedauert haben dürfte.

Der Blick in dieses Statut, das größtenteils von Grimmelshausen selbst geschrieben wurde, zeigt, wie sehr das Alltagsleben der Untertanen reglementiert wurde.[4]

In einem stark mahnenden und ernsten Vorspruch erinnern Hans Reinhard und Claus von Schauenburg als Herren von Schauenburg und über Gaisbach und Gaisbach Tal daran, dass der Krieg nun vorüber sei und die alte Ordnung wieder gälte. Es sei bekannt, dass durch die Kriegswirren ›alles Gute, Löbliche und Hergebrachte, die ehrbaren früheren Ordnungen sich gleichsam in eine Unordnung verkehrt hätten, die alten Zustände zerrüttet und vergessen wurden‹. Das habe man überall und wahrlich auch in Gaisbach zu spüren bekommen. Wir, die Obrigkeit haben nun, da endlich und gottlob der ersehnte Friede herrscht, die von unseren Vorfahren hergebrachte und Gott wohlgefällige alte Ordnung ›hervorgesucht‹, um die Unordnung abzuschaffen und zur Ehre Gottes ein gutes Regiment einzupflanzen. Alle unsere Untertanen sollen bei Strafandrohung die Polizeiordnung beherzigen und genau einhalten.

Es folgt dann noch eine dringende Mahnung vor der ›frevelhaften Sünde und dem großem Gräuel‹ der Gotteslästerung, die nach dem weltlichen und dem geistlichen Recht verboten sei. Diese Mahnung würde aber von Jung und Alt ›gröblich in den Wind geschlagen‹.

Kurz: Es ist Gottes Wille, dass wieder die alte Ordnung herrscht, und wer dagegen verstößt, versündigt sich gegen Gott und die Herrschaft, was ungefähr dasselbe bedeutet.

Der Katalog beginnt dann auch gleich mit dem Verbot der Gotteslästerung, worauf fünf Schillinge Strafe stehen.

Wirte dürfen nach neun Uhr abends einheimischen Gästen weder Essen noch Trinken anbieten. Der Wirt hat seinen Schankwein bei der Obrigkeit zu kaufen. Wenn ein Bürger, ein Hintersasse – also ein freier oder halbfreier Bauer, der dem Grundherrn abgabepflichtig ist – oder eines Bürgers Kind aus dem Tal heiratet, ganz gleich, ob aus Gaisbach oder von sonst woher, muss er im hiesigen Wirtshaus den Hochzeitsschmaus ausrichten. Sonst sind zwei Pfund Strafe zu zahlen.

Wer Frau und Kinder betteln schickt oder Schulden hat und trotzdem im Wirtshaus spielend sein Geld verprasst oder etwas anderes ›Üppiges‹ treibt, der kommt in den Käfig oder wird mit Arbeit bestraft. Genau geregelt ist das Verbot von Schlägereien und jeder anderen Form von Gewaltanwendung. Aber auch Schmähworte, besonders gegen die Obrigkeit, sind strengstens verboten.

Niemand darf einen Bettler länger als eine Nacht lang beherbergen. Es ist verboten, sich zusammenzurotten, sich zu empören oder gar zum Aufruhr anzustiften. Wer es dennoch tut, verliert Ehre, Leib und Eigentum. Keiner soll dem anderen das Gesinde abspenstig machen.

Bewaffnung ist erlaubt und wird den Bürgern sogar für den Notfall empfohlen. Wer sich kein Gewehr leisten kann, soll sich an Hans Reinhard von Schauenburg wenden. Das Jagen von Vögeln, Hasen und Füchsen und jedem anderen Wild bleibt der Obrigkeit vorbehalten. Im Krieg zerstörte Grenzsteine sind zu ersetzen. Der Schultheiß soll dafür sorgen, dass alle verhängten Strafen innerhalb von acht Tagen zu zahlen oder zu vollstrecken sind. Kein Untertan darf sich ohne Erlaubnis der Herrschaft an ein ausländisches Gericht wenden. Schlimm sieht es bei Meineid aus. Wer falsch schwört, soll zwei Finger verlieren.

Nach dem Vorlesen der Polizeiordnung müssen die Bürger und Bauern erklären, ob sie alles genau verstanden haben. Wenn ja, sollen sie sagen, dass sie die Ordnung nach Möglichkeit und so wahr ihnen Gott, seine lieben Heiligen und das Evangelium helfen mögen, befolgen wollen.

Diese Ordnung also hatte der Schauenburgische Schaffner Hans Jacob Christoffel von Grimmelshausen geschrieben und zum Teil selbst formuliert, und er musste sie jedem Bürger vorlesen. Es kann kein Zweifel darüber herrschen, dass er diese Ordnung akzeptierte und alles tat, was zu ihrer Durchsetzung nötig war. Im Krieg hatte er die Verkehrte Welt wahrlich intensiv genug kennengelernt. Die neuen Verhältnisse im überschaubaren Gaisbach, inklusive Tal, mögen ihm als richtige Welt vorgekommen sein. Dass er über die Ortenau hinauszublicken vermochte, das beweisen seine Bücher, die dort entstehen sollten.

Sabine Wagner erinnert daran, »dass es sich hier um ein traditionelles Bauernaufstandsgebiet handelt, das auch im 17. Jahrhundert für seine jeweilige Obrigkeit ein Unruhefaktor blieb und dessen Bewohner sich verschiedentlich unliebsamen Anordnungen handgreiflich zu widersetzen vermochten«[5]. Von solchen Unruhen, an denen schließlich auch Grimmelshausen beteiligt war, wird noch die Rede sein.

Zu den Aufgaben des Schaffners gehörte auch die Pflege der Schauenburgischen Familienkapelle St. Georg in Gaisbach. Der Kaiserliche Generalfeldmarschall Hannibal von Schauenburg aus der Ulrich-Diebold'schen Linie hatte 1623 die Kapelle gestiftet und bauen lassen.

Wer die Kirche zu betreuen hatte, hieß Heiligenpfleger oder Kirchenschaffner. Grimmelshausen war bis zum Aus-

Sankt Georg Kapelle in Gaisbach, neben dem Gasthaus ›Silberner Stern‹

scheiden aus den Schauenburgischen Diensten auch Heiligenpfleger der St. Georg Kapelle.

Der Schauenburgische Schaffner ritt gelegentlich über Land nach Cappel, Sasbach oder Achern, um für Hans Reinhard von Schauenburg und Junker Karl ausstehende Zahlungen anzumahnen. Dabei trieb er auch Gelder für die Kapelle ein. Er war in Schauenburgischen Diensten eine Art Vermögensverwalter, was zum nicht geringen Teil Inkasso-Tätigkeiten einschloss.

Die erhaltenen Abrechnungen über Reisekosten und Spesen, sogenannte Zehrkosten, zeichnen das Bild eines Finanzverwalters, der sehr genau abrechnete, zumal in den Geldgeschäften immer auch Summen und Sümmchen steckten, die ihm selbst zustanden. 1652 lieh er für die Kapelle 40 Gulden aus und hatte sich um die regelmäßige Rückzahlung der vereinbarten Raten zu kümmern.

Aber er war auch ein kleiner Finanzjongleur, der immer mal wieder und ganz legal Mittel zum Eigenbedarf entnahm, wobei seine Herrschaften ein außerordentlich entwickeltes Geldgedächtnis bewiesen. Es kam dann auch zu Mahnungen und hässlich kleinlichen Kontrollen. Vor allem Junker Karl von Schauenburg erwies sich als penibler Revisor, der Grimmelshausens Rechnungsführung genau überwachte.

Grimmelshausen war lokaler Polizeichef, Halter des Gemeindestiers, Verwalter der Schauenburgischen Güter und Finanzen, Heiligenpfleger und noch viel mehr, beispielsweise im Bau- bzw. Abbauwesen. So ließ er den Südturm der im Krieg gebeutelten Schauenburg abtragen und deren Steine ins Tal nach Gaisbach rollen, um sie dort beim Ausbau des Schauenburgischen Gutshofes zum Schloss und Hauptwohnsitz der Schauenburger zu verwenden – und auch für seine eigene Schaffnerei. Wenn das Wort ›Wohnsitz‹ für Dienstherren, die dauernd unterwegs waren oder sogar woanders als an ihrem Stammsitz wohnten, überhaupt zutreffend ist.

Dieser Burgabbau kann auch als symbolische Handlung verstanden werden. Die Monumente der Vergangenheit, der Zeit vor dem Großen Krieg, vor dem Verfall des Glaubens und der Sitten, vor den Verwüstungen in Stadt und Land, vor den mörderischen Seuchen und vor den ökonomischen

Ruine der Schauenburg

Schäden, waren selbst Opfer des Krieges geworden. Und jetzt musste Grimmelshausen auch noch dabei helfen, eine halb zerstörte Burg gänzlich zu ruinieren. Erst in seinen Schriften, die ab 1666 erscheinen sollten, konnte er an die Bilder einer deutschen Vergangenheit anknüpfen, die er gegen die satirisch zugespitzten Moden und Unarten der Nachkriegszeit setzte. Diesen satirischen Tableaus verdanken wir bis heute mit Freude lesbare Einsichten in damals moderne und mondäne Sprachbildungen und Sprechweisen, Sitten und Unsitten des florierenden Bäderwesens im Renchtal.

Ackerbau und Viehzucht

Grimmelshausen musste sich auch zum Spezialisten für Weinbau, Landwirtschaft und Viehzucht fortbilden. Im Tal Gaisbach war die sogenannte Halbmeierei verbreitet. Die Halbmeier betrieben zur einen Hälfte Weinbau, zur anderen Vieh- und Weidewirtschaft, schon weil sie den wertvollen Dung des Rindviehs für die Rebstöcke brauchten.

Der Grundherr überließ den Wein- und Weidebauern und zum geringen Teil auch Ackerbauern zinslos das Land nebst allen darauf befindlichen Wohn- und Wirtschaftsgebäuden. Dafür hatten die Bauern nach sehr genauen Regeln Abgaben zu leisten. Die Erträge gehörten prinzipiell den Grundherren, die Bauern bekamen nach exakt feststehenden Schlüsseln ihre Anteile. Hans Reinhard von Schauenburgs Weinwirtschaft expandierte erheblich. Seit 1650 ließ er elf oder zwölf Rebhöfe von Winzern bauen. Die Weinerträge wurden zwischen Winzern und Grundherren geteilt. Für die Erhaltung der Gebäude, deren Weinkeller mit Fässern und anderem Zubehör war der Grundherr zuständig. Die Bauern bekamen für ihre Arbeit auf den Höfen keinen Geldlohn, konnten aber von der Herrschaft borgen, was dann haargenau von den ihnen zustehenden Erträgen abgezogen wurde.

Den Grundherren gehörte auch das Vieh. Es handelte sich im Jahre 1655 um 45 Kühe auf elf Rebhöfen. Die Kälber kamen auf den Gutshof (später ›Schloss‹) und wurden dort entweder aufgezogen, verkauft oder geschlachtet. Hinzu kamen zwei Meiereien, etwas Ackerbau, die Waldwirtschaft und einige Mietshäuser in Gaisbach. Der gestreute Besitz des Hans Reinhard von Schauenburg und im weit geringeren Maße auch Karls von Schauenburg war vom Schaffner Grimmelshausen nicht nur finanziell zu verwalten, er verlangte auch nach gehörigen Sachkenntnissen, zum Beispiel im Bauwesen.

Ackerbau und Viehzucht

Abgesehen von den eigenen Bauten oder Umbauten betätigte sich Grimmelshausen im Auftrag seiner Chefs als ein auch im Kleinsten sachverständiger Bauleiter.

Einmal wollte Hans Reinhards Gemahlin Anna Walpurga ein hübsches, kleines Gartenhäuslein auf dem Gutshof errichten lassen, und Grimmelshausen bekam den Auftrag, selbst die Dekorationsmalerei zu übernehmen. Seine zeichnerischen Fähigkeiten hatte er schon als Regimentsschreiber in Offenburg beweisen können.

Und immer musste alles genau abgerechnet werden. Jeder noch so geringe Farbkauf schlug zu Buche, und viele der

Hochzeitswappen von Hans Reinhard und Anna Walpurga von Schauenburg (1654). Noch nicht restaurierter Zustand im ehemaligen Gerichtshaus auf dem Schlossgelände in Gaisbach

Rechnungsbücher sind erhalten. Nur deshalb kann man sich von dem Schaffner Grimmelshausen für die elf Jahre seines Dienstes ein facettenreiches Bild machen.

Der Wein war ein heikles Geschäft. Bei der Lese durften die Winzer nicht trinken, bei der harten Arbeit in den Weinbergen jedoch reichlich. Alles wurde den Untertanen zugeteilt, erlaubt oder verboten, vor allem aber abgerechnet. Über jeden Tropfen wurde Buch geführt. Heikel waren die Verhandlungen besonders für Grimmelshausen, da er eigene Wein-Interessen hegte, wie sich zeigen wird.

Im Vordergrund das Gerichtshaus auf dem Schlossgelände in Gaisbach. Dort wohnte Grimmelshausen den Sitzungen der niederen Gerichtsbarkeit bei. Auf dem Gelände, höchstwahrscheinlich dort, wo später der Schlossneubau errichtet wurde, dürfte auch die ›obere Wirtschaft‹ gestanden haben.

Der Katalog seiner Pflichten und Fähigkeiten, der Konfliktherde und Vermittlungsaufgaben wird hier so detailliert aufgeblättert, weil seine Jahre als Schaffner auch, wie sollte es anders sein, als weitere Lehrjahre für sein Schreiben zu verstehen sind. Hier hatte er auf engem Raum ein Gemeinwesen mit der Herrschaft und ihren Untertanen. Nach dem Großen Krieg lernte er hier die zivileren Kämpfe und Konflikte einer spätfeudalen Herrschaft kennen. Er war deren Teil, stand aber auch zwischen den Fronten, musste sowohl die Herren verstehen als auch die Beherrschten, deren Sprachen, Denk- und Handlungsweisen. Wenn auch bekannt ist, dass er im Auftrag der Herrschaft zu dieser Zeit eifrig und streng agierte, so hat er doch häufig zu spüren bekommen, dass auch er als immerhin ein Herr von Grimmelshausen unter den scharfen Blicken seiner Herren kontrolliert wurde. Täglich wurde ihm vor Augen und Ohren geführt, wie hoch die Einbußen und Unkosten eines abhängigen Lebens sind, wie wenig Raum es gab für überschießende Wünsche und Träume. Er lernte das Leben von ›Herrn Omne‹ (dem gewöhnlichen Mann, jedermann) kennen, den er im *Simplicissimus* ausdrücklich als Adressaten seiner Schriften nennt, und musste erfahren, wie sehr sich die kleinen Leute in ihrem absurd detaillierten Regelwerk abmühten, um überleben zu können. Und er war nach Einkommen und Status viel eher einer dieser kleinen Leute als ein edler Herr.

In den schon öfter erwähnten *Simpliciana* hat Sabine Wagner Ergebnisse ihrer Forschungen zu Grimmelshausens Bekanntenkreis in Gaisbach und Renchen publiziert. Darauf stützen sich die folgenden Mitteilungen.

Im kleinen Gemeinwesen Gaisbach und den anderen zur Herrschaft gehörenden Dörfern und Höfen kannte der Schaffner Grimmelshausen nach kurzer Zeit wohl sämtliche Einwohner. Nicht alle waren über seine Besuche erfreut. Wenn er kam, um den Zins zu kassieren oder Naturalien einzufordern, dürfte sich die Freude der Winzer und Bauern in Grenzen gehalten haben. Er muss aber auch geachtet und seiner vielfältigen Fähigkeiten wegen geschätzt worden sein. Seine Frau Katharina war in den Jahren 1651, 1654 und 1655 bei drei Kindern des Schreiners und Hintersassen Hans Reisch in Gaisbach Patin. Damit mussten keine freundschaftlichen Beziehungen verbunden sein, aber niemand wird dreimal Pate bei einer Familie, die einem nicht wohl gesonnen ist. Mit Schaffnern anderer Dienstherren kam Grimmelshausen ständig zusammen. Das belegen die ›Spesenquittungen‹ der gemeinsam genossenen Dienstessen, die man offenbar gern und häufig veranstaltete. Auch diese Kosten wurden gründlich kontrolliert. Vielleicht kam Ulrich Bruder, dem neuensteinischen Schaffner in Oberkich, die Ehre zu, Namensgeber für des Simplicius' besten Freund Herzbruder gewesen zu sein.[6] Allzu gern wüsste man, ob Grimmelshausens Gaisbacher Bekannte später den *Simplicissimus* gelesen oder zumindest von ihm gehört haben. Wie wird Ulrich Bruder über den Herzbruder gestaunt haben, der ja auch Ulrich hieß. Es ist kaum vorstellbar, dass man in diesem engen Umkreis den anagrammatischen Namensnebel nicht durchschaute, zumal Grimmelshausen ja auch unter seinem Klarnamen publizierte und den *Simplicissimus* mit seinen Initialen signiert hatte.

Der schon erwähnte Schaffner Johann Preiner in Oberkirch diente nach dem Tod von Claus von Schauenburg im Jahre 1655 dessen Sohn Philipp Hannibal bis 1665. Die beiden Schauenburgischen Schaffner haben freundschaftlich miteinander verkehrt, vielleicht auch, weil sie beide des Öfteren ›von unten‹ auf die Streitigkeiten ihrer Obrigkeit hatten blicken müssen.

Grimmelshausen war in Gaisbach auch Wirt. In seinem Gasthaus, der ›oberen Wirtschaft‹, kann er gegen die ›untere‹ nicht reüssiert haben, es gab in Gaisbach einfach nicht genug Menschen, die bei ihm hätten einkehren können. Eine Abrechnung aus dem Jahr 1657 belegt, dass Johann Preiner und Joseph Widenmann am 10. Mai in Grimmelshausens Gasthaus einkehrten, Wein tranken und Karten spielten. Das war offenbar dienstlich; denn abgerechnet wurde ›gewissermaßen über Spesen‹[7]. Pater Widenmann, einer der vielen Geistlichen, mit denen Grimmelshausen freundschaftlichen Umgang pflegte, war von 1641 bis 1650 Pfarrer in Oberkirch, bis 1657 Pfarrer im nahen Oppenau im Renchtal und danach bis 1670 wieder in Oberkirch. Er war dem Schaffner und Wirt Grimmelshausen wohlgesonnen: denn er zahlte 1650 an Karl von Schauenburg 110 Gulden, die der Schaffner seinem Herrn schuldete. Sabine Wagner fand in den Kirchenbüchern von Oberkirch und dem Dörfchen Ulm, das heute zu Oberkirch gehört, Einträge der Taufen von acht Kindern der Familie von Grimmelshausen. Auch hier erweist sich Hans Jacob als ein Mann zwischen den Ständen, fünf Personen werden dort genannt, die regelmäßig als Paten wirkten.

Jeweils einmal Maria Dorothea von Schauenburg, Tochter von Hans Reinhard, dessen Frau Anna Walpurga (für die Grimmelshausen das Gartenhaus ausgemalt hatte), zweimal Leonhard Kuhl, Stadtschreiber von Oberkirch, viermal Georg Friedrich Haag, Wirtskollege in Oberkirch, seit 1653 in Oppenau, und sechsmal Magdalena Goll, die Frau des Oberkircher Schultheißen Abraham Goll.

Das also waren Grimmelshausens nähere Bekannte: die Dienstherren und ihre Familien, wohl – mit Ausnahmen – in gebührender Distanz, die Pfarrer, Schreiber, Schultheißen, Bauern, Schreiner und Schaffnerkollegen, gern auch beim Wein im Gasthaus. In der Liste der Grimmelshausen bekannten Geistlichen von Jörg Jochen Berns finden wir neben Joseph Widenmann noch Adam Haffner, von 1646 bis 1695 Primarpfarrer in Oberkirch, und Johannes Haug, von 1648 bis 1675 Kaplan der Ullenburg.

Mit etwa 28 Jahren wurde Grimmelshausen Schaffner und blieb es elf Jahre lang. Vom späteren Werk aus betrachtet, hätte er diese Zeit in den offiziellen Schreibschulen und Hochschulen verbringen müssen; hätte also ein internationales Beziehungsnetz von Kollegen und Autoren knüpfen sollen; hätte Mäzene bei Hofe, einflussreiche Agenten des barocken Literaturbetriebs, Mitglieder von Sprachgesellschaften und gesellig-gebildeten Zirkeln kennenlernen müssen. Das hat er aber alles nicht. Es soll keinesfalls der Eindruck entstehen, seine Schule sei das Leben gewesen, seine Einsichten hätte er von den Bauern erfahren, seine Größe hätte darin bestanden, den Leuten genau aufs Maul zu schauen. Das wird er schon getan haben, aber die große, noch lange nicht hinlänglich beantwortete Frage lautet: Wie kam er an Bücher? Wann hat er sie gelesen? Wo? Wann hat er begonnen zu schreiben? Einigen Hinweisen kann man folgen. Die herrschaftliche Bibliothek im Fuggerhaus mag eine Rolle gespielt haben.

Vorher aber soll noch einmal Grimmelshausens Interesse an Dialektausdrücken und einzelnen Wörtern zur Sprache kommen. Er hat sich in der Ortenau auf alemannische Sprachklänge einlassen müssen; in der Wein- und Landwirtschaft wurde er mit einem neuen Fachvokabular konfrontiert. Eines dieser Fachwörter steht am Anfang des *Seltsamen Springinsfeld*.

Was ist ein Kärst?

Der Roman beginnt mit einer ausgedehnten Wirtshausszene. Dramaturgisch versiert führt Grimmelshausen das Personal dort zusammen, und es ist davon auszugehen, dass Grimmelshausen Wirtshäuser und Gaststuben als literarische Idealorte ansah, wo man sich friedlich versammelt, um miteinander zu reden und zu trinken. Hinzu kommt, dass er selbst Gastwirt war und schon sein Großvater in Gelnhausen Wein ausgeschenkt hatte.[8] Im *Springinsfeld*, nach der *Courage* eine weitere Sprossgeschichte des *Simplicissimus*, verknüpft Grimmelshausen in seiner raffinierten literarischen Webtechnik die simplicianischen Bücher. Just jener junge Schreiber, dem die Courage Simplicissimus zum Trotz ihre Lebensgeschichte diktiert hatte, ist nun arbeitslos und gelangt auf Stellensuche in eine größere Stadt, wahrscheinlich Straßburg. Dort trifft er in einem Wirtshaus den alten, sehr geläuterten und lebensklugen Simplicissimus. Nach einer Weile kommt ein Mann mit einem Holzbein in die Gaststube, der sich als Springinsfeld herausstellt und den sowohl der Schreiber aus der *Courage* und natürlich Simplicissimus aus seiner Kriegszeit kennen. Jetzt wird der Plan entwickelt, das Leben des durchtriebenen Springinsfeld durch den Schreiber festhalten zu lassen, um es der Landstörzerin Courage kräftig heimzuzahlen, die ja wiederum ihre Geschichte erzählt hat, um sich, als betrogene Betrügerin, an Simplicissimus für üble Nachrede zu rächen. Das Spiel mit den fiktionalen Autorenschaften kann raffinierter nicht sein. Grimmelshausen lässt einen Schreiber auftreten, der die Geschichte der Courage zu Papier brachte, um Simplicissimus zu ärgern, und der an dem Plan mitstrickt, gegen die Courage das Leben des *Seltsamen Springinsfeld* aufschreiben zu lassen.

Gerade haben die drei simplicianischen Figuren sich zugeprostet, als noch jemand hereinspaziert, den der Erzähler sogleich als einen ›Schreiberknecht‹ identifiziert. Hinzu kommt noch ein Bauer von der anderen Rheinseite – man befindet sich ja wohl in Straßburg –, der so angeredet wird:

»*Herr Verwalter, ich bitte Euch, gebt mir einen Reichstaler, damit ich meinen Kärst aus der Schmiede holen kann, wo ich ihn herrichten hab lassen.*«

»*Was, zum Henker, soll denn das heißen?*«*, antwortete der andere.* »*Warum schaffst du deine Gerste in die Schmiede? Ich dachte, mit der fährt man zur Mühle.*«

»*Mein Kärst! Kärst!*«*, sagte der Bauer.*

»*Ich hör's ja!*«*, antwortete der Verwalter.* »*Meinst du, ich bin taub? Ich frage mich bloß, was du mit deiner Gerste in der Schmiede machst. Die lässt man doch in der Mühle mahlen!*«

»*Ei, Herr Verwalter!*«*, sagte der Bauer,* »*ich rede nicht von Gerste, sondern von meinem Kärst, mit dem ich den Boden hacke.*«

»*Ach so!*«*, antwortete der Verwalter,* »*das wäre dann also was anderes*« *– zahlte dem Bäuerlein einen Taler aus und notierte diesen auch gleich auf einer Schreibtafel. Ich aber dachte im Stillen:* »*Du willst ein Verwalter unter Winzern sein und weißt nicht, was ein Kärst ist?*« *– denn er befahl dem Bau-*

ern, er solle wiederkommen und den Kärst vorzeigen, damit er sehe, was das für ein Wesen sei und was der Schmied damit gemacht habe.[9]

Dieser Verwalter, den der Schreiber beim Gespräch mit einem Winzer belauscht, ist der schauenburgische Schaffner Hans Jacob Christoffel von Grimmelshausen. Dafür spricht die gesamte Szenerie. Wir können diesem Schaffner bei der Arbeit zuschauen und Grimmelshausen beim Schreiben. Der Kärst ist Eigentum des Grundherrn, der Schaffner – immer im Dienst – notiert sogleich den verausgabten Taler in seiner mitgeführten Buchhaltung, was hier schon ein wenig ironisch wirkt. Diese kurze Aufführung des simplicianischen Sprechtheaters voller Wortwitz ist in Wahrheit ein komplexes Spiel mit Schreiber-Rollen. Grimmelshausen versieht den fiktiven Autor und Schreiber des *Seltsamen Springinsfeld* mit einem weiteren Anagramm seines Namens. Er heißt hier Philarchus Grossus von Trommenheim, bei der *Courage* wurde noch ›auf Griffsberg‹ hinzugefügt. Dieser anagrammatisierte Schreiber verfasst den *Springinsfeld* »auf Veranlassung des allseits bekannten Simplicissimus«. Das ist ein Werbespiel mit der erfolgreich etablierten Marke. Nun begegnet der Anagrammaticus/Autor seinem Simplicissmus, der vom anagrammatischen Bruder Melchior Sternfels von Fuchshaim geschrieben wurde. Schreiber Philarchus erkennt im Schaffner von der anderen Rheinseite einen Schreiberknecht, der mit dem unverstandenen ›Kärst‹ einen ›Recherchefehler‹ oder ein Erfahrungsdefizit des fiktiven Schaffners aufdeckt, der in Wirklichkeit von Grimmelshausen heißt, aber vom fiktiven Erzähler/Schreiber Philarchus als Kollege identifiziert wird.

Hinter den Erzähler- und Spielmasken steckt der reale Herr Verwalter, der sich mit seiner erzählten ambulanten Schiefertafelbuchhaltung über sich selbst lustig macht und sich als Neuling unter Ortenauer Winzern porträtiert. Denn er kann nicht einmal das wichtigste Werkzeug der

Weinbauern beim Namen nennen, wo er doch ein Schreiber sein möchte, den gerade fremde Ausdrücke interessieren. Und genau das führt der maskierte Grimmelshausen hier vor. Er war einst wirklicher Schauenburgischer Schaffner. Es steckte aber der simplicianische Schreibschalk schon in ihm, der 1668 den *Simplicissimus*, 1670 die *Courage* und den *Springinsfeld* herausbrachte. Übrigens wusste Grimmelshausen aus seiner Gelnhäuser Heimat vermutlich sehr wohl, was ein Kärst ist. Dort heißt das Ding noch heute Karst und bezeichnet »eine Hacke mit zwei Zinken zum Kartoffelausmachen«[10]. Auch Koaschd oder Keaschd wird es genannt.

Grimmelshausen war demnach jemand, der mit seinen realen und fiktiven Figuren ein virtuoses literarisches Puppentheater aufführte. Das ist für einen Autor nichts Besonderes. Für jemanden, der öffentlich niemals als Verfasser von Weltliteratur wahrgenommen wurde und auftreten konnte, der wahrscheinlich nachts schrieb und tagsüber ein geachteter, gut beschäftigter Schaffner war, hatten die multiplen Schreiberrollen und die immense Vervielfältigung des eigenen Namens in elf Anagrammen auch den öffentlichen Mangel an Autorenidentität zu kompensieren. Dass Grimmelshausen nicht nur Zeitgenossen jeden Standes ›satyrice‹ angehen, sondern auch sich selbst verfremden und ironisieren konnte, zeigt diese Szene, die im Haus der Häuser, im Gasthaus, spielt.

Häuser in Gaisbach

Der Schaffner wurde von seinen Dienstherren gründlich kontrolliert, es scheint ihm gegenüber eine Art Generalverdacht geherrscht zu haben. Das ging so weit, dass Junker Karl ihm zu Martini, also am 11. November 1655, kündigte. Das Rechnungsjahr in der Schauenburgischen Herrschaft reichte vom 7. September eines Jahres bis zum gleichen Tag des folgenden Jahres. Bei der Jahresrechnung 1655 stellte sich heraus, dass Grimmelshausen dem Junker Karl 600 Gulden schuldete, über die er aber nicht verfügte. Die hoch komplizierte Abrechnung des aus Geld und Naturalien bestehenden eigenen Einkommens war fehlerhaft. Auf seine Kündigung hin kündigte der Schaffner von sich aus dem anderen Dienstherrn, Junker Hans Reinhard. Weil aber am 7. März 1655 Junker Claus, der Senior der Familie, gestorben war und nun Hans Reinhard dessen Position einnahm und bei aller Mäkelei die Herren von den Fähigkeiten ihres Schaffners doch überzeugt waren, nahm Hans Reinhard die Kündigung nicht an und brachte Karl seinerseits dazu, an Grimmelshausen festzuhalten.

Das Hauptproblem war offenbar der Wein, der gesamte Weinhandel der Untertanen mit der Herrschaft, für dessen korrekte Abrechnung der Schaffner verantwortlich zeichnete. Als sich das Verhältnis mit Karl und Hans Reinhard wieder geklärt hatte, beschloss Grimmelshausen, die eigenen Einkünfte durch ein Wirtshaus zu verbessern.

Als Grimmelshausen nach Gaisbach gekommen war, wohnte er zunächst in einem Haus im Ortsteil ›im Hilßen‹. Dieses Haus tauschte er mit der sogenannten Schaffnei, in der vormals der Schaffner Preiner von Philipp Hannibal gewohnt hatte. Offenbar entwickelte sich das Verhältnis zum etwa gleichaltrigen Philipp Hannibal von Schauenburg erfreulich, und so kam es, dass der Schaffner das größere Schaffnerhaus von Philipp Hannibal für seine eigenen Zwecke umbauen durfte. Zunächst hatte er seit Anfang des Jahres 1656 von Philipp Hannibal einen Keller gemietet, um darin Wein zu lagern, den er später in einer eigenen Wirtschaft ausschenken wollte. Dann erhielt er Ende des Jahres das gesamte Haus, dessen Umbau zu einer Gastwirtschaft und einem Wohnbereich sich längere Zeit hinzog. Grimmelshausen hatte an das Haus im Hilßen einen Stall für fünf Rinder anzubauen, Philipp Hannibal verpflichtete sich, das halbzerstörte Schaffnerhaus wieder herzustellen.

Über diesen Häusertausch informiert in allen Einzelheiten der erhaltene Entwurf für einen Pacht- und Tauschvertrag aus der Feder Grimmelshausens. Leider sind erhebliche Teile dieses Dokuments dem Mäusefraß zum Opfer gefallen. Im Gaisbacher Saal- und Lagerbuch von 1741 findet sich aber eine recht genaue Beschreibung des ›herrschaftlichen Schaffnei-Hauses‹:

Solches ist gelegen in dem Thaal Gaißbach, ohnweit der St. Georgen Cappell, bestehet in Hauß, Hof, Scheuer, Stallung und Garthen, einseith neben dem Fuggerischen Hoff, so Hardhardischer Linie geherig, anderseith neben dem Kirchweeg und einem kleinen Bächlein, hinten auf den Fahrweeg, vornen auf gedachtes Bächlein und den Dorfweeg stoßent (...)[11]

Inzwischen war die Familie gewachsen. Seine Frau Katharina hatte am 3. Mai 1650 Franz Christoph Ferdinand zur Welt gebracht, den späteren Postmeister. Anna Dorothea folgte zwei Jahre später. 1653 wurde Maria Magdalena geboren, 1654 Maria Dorothea und Johannes Friedrich.

Es dürfte für die Eltern mit fünf kleinen Kindern nicht einfach gewesen sein, vom einen Schaffnerhaus ins andere zu ziehen, während daran noch gearbeitet wurde. Osterdienstag 1657 wurde das Haus feierlich eingeweiht. Die Gastwirtschaft erhielt den Namen ›Oberes Wirtshaus‹ zur Unterscheidung des in Gaisbach schon bestehenden ›unteren‹ des Hans Wilhelm Britz. Zwei Gasthäuser für ein Dorf mit nicht einmal hundert Einwohnern sind wohl eines zu viel. Die Polizeiordnung schrieb vor, dass Hochzeiten und andere Feste in den Gaisbacher Gasthäusern auszurichten seien. Eine Hochzeitsfeier ist in Grimmelshausens Schenke für das Rechnungsjahr 1657/1658 belegt. Der Bräutigam war ein Winzer des Junkers, der auch für zwei Gäste die Zeche zahlte. Der eine hatte für 9 sch. 5 Pfg., der andere für 7 sch.

11 Pfg. getrunken, und das war eine ganze Menge. Dennoch sollte Grimmelshausen mit dem ›Oberen Wirtshaus‹ keine ökonomische Freude haben. Er hatte von Philipp Hannibal einen Rebhof als Erblehen bekommen, der ihn aber mehr kostete als er einbrachte. Auch konnte er über ein Quantum Deputatswein verfügen. Das langte aber nicht, um rentabel ein Gasthaus zu führen.

Am Einweihungstag, Osterdienstag 1657, war Philipp Hannibal der Vertreter der Herrschaft. Er zerbrach zeremoniell ein hochstieliges Weinglas und wird ein paar Glück- und Segenswünsche geäußert haben. Wie sehr sogar solche Festivitäten ihren Preis hatten, zeigt die erhaltene Rechnung für Philipp Hannibal:

Item uff denn Osterdinstag hat der Junckher mit Herren Schultheißen unnd Ambtschaffner in Erster Zech verzehrt 3 Schilling 6 Pfennige; Item zerbrach der Junckher damahl Ein hoch glaß thut 8 Pfennige.[12]

Besagter Schultheiß war Johann Preiner, oberster Gerichtsherr des Gaisbacher Tals und Amtsschaffner von Philipp Hannibal. Er hatte seine Dienstwohnung in Oberkirch, nur deshalb konnte Grimmelshausen in das nicht genutzte Schaffnerhaus einziehen.

Das ›Obere Wirtshaus‹ bestand nur bis Dezember des Jahres 1658, danach begann der Schaffner einen eigenen Pferdehandel, der aber auch nicht viel einbrachte. Aus Grimmelshausens Vertragsentwurf lässt sich auch das Schaffnerhaus selbst rekonstruieren. An das zweistöckige Steinhaus war ein Erker angebaut, in dem eine Wendeltreppe lief. Im Erdgeschoss lagen Küche und Gaststube mit Theke, Tischen und Bänken. Grimmelshausens Schreibstube wurde nach oben in den Erker verlegt. Im zweiten Stock befanden sich die Wohn- und Schlafräume der Familie. Das Haus verfügte über einen Keller, in dem der Wein lagerte. Zu den Wirtschaftsgebäuden gehörten ein Backhaus, eine Scheune, Schweine-, Kuh- und Hühnerstall und ein Taubenhäuschen. Alles in allem gewiss keine herrschaftlichen Verhältnisse, aber doch ein stattliches Anwesen.

Geld und Schätze

Das Eintreiben von ausstehenden Geldern in Dorf und Tal, der Besuch von Gerichtsterminen mit säumigen Schuldnern, die Abrechnung eigener Auslagen und schließlich die Kontrolle durch seine Dienstherren fraßen einen Großteil von Grimmelshausens Arbeitszeit. Das macht der folgende winzige Ausschnitt aus einer Aufstellung der finanziellen Tätigkeiten allein für Junker Karl in den Jahren 1649 bis 1652 deutlich:

23. November 1649: *Item den 2. und 3ten Novembris 1649 alß ich in Petersthal, Antogast, Sultzbach und den ohrten im Noppenauer Thal die Censiten zur Bezahlung ahngemahnet mit sambt dem Pferdt in Erlen unnd Noppenau verzehrt 1 fl. 2sch. 4 pf.*

18. November 1650: *Den 18ten Novembris ermelten Jahrs Hanß Eßlingern wegen 50 fl. Capithal vor Gericht genommen, thuet Gebott geltt 4 pfg. Damahl dem gericht erlegen müssen 2 sch., Urthel gelt.*

1650/51. *Item mit Hanß Lenhard Schwartzen Wittwe Sel. Uncösten aufgewendet, so sie zwar wieder gutgemacht ... 2 sch.*

21./22.Mai 1651: *Item damahl Melcher Springern und Mathis Hubern zu Oppenau vor Gericht laßen gebiethen von Jedem 4 pfg. thuet Gebottgelt 8 Pfg. Damahl ich sambt dem Pferdt und Gerichts Potten verzehrt 1 fl. 6 sch. 2 pfg. Item hatt mir damahl Jacob Müller unnd Peter Hueber Jeder 1 Stückh Viehe geben, dieselbe in Gaißbach zu treiben zahlt 4 sch.*[13]

Geld bzw. Forderungen, pünktliche Zahlungen, Gerichtstermine, Strafen und andere Abgaben grundierten das Leben der Untertanen nicht nur in Gaisbach Dorf und Tal. Auch die Herren untereinander stritten unentwegt um Lehen, Verpflichtungen und Zahlungsmodalitäten. So kam es zwischen Karl und Claus von Schauenburg im November 1650 zu einem kleinlichen Streit um geringe Summen, die der eine dem anderen angeblich schuldete. Hier bewährten sich des Schaffners Rechen- und Verhandlungskünste. Da ging es zum Beispiel um »1 Viertel 2 Sester Roggen«[14] die der Claus dem Karl nicht zahlen wollte, weil er sie als Faustpfand für Gelder zurückhielt, die ihm Karl noch schuldete.

Grimmelshausen half bei der Beilegung des Streits durch ein beeindruckendes Zahlenwerk.

Die elf Jahre seiner Schaffnertätigkeit für die Herren von Schauenburg waren Grimmelshausen eine quälend lange Lehrzeit für die Einsicht in die Macht des Geldes. Das half ihm beim eigenen Erwerb kaum, aber als symbolisches Kapital, mit dem er literarisch wuchern konnte, war es offenbar äußerst hilfreich; denn kaum ein Thema, ein Motiv findet sich derart häufig in seinen Werken wie eben das Geld. Vor allem im *Simplicissimus* und in der *Courage* schimmert durchs Textgewebe immer ein roter Geldfaden: als Geißel, als Todsünde des Geizes, als Verhängnis und Methode des Untergangs. Dem bösen Geld setzt der Autor ein Wunsch- oder Schatzgeld wie im Märchen entgegen. Zwar haben es Simplex und Courage wahrlich nicht redlich erworben, es ist davon aber immer genug da und wird an den abenteuerlichsten Stellen aufbewahrt.

Die häufigen Finanzexkursionen in die nähere Umgebung dürften Grimmelshausen mit der Zeit lästig geworden sein. Andererseits öffneten sich seiner Wahrnehmung während der Ausflüge auch andere Welten. Seine kürzeren und etwas längeren Reisen zu Junker Hans Reinhard auf Schloss Mahlberg bei Offenburg oder nach Griesbach, dem ›Schauenburgischen Sauerbrunnen‹ (heute Bad Griesbach zusammen mit Bad Antogast und Bad Peterstal), wo sein Herr gelegentlich der Gicht wegen ›kurte‹, gewiss auch nach Straßburg

GELD UND SCHÄTZE

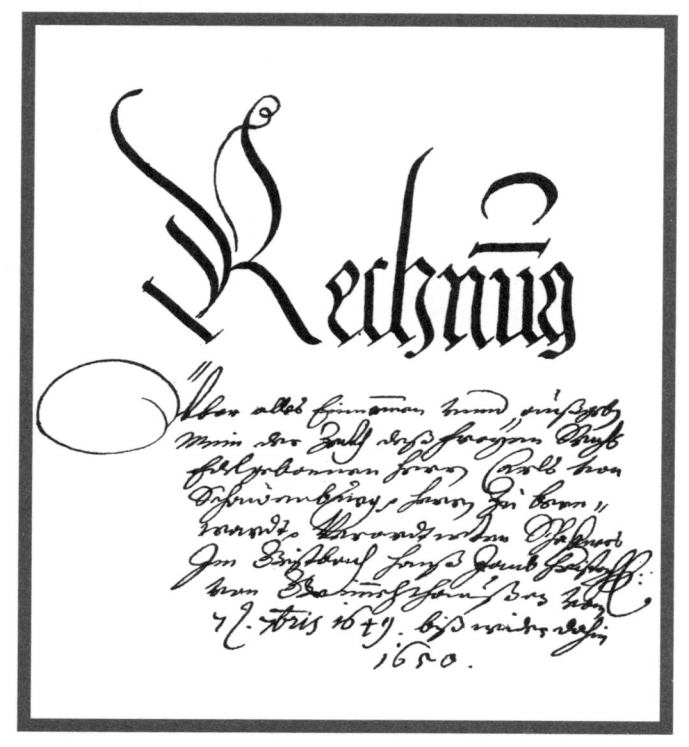

Titel einer Rechnung aus dem Jahr 1650 in der Handschrift Grimmelshausens

und ins Hanauer Land befreiten ihn dann und wann aus seinem engeren Bezirk, in dem er als Wirt erst einmal und als Schaffner beinahe schon gescheitert war. Wie die auf den Autor weisende Szene mit dem ›Kärst‹ zeigt und viele Hinweise auf reale Plätze, Orte, Landschaften aus Grimmelshausens Leben in der Ortenau und wie Spuren alemannischer Dialekte im Werk es belegen, hat Grimmelshausen in sein Weltbuch *Simplicissimus* sich selbst und seine Umgebung in schönsten Verschlüsselungen aufgenommen.

Die Spitalbühne

Das Titelbild eines Buches im Barockzeitalter, meist Titelkupfer oder Kupfertitel genannt, sollte die Leser, die das Buch erst einmal kaufen mussten, in gefällig-plakativer Form einladen: ›Hereinspaziert in gerade dieses Buch, Ihr werdet es nicht bereuen, Euer Geld ist gut angelegt!‹ Bücher waren teuer, Reklame tat Not. Das ist ganz deutlich bei Philipp Harsdörffer zu lesen:

Bey dieser Zeit/ist fast kein Buch verkaufflich/ohne einen Kupfertitel/welcher dem Leser desselben Inhalt nicht nur mit Worten/sondern auch mit einem Gemähl vorbildet. (...) Schlüsslichen ist dieses der schönste und behäglichste Titel/ welcher (...) dem Leser eine so gute Meinung von dem Buch in das Gedächtniß drukket/daß er solches zu kauffen/und zu lesen begierig wird.[15]

Um die Leser ins Buch zu ziehen, wurde das Titelkupfer oft wie ein Eingang, ein prächtig gestaltetes Tor ins Lesevergnügen gestaltet. ›Prunkfassaden, Säulenbauten oder Triumphbögen‹[16] wiesen auf den kostbaren Inhalt dahinter. »Zahlreiche Titelbilder lassen solche Motive der Einladung und Zurschaustellung sehen. Für die Epoche des umfassenden Denkbilds vom Theatrum mundi, vom Welt-Theater, in der Bücher oftmals mit Titelstichwörtern wie *Theatrum*, *Spectaculum* oder *Schau-Bühne* veröffentlicht werden, sind die Topoi einer bühnenartigen Aufmachung von Titelbildern so selbstverständlich, wie der Maler und Theoretiker Gérard de Lairesse im Spätbarock zur künstlerischen Gestaltung des ›Vor-Grunds‹ eines Frontispizes rät, indem er schreibt: ›welches man ansehen muß, als ob es eine Schau-Bühne wäre‹.«[17]

Diese Vorrede führt zu einer Doppelung, wie sie uns so nur beim Verschlüsselungsexperten Grimmelshausen begegnen kann. Auf dem Titelkupfer seines ersten Werkes, des *Satyrischen Pilgram* von 1666, ist eine zweigeteilte Bühne zu sehen, links der helle Tag, rechts der gestirnte Nachthimmel. Auf der linken Seite tritt ein Jakobspilger mit Stab und Muschel auf, rechts ein aggressiver Satyr. Damit wird auf eine Fabel von Hans Sachs angespielt, in der ein Satyr einen Pilger aus dem Haus jagt, bloß weil er sich die Hände warm haucht und das heiße Essen kalt pustet. Diese Fabel wird in der ersten ›Vorred‹ erzählt. Vor dem Unterbau der Bühne diskutiert die behelmte Göttin Minerva mit Blütenzweig und Lanze in den Händen mit einem grässlichen Höllenmonstrum. Besser kann man zum Titel nicht hingezogen werden:

Satyrischer Pilgram/Das ist: Kalt und Warm/Weiß und Schwartz/Lob und Schand/über guths und böß/Tugend und Laster/auch Nutz und Schad vieler Ständt und Ding der Sichtbarn und Unsichtbarn der Zeitlichen und Ewigen Welt.[18]

Die dritte Vorrede unterschrieb Samuel Greifnson vom Hirschfeld. Auch Datum und Ort wurden schon mitgeteilt, aber jetzt erst erfährt man von einem kuriosen Resonanzboden, einer anderen Bühne, der Gaisbacher ›Spittelbühn‹, Spitalbühne. Grimmelshausen hat das gleichnamige Grundstück 1653 gekauft. Bis heute steht dort ein Haus, das neben dem Gelnhäuser Geburtshaus in der Schmidtgasse das wichtigste materielle Zeugnis aus Grimmelshausens Lebensgeschichte ist: das Gasthaus ›Silberner Stern‹. Hinter der imaginären Kupfertitel-Bühne beginnt das erste Werk des Autors, der auf der Spitalbühne 1659 ein Haus baute und dort am 15. Februar 1666 sein erstes Werk in die Welt entließ. Die Kupfer-Bühne wurde emblematisch so verschlüsselt, dass kundige Leser es leicht entschlüsseln konnten. Die andere Bühne integrierte der Autor mit anagrammatischem Kniff in sein Werk:

Der Leser leb wohl/und nehme diß geringe Werck an/in solcher Meinung wie ichs ausgefertigt/nemlich damit gut und böß in acht genomme: dem Ersten nachgeeilet: und dem Letzten entflohen werde; So haben wirs beyde besser als wohl ausgerichtet. Datum Hybspinthal den 15. Februarii Anno 1666.[19]

Grimmelshausen ließ auf der Spitalbühne zwei Häuser bauen. Das eine, wie erwähnt, im Jahre 1659. Wann das andere gebaut wurde, wissen wir nicht. Das heutige ›Gasthaus Silberner Stern‹ ist der einzig erhaltene Ort, von dem man

Titelkupfer und Titelblatt des *Satyrischen Pilgram* (vordatiert auf 1667)

sicher weiß, dass Grimmelshausen dort geschrieben hat. Das Haus wurde gebaut, als »gut und böß« nicht besonders gut zu trennen waren.

In einem Brief an Junker Hans Reinhard vom 2. Juni 1652 beklagte Grimmelshausen den gänzlich heruntergekommenen Zustand der Spitalbühne. Das Grundstück gehörte Karl Bernhard von Schauenburg, der es an den Kurmainzischen Rat und Oberamtmann des Eichsfeldes, Eberhard von Elz, verliehen hatte. Im Dreißigjährigen Krieg verfiel das Haus auf diesem Grundstück dermaßen, dass von Elz es gänzlich abreißen ließ. Die Reste verkaufte er ohne Genehmigung der Schauenburger nach Oberkirch. Den Zins hatte er schon lange nicht mehr gezahlt. Karl war mit dem lieder-

DIE SPITALBÜHNE

lichen Zustand der Liegenschaft unzufrieden und bat den Schaffner Grimmelshausen, die Angelegenheit mit dem Baumeister (so wurde der Älteste der Schauenburger genannt), Hans Reinhard also, zu klären, was er im erwähnten Brief versuchte. Entweder, schlug Grimmelshausen vor, Eberhard von Elz zahle sämtliche Zinsrückstände oder das Anwesen falle an Karl von Schauenburg zurück. Die Angelegenheit kam vor den Ritterschaftsausschuss der Ortenau als zuständige Gerichtsinstanz, der die Parteien aufforderte, sich bis Martini 1652 zu vergleichen. Von Elz gab die verwilderte Spitalbühne zurück, und der Schaffner konnte sie übernehmen. Das geschah im Jahr 1653. Solange er das Grundstück in einem ordentlichen Zustand halten und den Zins zahlen würde, hätte er über die Spitalbühne wie über ein Eigentum verfügen können, wäre die Bühne als ›immerwährendes Erblehen‹ bei der Familie geblieben.

Und so war es auch für lange Zeit. Grimmelshausen scheint noch gelegentlich auf der Spitalbühne gewohnt zu haben, als er schon Schultheiß in Renchen war. Zinszahlungen sind bis zu seinem Tod im August 1676 nachzuweisen. Später erfahren wir aus einem Brief von Ferdinand Christoph, dem ältesten Sohn Grimmelshausens, an den Schauenburgischen Amtmann Immelin vom 22. April 1711 Einzelheiten über das traurige Schicksal der Spitalbühne. Es wurde ein Prozess um das Grundstück geführt, in dem Ferdinand Christoph an die Zwangslage erinnerte, in der die Spitalbühne hatte verkauft werden müssen. Seine Mutter, Katharina, sei nach dem Tod ihres Mannes

den langwührigen Krieg mit villen Kindern beladen Erarmbet, und zue ihrer Notturfft umb sich mit ihren Kindern mit Ehren durchzubringen, gezwungen worden, deß gueths Überbesserung umb einen spott nemblichen um 85 fl und ein Kalb zu verkauffen (...).[20]

Dieser Verkauf wird 1682 in einem schauenburgischen Rechnungsbuch dokumentiert. Die von Ferdinand erwähnte Armut der Mutter verwundert, weil der am 3. Mai 1650 geborene Sohn mittlerweile in Renchen zu einigem Wohlstand gekommen war. Zurück zum Kauf des etwa eindreiviertel Hektar großen Grundstücks:[21] Der Jahreszins für die Spitalbühne betrug vier Schilling zuzüglich zwei Kapaunen und einer Henne. In den Schaffneirechnungen für Junker Karl wird diese geringe Summe zunächst regelmäßig aufgeführt, später scheint Grimmelshausen, der in Gaisbach wohl ständig von Geldsorgen gequält wurde, selbst den geringen Zins nicht mehr regelmäßig gezahlt zu haben. Ob er die Kapaunen und die Henne immer hat liefern können, ist nicht bekannt. Von der Spitalbühne, dem zweiten Versuch Grimmelshausens, in Gaisbach als Gastwirt zu überleben, wird noch die Rede sein.

Dem Schaffner Grimmelshausen wird gekündigt

1655 war Grimmelshausen zum ersten Mal gekündigt worden. Das Verhältnis zu beiden Herren, Hans Reinhard und Karl Bernhard, ließ sich aber wieder bereinigen. Zum Ende des Geschäftsjahres 1660, am 7. September, beendeten beide Schauenburger das Dienstverhältnis mit ihrem gemeinschaftlichen Schaffner erneut, dieses Mal für immer. Der Hauptgrund waren die Summen, die Grimmelshausen jedem von beiden schuldete. Das lag auch am unseligen Rezess-Wesen, das es dem Schaffner über längere Zeit erlaubte, eigentlich fällige Zahlungen und Abgaben bei seinen Herren sozusagen anschreiben zu lassen. Dafür waren hoch komplizierte Rechenoperationen nötig, bei denen die Abgaben und Einnahmen gegeneinander aufgerechnet wurden. Die Schlussrechnung ergab schließlich, dass Grimmelshausen Karl Bernhard 100 Gulden und Hans Reinhard 172 Gulden schuldete. Das war der offenkundige Kündigungsgrund. Der Schaffner Grimmelshausen hatte zu viele eigene Interessen und war leider nicht so vermögend, dass er darauf hätte verzichten können, in die Geschäfte seiner Herrschaften eigene zu integrieren. Ein anderer Grund war wohl, dass das große Projekt, nach dem Krieg die verwilderten Zinszahlungen und Naturalienlieferungen wieder ›in Ordnung zu bringen‹ im Wesentlichen abgeschlossen war. Grimmelshausen hatte sich in der Klärung der spätfeudalen Lehensverhältnisse in Gaisbach und im Tal aufgerieben. Dafür musste er alte Urkunden suchen und neue verfassen, musste vor Gericht erscheinen, die Interessen seiner Herren gegen die der Untertanen ausbalancieren. Aber nicht nur die ökonomischen Beziehungen in diesem vormodernen Mikrokosmos hatte er zu regeln, er musste sich auch zu einem Experten für Vieles schulen: Gestrüpp roden, Häuser und Ställe aufbauen helfen, Weinbau und Landwirtschaft lernen sowie ständig per Pferd herumreiten, um als Bote der Herrschaft aufzutreten oder mit den zur Kur im Griesbacher Sauerbrunnen oder sonstwo weilenden Herrschaften überhaupt in Kontakt sein zu können.

Den Schaffner von Grimmelshausen aber als Opfer dieser engen Abhängigkeitsverhältnisse darzustellen wäre falsch und flach. Sein Leben in Gaisbach ist anders zu lesen. Er hat in den elf Jahren seit der Heirat mit Katharina Henninger in Offenburg die Basis für die Publikation eines mehrere tausend Seiten starken Werkes geschaffen. Das erste Buch erschien im Herbst 1666. Angekündigt waren der *Satyrische Pilgram* und der Roman *Der keusche Joseph* schon in den Katalogen der Frankfurter und der Leipziger Herbstmesse 1665 und für die kommende Ostermesse 1666. Als letztes Werk zu Lebzeiten erschien im Frühjahr 1675 bei Georg Andreas Dollhopf in Straßburg *Deß Wunderbarlichen Vogelnessts Zweiter theil*. Dieter Breuer weist darauf hin, dass Grimmelshausen als Renchener Schultheiß wegen der militärischen

Verwicklungen im Rahmen des niederländisch-französischen Krieges spätestens ab dem Frühjahr 1674 kaum noch Zeit zum Schreiben gefunden haben kann. 2009 wurde allerdings der Jahrgang 1675 des *Schreib-Kalenders* gefunden, der beim Drucker und Verleger Heinrich Straubhaar im elsässischen Molsheim erschienen war. Es gilt als sicher, dass Grimmelshausen für diesen Kalender geschrieben hat. Darin finden sich nämlich ›kurzweilige Historien‹ vom alten Simplicissimus. Als angeblicher Verfasser fungiert hier der junge ›ehelich geborene‹ Simplicissimus, was darauf schließen lässt, dass Grimmelshausen diesen Kalender legitimiert hat. Geschichten und die erwähnten Figuren wie der Stolze Melcher sowie der kunstvoll ironische Ton erlauben es überdies, Grimmelshausen als Autor anzusehen

Zwischen 1666 und 1675 erschienen die zehn Teile des Simplicianischen Zyklus, zehn kleinere simplicianische Schriften, vier historische Romane und drei Traktate, bei einem weiteren wirkte Grimmelshausen als Redakteur.

Wie schon mehrmals erwähnt und von Grimmelshausen an vielen Stellen bezeugt, beginnt er, ›sobald er kaum das ABC begriffen hat‹, noch bevor er als ›rotziger Musketier‹ in den Krieg gezogen ist, mit dem Schreiben, wofür hätte er sonst das ABC begriffen? Dass überhaupt nicht bekannt ist, wie seine ersten Versuche aussahen, keine kindlichen Verse oder lateinischen Exerzitien erhalten sind, die spätere Verfasser von Weltliteratur zu hinterlassen pflegen, steht auf einem anderen Blatt. Wenn es dergleichen gab, wurde es im Krieg vernichtet. Am *Simplicissimus* hat er, wie er in der Schlussbemerkung vom 22. April 1668 mitteilt, ›teils in seiner Jugend geschrieben, als er noch ein Musketier war‹. Die Anfänge seiner Lese- und Schreibsozialisation konnten aufgehellt werden. Man kann davon ausgehen, dass er während des Krieges, als Schreiber und Regimentssekretär in Offenburg und erst recht in der Gaisbacher Zeit jemand war, der gelesen, geschrieben, exzerpiert, archiviert, Bücher besorgt und von eigenen Büchern geträumt hat. Mag sein, dass die Träume des Schaffners gut geordnet und eher Pläne waren, die wie sein erhaltener Schriftverkehr fein säuberlich und nach verzwickten Systemen aufbewahrt wurden.

Aus der Perspektive der später erschienenen Bücher müssen die Gaisbacher Jahre gewiss und all die Jahre davor mit höchster Wahrscheinlichkeit als eine der erstaunlichsten literarischen Latenzphasen in der Geschichte des Bücherschreibens angesehen werden. Grimmelshausen hatte zwei Leben, die am besten mit Tag und Nacht zu vergleichen sind. Die beiden Hälften, was viel zu symmetrisch ausgedrückt ist, haben später dann die Plätze getauscht. Am Tag war er ein vielbeschäftigter ›Verwaltungsbeamter‹ zwischen zwei Familien: der eigenen und der Schauenburgischen. Nachts muss er gelesen haben und geschrieben. Zu seinen täglichen Pflichten gehörten Verhandlungen, Dienstgespräche, kleine Reisen, das Verfassen von Briefen, Protokollen, Mahnungen. Zwischendurch saß man beim Essen und Trinken zusammen, spielte Karten und sprach mit dem Pfarrer über die Taufen der Kinder. Man hat sich den Schaffner Grimmelshausen als einen geselligen Menschen vorzustellen, der streng sein musste, aber ständig um Rat gefragt wurde. Mit dieser Arbeit und der kleinen Öffentlichkeit in der Ortenau hätte es gut und gerne für ein erträgliches Leben gereicht. Neben diesem Leben aber schuf er die Grundlagen für die spätere, weltweite literarische Wirkung. An dem simplicianischen Kommunikationsprojekt, das sich nicht nur durch die Jahrhunderte in unendlich vielen Lektüren, sondern in einer stattlichen Reihe von Fortschreibungen realisierte, arbeitete er vollständig isoliert. Nahezu niemand beschrieb zu Lebzeiten ihn und seine Werke. Niemand malte ihn oder stach ihn gar in Kupfer. Niemand sah ihn als den, der er werden sollte. Also musste er sich literarische Geselligkeit selbst besorgen: Und darin besteht vor allem das Geheimnis Grimmelshausens.

Sehr früh, er war bestimmt ein ›hochbegabtes‹ Kind, hat er mit seiner literarischen Schatzbildung begonnen. Durch Hinschauen, Zuhören, im Kopf Behalten, Aufschreiben, kleine Zeichnungen vielleicht und Lesen unter allen Umständen, hat er sich eine literarische Parallelwelt ausgedacht, die sich nicht verlieren durfte, sondern sehr früh schon als Publikationsprojekt imaginiert wurde (er hat in seiner Jugend nicht irgendetwas, sondern den *Simplicissimus* ›teils schon geschrieben‹). Beim *Simplicissimus* und noch bei seinem letzten Werk, dem zweiten *Vogelnest*, sehen wir einen gierigen Sammler, der die neuesten Nachrichten, Schriften, Tendenzen rasch aufgreift, um sie unbedingt noch unterzubringen. Das ging so weit, dass er in das eigentlich fertige Manuskript der *Continuatio* noch eine aufregende Geschichte aus dem *Nordischen Merkur* einarbeiten musste. Warum soll er als Schauenburgischer Schaffner anders gearbeitet haben? Nach getaner Tagesarbeit sitzt er am Tisch im ›Schreibstübchen‹ des Schaffnerhauses. Als Schreiber in Offenburg hat er gelernt, wie man eine Ordnung für die Schriftstücke schafft, wie man im Archiv arbeitet oder überhaupt erst eins einrichtet. Hans Reinhard von Schauenburg hat ihm wohl erlaubt, in seiner Bibliothek zu arbeiten. Er durfte die Bücher sogar zu sich ins Schaffnerhaus mitnehmen, dort blieben sie gewissermaßen in der Familie. Nun liest er im neunten Band des *Theatrum Europaeum*, exzerpiert ein paar Stellen, konsultiert seinen *Garzoni*, um im ersten Buch des *Simplicissimus* ein paar Sätze zu überprüfen, die ihm nach all den Jahren, die seitdem vergangen sind, merkwürdig vorkommen. Es muss bei ihm einen kontinuierlich breiten Lesefluss gegeben haben, der nur in Notfällen unterbrochen wurde. Aus den inzwischen nachgewiesenen Quellen, derer er sich in einem kaum fassbaren Maß bediente, kann er nur als großer und ausdauernder Stratege der Buchbeschaffung geschöpft haben. Hatte er ein Werk zum Beispiel in der Bibliothek des Klosters Allerheiligen entdeckt, musste die Lektüre mit einer

Dienstreise verbunden werden. Oder konnte der oben vorgestellte Pfarrer Widenmann dafür sorgen, dass ihm gelegentlich ausnahmsweise ein Buch geliehen wurde? Dieter Breuer hat sich mit diesen Fragen beschäftigt.[22] Das von Uta von Schauenburg 1192 gestiftete Kloster Allerheiligen gehörte zur schwäbischen Zirkarie des Prämonstratenserordens. Das Chorherrenstift wurde 1657 zum Kloster erhoben mit

Ruine des Klosters Allerheiligen

einem Abt an der Spitze. 1803 fiel es der Säkularisation zum Opfer. Die zur Gemarkung von Oppenau gehörende Klosterruine liegt im Lierbachtal, einem Seitental des Renchtals. Grimmelshausen hatte mit dem Kloster während aller Jahre in der Ortenau zu tun. Als Schauenburgischer Schaffner, Burgvogt der Ullenburg und Schultheiß in Renchen musste er immer wieder der ökonomischen Verflechtungen wegen im Kloster oder beim Großkeller in Oberkirch vorsprechen. Wie bemerkt, war Johann Widenmann zeitweilig ›Subprior‹ des Klosters und Seelsorger für Oberkirch. Darüber hinaus waren er und der Schaffner wohl befreundet. Das könnte es

Grimmelshausen erleichtert haben, die recht gut bestückte Stiftsbibliothek von Allerheiligen zu benutzen. Dort befanden sich nachweislich Bücher, die er für seine Werke benutzt hat. Etwa der *Teutsche Florus* von 1643, Werke des gelehrten Jesuiten Athanasius Kircher, Meurers *Meteorologica* von 1606, sehr viele Bände über Themen der Magie, Legendensammlungen, Bibeln und theologische Fachwerke. Von der ›Angebotsseite‹ aus betrachtet standen dort gleichsam die richtigen Bücher. Dass Grimmelshausen davon Gebrauch machen konnte, ist sehr wahrscheinlich. Ob er die Bücher mit nach Gaisbach nehmen durfte, ist dagegen zweifelhaft. Wenn er aber in der Bibliothek arbeiten konnte, dann hat er fleißig exzerpiert und die beschriebenen Blätter in sein Archiv eingeordnet.

›Aus Büchern‹ stammen seine Einsichten und aus dem, was er ›selbsten gesehen und erfahren‹ hat. So steht es im *Satyrischen Pilgram*. Im Kopf mischt sich das. Also hat sich Grimmelshausen im Gaisbacher Schreibstübel auch Notizen über Menschen, Dinge, Bräuche, markante Ereignisse aus seinem Berufsalltag gemacht, die in seiner latenten Literatur gespeichert wurden. Das konnte zum Beispiel eine ›Kärst‹ sein, deren Namen er nicht kannte oder nicht zu kennen vorgab. Die wanderte dann in den *Springinsfeld* und vielleicht der Herr Ulrich Bruder aus Oberkirch in den *Simplicissimus*, oder aus dem Herrn von Grimmelshausen und seiner Frau Katharina höchstselbst wurde das Paar Proximus und Limpida, das allen Standesunterschieden zum Trotz schließlich ehelich verbunden wird. Und immer wieder Gasthausszenen. Das Gasthaus wird zur doppelten Heimat. Grimmelshausens Großvater Melchior betrieb in Gelnhausen einen Weinausschank in der Schmidtgasse, er selbst wird in Gaisbach den ›Silbernen Stern‹ führen. In seinen Büchern sind Wirtsstuben die Orte, an denen die schönsten Geschichten erzählt werden und die Menschen zu den angenehmsten Betätigungen zusammenkommen.

Es fragt sich, welche Dimension die Tatsache seiner Isolation als Autor den Texten hinzugefügt hat. Eine Möglichkeit bestünde darin, dass er alle Energie in das ›Selbstgespräch mit dem Leser‹ investierte. Keine Akademie, keine Sprachgesellschaft oder Literaturkritik lenkte ihn davon ab, und offenbar war es für seinen dezidiert geäußerten Wunsch, vom ›Herrn Omne‹ verstanden und wahrscheinlich auch akzeptiert zu werden, nicht unvorteilhaft, dass er sich in dessen Welt ganz gut auskannte.

Wir wissen nicht, was von Grimmelshausen geschrieben und publiziert worden wäre, wenn er eine typische Autorenkarriere der Barockzeit absolviert hätte. Wir wissen aber, dass er von seiner Jugend bis zum Lebensende immer aufgeteilt war zwischen dem Alltag als Pferdejunge, Kürassier, Schreiber, Sekretär, Schaffner und Schultheiß auf der einen, den Nächten unermesslicher Lektüren und Schreibarbeiten auf der anderen Seite. Gewiss hat er in ruhigen Zeiten auch tagsüber lesen und schreiben können, dafür kommen die Gaisbacher Schaffnerjahre aber kaum in Frage. Wilhelm Genazino hat einmal bemerkt, dass Franz Kafka auf offiziellen Fotos, Passbildern etwa, immer einen sauber gezogenen Mittelscheitel trägt, der als dünner weißer Strich sichtbar ist. Das, meint Genazino, entspräche den beiden Existenzweisen Kafkas als Angestellter in einer Arbeiterunfallversicherung und als Autor künftiger Weltliteratur. Es gibt kein Porträt von Grimmelshausen. Sollte doch noch einmal ein Bild auftauchen, zeigte es vielleicht den rothaarigen Schaffner oder Schultheiß, bei dem die Haare in der Mitte geteilt wären wie bei Kafka.

Keinesfalls schrieb Grimmelshausen in der Nacht einfach das auf, was er tagsüber erlebt oder aus Büchern kopiert hatte. Sein Alltagsleben setzte sich nicht bruchlos in den Büchern fort. Wie so vieles bei ihm, gab es dieses Leben zweimal, eines in der täglichen Realität, ein anderes im nächtlichen Luftreich der Literatur. Nichts konnte als Fundstück aus dem Alltagsleben unverändert übernommen werden, alles musste ziemlich mühsam verwandelt und eingesponnen werden in Literatur.

Grimmelshausen wurde zum 7. September 1660 aus dem Schaffnerdienst entlassen. Die bei der Herrschaft aufgelaufenen Schulden musste er in der Folgezeit zurückzahlen. Hans Reinhard von Schauenburg wurde am 25. April 1662, Junker Karl am 27. Mai 1662 dadurch entschädigt, dass Grimmelshausen ihnen Grundstücke und Kapitalien aus seinem Besitz abtrat. Es gehört auch zum Bild des ›doppelten Grimmelshausen‹, dass er in seinen Brotberufen nicht etwa ein leichtfertiger Pfuscher war, sondern ein sorgfältig und hart arbeitender Experte auf immer neuen Gebieten. Immer wieder ging es um Geld, und offenbar hat er nicht nur Schulden gemacht, sondern seine Besitztümer auch gut gestreut. Das gilt vor allem für die weit auseinander liegenden Grundstücke, von denen er nicht wenige besaß. Das könnte er dem Großvater Melchior abgeschaut haben, der in Gelnhausen einen wahren Flickenteppich an Grund und Boden sein Eigen genannt hatte. Oder es war einfach klug von ihm, in unsicheren Zeiten für ein wenig Sicherheit zu sorgen. Am 25. April 1662 verfasste Grimmelshausen eine Urkunde, in der er die Vereinbarung mit Hans Reinhard festhielt:

Ich Endts underschriebener bekenne hiemit vor Mich unndt Meine Erben, Demnach dem Wohlgeborenen Herren, Herren Johann Reinhardten Freyherrn von Schauenburg etc. Meinem Gnedigen Herren Ich lauth Rechnung vom Sibenten Septembris Anno Sechzehenhundert Sechzig Ein Gelt Rechnungs recess benandtlich Einhundert Sibenzig Zwen Gulden Siben schilling Siben Pfennig schuldig worden, hingegen aber bey bahren Geldmittlen solchen zu entrichten, nicht gewesen, Daß dahero WohlErmelter Mein Gnediger herr uff Mein beschehen underthenig Pitten nachfolgende Stückh Capithalia und Güethere ahn Bezahlung Gnedig ahnzunemen beliebt, Welche Capithalia und Güethere Ich dan hiemit und in Crafft dieß

Aushendige, ahn bezahlung solches recess übergebe unnd Ihr Gn: unnd dero Erben In völlige possesion setze, damit alß mit andern dero Eigentumblichen Güetteren Unnd Capitalien Zu schalten unnd Zuwalten, ohngehindert Mein und Meiner Erben, noch sonst menniglichs von Meinet, oder Meiner Erben wegen.[23]

Abgesehen von den Tücken der Orthographie und den Windungen des Respekts vor den ›wohlgeborenen Herren‹ hat man es hier mit einem ›Tag-Text‹ aus Grimmelshausens Feder zu tun. Die ›Nacht-Texte‹ sind sein literarisches Werk. Routiniert konnte der schreibende Schaffner zwischen den Sphären pendeln. Der Graben zwischen Texten wie dem gerade zitierten und einer ›Histori‹ aus dem *Simplicissimus* ist tief. Zu Grimmelshausen gehört aber, dass er ihn andauernd in beide Richtungen überspringen konnte. Es ist seinem Werk eingeschrieben, dass er es seinen Lebensumständen abgerungen hat. Anders gesagt: Seine Überlebensstrategie bestand darin, diese Umstände doppelt zu verwerten: als Brot- und Anregungserwerb.

H. J. Christoffel von Grimmelshausen / Gelnhusano

Grimmelshausen hatte vorgesorgt. Nach dem Ende des Schaffnerdienstes in Gaisbach konnte er mit seiner Familie in eines der von ihm gebauten Häuser auf der Spitalbühne ziehen. Das brachte Zeit für die Arbeit an den Büchern. Gut möglich, dass er die Schauenburger Bibliothek weiter benutzen durfte, denn das Verhältnis zu seinen ehemaligen Herren scheint unter der Kündigung nicht sehr gelitten zu haben. Am 3. März 1669 widmete er den historischen Roman *Dietwalts und Amelinden anmuthige Lieb- und Leids-Beschreibung* dem Reichsfreiherrn Philipp Hannibal von Schauenburg:

Titelblatt von *Dietwald und Amelinde* (1670) mit dem Namenszusatz »Gelnhusano«

H. J. Christoffel von Grimmelshausen / Gelnhusano

Ich habe zu Bezeugung meiner getreuen Affection und danckbarlicher Erkantnus deren von E. Hoch. Adel. Gestrenge und wohlermeltem Hause Schauenburg vielfältig empfangener Gnaden und Guttaten E.H.A. Gestr. Und Dero jungen Herren Söhnen, die dieses Wercklein hiemit gehorsamblich zuschreiben und übergeben wollen; mit Unterthenl. Bitt solches Großgünstige und Patronen zu verbleiben.[24]

Unterschrieben am 3. März 1669 in Hybspinthal, also Spitalbühne. Das ist eigenartig; denn hier tritt der Autor mit vollem Namen auf: *H.J. Christoffel von Grimmelshausen/Gelnhusano.* Auch der Verleger erscheint mit Ort und Namen: *Nürnberg/Verlegt und zu finden bey Felßeckern/Im Jahr Christi 1670.* Nur der Schreibort bleibt in derselben Weise verschlüsselt wie beim *Satyrischen Pilgram* von 1666.

1669 war Grimmelshausen schon zwei Jahre lang Schultheiß in Renchen. Offenbar behielt er neben der Wohnung in Renchen, das er am Datum des ›Beschlusses‹ (22. April 1668) der *Continuatio* als Reinichen nennt, die Schreibstube auf der Spitalbühne bei. Damit macht er es uns nicht gerade einfacher, seine Autorenspuren zu lesen. Die beiden historischen Romane *Dietwald und Amelinde* und *Proximus und Lympida* sowie den Traktat *Simplicianischer Zweyköpffiger Ratio Status* hat Grimmelshausen unter seinem ›wahren Namen‹ erscheinen lassen. Die Bücher widmete er jeweils adligen Herrschaften, mit denen er mehr oder weniger enge Beziehungen unterhielt. Der Schauenburger Philipp Hannibal bekommt seine huldvoll freundliche Widmung gleichsam als Nachbar, von Haus zu Haus in Oberkirch, *Proximus und Lympida* ist Maria Dorothea Freifräulein von Fleckenstein zugeeignet. Sie war die zwölfjährige Tochter eines niederelsässischen Adligen, der mit den Schauenburgs weitläufig verwandt war.

Den *Ratio Status* widmete Grimmelshausen dem Brandenburgisch-Ansbachischen Rat und Oberamtmann zu Feuchtwangen, Freiherrn Krafft von Crailsheim.

Mit dem Zusatz ›Gelnhusano‹ schreibt er sich in die Tradition der Freien Reichsstadt ein. Mit diesen gewidmeten und mit dem eigenen adligen Namen nebst vornehmen Herkunftsort gezeichneten Werken versucht Grimmelshausen die Trennungen zwischen Beruf und Herkunft, Autor und Publikum, Dienstherr und Untertan aufzuheben. Soweit bekannt, hat das Herausschlüpfen aus seinen Anagramm-Verstecken nicht dazu geführt, dass die adligen Herrschaften ihn als Ihresgleichen anerkannt hätten. Wie Dieter Breuer mitteilt, wurde der *Ratio Status* in mehreren Fürstenbibliotheken aufgenommen. Es sprang aber der Funke vom Namen Hans Jacob Christoffel von Grimmelshausen nicht über zum mittlerweile bekannten und erfolgreichen Verfasser des *Simplicissmus*, der *Courage* oder des *Seltsamen Springinsfeld,* obwohl – wahrscheinlich vom Verleger Eberhard Felßecker in Nürnberg – dem *Zweiköpffigen Ratio Status* mit besten Reklame-Absichten ein *Simplicianischer* vorangestellt worden war. Grimmelshausen war längst zum Opfer seines Spiels mit Identitäten geworden. Samuel Greifnson, Sternfels von Fuchshaim oder German Schleifheim: Das war den Lesern zu kompliziert. Der Name Simplicissimus hatte sie alle aufgesogen. Und das sollte über Goethe bis zum Wörterbuch der Brüder Grimm erst einmal so bleiben.

Nun hatte Grimmelshausen in Gaisbach etwa zwei Jahre Zeit. Die Kündigung der Freiherren von Schauenburg lautete auf den 7. September 1660, der erste Nachweis seiner neuen Tätigkeit stammt vom Oktober 1662. Da er in den beiden ›freien‹ Jahren in keinem Dienstverhältnis stand, sind keine Akten, Abrechnungen oder amtliche Schriftstücke erhalten. Nach allen Hinweisen auf die frühe Arbeit am *Simplicissimus* und den *Keuschen Joseph,* den der damals 17-jährige Simplicius in der Pfarrer-Episode in Soest schon veröffentlicht haben will, ist es wahrscheinlich, dass auf der Spitalbühne während zweier dienstfreier Jahre seine großen Bücherprojekte mächtig Fahrt aufgenommen haben.

Zwei Jahre Vogt auf der Ullenburg

Die Ullenburg lag oberhalb des Dorfes Tiergarten auf einem Weinberg. Von Gaisbach aus waren es etwa zwei Stunden zu Fuß Richtung Norden. ›Lag‹, weil heute außer ein paar Mauerresten nichts mehr von der Burg zu sehen ist, wohl aber vom höchsten Punkt aus ein grandioser Teil der simplicia-

Steinerne Reste der Ullenburg

nischen Landschaft. Heute gehört Tiergarten mit samt den Ullenburg-Resten zu Oberkirch. 1070 wurde die Burg erstmalig in einer Schenkungsurkunde erwähnt, in den folgenden Jahrhunderten hatten sie diverse Adlige als Lehen, bis sie 1605 mit der Herrschaft Oberkirch an Württemberg kam. 1644 brannte die Burg aus und blieb Ruine, bis Herzog Eberhard III. von Württemberg sie zum 15. Juli 1661 seinem Leibarzt Dr. Johannes Küffer (1614–1674) als Lehen unter der Bedingung übertrug, dass er die Burg, zu der ein Kelterhaus, Weinberge, ein Kastanienwäldchen, Äcker, Wiesen und

Buschwerk gehörten, innerhalb von zwei Jahren wieder instand setzen würde. Der Straßburger Arzt galt als sehr erfolgreich und zählte höchste adlige Herrschaften zu seinen Patienten. Es machte sich gut, wenn man dem gerade ins Amt gekommenen Straßburger Bischof Franz Egon schreiben konnte, dass man im Moment nicht persönlich erscheinen könne, weil ein Mitglied der herzoglichen Familie in Stuttgart »sehr kranck« sei. Im selben Brief teilte Küffer dem neuen Bischof mit, dass er aus dem Schloss kaum Einkünfte bezöge: »24 fl. Holzgefälle, 26 fl. kleine Zinßlein, etlich wenig, Hüner, zwantzig fürtel Korn und anderthalb oder 2 Viertel Haber.«[25]

Hier wiederholten sich die Gaisbacher Verhältnisse. Nach den Zerstörungen des Krieges sollte ein Anwesen wieder aufgebaut und die Lehensverhältnisse geklärt und durchgesetzt werden. Dr. Küffer war nicht nur ein erfolgreicher Mediziner, er lebte auch auf großem Fuß und nannte reichlich Haus- und Grundbesitz in Straßburg und schön gestreut darum herum sein Eigen. Eine im frischen Glanz erstrahlende, hübsch ländlich gelegene Burg, zehn Wegstunden von Straßburg entfernt, muss das gewesen sein, was Dr. Küffer noch fehlte. Grimmelshausen kam das zu kultivierende Anwesen auch recht, und er war der Richtige. Als Schauenburgischer Schaffner hatte er genau die Erfahrungen gesammelt, die ihn zur Idealbesetzung des neuen Amtes machten. Sehr wichtig muss ihm auch die Aussicht gewesen sein, an Prestige beim oberrheinischen Adel zu gewinnen; denn mit dem neuen Amt war auch der Titel eines Burgvogts verbunden, der besser klang als ›Schaffner‹.

In der Person des ›Prominenten-Arztes‹ sind Widersprüche angelegt, die für Grimmelshausens künftiges Leben bedeutsam werden sollten. Küffer war Straßburger und ließ sich sein Lehen für den Fall, dass das Amt Oberkirch, zu dem die Burg gehörte, nach der württembergischen Pfandherrschaft wieder an das Bistum Straßburg fallen würde, auch vom Straßburger Bischof bestätigen.

Zwei Jahre Vogt auf der Ullenburg

Das war zunächst Erzherzog Leopold Wilhelm von Österreich; 1663 folgte Franz Egon von Fürstenberg. Trotz einiger Bedenken willigte Franz Egon ein. Küffer erhielt die Burg auf Lebenszeit, seinen Erben sollte sie dann noch 40 Jahre lang gehören.

Küffers Loyalität galt gewiss dem Bischof, der sich aber bald als Vorposten der Expansionspolitik Ludwigs XIV. herausstellte. Daneben war er als Leibarzt des Herzogs dem Hause Württemberg verpflichtet. Grimmelshausen hatte den Reichsfreiherren von Schauenburg gedient und sollte mit verschiedenen württembergischen Adelsherren in Beziehung treten. Die Konflikte zwischen Franz Egon von Fürstenberg und den Institutionen des Reichs waren schon mehr als deutlich geworden. Grimmelshausen konnte von der Burg aus gleichsam in zwei Richtungen blicken. Nach Straßburg und Frankreich auf der einen, ins Württembergische und damit ins Reich auf der anderen Seite. Für den Rest seines Lebens sollte es erheblicher, auch diplomatisch codierter Anstrengungen bedürfen, seinem künftigen Herrn, dem Bischof von Straßburg, zu dienen, ohne die Beziehungen zum Adel in Württemberg zu gefährden.

Wohl im Oktober 1662 trat Grimmelshausen sein neues Amt an. Er sollte es bis März oder April 1665 behalten. Was gehörte dort zu seinen Aufgaben? Dr. Küffer war die längste Zeit des Jahres nicht auf der Burg. Grimmelshausen hatte ihn also zu vertreten, hatte die Schaffneirechnung zu führen, säumige Zahler vor Gericht zu bringen, Lehensverträge zu überprüfen, Rebhöfe zu verwalten und mit den Winzern und Bauern abzurechnen. Wie auch in Gaisbach war er Repräsentant und Kontrolleur der spätfeudalen Gepflogenheiten und hatte die ökonomischen Interessen seines Herrn durchzusetzen. Allerdings auf noch viel engerem Raum als in Gaisbach und daher in sehr direktem, durchaus nicht konfliktfreiem Umgang mit den Winzern und Bauern. Wie mögen die gestaunt haben, als das im Krieg ausgesetzte Recht des Herrn auf Ullenburg wiederbelebt wurde, jährlich neben dem Frongeld und den 20 Viertel Roggen auch noch sieben junge Hühner und neun Kapaunen abliefern zu müssen. Es kam auch wieder zu Misshelligkeiten, wie sie schon aus Gaisbach bekannt waren. Da wurde einem Bauern ein ihm gehörendes Lehen genommen und einem anderen zuerkannt, Löhne nicht bezahlt, Schulden mit Nachdruck eingetrieben. Beliebt war der Burgvogt wohl eher nicht, wahrscheinlich aber gefürchtet. Er kam mit dem Wiederaufbau der Burg und der Kultivierung des Landes gut voran. Zum ›Schloss‹ gehörten ein zweistöckiges Wohngebäude, eine Kapelle, ein Stall und ein Brunnenhaus. Die Anlage war von einer Ringmauer mit ziegelbedachtem, hölzernem Wehrgang und einem Wartturm umgeben; im Wohngebäude gab es neben vielen Stuben auch Räume für die Rebleute und einen großen Saal.

Grimmelshausen wohnte dort mit seiner Familie, was mehrfach bezeugt ist. Zu den sechs in Gaisbach geborenen Kindern kamen auf der Burg 1663 Anna Maria und wahr-

Modell der ehemaligen Ullenburg im Museum Oberkirch

scheinlich im Jahr darauf Maria Walpurgis hinzu. Dass nach der Gaisbacher Schaffnerzeit das Verhältnis zu den Schauenburgern fortbestand, lässt sich daran ablesen, dass bei Maria Walpurgis Anna Walpurgis von Schauenburg, bei Anna Maria dann Maria Dorothea von Schauenburg Patinnen waren. Frau und Tochter Hans Reinhards von Schauenburg gaben, wie es üblich war, einen ihrer Vornamen an ihre Patenkinder weiter.

Nach den letzten Jahren auf der Spitalbühne musste Grimmelshausen die Zeit nun wieder aufteilen. Tagsüber schrieb er ellenlange Stücke, die zum Beispiel so begannen:

Kundt und zu wisßen seye hiemit Jedenmänniglichen, Demanch meinem Herrn Principalen, dem Wohl Edel Gestreng und Hochgelehrten Herren Johann Küeffern, der Medicin doktorn und verschiedener Fürsten und Reichs=Ständen Rath und Leib Medicus etc under andere heingefallenen Markgrafl. Bad. Zinß und Gültgüeteren zue Öhnsbach Auch einme Hoffstadt allda.[26]

Es geht darin um die Belehnung des Bürgers Hans Baer in Önsbach mit einem Hof und sechs Joch dazu gehörenden Feldern. Wie es um die literarische Arbeit nach dem täglichen Schaffner- bzw. Vogtdienst stand, ist kaum bekannt. Leider hat sich eine alte Hoffnung nicht erfüllt, denn man ging davon aus, dass im Sommersitz des gelehrten Arztes Küffer eine gut bestückte Bibliothek vorhanden sein musste. Susanne Hast hat diese Vorstellung korrigiert. Zuerst erlaubte es der bauliche Zustand der Ullenburg nicht, dort eine wertvolle Bibliothek aufzustellen. Zudem sei es üblich gewesen, die Hauptbibliothek am Hauptwohnsitz, in diesem Fall also in Straßburg, zu konzentrieren. In der Ullenburg könnte man vielleicht von ein wenig Erbauungsliteratur oder Ähnlichem sprechen.

Dafür geht die Autorin aber davon aus, dass Grimmelshausen durch Johannes Küffer Zugang zu einem Werk fand, das die wichtigste Grundlage für die hydrologischen Spekulationen der Mümmelsee-Episode bildet. Es handelt sich um die *Beschreibung des Marggrävischen warmen Bades*, das Johann Küffer der Ältere, Vater des Burgherren auf Ullenburg, im Jahre 1625 in Straßburg hatte erscheinen lassen.

Der ältere Johann Küffer wurde 1579 in Esslingen geboren und starb 1648 in Straßburg. Er war studierter Philosoph und Arzt und bekam von seinem Landesherrn Wilhelm von Baden den Auftrag, die badischen Heilquellen zu beschreiben.[27]

Grimmelshausen hat für die Mümmelsee-Episode im fünften Buch des *Simplicissimus*, in der Simplicissimus auf dem Grund des sagenumwobenen Sees in das Reich einer Unterwasser-Utopie gerät, wieder einmal ausgiebig Literaturstudien betrieben. Neben dem reich illustrierten Werk des gelehrten Jesuiten Athanasius Kircher, *Mundus subterraneus*,[28] hat er dort »diverse geologische, physikalische und chemische Anschauungen ganz unterschiedlicher Art und unterschiedlichen Alters: solche antiker und neuzeitlicher, heidnischer und christlicher, empirisch-historischer und platonisch idealistischer Herkunft«[29] zur Sprache gebracht.

Das ist aber gewiss nicht der einzige literarische Ertrag aus den Jahren auf der Ullenburg beziehungsweise dem neu errichteten ›Schloss‹.

Im vierten Buch des *Simplicissimus* kommt Simplicius nach Paris, wo er den Namen Beau Allemand erhält. Monseigneur Canard heißt sein neuer Herr, ein Arzt, der sich glänzend mit adligen Herrschaften zu arrangieren weiß. Simplicius gibt sich als »armer deutscher Edelmann aus, der weder Vater noch Mutter hatte, sondern nur ein paar Verwandte in einer Festung, in der eine schwedische Garnison lag«[30]. Dabei handelt es sich um die Festung Hanau. Grimmelshausen bestätigt hier, so scheint es, dass seine Eltern bei der Plünderung und Zerstörung Gelnhausens umkamen. Wie wir wissen, ging sein Onkel Caspar Grimmelshausen als Capitain d'Armes nach Hanau.

Nachher war mir wieder fröhlicher zumute, und das Unterrichten der beiden Söhne meines Herrn ging mir leichter von der Hand. Wie junge Prinzen wurden sie erzogen. Denn weil Monseigneur Canard sehr reich war, war er auch sehr eitel und wollte Eindruck machen. Diese Krankheit hatte er sich bei den großen Herren geholt, denn mit Fürsten verkehrte er so gut wie täglich und äffte sie in allem nach. In seinem Haus sah es aus wie im Schloss eines Grafen. Es fehlte an nichts, außer dass man ihn mit »Gnädiger Herr« ansprach. Er war von sich so eingenommen, dass er selbst einem Marquis, wenn denn mal einer zu ihm kam, nicht wie einem Höhergestellten begegnete. Er gab auch einfachen Leuten von seinen Medikamenten, nahm aber von ihnen kein Geld, sondern erließ ihnen ihre Schuld, um sich auf diese Weise einen noch größeren Namen zu machen. (...) Eines Tages sagte ich ihm, er habe sich doch kürzlich in der Nähe von Paris für zwanzigtausend Kronen einen Adelssitz gekauft – warum er diesen nicht als ein »von« auch seinem Namen beifüge? Und weiter: Warum er aus seinen Söhnen unbedingt Doktoren machen wolle und sie so streng studieren lasse, ob es nicht besser sei, ihnen – da er den Adel doch schon habe –, wie es andere Chevaliers täten, Ämter zu kaufen und sie dadurch vollends in den Adelsstand treten zu lassen?[31]

Man setze für Paris Straßburg ein, für Dr. Küffer Monseigneur Canard, nehme zur Kenntnis, dass Küffer seinen Sohn Wilhelm Christian Medizin studieren ließ, und schon hätte man wieder eine simplicianische Überschreibung wirklicher Menschen und Verhältnisse. Noch dazu nannten sich die Schweinhuber, die später die Burg übernahmen, tatsächlich ›Schweinhuber von Ullenburg‹. Dieter Breuer bemerkt, dass Grimmelshausen in der vierten Ausgabe des *Simplicissimus* von 1670 Canard sterben lässt und damit die Parallele unwahrscheinlich wird. Es schadet aber gar nicht, diesen Adelsarzt Küffer ein wenig mit Monsieur Canard zu identifizieren, wo doch beide ihren Glanz aus der Huld von Grafen und

Fürsten empfangen. Im Übrigen redet hier Grimmelshausen recht deutlich über sich selbst; denn nach dem Hinweis auf die gestorbenen Eltern und die Festung Hanau spricht er das so oft variierte Motiv der ungewissen Herkunft und der Probleme mit dem Adelstitel an. Schließlich trifft auf Grimmelshausen genau zu, was er Canard empfiehlt. Sein »von« stammt vom ehemaligen Familiensitz, dem thüringischen Grimmelshausen.

Der Schaffner und Burgvogt war, wie es Könnecke formuliert, »am 2. März 1665 noch, aber am 24. Mai 1665 nicht mehr«[32] in Diensten von Dr. Küffer. Es ist nicht bekannt, warum er auf dem Anwesen nicht länger blieb, man kann es sich aber denken. Es war bestimmt kein Vergnügen, als Adliger für einen Arzt zu arbeiten, der selbst nicht adlig war, aber als Lehnsherr und Burgbesitzer als ein solcher auftrat und wahrgenommen werden wollte.

Jetzt zog es Grimmelshausen zurück nach Gaisbach, wo er während der beiden folgenden Jahre als Wirt zum ›Silbernen Stern‹ in einem seiner beiden Häuser auf der Spitalbühne leben sollte. Alles spricht dafür, dass er in Gaisbach wieder die Bibliothek der Schauenburger benutzen konnte. Sehr bald werden seine ersten Bücher erscheinen.

Wirt zum ›Silbernen Stern‹

Bisher war man großenteils auf Vermutungen angewiesen, wenn es um die Entstehungszeiten der Bücher von Grimmelshausen ging. Nun aber kann man sich datierten Texten und genannten Orten nähern. Als Wirt seines Gasthauses zum ›Silbernen Stern‹ auf der Gaisbacher Spitalbühne hatte Grimmelshausen nicht viel zu tun. Er teilte sich das ohnehin schwache Geschäft in einem Ort von weniger als hundert Einwohnern mit Melchior Stehlingen, dem Wirt des ›unteren Gasthauses‹, des ›Schwarzen Adlers‹. Ausweislich einiger erhaltener Umsatzaufstellungen und Rechnungen[33] betrieb Grimmelshausen den ›Silbernen Stern‹ von etwa März 1665 bis zum 10. August 1667. In diesen zweieinhalb Jahren

Das Gasthaus ›Silberner Stern‹ neben der Sankt Georg Kapelle in Gaisbach

hat er mindestens drei Werke abgeschlossen und viele andere konzipiert oder fortgeschrieben.

Das wichtigste davon ist der *Simplicissimus,* den er offenbar lange vorher begonnen hatte. In der ersten Vorrede des *Satyrischen Pilgrams* spricht der Autor in Worten, die er dem Zweifler Momos in den Mund legt, von einer unendlichen Geschichte:

Zu deme hat der Phantast ein Werck vor/daß sich ad infinitum hinein erstreckt/welches wohl jemand anderer als er ist/wann er schon Mathusalems Alter erreichte/nicht enden und hinauß führen könte; Gleichsam als ob er ein anderer Salomon wer/und die Gab hette vom Isop biß uff den höchsten Gipfel des Cederbaums zu discuriren: Räthlicher und zuträg-

*licher were ihme gewesen/wann er nach dem teutschen Friedenschluß seine Musquet behalten (...) hette (...).*³⁴

Durch diesen Text hindurch wird das Bild eines Autors sichtbar, der sich der Unabschließbarkeit seines Riesenprojekts schmerzlich bewusst ist. Das liegt zum einen am schie-

Reste des von Grimmelshausen neben dem ›Silbernen Stern‹ auf der Spitalbühne errichteten Hauses im Museum Oberkirch. Das Haus wurde 1972 abgerissen.

ren Umfang des Projekts, dessen Obertitel *Simplicissimus* offenbar schon lange feststeht, dessen Fortsetzung in weiteren Werken eines Zyklus hier auch schon anklingt. Zum andern ist ein ›Musquetierer‹ besser für den Krieg als zum Schreiben von endlos langen Büchern geeignet.

Die hier aufgeführten Zweifel kann man gut in die Lebenswirklichkeit Grimmelshausens überführen. Seit er mit dem Schreiben am *Simplicissimus*-Projekt begonnen hat, hindern ihn ständig die äußeren Umstände am Arbeiten. ›Wäre ich doch Musquetierer geblieben, hätte ich mich dauerhaft mit den Schauenburgern arrangiert oder mich in der Ullenburg gehalten, dann müsste ich nicht ständig wie ein Phantast mit meinem gigantischen Projekt kämpfen.‹

Der ›Zwang‹, trotz aller Misshelligkeiten und entgegen jeder Wahrscheinlichkeit, das Werk jemals zu Ende zu brin-

Im ›Silbernen Stern‹ war Grimmelshausen Wirt von 1665 bis 1667.

gen, weiterschreiben zu müssen, war die alles dominierende Triebkraft im Leben Grimmelshausens. Er scheint die Gabe besessen zu haben, alles, was gegen das Gelingen des simplicianischen Werks sprach, in Schreibenergie verwandeln zu können. Und es sprach alles dagegen.

Im vierten Kapitel des ersten Buchs verrät Grimmelshausen etwas über seinen Antrieb:

Obwohl ich wenig Lust habe, den friedliebenden Leser mit diesen Reitern in meines Knans Haus und Hof zu führen (denn es wird ziemlich schlimm dabei zugehen), erfordert doch der Verlauf meiner Geschichte, dass ich der lieben Nachwelt hinterlasse, was für Grausamkeiten in diesem unserem deutschen Krieg zu manchen Zeiten verübt worden sind, und vor allem will ich an meinem eigenen Beispiel bezeugen, dass alle diese Übel zu unserem Nutzen und oft notwendig von der Güte des Allerhöchsten verhängt werden mussten.[35]

An diesem Schreibtisch im Obergeschoss des ›Silbernen Stern‹ soll Grimmelshausen geschrieben haben.

Grimmelshausen drehte das Argument von Momos aus dem *Satyrischen Pilgram* um: Weil er ein Soldat war, hätte er mit dem *Simplicissimus* nicht beginnen dürfen. Grimmelshausen setzte dagegen: Weil er ein Soldat war, musste er ihn schreiben. Weil er einer war, der offenbar von Kind an die Schreibgabe besaß und deshalb Zeugnis ablegen konnte. Aber er hatte sich noch mehr vorgenommen, nämlich in den Grausamkeiten des Krieges Gottes Wille und Güte aufzuspüren. Damit hatte er sich ein Kreuz aufgeladen, das schwerer nicht sein konnte. Er wollte aber nicht als Bußprediger auftreten, sondern als schreibender ›Musquetierer‹. An seiner Frömmigkeit ist nicht zu zweifeln, wie er aber damit zurechtkommen würde, die Grausamkeiten der Menschen, den Zustand der Welt mit Gottes Güte in Einklang zu bringen, das musste erst das Schreiben selbst ergeben, und daher war er ständig auf der Suche nach Mustern, Beispielen, Vorbildern, an denen er sich messen, mit denen er arbeiten konnte.

Wie erst durch die Studien von Manfred Koschlig[36] erwiesen wurde, bekam Grimmelshausen die entscheidenden Impulse für seinen ›satirisch-ironischen Erzählstil‹ (Dieter Breuer) durch die Lektüre des *Francion*-Romans von Charles Sorel. Breuer belegt, dass Grimmelshausen den Roman in der deutschen Fassung von 1662 gelesen hat, und glaubt, dass der *Simplicissimus* ohne die *Continuatio* im wesentlichen 1665/66 abgeschlossen war. So ergeben sich die Jahre auf der Ullenburg als die Schlüsselzeit der entscheidenden *Francion*-Lektüre, die darauf folgende Periode als Wirt des ›Silbernen Stern‹ als abschließende Schreibzeit des *Simplicissimus.* Als wäre das noch nicht genug, muss Grimmelshausen auch den *Satyrischen Pilgram* und den *Keuschen Joseph,* die schon 1665 in den Katalogen der Leipziger und der Frankfurter Herbstmesse angekündigt worden waren, im ›Silbernen Stern‹ auf der Spitalbühne vollendet haben. Dieser zumindest dreifache Druck – er hat gewiss auch noch an anderen Werken gearbeitet – bestimmte die Lebensverhältnisse Grimmelshausens und seiner Familie in den fünf Jahren auf der Ullenburg und der Gaisbacher Spitalbühne.

Der Wechsel von der gesicherten Existenz als Schaffner und Burgvogt zum schlecht verdienenden Wirt in Gaisbach war der alles entscheidende Sprung vom Bediensteten zum Autor. Geld hatte Grimmelshausen als Wirt kaum, aber Zeit, und die ist die Nährlösung der Literatur.

Das bis heute betriebene Wirtshaus ›Silberner Stern‹ in Gaisbach muss als das Haus gelten, in dem einer der größten Romane in deutscher Sprache vollendet wurde. So sind die wichtigsten erhaltenen Häuser aus Grimmelshausens Lebensgeschichte Gasthäuser, in die man noch einkehren kann; denn sein Geburtshaus in Gelnhausen ist heute das

Das verkehrt getakelte Schiff im Titelkupfer des *Simplicissimus Teutsch*

Grimmelshausen Hotel, in dem man ein gutes Frühstück bekommt und dann und wann einen ordentlichen Schoppen trinken kann. Zu empfehlen ist auch der Keller des Geburtshauses, der bei Stadtfesten und Lesungen aus Grimmelshausens Werk geöffnet hat. Es bleibt eine wunderbare List der Literaturgeschichte, dass ausgerechnet zwei Gasthäuser erhalten sind und besucht werden können.

Vorbild des verkehrt getakelten Schiffs? Diego de Saavedra Fajardos *Idea Principis Christiano-Politici Centum Symbolis* (Köln 1649)

Gaisbach verfügt mit dem ›Silbernen Stern‹ auf der Spitalbühne, mit der St. Georg Kapelle, dem Schauenburger Schloss, mit der Ruine der Schauenburg und ganz in der Nähe dem Oberkircher Museum mit seiner Grimmelshausen-Abteilung über Stätten der Erinnerung an Grimmelshausen, die man besuchen, in denen man einkehren kann. Im ersten Stockwerk des ›Silbernen Stern‹ darf man sich sogar an einen Schreibtisch setzten, von dem es heißt, an ihm habe Grimmelshausen gearbeitet.

1 Günther Weydt: Größe und Rätsel des Meisters. Paralipomena zum gesellschaftlichen Status Grimmelshausens. In: Simpliciana XVIII (1996), S. 15.
2 Vgl.: Sabine Wagner: Überlegungen zur Erforschung von Grimmelshausens Bekanntenkreis. In: Simpliciana X, (1988), S. 238.
3 Vgl.: Gustav Könnecke: Quellen und Forschungen zur Lebensgeschichte Grimmelshausens. Band 2, Leipzig 1928, S. 5.
4 Vgl.: Könnecke, a. a. O., Band 2, S. 278–285.
5 Wagner, a. a. O., S. 238.
6 Vgl.: Könnecke, a. a. O., Band 2, S. 34.
7 Wagner, a. a. O., S. 239.
8 Vgl.: Könnecke, a. a. O., Band 1, S. 110.
9 Hans Jacob Christoffel von Grimmelshausen: Lebensbeschreibung der Erzbetrügerin und Landstörzerin Courage / Der seltsame Springinsfeld. Aus dem Deutschen des 17. Jahrhunderts von Reinhard Kaiser. Frankfurt am Main 2010, S. 158 f.
10 Adolf Seibig: Gellhäuser Deutsch. Gelnhausen 1977, S. 263.
11 Zit nach: Artur Bechtold: Johann Jacob von Grimmelshausen und seine Zeit. München ²1919, S. 94.
12 Zit. nach: Könnecke, a. a. O., Band 2, S. 149.
13 Zit. nach: Könnecke, a. a. O., Band 2, S. 137.
14 Zit. nach: Könnecke, a. a. O., Band 2, S. 97.
15 Philipp Harsdörffer: Frauenzimmer Gesprächspiele. T. I–VIII Hrsg. von Irmgard Böttcher. Tübingen 1968/69. Zit. nach: Hubert Gersch: Literarisches Monstrum und Buch der Welt. Grimmelshausens Titelbild zum Simplicissimus Teutsch. Tübingen 2004, S. 7.
16 Gersch, a. a. O., S. 8.
17 Gersch, a. a. O., S. 9.
18 Hans Jacob Christoffel von Grimmelshausen: Satyrischer Pilgram. Hrsg. von Wolfgang Bender, Tübingen 1970.
19 Satyrischer Pilgram, a. a. O., S. 14.
20 Zit. nach: Bechtold, a. a. O., S. 86.
21 Das Grundstück war fünf Joch groß. Ein Joch war in Württemberg die Fläche, die ein Ochsengespann an einem Tag umpflügen kann. 1 Joch = 33 Ar, 1 Ar = 100 Hektar.
22 Dieter Breuer: Grimmelshausen und das Kloster Allerheiligen. In: Simpliciana XXV (2003), S. 143–176.
23 Zit. nach: Könnecke, a. a. O., Band 2, S. 161.
24 Zit. nach: Könnecke, a. a. O., Band 2, S. 163.
25 Zit. nach: Bechtold, a. a. O., S. 110.
26 Zit. nach: Könnecke, a. a. O., Band 2, S. 172.
27 Susanne Hast: Die beiden Johann Küffer und ihre Beziehungen zu Grimmelshausen. In: Simpliciana X (1988), S. 199–210.
28 Athanasius Kircher: Mundus subterraneus, in XII libros digestos. Amsterdam 1665.
29 Hast, a. a. O., S. 200.
30 Hans Jacob Christoffel von Grimmelshausen: Der abenteuerliche Simplicissimus Deutsch. Aus dem Deutschen des 17. Jahrhunderts von Reinhard Kaiser, Frankfurt am Main 2009, S. 340 u. 341.

31 Grimmelshausen/Kaiser (2009), a.a.O., 341.
32 Könnecke, a.a.O., Band 2, S. 171.
33 Könnecke, a.a.O., Band 2, S. 178 u. 179.
34 Satyrischer Pilgram, a.a.O., S. 10.
35 Grimmelshausen/Kaiser (2009), a.a.O., S. 24.
36 Manfred Koschlig: Das Lob des Francion bei Grimmelshausen. In: Ders.: Das Ingenium Grimmelshausens und das ›Kollektiv‹. Studien zur Entstehungsgeschichte und Wirkung des Werkes. München 1977, S. 45–90.

ERKENNTNISSCHOCK: DIE VERKEHRTE WELT

Als Grimmelshausen mit 17 Jahren von seinem ihm vorgesetzten Corporal im Schwäbischen befohlen wurde, eine Karawane schwäbischer Kaufleute zu geleiten, da wurde er von einem Wahrnehmungsschock heimgesucht, der ihm zur ästhetischen Initiation geriet. Nach allem, was bisher über die Motive der Verkehrten Welt bemerkt wurde, handelt es sich bei der Fortsetzung der oben zitierten Kalendergeschichte um den größtmöglichen Glücksfall einer Selbstauskunft Grimmelshausens.

Er beschreibt nämlich, wie und warum ihn ein Einblattdruck der Verkehrten Welt mit schlagartiger Erkenntnis überfiel.

Der Beschützer-Trupp wurde auf den Weg geschickt, nachdem Simplicius am Vorabend erst sehr spät ins Bett gekommen war; er hatte zusammen mit seinem Hauswirt in einer Spinnstube ordentlich herumpoussiert mit einigen ›glatthaarigen jungen Schwäbinnen‹. Am Platz der alleranmutigsten Spinnerin fand er einen Kupferstich, den er mit ihrer Erlaubnis von der Wand nahm, weil er von ihm so begeistert war, dass er nicht mehr wusste, ob ihm mehr die Spinnerin oder mehr der Stich gefiel.

Dann weil ich noch kein solches Exemplar gesehen/kahme mirs auch desto vor/und nach dem ichs mit Consens *seiner* Possessorin *herab genommen/setzte ich mich dahinder und* Carresierte *(=liebkosen) an statt der schönen Spinnerin in ihren Kunckellbrief (=Kupferstich) und lobte bey mir selbst die artliche Invention deß Authors in dem mich bedunckte die verkehrte Welt könt sinnreicher kürtzer und besser nicht abgemahlet werden/als sie uff selbigem Brieff entworffen war; ja, ich bildete mir die Sach so steiff ein/daß mir auch davon*

Kupferstich aus *Des Abenteurlichen Simplicii Verkehrten Welt* (1672)

träumbte/dann da kam mir vor wie der Ochs den Metzger metzelte; daß Wild den Jäger fällete; die Fisch den Fischer fraßen; der Esel den Menschen Ritte/der Lay dem Pfaffen predigte/daß Pferd den Reuter tumelt: der Arm den Reichen gabe/der Bawr kriegte und der Soldat pflügte (...)[1]

Daher hatte er verschlafen. Erst war er zu lange bei den Spinnerinnen wegen erotischer Angelegenheiten, aber mehr noch des bestürzend gehaltvollen Kupferstichs wegen, dann hat er im Bett noch lange sinnierend wach gelegen.

Simplicius hat plötzlich verstanden, dass er selbst auch Teil der Verkehrten Welt ist. Angesichts der Leute, Pferde, Karren und Wagen des zu beschützenden Konvois wird ihm klar, dass er eine von den vornehmen Personen ist, die mit der Welt das Verkehren spielen:

Dann ich muste solche Leuth zu beschützen uff mich nehmen/worunter der Schwächste stärcker: der Jüngste älter: der Einfältigste außgestochener und der Aermste reicher war als ich![2]

Das kam ihm wunderlich und widersinnig vor. So recht nach Art der Verkehrten Welt. Vor allem, weil ihn die Leute so sehr verehrten und von ihm mehr Zuversicht und Trost empfingen als von ihrem Schutzengel, was er, der Erzähler/Dragoner doch am allerwenigsten zu verdienen glaubte.

Er nahm sich daher vor, die verkehrten Verhältnisse künftig genau zu beobachten und seine eigene Rolle darin zu prüfen, um seinen geringen Verstand zu schärfen. Schließlich griff er noch ein seinerzeit sehr populäres Motiv auf, das auf Drucken, in Versen und Reflexionen verbreitet war. Er fragte sich, ob er die Welt wie Demokrit verlachen oder wie Heraklit beweinen solle. Wobei er seither mehr Grund gefunden habe, sie zu beweinen.

Der erwähnte Kupferstich ist im Kalender nicht abgebildet. Das wird dann in *Des Abentheurlichen Simplicii Verkehrte Welt* nachgereicht. Das Büchlein erschien 1672 bei Felßecker in Nürnberg. Diese an die traditionelle Unterwelt- und Höllenwanderung angelehnte Traumsatire verfährt mit der Verkehrten Welt aber ganz anders, als man erwarten würde, wenn man von Grimmelshausens Erkenntnisschock in der Spinnstube ausgeht.

Nach all den schon erwähnten Sprach- und Denkbildern der Verkehrten Welt kommen die traditionellen Verkehrungsexempel auf dem Stich der Spinnerin zur Anschauung. Der Schock rührt nicht daher, dass Grimmelshausen gesehen hätte, wie verkehrt es auf der Welt zugeht, darüber schreibt

ERKENNTNISSCHOCK: DIE VERKEHRTE WELT

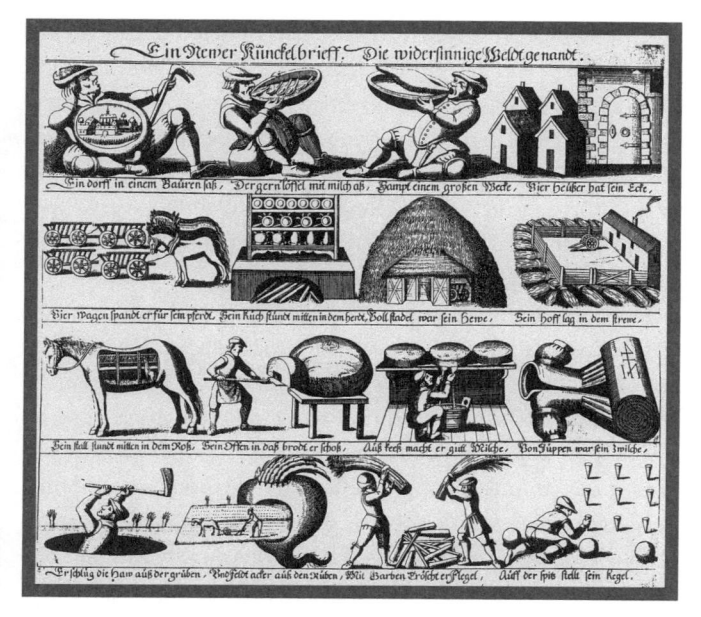

Einblattdruck zur »Verkehrten Welt« nach Hans Sachs
Der verkert pawer (um 1650):
»Ein dorf in einem paüren sas,
der geren milch und loffel as
Mit einem grosen wecke;
Vier wegen spant er an den hert,
Vier haws so het sein ecke;
Wol umb sein zaün so ging ein hof,
Aus kes macht er vil milich,
In das prot schos er sein packof ...«

er unentwegt: Wie der Soldat den Bauern quält, der ungerechte Fürst die Armen auspresst, sogar wie übel den Tieren mitgespielt wird, die über so viele Fähigkeiten verfügen. Der Schreck rührt von der sichtbaren Möglichkeit her, die Bauern, Armen, Tiere könnten die Sache umdrehen und sich rächen. Die Botschaft heißt: Wenn es in der verkehrten sündhaften Welt so weitergeht, dann zerbirst die Weltordnung, und alles löst sich in einem Chaos von Rache und Umsturz auf. Der Stich ist doppelt lesbar. Von oben und von unten. Den Oberen sagt er, sie sollen es nur nicht so weit treiben, den Unteren, es könnte auch einmal anders kommen, dann würden die Reichen bei euch betteln. Nun waren solche Einblattdrucke in erster Linie für die bäuerlichen Schichten gedacht, Bürger und Adlige pflegten etwas gehobenere Schriften zu lesen. Da konnte es passieren, dass ein Bild oder ein Vers in Träume und Wünsche einging, die mit Hoffnungen auf ein gerechteres Dasein verbunden waren. Dort sammelte sich auch manche biblische Verheißung wie die, dass die Ersten die Letzten sein werden und ein Reicher wahrscheinlich nicht in den Himmel kommt. Mit den Geschichten vom Irdischen Paradies, den Bildern und Versen vom Schlaraffenland, mit Ahnungen über ein längst vergangenes goldenes Zeitalter bildeten die Motive der Verkehrten Welt ein Traumreservoir, das seinen Platz weit hinten in der Hirnregion der unerfüllbaren Wünsche hatte. Es konnte aber auch plötzlich akut werden und sich mit Akten des Ungehorsams oder gar der Rebellion verbinden.

Der Oberrhein von Basel bis Straßburg und Offenburg war eine der Gegenden, wo, wie in den Bauernkriegen und in ständigen lokalen und regionalen Unruhen, apokalyptische oder politische Visionen in wirkliche Aufstände umschlagen konnten. Bis ins 16. Jahrhundert bestand dort eine vielgestaltige Verkehrungskultur, die sich in Narrenzünften, Vagantenorden, Bettlerorganisationen, aber auch in heiklen Karnevalsbräuchen ausdrückte. Im Straßburger Münster trieb bis weit ins 16. Jahrhundert zu Pfingsten ein sogenannter Roraffe sein Unwesen.[3] Das war ein künstlicher Affe, der aus einem mit Fell verkleideten Gestänge bestand und von einem darin versteckten Mann bedient wurde, der lauthals die Predigt des Bischofs parodierte. Die Gottesdienstbesucher sollen abwechselnd dem Bischof und mit Vergnügen dem Affen zugehört haben. Seit dem *Narrenschiff (Daß Narrenschyff ad Narragoniam)* von Sebastian Brant, das 1494 in

Basel erschien und das das erfolgreichste deutschsprachige Buch vor der Reformation war[4], entstand im oberdeutschen Raum eine äußerst populäre Narrenliteratur, die aber nicht deren Späße oder Dummheiten feierte, sondern ganz entschieden für das Ende des Narrenunwesens plädierte.

Der 1445 in Schaffhausen geborene Johann Geiler von Kaysersberg war einer der berühmtesten Vertreter dieser Narrenliteratur. Er gab sein Amt als Universitätsrektor 1478 in Straßburg auf, um bis zu seinem Lebensende in Straßburg zu predigen. Auch, weil er die Auswüchse der Verkehrungskultur bekämpfte. So intervenierte er beim Rat der Stadt gegen das sogenannte Karnöffelspiel, bei dem die niedrigste Karte, der ›Karnöffel‹ oder ›Trumpfuntermann‹, den höchsten Wert hat. Und er predigte sogar gegen dieses verkehrte Spiel:

(...) Aller gewalt dieser welt ist wie ein kartenspil/uff der carten sein vil bletter/das ein heisset ein künig/das ander der ober/der under. Also in dem weltlichen regiment ist eine ein künig/der ist ein burgermeister/der ein schultheiss (...) Item uff der karten/so sticht eins das ander/der ober den undern etc. Also einer in dem gewalt auch ein künig überwint ein fürsten/ein fürst ein grafen und wer bass mag/der thut bass. (...) Aber ietz so hat man ein spil/heiset der karniffel/karniffelius/da seint alle ding verkert. (...) Aber ietz ist ein ander spil funden in dem regiment/auff der karten/das der underbüb sticht den Künnig (...)[5]

Im richtigen Spiel geht es wie in der Weltordnung vom König hinab bis zum Schultheißen. Und jetzt ist dieses Karnöffel-Spiel aufgetaucht, in dem ›alle Ding verkehrt‹ sind. Mindestens dreimal hat er gegen dieses Spiel im selben Münster gepredigt, in dem zu Pfingsten der Rohraffe seinen Schabernack trieb. Solange der Karneval mit seiner genau begrenzten Verkehrung auf Zeit dazu diente, rebellischen Potentialen Raum zu geben, damit sie wie Dampf aus dem Kessel weichen konnten, solange die Kirche gewiss sein konnte, dass die Eselsmesse und andere Bräuche der spielerischen Umkehr der Hierarchie die normale Ordnung eher festigten als störten, so lange wurden all diese wilden Bräuche und Sitten geduldet.

Die Welt steht kopf. Nach einem englischen Holzschnitt (18. Jh.)

Oft genug aber erwuchs aus den Verkehrungsriten eine wie auch immer geartete gleichsam überschwappende Störung der Verhältnisse.

Zurück zum Kupferstich der Spinnerin: Er ist Ausdruck der bestehenden verkehrten Verhältnisse der Welt und leuchtet Grimmelshausen unmittelbar ein. Geiler von Keysersberg hatte verstanden, dass die Mischung aus Motiven der Verkehrten Welt und des Spiels gefährlich werden kann. Die Gefahren eines über seine Grenzen hinauslangenden populären Karnevals hatte er ständig vor Augen und warnte mit der erhobenen Stimme eines beliebten Predigers davor. Die Gefahr dieser schönen Bilder vom schlachtenden Ochsen und bettelnden Edelmann liegt darin, dass in ihnen eine mögliche Bewegung eingefroren ist. Es schlummert eine Umkehrenergie darin. Im April 1525 besetzten die aufständischen Bauern in Heilbronn das Haus des Deutschherrenordens. Sie vernichteten die Schuldbriefe, Urkunden und Rechnungen

Der Ochse schlachtet den Metzger. Nach einem englischen Holzschnitt (18. Jh.)

und versorgten sich mit Geld und Lebensmitteln. Bevor das erbeutete Gut unter den Bauern und Leibeigenen des Ordens aufgeteilt wurde, ging es

an ein Schmausen im tollen Bauernübermuth. Die Ordensherren, die sie noch vorfanden, mussten neben der Tafel mit abgezogenen Hüten stehen. Einem rief ein Bauer zu: »heut, Junkerlein, seyn w i r Teutschmeister«, und schlug ihn zugleich auf den dicken Bauch, daß er zurückfiel.[6]

Grimmelshausen erkannte das Kippmoment in den Bildern der Verkehrten Welt. Er wetterte aber nicht dagegen, sondern machte es sich zunutze. Bei aller Kritik an den bestehenden verkehrten Verhältnissen, am Bettler zum Beispiel, der auf Krücken geht, obwohl ihm gar nichts fehlt, am Fürsten, der Geld verprasst, das ihm nicht zusteht, oder am großen Verkehrer Krieg entwickelt er für seine satirisch-ironische Schreibart eine Poetik der Verkehrung. Die Welt spielt das Verkehren. Dem setzt er seine eigenen Verkehrungsspiele entgegen. Grimmelshausen war über den Kupferstich nicht entzückt, weil er ihm die Welt offenbarte wie sie ist. Er traf ihn so heftig, weil er plötzlich begriff, wie er wahrnehmen, schreiben und denken könnte. Und das führt er im dritten Kalender-Stück des ›apophtegmatischen Menschen Simplicissimus‹ gleich vor.

Die neue Einsicht hilft ihm dabei, seine verrückte Situation zu erkennen. Er ist ein 17-jähriger Dragoner und bekommt von seinem Korporal eine ganze ›Caravan‹ von Tuchhändlern und ihren Tieren anvertraut, die er durch höchst unsicheres Gelände nach Ulm führen soll. Wegen der Begegnung mit der Spinnerin und ihrem Kupferstich hat er nur ›den vierten Teil‹ der Nacht mit Schlafen zugebracht. Wichtige Dinge passieren bei Grimmelshausen oft im Halbschlaf. Aus dem Stand erkennt er jetzt, wie unangemessen es doch ist, dass er Leute führen soll, die ihm in jeder Hinsicht überlegen sind. Das ist die erste praktische Anwendung seiner neuen Erkenntnis. Es folgt ein literarisches Meisterstück, in dem er mit der Verkehrungsenergie spielt, die in einem selbst schon höchst witzigen Anblick steckt.

Der ›Caravan‹ begegnet eine von sechs Pferden gezogene Kutsche, in der ein großer und ›sehr korpulenter‹ Prälat sitzt. Das könnte immerhin ein Bischof oder Abt sein. Gelenkt wird die Kutsche von einem ›Kutscherlein‹, klein wie ein Zwerg. Sein neues Wissen bringt den jungen Dragoner gleich zum Lachen. Das ist ein schönes Exempel für die Verkehrte Welt. Der Verkehrungsertrag wird aber noch deutlich gesteigert. Der witzige Anblick wird in ein Gespräch des Dragoners mit dem Prälaten überführt. Man tauscht die neuesten Nachrichten aus, was dem Dragoner sehr komisch vorkommt, weil man darüber das Verkehrte der eigenen Situation übersieht. Was es denn da zu lachen gäbe, fragt der kirchliche Würdenträger. Ja, antwortet der Dragoner, wir fragen einander nach ›neuen Zeitungen‹ und nehmen nicht wahr, was bei uns geschieht.

›Was denn‹, will der Prälat wissen? Darauf der Dragoner: *Vor alters pflagen die grosse den kleinen fort zuhelffen / jetzt sehe ich aber an Ew. Hochwürden und ihrem Kutscherlin allerdings das Widerspiel.*[7]

Das hat gesessen, aber der Prälat, ein ›rechtschaffener und verständiger Herr‹, ist auch nicht auf den Mund gefallen. Was er denn wolle, es sei doch auch nicht gerade normal, dass ein Jüngling einen Haufen gestandener Männer führe. Ja, das finde er selbst komisch. So verkehrt gehe es eben zu in der Welt. Da kann Hochwürden den Dragoner beruhigen. Die guten alten Verhältnisse würden schon zurückkehren. Jetzt folgt schon ein Meisterstücklein der nächtlichen Einsicht. Wünscht Ihr Euch nur die alten Zeiten zurück, dafür habt Ihr aber nicht den geringsten Grund,

sintemahl es alsdann nit mehr heissen würde / Hanß spann an wir wollen fahren: Sonder gehet hin in alle Welt.[8]

Wunderbar werden hier Sprachspiel und Kritik gemischt. Dieser Verkehrungswettbewerb zwischen Dragoner und Prälat ist in der deutschen Literatur einzigartig. Grimmelshausen schildert in dieser Kalendergeschichte seine ästhetische Erweckung und führt gleich vor, wie ein davon inspiriertes Schreiben aussehen kann. ›Gleich‹ heißt allerdings etwa 33 Jahre später. Er sah seit der Begegnung mit der schönen Spinnerin und ihrem Kupferstich die Torheiten der Welt viel klarer. Und er könne sie nun entweder mit Demokrit verlachen oder mit Diogenes verspotten. Leider habe er aber in seinem Leben mehr Grund gefunden, sie mit Heraklit zu beweinen, was aber gleich Lügen gestraft wird; denn es folgt das Lachstück mit dem kleinen Kutscher und dem dicken Prälaten. Die hier so herrlich vorgeführte Poetik der Verkehrung, die das Lachen als erkenntnisfördernd vorführt, ist ein, vielleicht das wichtigste Verfahren des religiösen Satirikers Grimmelshausen. In der so viel und oft tiefsinnig interpretierten und immer noch dunklen und rätselhaften allegorischen, aber auch in ihrem Geraune parodistischen Baldanders-Episode in der *Continuatio,* dem sechsten Buch des *Simplicissimus,* stößt der mittlerweile fast weise gewordene Simplicius bei einem Spaziergang auf seinem geliebten Mooskopf auf eine umgestürzte antike Statue. Um sie besser erkennen zu können, dreht er sie um. In diesem Moment wird sie lebendig und stellt sich als Personifizierung der allgegenwärtigen irdischen Wandelbarkeit vor mit dem sprechenden Namen Baldanders. Von ihm erhält er eine poetologische Lektion, die allerdings nach einem verratenen, für den Leser nicht angewandten kryptogrammatischen Verfahren verschlüsselt ist. Dann verschwindet Baldanders wieder in der Gestalt eines Vogels, nachdem er allerhand spektakuläre Beweise seiner Verwandlungskompetenz abgeliefert hat. Die entschlüsselte Botschaft des stark an Ovids *Metamorphosen* erinnernden Verwandlungskünstlers hat einen allgemeinen und einen speziell an Simplicissimus gerichteten Teil. Der allgemeine Teil meint die bei Grimmelshausen in vielen Varianten genannte Wandelbarkeit und Unbeständigkeit der Welt; den speziellen Teil bekommt Simplicius als Antwort auf die Frage, ob Baldanders den Menschen denn zu nichts anderem nützlich sei, als sie und ihr Leben immer wieder zu verändern:

»O doch!«, antwortete er. *»Ich kann sie eine Kunst lehren, wie sie mit allen Dingen, die von Natur eigentlich stumm sind, etwa mit Stühlen und Bänken, Kesseln und Schüsseln usw., reden können. Schon den Hans Sachs habe ich darin unterrichtet, wie man in seinen Büchern nachlesen kann, wo er von Gesprächen berichtet, die er mit einem Dukaten und einer Rosshaut geführt hat.«*[9]

Grimmelshausen macht dann im neunten Kapitel der *Continuatio* in einem seltsamen Gespräch des Simplicius mit einem ›Schermesser‹ (= Klopapier) gleich Gebrauch von diesen Ratschlägen.

Conrad Wiedemann schlägt vor, bei der in der Baldanders-Episode zum Ausdruck kommenden, gleichsam zupackend-praktischen Art zu Erkenntnissen zu gelangen, von einer ›Bauernhermeneutik‹ zu sprechen. Das Zupackende sieht er im Umdrehen der Statue. Man könnte Grimmelshausens Verfahren aber auch eine Verkehrungshermeneutik nennen, denn Simplicius erweckt Baldanders nicht bloß durch Umdrehen zum Leben. Die um sehr viel verkehrten Sprach-Schabernack vermehrte Lehre des Baldanders führt geradewegs in die Schreibschule der Verkehrten Welt. Dort nämlich werden enkomiastische Texte über sonst des Beschreibens unwerte Dinge wie Schüsseln, Dukaten, Nüsse oder Flöhe fabriziert.

Des Abenteuerlichen Simplicii Verkehrte Welt. Nicht/wie es scheinet/zur Lust und Kurtzweil: Sondern auch zu dessen aufferbaulichem Nutz annemlich entworffen von Simon Lengfrisch [wohl Druckfehler für Leugfrisch, d. A.] von Hartenfels ist aus anderem Holz geschnitzt. Die Höllenreise lehnt sich an die sechste Traumsatire mit dem Titel *Höllenkinder* aus den *Wunderlichen und Wahrhafftigen Gesichten Philanders von Sittewalt* (Straßburg 1642) von Johann Michael Moscherosch an.

In einem etwas umständlichen »Praeambulum« greift Grimmelshausen die dritte Kalendergeschichte auf und türmt Verkehrung auf Verkehrung. Die üblichen Erscheinungsformen der Verkehrten Welt habe ja jedermann ständig vor Augen, darüber müsse nun nicht mehr berichtet werden. Nunmehr sei zu schildern, wie es in einer anderen Verkehrten Welt, nämlich der Hölle, zugehe. Dort werde der Arme Lazarus mit himmlischer Freude getröstet, der reiche Prasser aber und die Tyrannen mit unaussprechlichen Schmerzen gequält. Sollte der Autor, dem man seine Neigung, die Wahrheit zu sagen, wenig dankt, über diesen oder jenen Leser die Unwahrheit gesagt haben, (der sich wegen seiner Missetaten vielleicht als Kandidat für die Hölle sieht), dann könne er sich ja ändern, um diesem Schicksal zu entgehen.

Was dann an wahrlich entsetzlichen und mit fast sadistischem Realismus gezeichneten Höllenstrafen geschildert wird, entspricht der ›lex talionis‹, die fordert, dass Gleiches mit Gleichem vergolten wird. Viele der grotesken Höllenbilder sehen aus wie von Hieronymus Bosch gemalt. Einen Einfluss dieser Bilder auf Grimmelshausen hält Claudia Brinker-von der Heyde in ihrem Aufsatz *Alle Peinen der Höllen*[10] durchaus für möglich. Sie zeichnet mit gehörigen Kenntnissen die Topoi der Höllenbeschreibungen nach und belegt einmal mehr Grimmelshausens stupende Belesenheit, der bis in viele Einzelheiten der traditionellen Höllenliteratur folgt. Im letzten Satz ihres Beitrages bemerkt die Autorin etwas lakonisch: »Daß letztlich die Höllenschau immer auch zeitkritische Momente enthält, sei unbestritten.«[11]

Es soll hier auch nicht bestritten werden, dass Grimmelshausen in der *Verkehrten Welt* eine höchst anschauliche und in ihrem drastischen Höllenrealismus verstörende Schrift verfasst hat. Aber es handelt sich um eine Höllensatire, und da fragt es sich, wer deren Adressat ist. Die satirische Technik funktioniert hier so wie schon in der Mummelsee-Episode. Den erbärmlich leidenden Sündern wird ihre Strafe dadurch verschärft, dass die obere Welt sich nunmehr ganz und gar gewandelt hat.

(...) was das Reich Christi auf Erden anbelangt/so hat sich dasselbige (...) gleichsam durch die gantze Welt ausgebreitet.[12]

Auf einer so beschaffenen Welt wäre man noch sehr viel lieber als in dieser ewig währenden Hölle. Wieder erzeugt Grimmelshausen einen mentalen Umkehrschwung; dadurch, dass der Leser die verkehrten Schilderungen der irdischen Zustände zurechtrückt, gleichsam entkehrt, bleiben sie haften. Mit umso schärferer Wucht und größerer Aufmerksamkeit wendet er sich den Verdammten zu. Und jetzt stellt sich heraus, dass die Sünder nicht über denselben Leisten geschlagen werden. Die Schrift zeigt viel eher die didaktischen Appelle eines satirischen Humanisten als einen christlichen Sünden-Fundamentalisten. Aller Rede von der Verkehrten Welt liegt nämlich die Überzeugung des Satirikers zugrunde, dass entgegen den verkehrten Zuständen, gegen die eigene Schuld und sündige Gottverlassenheit vor allem eine Umkehr möglich ist, eine Bekehrung. Überall in Grimmelshausens Werk sind in der von der Erbsünde scheinbar vollständig gezeichneten Welt, besonders zu Zeiten des Krieges, kleine Risse sichtbar, in denen bescheidene Möglichkeiten der Besserung aufscheinen. Da blickt man auf politische, soziale, religiöse, vor allem aber auch individuelle Mittel, den Teufelskreis der Erbsünde zu durchbrechen. Der Hermeneutik der Verkehrung entspricht ein satirischer Humanismus, wie er seinesgleichen sucht. Die Satire vermisst die Größe des Schadens und zeigt, wie anstrengend es ist, ihn zu beheben. So ist es auch in der Höllensatire von *Simplicissimi Verkehrter Welt*. Da werden Vorschläge unterbreitet, wie man das riesige Heer der Bettler verringern könnte, Bäcker und Wirte (wen wundert das, wo Großvater Melchior Bäcker war und Wein ausschenkte) bekommen gesagt, wie sie sich verhalten sollten, in der Jahreszahl 1622 wird an die Geldentwertung der Kipper und Wipper erinnert, die verdammten Nachdrucker, mit denen Grimmelshausen es nicht zu knapp zu tun hatte, bekommen ihr besonderes Fett ab. Am Schluss kriecht Simplicissimus nach viertägigem Höllenaufenthalt wieder auf die Erde und erfährt, dass es 17 Meilen bis nach Hause sind.

1. Des Abenteurlichen Simplicissimi Ewig-währender Calender. Hrsg. von Klaus Haberkamm, Konstanz 1967, S. 108 und 110.
2. Ewig-währender Calender, a. a. O., S. 110.
3. Vgl.: Ludwig Schneegans: Das Pfingstfest und der Roraffe. Mühlhausen 1851.
4. Sebastian Brant war Jurist an der Universität Basel und ab 1502 Stadtschreiber und Kanzler in Straßburg.
5. Predigt Geilers »an dem durnstag nach Invocavit«, 1. März 1496. Die Predigt handelt vom Teufel als ›Wannenkremer‹ (wandernder Händler). Zit. nach: R. von Leyden: Karnöffel, das Kartenspiel der Landsknechte. Wien 1978, S. 48.
6. Heinrich Wilhelm Bensen: Geschichte des Bauernkriegs in Ostfranken, aus den Quellen bearbeitet. Erlangen 1840, S. 159.
7. Ewig-währender Calender, a. a. O., S. 114.
8. Ebenda.
9. Grimmelshausen/Kaiser, a. a. O. (2009), S. 579.
10. Claudia Brinker-von der Heyde: »Alle Peinen der Höllen«. Motivgeschichtliche Untersuchungen zur *Verkehrten Welt* des Johann Jakob Christoffel von Grimmelshausen. In: Simpliciana XI (1989), S. 35–70.
11. Brinker-von der Heyden, a. a. O., S. 55.
12. Hans Jacob Christoffel von Grimmelshausen: Die verkehrte Welt. Hrsg. von Franz Günter Sieveke, Tübingen 1973, S. 12.

WELTROMAN UND MÜHLENORDNUNG. SCHULTHEISS IN RENCHEN

Am 25. Juli 1638 zündeten schwedische Truppen 30 Bauernhöfe in Renchen an, um die Festung Offenburg von Nahrungsmittellieferungen abzuschneiden. Die Ernte war gerade eingebracht worden. Dabei brannte die Stadt nahezu vollständig ab, auch Pfarrhaus, Rathaus und die Heilig Kreuz Kirche. Einzig das bischöfliche Schloss auf dem Schlossberg blieb erhalten. Das katholische Frankreich schloss nun ein Bündnis mit dem protestantischen Schweden, um die kaiserliche Seite zu schlagen. Im Dreißigjährigen Krieg ging es eben nicht nur um den richtigen Glauben. In der Neujahrsnacht 1640/41 brannten dann französische Krieger auch das Schloss in Renchen nieder. Gut zwei Jahre später flohen die letzten Einwohner Renchens vor französischen Truppen in die Wälder und umliegenden Gemeinden. Bei Kriegsende zählte das Gericht Renchen 17 Bürger, vor dem Krieg waren es 180 gewesen. Auf einen Bürger kamen fünf bis sechs Mitbewohner. Es waren also insgesamt keine einhundert Menschen geblieben. Nach dem Krieg kehrten viele aus ihren Fluchtorten in die Stadt zurück, so dass Renchen 1666 schon wieder 700 Einwohner zählte. Das bischöflich-straßburgische Gebiet der Herrschaft oder des Amtes Oberkirch bestand aus sechs Gerichten. Außer Oberkirch selbst gehörten noch Renchen, Cappel, Sasbach, Oppenau und Ulm dazu.

Am 25. September 1666 starb der Renchener Schultheiß Adam Heuseler. Er hatte gerade noch erlebt, dass die württembergische Pfandherrschaft über das Amt Oberkirch mit ihrer Aufkündigung durch den Straßburger Bischof Franz Egon von Fürstenberg am 13. März 1663 und der Zahlung von 400000 Gulden beendet worden war. Neuer Landesherr wurde 1665 der Bischof.

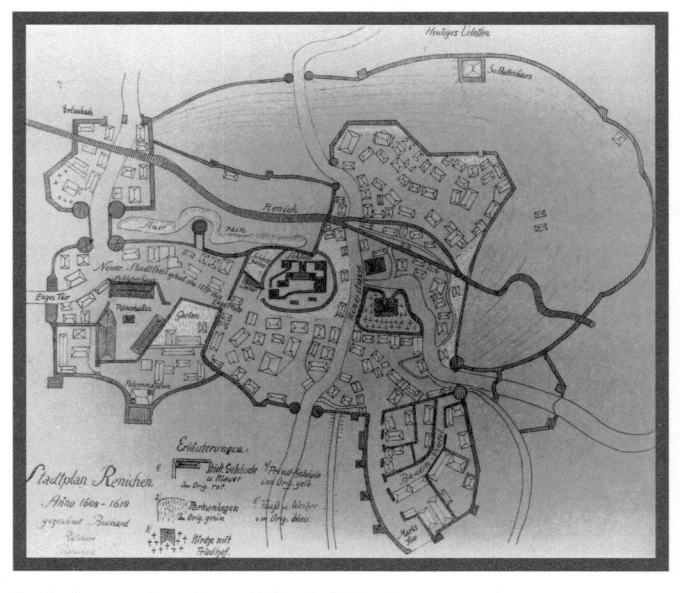

Stadtplan von Renchen 1608–1618 (Kopie von 1911)

In den letzten Jahren des Dreißigjährigen Krieges war die Herrschaft Oberkirch den Schweden zugefallen. Nach dem Friedensschluss wurden die Untertanen vor dem Oberkircher Rathaus versammelt, um von ihrem schwedischen Treueschwur entbunden zu werden und gleich darauf dem württembergischen Pfandherrn die Treue aufs Neue zu schwören, denn 1604 war Oberkirch vom Straßburger Bischof an Herzog Eberhard von Württemberg verpfändet worden. Die Untertanen waren es gewohnt, dass ihre Herren öfter mal wechselten. Der Schultheiß Heuseler hatte erst die württembergische, dann die schwedische, darauf wieder die württembergische und nun die bischöflich Straßburger Herrschaft mitgemacht, von anderen kürzeren Interregnien schwedischer und württembergischer Herrschaft einmal abgesehen. Ihm folgte Elias Goll, wahrscheinlich ein Sohn von Abraham Goll, der als Schultheiß in Oberkirch gewirkt hatte, als Grimmelshausen in Gaisbach Schaffner gewesen war. Dessen Frau Magdalena war bei sechs Kindern der Familie Grimmelshausen ›Pfetterin‹, also Patin. So verbanden die Patenschaften die Familie Goll mit der Familie Grimmelshausen, die wiederum mit den Schauenburgern verbunden war und, nicht zu vergessen, mit der Familie des Schwiegervaters Johann Henninger. Das Amt Oberkirch war überschaubar, die Schultheißen und die höher gestellten Beamten des Straßburger Bischofs kannten sich, man hatte ständig miteinander zu tun. Die Goll-Familie galt als ein wenig aufbrausend, vielleicht auch aufmüpfig. Jedenfalls hat im Jahre 1667 ein anderer Sohn von Abraham Goll, der Straßburger Kandten-Wirt, bei einem Gasthausstreit in Oberkirch Philipp Hannibal von Schauenburg ein Weinglas ins ›Gesicht gestoßen‹.[1]

Dass bald darauf Grimmelshausen die Stelle als Schultheiß in Renchen bekam, hängt wieder mit den Golls zusammen. Elias Goll hatte kaum sein Amt in Renchen angetreten, als ruchbar wurde, dass ihn seine aus Straßburg stammende Frau Magdalena mit einem ledigen Burschen namens Hans Michel Wentzel betrog. Die Sache wurde der bischöflichen Behörde gemeldet, und es gab empfindliche Strafen. Frau Goll wurde zur Zahlung von 50 Reichstalern verurteilt, Herr Wentzel musste bei Wasser und Brot für sechs Tage in den Turm. Schultheiß Goll demissionierte, ging als Obervogt nach Hoheneck bei Ludwigsburg und starb in Straßburg 1674 in »höchster Dürftigkeit«[2]. Der Obervogt von Oberkirch hatte über die gesamte Spannbreite dieser Affäre ein Protokoll angefordert. Der frühe Grimmelshausen-Biograph Bechtold meint, die darin geschilderten Vorfälle hätten den ›derbsten Episoden des *Wunderbarlichen Vogel-Nests* entsprochen.[3] Elias Goll hatte klipp und klar erklärt, er wolle seine Frau aus dem Haus werfen und nie mehr zu sich nehmen – was er später doch nicht tat. Das ›Privatleben‹ nicht bloß der örtlichen Prominenz war seinerzeit durch und durch öffentlich. Gerüchte, Klatschgeschichten blühten nicht im Verborgenen, sondern waren, auch als Folge der durch Ordnungen und Gesetze bis ins kleinste geregelten Lebensvollzüge, für jedermann sicht- und hörbar. Dass die Erzählungen auf der Gasse lagen und die Menschen so ihren epischen Schatten mit sich herumtrugen, kam dem Autor Grimmelshausen zugute. Elias Goll gab sein Amt in Renchen auf, und Grimmelshausen bewarb sich darum.

Er schrieb gleich nach der Renchener Vakanz seinem Landesherrn und schlug ihm vor, das Amt des Schultheißen mit ihm zu besetzen. Am 9. Februar 1667 unterrichtete der Straßburger Bischof Franz Egon von Fürstenberg seine Regierung darüber, dass Grimmelshausen sich auf die Stelle in Renchen beworben hatte. Am 25. Februar wurde in der fürstbischöflichen Ratssitzung in Zabern, auch Elsaßzabern genannt, beschlossen, den Herrn Obervogt zu Oberkirch um ein Gutachten über den Gaisbacher Sternenwirt zu ersuchen. Die Sache zog sich etwas hin. Am 16. März gelangte das Schriftstück des Oberkirchner Obervogts Hermann Dietrich von Neuenstein nach Zabern. Die Eignung Grimmelshausens stehe außer Frage, nur leider sei nicht klar, ob er die vorgeschriebene Kaution zahlen könne. ›Bei solcher Beschaffenheit des Bewerbers‹ solle er, wenn das Geld aufzutreiben wäre, zum Schultheißen von Renchen gemacht werden, empfahl der fürstbischöfliche Rat. Grimmelshausen teilte den Herren in Zabern sogleich mit, dass er in Gaisbach Liegenschaften im Wert von 400 bis 500 Gulden besitze, darüber hinaus aber wäre sein Schwiegervater, der angesehene Ratsherr aus Za-

> D. FRANCISCO EGONI,
> Graef van Furstenberg. etc.
> Bischop van Straesburg.
>
> Franz Egon von Fürstenberg, Bischof von Straßburg
> Kupferstich aus: P. Valckenier, Das verwirrte Europa (Amsterdam 1677—1683)

Franz Egon von Fürstenberg, Bischof von Straßburg. Kupferstich um 1680

bern, gerne bereit, für den Rest zu bürgen. Der erschien in der Tat vor den Herren Hofräten und erklärte sich willens, für einen etwa fehlenden Betrag zu bürgen. Am 6. Juni 1667 bat der zurückgetretene Schultheiß Elias Goll, noch einen Monat lang in Renchen amtieren zu dürfen, weil er ausstehende herrschaftliche Gelder einzutreiben habe. Dem wurde stattgegeben, und so kann man davon ausgehen, dass Grimmelshausen im Juli 1667 das Amt in Renchen antrat.

Das Gericht Renchen bestand aus dem Flecken Renchen, den Schneckenhöfen, dem Dorf Waghurst mit dem Ziegelhof, dem Schonenhof und dem Holzhof sowie dem Dorf Honau am Rhein. Der Bischof residierte nicht in Straßburg, sondern im 50 Kilometer nordöstlich gelegenen Zabern, dem heutigen französischen Saverne. Das hängt mit der wechselvollen Geschichte der Reichsstadt Straßburg zusammen, die mit der Reformation zunächst lutherisch geworden war, im Straßburger Kapitelstreit aber weite Gebiete ihres Umlandes an die katholische Partei abgeben musste. Die Stadt selbst blieb zunächst protestantisch und duldete den Sitz des Bischofs nicht in ihren Mauern. Seit dem Westfälischen Frieden von 1648 wollte Frankreich den Rhein als neue Grenze festlegen. Das gelang aber erst im Rahmen der Reunionspolitik Königs Ludwig XIV. (Im Jahre 1697 wurde schließlich festgehalten, dass Straßburg französisch, das heißt auch katholisch wurde. Im Münster, dem seinerzeit höchsten Gebäude der Welt, fanden nur noch katholische Gottesdienste statt, und die Protestanten mussten alle öffentlichen Ämter aufgeben.)

Der neue Schultheiß trat sein Amt 1667 in einer recht prekären Situation an. Sein Landesherr, Franz Egon von Fürstenberg, entsprach überhaupt nicht dem Bild eines gerechten Fürsten, der seine Untertanen schützt und pflegt. Im Gegenteil war er ein von keinerlei moralischen Skrupeln geplagter absolutistischer Machtpolitiker, der zusammen mit seinem Bruder Wilhelm Egon die Interessen des französischen Königs gegen das Reich mit allen Mitteln von Intrige, Verrat und Raffgier vertrat und sich in seinem Bistum äußerst selten blicken ließ. ›Bischof Bacchus‹ wurde er seiner Trinkgewohnheiten wegen genannt, im Deutschen Reich galt er als Verräter. (Dem Fürstbischof Franz Egon von Fürstenberg wurden schließlich im Dezember 1674 von Kaiser Ferdinand I. die Herrschaftsrechte über sein Territorium entzogen und auf das Domkapitel übertragen. Dem von Grimmelshausen noch in einem Schreiben vom Herbst 1673 in der üblichen Manier mit »Hochwürdigsten, durchlauchtesten Fürsten« angeredeten Landesherrn nahm der Kaiser alle deutschen Besitzungen weg (und das waren nicht wenige); er bekam den Zehnten nicht mehr, verlor Sitz- und Stimmrecht auf dem Reichstag, und seine Untertanen wurden schließlich vom Treueschwur entbunden.)

Grimmelshausen verdankte sein Amt einer offenbar nicht selten vorkommenden erotischen Familientragödie, die dazu führte, dass der amtierende Schultheiß demissionierte. Die kleine Szene mit dem Weinglas, das immerhin einem hoch gestellten Adligen ins Gesicht gestoßen wurde, oder die endlose Litanei von kleineren und größeren Konflikten mit der Obrigkeit waren nur die gewöhnlichen Störungen der öffentlichen Ordnung. Im Großen, im Amtsbezirk von Oberkirch, in der Ortenau oder in den Gebieten links und rechts des Rheins, hatte der Dreißigjährige Krieg maßlos gewütet und seine Folgen waren keinesfalls beseitigt, als Grimmelshausen sein Amt antrat. Um ›sein‹ Renchen um 1667 in den Blick zu bekommen, muss man auf den Krieg zurückschauen: Wie erwähnt, war der anfangs zwischen der katholischen Liga und den protestantischen Mächten ausgetragene Krieg nach dem Tod von Gustav Adolf von Schweden 1632 und der Ermordung Wallensteins 1634 auch dadurch in ein neues Stadium gelangt, dass Frankreich 1635 auf Seiten der Protestanten gegen den Kaiser und die Katholiken kämpfte. Nun wurde es ein ›Raub- und Plünderungskrieg‹.[4]

Durch die Ortenau zogen abwechselnd kaiserliche und schwedische Soldaten, die Quartier suchten und sich nahmen, ständig Kontributionen forderten und die Bevölkerung nach Kräften drangsalierten. In einem Brief der sechs Gerichte des Amtes Oberkirch vom 22. November 1634 beklagten die Schreiber, es bestünde keine Hoffnung auf Besserung mehr, auch für die immer wieder verheißene Friedenszeit erwarte man nichts. Auf Heller und Pfennig nannten sie ein Beispiel. Vor kurzem habe ein kaiserliches Reiterregiment sechs Wochen lang im Amt Oberkirch gehaust und es übel ausgeplündert. Außer den abgezwungenen Unterhaltskosten hätten noch 10 800 Gulden und 1188 Viertel Hafer aufgebracht werden müssen[5]. Und diese Klagen sollten sich fortsetzen. Erst einmal bis zum Ende des einen Krieges und dann bald wieder beim nächsten, ab 1672, beim französisch-holländischen Krieg, der die Ortenau abermals aufs Härteste heimsuchte.

Nach dem Sieg der Kaiserlichen in der Schlacht bei Nördlingen im August 1634 wechselte in kurzen Abständen die Herrschaft. Es ging ein paar Jahre zwischen dem Bischof von Straßburg und den Schweden hin und her, bis die letzteren dann vom April 1645 bis zum Kriegsende das Amt Oberkirch besetzt hielten. Den Beherrschten war es ziemlich gleichgültig, wer sie quälte und ihre Dörfer und Felder verbrannte. Im Frühjahr 1638 hatte Herzog Bernhard von Weimar, der die Schweden und damals auch die Franzosen befehligte, das Oberrhein- und das Hochrheingebiet dem kaiserlichen Einfluss entzogen. Bei diesen Kämpfen eroberten die Truppen Bernhards auch Renchen. Der Renchener Bürger Johannes Litsch berichtete darüber später, im Jahre 1654:

Item auff sanct Jakobi (25. Juli) ist die kyrch zu Renchen und das rothauß mit sambt auff dreysig Hofstetten abgebrändt worden.[6]

Die mit dem Leben davongekommenen Einwohner flohen und kamen erst in den relativ ruhigen Jahren 1639 und 1640 zurück, um ihre Häuser wieder aufzubauen. Anfang 1641 fielen wieder französisch-schwedische Soldaten über Renchen her, am Neujahrstag 1641 wurde das Renchener Schloss durch Soldaten des französischen Oberst Reinhold von Rosen niedergebrannt.

Johannes Litsch berichtete, wie schon erwähnt, dass von 180 Renchener Bürgern zu Beginn des Dreißigjährigen Krieges am Ende noch 17 lebten. Hochgerechnet auf die Bevölkerung starben etwa 700 Renchener Bewohner im Dreißigjährigen Krieg: »Seyndt alle gestorben und verdorben.«[7]

Schrecklicher Tiefpunkt dieses Krieges im Amt Oberkirch waren die Plünderungen durch französische Kampfverbände im Jahr 1643. Am 2. März fielen sie in den Dörfern und Städten ein, verjagten das Vieh und trieben die Menschen in die von Schnee bedeckten Wälder. »Hungrige Wölfe«, schreibt Bechtold, »strichen nächtlicherweise durch die menschenleeren Wohnstätten und Gehöfte.«[8] Renchen an der Rench, einem rechten Nebenfluss des Rheins, hatte vor dem Krieg acht Hanfmühlen, ›Blaugeln‹ genannt, danach gab es keine mehr. Sehr langsam kehrten die Menschen aus dem Krieg nach Renchen und in die umliegenden Orte zurück. Es zogen aber auch welche aus der Schweiz, aus Schwaben, Salzburg, Savoyen und den spanischen Niederlanden zu. In den Kirchenbüchern trifft man auf ›den alten Schwab, den welsch Metzger, den welschen Krämer‹.

Das Amt Oberkirch fiel nach 1648 an die Herzöge von Württemberg, weil dem Bischof von Straßburg, zu dieser Zeit noch Leopold II., das Geld fehlte, um die Pfandherrschaft einzulösen. Herzog Eberhard III. von Württemberg war allerdings mit dem Fortgang seiner Herrschaft überhaupt nicht zufrieden; am 28. Juli 1658 klagten seine Beamten in Oberkirch über die geringen Steuereinnahmen, nicht einmal die Hälfte des errechneten Aufkommens floss in die württembergische Staatskasse. Schließlich wurde den Pfandherren klar, dass die Oberkircher Untertanen nach den Verheerungen des Krieges beim besten Willen nicht mehr abgeben konnten. Deshalb boten sie dem Bischof von Straßburg das Amt zum Rückkauf an. Aber erst der neue Bischof Franz Egon von Fürstenberg zahlte 1663 das Geld, und so kam es, dass Grimmelshausen 1667 als Schultheiß von Renchen ein kleiner Beamter des Straßburger Bischofs wurde.

Wie es Renchen im Dreißigjährigen Krieg erging, war ausführlicher darzustellen, weil der Schultheiß Grimmelshausen oft als jemand porträtiert wird, der in unverbrüchlicher, althergebrachter Treue zu seinem Landesherrn seinen Pflichten nachgekommen sei. So war es aber nicht. Herrschaftsverhältnisse bröckelten, wechselten und entsprachen eher dem aus dem *Simplicissimus* bekannten Lug und Trug der Welt als einem geordneten Staatswesen.

Der fürstbischöfliche Schultheiß agierte demnach beileibe nicht in einem stillen oder gar idyllischen Winkel zwischen Schwarzwald und Rheinebene. Er befand sich an einem Rauch- und Pulverpunkt der europäischen Politik. Bald sollten die bischöflichen Forderungen nach Unterstützung der französischen Armee auf den deutlich vorgetragenen Widerstand des Renchener Schultheißen und seiner Kollegen treffen. Beim Blick auf Grimmelshausens literarisches Werk, das zum größten Teil in seiner Zeit als Schultheiß zwischen 1667 bis zu seinem Tod 1676 erschien, sollte man sich seiner Situation in einem Brennpunkt europäischer Machtpolitik bewusst sein. Er kannte die Welt nicht nur aus Reisebeschreibungen.

Straßburg

Mit Straßburg hatte er eine bedeutende Metropole vor Augen, die zu Fuß oder mit dem Pferd gut zu erreichen war, das Straßburger Münster konnte er von den benachbarten Hügeln aus sehen. Dort, in Straßburg, erschien seit Sommer 1605 die wohl älteste gedruckte Zeitung der Welt, das wöchentliche ›Avisenblatt‹ (Nachrichtenblatt) *Relation aller fürnemmen und gedenckwürdigen Historien* des gelernten Buchbinders Johann Carolus. Straßburg war für Renchen und die Nachbarorte die Metropole in der Nähe. Um bei der bischöflichen Regierung in Zabern vorzusprechen, musste man über Straßburg reiten oder fahren. Die Bauern des Renchtals verkauften ihre Erzeugnisse auf dem Straßburger Markt. Berühmt war die Weihnachtsmesse. Straßburg galt auch als das Tor zur französischen Mode, und es war daneben ein Ort der Bildung und der Literatur und immer wieder eine Zufluchtsstätte für politische Verfolgte. Erinnert sei nur an den deutschen Jakobiner Eulogius Schneider, an Joseph Görres oder Georg Büchner.

Die Stadt spielte für Grimmelshausen selbstredend eine bedeutende Rolle. Als vielfach beschriebene und zum Schauplatz gemachte Metropole in seinem Werk, als sehr nahe gelegene Großstadt, die von Gaisbach, der Ullenburg und Renchen aus bequem zu erreichen war, auch wenn es Grimmelshausen nicht ständig in die große Stadt zog. Aber er war beileibe auch kein bäuerlicher Landbewohner. Wie so oft lebte er auch hier in einem Zwischenraum; hielt Kontakt mit Verlagen, erst in Nürnberg, dann auch in Straßburg, kannte die intellektuelle Physiognomie der Stadt, ohne in den Kreisen der Gebildeten zu verkehren, und las wohl auch die in Straßburg erscheinenden Zeitungen. Auf das Landleben und die kleinen Leute zwischen Renchen und Oberkirch ließ er sich pflichtgemäß und bestimmt auch darüber hinaus in geselliger Kommunikation ein. Jeder Blick nach außen, jede vernommene Redewendung, jeder schrullige oder ernsthafte politische Konflikt fanden ihr Echo in seiner inneren Welt, dem Konzept- und Tummelplatz seiner Literatur.

Seine Haltung war die des Satirikers. Solche Leute schauen und hören genau hin, sonst würden sie an den gegeißelten Missständen vorbeischreiben.

Im fünften und sechsten Buch des *Simplicissimus* rückt Straßburg in den Blick.[9] Der Philippsburger Musketier gerät, während er mit Kameraden ›auf Partei‹ geht, in höchste Gefahr. Simplicissimus wäre um ein Haar ertrunken, als er bei Ottenheim in der Nähe von Straßburg auf einer Rheininsel auf ein Schiff zum Überfallen warten wollte. Auf dem Weg zur Insel ging der Kahn unter und Simplicissimus wäre unweigerlich verloren gewesen, hätte ihn in letzter Sekunde nicht genau die Besatzung des Schiffs gerettet, das er überfallen wollte. Er flunkerte herum und erzählte, nach Straßburg hätte er gehen wollen, um den Schuldienst anzutreten. Die Freie Stadt Straßburg galt während des Dreißigjährigen Krieges als neutrale Insel, die aber keinesfalls frei von Diebs- und Raubgesindel und dunklen Machenschaften war.

Eine der schönsten simplicianischen Szenen spielt in einem Straßburger Gasthaus. Man kann da dem *Seltsamen Springinsfeld* beim Sprossen zuschauen. Die aus dem *Simplicissimus* bestens bekannte simplicianische Familie wurde mit dem Erscheinen des *Europäischen Wundergeschichten Calenders* wahrscheinlich im Spätsommer 1669 und des *Ewig-währenden Calenders* im zweiten Halbjahr 1670[10] zum zuverlässigen und vom enorm gereiften alten Simplicissimus bestens geführten Rückhalt ausgebaut. Die Titelkupfer beider Kalender präsentieren in vertraulichen Medaillons das beliebte Kernpersonal der Familie: den Alten Simplicissimus mit Meuder und Knan, darunter den jungen Simplicissimus und das fromme Ursele. Alle bekommen in den Kalendern sehr wichtige Auftritte, und es spricht für Grimmelshausens und seines Verlegers Verständnis des Lesepublikums, wie die epischen Fliehkräfte des in so viele Richtungen zielenden *Simplicissimus* im Schoß der getreuen simplicianischen Familie gebündelt werden. Diese Familie kann man liebhaben, und das entspricht gewiss Grimmelshausens Absicht; denn hier werden alle prekären Doppelungen ausgespart, die seine eigene und die Familie des Simplicissimus kennzeichnen.

Im Straßburger Wirtshaus sind Simplicissimus, Knan, Meuder und Knecht eingekehrt, weil Geschäfte zu erledigen sind. Simplicissimus, inzwischen auch wegen literarischer Fortsetzungszwänge von der Kreuzinsel zurückgekehrt, will sein Elixier auf dem Markt verkaufen. Seine Zieheltern bringen vier Ochsen dorthin, die auf ihrem Bauernhof im

Schwarzwald bestens gediehen sind. Das Elixier sieht aus wie Theriak, das allgegenwärtige Standardheilmittel der Wunderheiler auf den Märkten und Messen. Grimmelshausen wettert oft genug gegen den faulen Zauber der Marktschreier, aber eben nicht wie die strengen Ausputzer der Volkskultur mit eisiger Konsequenz, sondern wie hier in der Eingangsszene des *Seltsamen Springinsfeld*, wo Simplicissimus als Theriak-Händler und Streit schlichtender Moralist auftritt. Es wird nicht alles, was böse, unchristlich, vielleicht sogar des Teufels ist, auf der Stelle verdammt. Der Leser mag selbst damit zurechtkommen, dass sich die Wahrheit oft hinter den Erscheinungen verbirgt und man auch zumindest zu einem kleinen Heil gelangen kann, wenn man sich in ihnen zu verlieren droht. Der alte Simplicissimus jedenfalls holt im Straßburger Wirtshaus eine Zinndose mit weißem Pulver aus seinem Reisesack, das wie Theriak aussieht, und verwandelt damit den ›milchigen Wein‹ in einen edlen Tropfen, der eine wunderbare goldene Farbe annimmt.

Ein alter ›Knasterbart mit einem Stelzfuß‹ kommt dazu, der sich alsbald als der westfälische Dragoner-Kamerad Springinsfeld entpuppt. Große Wiedersehensfreude, aber auch sogleich deftiger Streit. Jetzt entsteht im vertraulichen Ambiente des Straßburger Gasthauses Literatur. Simplicissimus muss erst einmal den alten Stelzfuß zur Ordnung rufen, der einem anderen Gast gegenüber ausfällig geworden war. Dieser Gast ist aber eigentlich die Hauptfigur der Szene, denn es stellt sich heraus, dass er es war, dem die Courage ihre Lebensgeschichte erzählt hat. An diese Courage müsse Simplicissimus sich ja erinnern; denn:

Mein hochgeehrter Herr wird bald genug davon haben, denn es geht um die Person, die Er selbst im sechsten Kapitel des fünften Buches Seiner Lebensbeschreibung erwähnt.[11]

Der ›Schreiberknecht‹ hatte Arbeit gesucht und war deshalb nach Straßburg gekommen. Er war aber abgewiesen worden und hatte sich frierend und frustriert in das Wirtshaus zurückgezogen. Hier wurde er gut bedient, besser hätte es kaum kommen können. Er lernt den hochberühmten Schriftsteller Simplicissimus kennen und findet neue Schreibarbeit. Es handelt sich nämlich um niemanden anderes als Philarchus Grossus von Trommenheim, der nach der *Courage* nun auch den *Springinsfeld* nach Diktat aufschreiben darf: »Auf Veranlassung des allseits bekannten Simplicissimus verfasst und zu Papier gebracht.«[12]

Ins Gasthaus kommt dann später der junge Simplicissimus hinzu, der gerade in Straßburg studiert. Das widerspricht eigentlich der Balbierer-Lehre, in die ihn sein Vater auch einmal schickt. Aber auch der Sohn ist keine durchkomponierte Figur, sondern wie der Vater bald dies, bald jenes. Und dann erscheint noch ein ›Bauer von der anderen Rheinseite, zweifellos ein Winzer‹. Der trifft auf einen Verwalter, den man in diesem Wirtshaus noch gar nicht bemerkt hatte, und verlangt, wie berichtet, Geld für seine ›Kärst‹.

Auf den wenigen Seiten der Eingangskapitel des *Seltsamen Springinsfeld* demonstriert Grimmelshausen seine kunstvolle Schreibstrategie, bringt sich selbst in einer tiefsinnigen Reflexion über die identitätsbildende Wirkung des Dialekts ein und verrät manches über sein Verhältnis zu Straßburg.

Schreibstrategisch verknüpft er den ›allseits bekannten Simplicissimus‹ mit einem neuen Buch aus derselben Werkstatt, nicht ohne auf die zur Herbstmesse 1670 veröffentlichte *Courage* hinzuweisen, was ja beim Erscheinen des *Seltsamen Springinsfeld* nach dieser Messe erst ein paar Wochen her war. Viel wichtiger als die Buchwerbung qua Querverweis ist das Versprechen zuverlässiger simplicianischer Qualität. Unter dem Text dieser grandiosen literarischen Spieleröffnung in der Kulisse eines Wirtshauses läuft die Vorführung des Schreibens aus dem Geist gelungener Gasthaus-Verständigung. Simplicianische Literatur entwickelt sich hier aus der dramaturgisch meisterhaft inszenierten Zusammenkunft von literarischen Figuren, die beim Wirtshaustischgespräch neue Literatur anstoßen, in der dieses Gespräch beschrieben wird. Hinzu kommen ein anagrammatisches Figurentheater auf höchstem Grimmelshausen'schem Niveau und das Lüften des schreibtheatralischen Vorhangs für einen Blick auf den Verfasser höchstselbst. Philarchus Grossus von Trommenheim ist ein auch wieder adliges, fast perfektes Anagramm auf Christophorus von Grimmelshausen. Dieser Schreiber des *Seltsamen Springinsfeld* bewundert Simplicissimus wegen seiner Lebensbeschreibung und zieht ihn mit der Courage auf. Dann ist auch noch der Schaffner von der anderen Rheinseite da. Alle zusammen sind der einzige Grimmelshausen, der sich mangels der Gesprächsmöglichkeiten mit Kollegen, Kritikern, Sprachgesellschaften und Akademien eine Sozietät literarischer Figuren geschaffen hat und noch dazu eine simplicianische Familie, die um 1669/1670 zu einem der ersten Geschlechter auf der Landkarte der Literatur wurde.

In den beiden *Wunderbarlichen Vogel-Nestern* begegnet uns auch Straßburg wieder. Einmal kehrt Simplicissimus dort in ein Gasthaus ein und trifft den Wirt, als er gerade zwei Josef-Romane vergleicht, Grimmelshausens *Keuscher Joseph* und Philipp von Zesens *Assenat*, der 1670 erschienen war. Zesen hatte an Grimmelshausens Roman Kritik geübt und jetzt rächt der sich mit kräftigen Schmähreden auf den *Assenat*-Autor. Wieder schafft Grimmelshausen sich selbst ein Forum für Literaturkritik, sein eigenes Buch. Straßburg spielt dabei eine nicht unbedeutende Rolle. Im *Seltsamen Springinsfeld* charakterisiert sie Grimmelshausen durchaus zwiespältig: »In dieser freien Stadt kann zwar jeder frei reden, was er will. Wer aber übertreibt, muss dafür geradestehen oder büßen.«[13]

Grimmelshausen beschreibt die Stadt als benachbarten Markt, als Bildungszentrum, als freie Stadt, die aber nicht zügellos ist, und als eine Art Stadt der Städte, die sich im *Simplicissimus* in Paris oder Köln wiedererkennen lässt.

Aber Straßburg ist für Grimmelshausen auch literarisch bedeutsam. Das betrifft vor allem Johann Fischart und Johann Michael Moscherosch. Über sein Verhältnis zu Fischart heißt es bei Dieter Breuer: »Er ist sozusagen Grimmelshausens Sprachmeister (neben dem Garzoni-Übersetzer, wie man einschränkend sagen muß). Bei Fischart fand er einen Reichtum an Sprichwörtern, Redensarten, deftigen Sprachbildern, Wortspielen, literarischen Anspielungen, wiederbelebten alten Wörtern, ironisch verwendeten Lehnwörtern aus der Gelehrtensprache, dazu den spielerischen Umgang mit einfachen literarischen Formen, kurz: ein auf den Sprachhorizont immer auch des gemeinen Mannes bezogenes ingeniöses Sprachverhalten, das schwer zu überbieten war, aber gerade einem unstudierten Autodidakten Ansporn sein musste.«[14]

Die Lebenskreise von Grimmelshausen und Moscherosch berühren sich nicht nur literarisch. Die beiden Barockautoren sind in einem merkwürdigen Geflecht von Ähnlichkeiten und Unterschieden miteinander verknüpft.

Johann Michael Moscherosch wurde am 7. März 1601 in Willstätt im Hanauer Land geboren, keine zehn Kilometer von Renchen entfernt. Zwischen 1645 und 1655 übte er in Straßburg eine ganz ähnliche Tätigkeit aus wie Grimmelshausen in Gaisbach. Er war ›Fiskal‹ und Sekretär des Polizeigerichts, eine Art Polizeichef der niederen Gerichtsbarkeit. Ohne Doktorgrad konnte er in Straßburg nicht in die oberen Instanzen des Gerichtswesens aufsteigen. Aber er war berechtigt, mit Hilfe von Boten und Schergen die Stadtbevölkerung zu überwachen und die festgenommenen Übeltäter vor dem ›Policey-Gericht‹ anzuklagen. Grundlage dafür bildete die ›Policey-Ordnung‹, die derjenigen der Schauenburger in Gaisbach sehr ähnlich war. In ihr wurde der Warenhandel strikt reglementiert, die Kindererziehung geregelt und in einer ›Sonntagsordnung‹ genau festgelegt, wie der Tag des Herrn zu begehen war. Gotteslästerung, Fluchen,

Meineid: das alles kennen wir aus Gaisbach. Kleinliche Kleidervorschriften schrieben Stoffe und Materialien vor, die je nach sozialer Stellung der Bürger zu Kleidern verarbeitet

Johann Michael Moscherosch im Jahr 1652 als ›Fiskal‹ und Sekretär im Polizeigericht von Straßburg

werden durften.[15] Im Fall von Straßburg war auch das Druckerei- und Verlagswesen geregelt. Moscherosch war ›Fiskal‹ und ein Schriftsteller, der durch die *Gesichte* schon berühmt geworden war. Er hatte sein eigenes Rollenspiel zwischen Spötter und Polizist zu bewältigen. Ganz ähnlich erging es dem Schaffner von Gaisbach, der sich während seiner Kontrolltätigkeit schon fleißig auf seine Rolle als Schriftsteller vorbereitete, was ohne Konflikte nicht zu machen war. Die beiden verband noch viel mehr: Moscherosch widmete 1650 den *Anderen Theil* seiner *Gesichte* dem obersten württembergischen Statthalter der Herrschaft Oberkirch,

dem Wohlgebornen Antoni Herrn von Lützelburg, hoch Fürstl. Württembergischer Hof=Marschalken, Kamerherrn, Rath, und Ober=Amtmann der Herrschaft Oberkirch, auch wohlbesteltem Obristleutnant, Meinem Gn Herrn.

Mit diesem Herrn hatten die Schauenburger wiederholt zu tun. Er wohnte in Oberkirch und hatte Zinsen an die Freiherren von Schauenburg zu zahlen, was wiederum der Schaffner überprüfen musste. Kaum vorstellbar, dass Grimmelshausen und der 20 Jahre ältere Moscherosch sich nicht in Straßburg oder Oberkirch begegnet sind.

Moscherosch ist aber mit Grimmelshausen noch auf andere Weise verwandt. Als Gegensatz. Gerade so, als wäre der eine des anderen verkehrtes Spiegelbild. Am Beispiel von Moscherosch lässt sich recht gut zeigen, wie eine typische Autorenkarriere in der Barockzeit verlief. Nach dem Gymnasium folgte das Studium der Rechtswissenschaft, Philosophie und Literatur in Straßburg, und im Sommer 1645 wurde er in die »renommierteste Vereinigung der Literaten deutscher Sprache im Reich aufgenommen«[16], in die ›Fruchtbringende Gesellschaft‹, die auch als ›Palmenorden‹ bekannt und mit mehr als 800 Mitgliedern die größte literarische Gruppe des Barock war. Zufall oder nicht, im LXXXI. Stücklein seines *Ewig-währenden Calenders* – mit ›Italienische Gesellschaft‹ überschrieben – äußert sich Grimmelshausen zur Fruchtbringenden Gesellschaft sehr ironisch:

Er sahe bey den Schweitzern unterschiedliche Esell und Maulthier mit Citronen/Lemonen/Pommerantzen und aller-

Titelblatt von Moscheroschs *Philander von Sittewaldt* (1650)

hand Wahren auß Italia über daß Gebürg kommen; da sagte er zum Herzbruder/schawet umb Gotteswillen/diß ist der Italianer fruchtbringende Gesellschafft.[17]

Was tut ein Schultheiß?

Als Grimmelshausen nach Renchen kam, waren die Spuren des Krieges noch lange nicht beseitigt. Auch konnte keine Rede davon sein, dass man den Anordnungen der Zaberner Regierung und des Oberkircher Obervogts überall gefolgt wäre. Im März 1667, ein paar Monate vor Grimmelshausens Dienstantritt, hatte der Obervogt Hermann Dietrich von Neuenstein nach Zabern gemeldet, dass die Schultheißen in den Gerichten des Amtes Oberkirch selbständig und ohne ein Protokoll nach Oberkirch zu schicken, allerhand Sachen bei Gericht verhandeln würden. Drei Jahre später musste der Bischof seinem Rat mitteilen, dass fast alle Schultheißen ohne Genehmigung nebenher eine Gastwirtschaft führten, um ihre Einnahmen zu verbessern. Das führt gleich zu der Frage, ob Grimmelshausen etwa auch zu diesen heimlichen Wirten gehörte. Weder ist dies bekannt noch, wo Grimmelshausen in Renchen wohnte. Es besteht aber die starke Vermutung, dass der ehemalige Wirt zum ›Silbernen Stern‹ auch in Renchen praktizierte, und es wird bis heute in Renchen für wahrscheinlich gehalten, dass er in einem wiedererrichteten Gebäude des 1641 niedergebrannten Schlosses untergekommen war.

Was hatte ein Schultheiß von Renchen zu tun? Wie wurde er entlohnt? Welchen gesellschaftlichen Rang nahm er ein? In einer noch rührend unprofessionell hergestellten Broschüre, die zur Wiederverleihung des Stadtrechtes an Renchen am 21. Mai 1950 erschien, werden die Aufgaben des Schultheißen genannt: »Als bischöflich-straßburgischem Schultheißen stand Grimmelshausen die Ausübung der bürgerlichen Gerichtsbarkeit und die schriftliche Ausfertigung aller Kauf-, Tausch- und Pfandverträge zu. Ihm oblag der Vorsitz bei den gewöhnlichen Wochengerichten, der Einzug der Hornung- und Herbststeuer und des Ungeld (eine Weinsteuer, die der

Gemeinde meist den neunten Teil des Preises einbrachte) für ausgeschenkten Wein, die Ausführung der Befehle und Entscheidungen des Obervogts, die Aufsicht über die anderen Gemeindebediensteten, über die öffentliche Sicherheit und die Beobachtungen der Verordnungen, sowie die Aufbewahrung der herrschaftlichen Früchte. Schließlich hatte er für die Stellung und Abhörung der Waisenrechnungen zu sorgen. Verbrechen wurden vom Obervogt im Beisein des Schultheißen abgeurteilt.«[18] Die Entlohnung des Schultheißen Grimmelshausen spiegelte die kleinteiligen spätfeudalen Abhängigkeitsverhältnisse. Der erste Lohn bestand darin, dass er von den Frondiensten und Abgaben befreit war. Dann summieren sich die Einkünfte zu einem geradezu aberwitzigen Katalog aus überkommenen Rechten, Ansprüchen und Gewohnheiten. Ein nicht geringer Teil der Arbeitszeit eines Schultheißen von Renchen muss darin bestanden haben, herauszufinden, was ihm an ›Belohnung‹ zukam. Zum Beispiel:

(...) Item ein ieder Beck (Bäcker) zu Renchen seßhafft wan der Beck zu feilem kaufft, der muß von ieder Beck Brodts dem Schultheißen ein Pfennig Wert brotts geben.

Item was uff der ax dargefürt würt zu feilen Kauff von eßhafftigen Dingen, als Ruben, Krut, Äppfell und dergleichen, gibt ein ieder dem Schultheiß von einem Wagen zwei Pfennig, von einem Karch ein Pfennig.[19]

Also: Vom Brot bekommt der Schultheiß eine Umsatzsteuer von einem Pfennig pro Brot, Lebensmittel indes werden je nach Größe des Transportfahrzeugs zugunsten des Schultheißen versteuert. Ein Einachser bringt einen Pfennig, ein Wagen mit zwei Achsen zwei Pfennige.

Es kommt aber noch viel komplizierter. Wenn der liebe Gott im Gemeindewald Bucheckern beschert und man dann die Schweine in den Wald führt, darf der Schultheiß auch seine Schweine fressen lassen, muss dafür aber dabei helfen, sie zu hüten und zusammen mit anderen das Waldgericht zu führen.

Es ist nicht ganz klar, ob all diese aus früherer Zeit stammenden Rechte eines Renchener Schultheißen zu Grimmelshausens Zeit noch gültig waren.

Bei einem anderen Beispiel lernt man auch gleich, woher der Name Huber stammt. In Renchen gab es die sogenannte Hubwaldgenossenschaft. Ein Hub ist im oberdeutschen Sprachraum ein Flächenmaß, das etwa 30 Morgen entspricht. Ein Renchener Schultheiß hat die Rechte eines ›Hubers‹; das ist hier eine Art Genossenschaftler. Er braucht keinen Zins zu zahlen und erfreut sich einiger Vorteile. Der Wald gehört als Gemeindewald nicht dem Landesherrn, seine Nutzung steht allen Bürgern und Einwohnern zu, die dafür einen Zins zahlen müssen. In diesen Gemeindewäldern bestand eine sehr alte Form von Selbstverwaltung, in der die Bürger allein den von ihnen gewählten Funktionsträgern verantwortlich waren.

Spannend wird die Sache bei der ›Maiwaldgenossenschaft‹. Waldgenossen waren alle Bürger und Einwohner der Dörfer Renchen, Ulm, Mösbach, Haslach, Tiergarten, Waldulm, Ringelbach, Erlach, Stadelhofen und der beiden Dörfer mit dem gleichen Namen Freistätt. Die Genossen hatten einen Waldmeier (eine Art Waldschultheiß), ›Waldzwölfer‹ – die Zwölfer tauchen gleich noch einmal als Renchener Gremium auf – und ein eigenes Gericht, das einmal im Jahr unter dem Vorsitz des Renchener Schultheißen oder des gräflich-hanauischen Amtsschaffners von Lichtenau zu Freistätt tagte. Das wird hier erwähnt, weil es zeigt, dass Grimmelshausen auch von Amts wegen mit Vertretern der Grafschaft Hanau-Lichtenberg zu tun hatte, er also mit Hanau verbunden blieb.

Viel schöner ist aber, dass die Rechte des Schultheißen auch eine Schweinegemeinschaft mit der des Hanau-Lichtenbergischen Schaffners zu Lichtenau vorsahen. Artikel 63 des ›Waldspruchs‹ (Waldordnung) der Maiwaldgenossenschaft erklärt es:

Was tut ein Schultheiss?

Wann man Ecker steiget (auf Bucheckern geht), darff der Schaffner zu Lichtenau 30 Schwein darein thun, deßgleichen ein Schultheiß zu Renchen, jener aber muß einen Knecht halten, den Wald zu hüten, und der Schultheiß soll selbst durch einen gerichtsbotten (boten) hüten.[20]

Fragt sich nur, warum Grimmelshausen, soweit bekannt, in seinen Schriften nie eine Begegnung Renchener mit Lichtenauer Schweinen im Maiwald schildert samt der sich daraus möglicherweise ergebenden Komplikationen. Von Wein und Pferden, Wiesen (Matten) und Feldern ist oft bei ihm die Rede. Schweine scheinen ihn nicht besonders interessiert zu haben.

Eine Schlussepisode zum Thema der Einkünfte eines Renchener Schultheißen führt noch einmal zum Maiwald: Noch in den siebziger Jahren des 17. Jahrhunderts waren die Flurgrenzen in Folge des Dreißigjährigen Krieges oft von Büschen und Dornen überwachsen. Der hochfürstliche Jägermeister von Dombroeck schlug seinem Landesherrn vor, die abhanden gekommenen Grenzen des Maiwaldes während einer Umgehung mit den ältesten Leuten des Waldgerichts neu zu markieren. Das möge der Schultheiß zu Renchen gemeinsam mit Hanauischen Beamten in die Hand nehmen. So wurde es in einem Protokoll vom 31. Juli 1673 festgehalten.

Man kann sich Grimmelshausen nur schwer als Schultheiß von Renchen vorstellen, der den komplett verregelten Mikrokosmos von uralten Rechten, Pflichten, Abgaben und Einnahmen in seinem Gerichtsbezirk kennenlernt, überwacht und weiterentwickelt. Über seinen gesellschaftlichen Status lässt sich sagen, dass er gering war. Das sieht man schon daran, dass Renchen um 1667 ein Dorf mit nur etwa 700 Einwohnern war. Dennoch ist nirgends erwähnt, dass Grimmelshausen seine Pflichten als Schultheiß vernachlässigt hätte; vom Verdacht des heimlichen Weinausschanks abgesehen und künftige Zusammenstöße mit der bischöflichen Regierung noch nicht im Blick.

Anders aber als alle seine Kollegen entfernte er sich regelmäßig vom Renchener Arbeitsplatz. Er begab sich nach Kreta, Russland oder sogar Korea. Am 22. April 1668 kam er von einer Reise zur Insel Pinus zurück. Er teilt unter diesem Datum am Schluss der *Continuatio*, dem sechsten Buch des *Simplicissimus*, mit, dass er, der Schultheiß zu Renchen, diesen ›letzten Teil‹ nicht habe zurückhalten wollen, wobei er als Herausgeber des verstorbenen Autors Samuel Greifnson vom Hirschfeld zeichnet.

In der *Continuatio* liest man von Simplicius' Schicksal als Einsiedler auf der Kreuzinsel. Die *Pines Insul* oder *Isle of Pines* ist eigentlich Mauritius und hat Grimmelshausen zu einem enormen Flug auf seinem Pegasus von Renchen zum Indischen Ozean angestiftet. Über die Landung auf dieser Insel wird man im nächsten Kapitel unterrichtet. Vorerst geht es nach Kreta, das seinerzeit Candia hieß.

Springinsfeld auf Kreta

Um die Insel Kreta und die darauf befindliche Festung war 1669 schon 20 Jahre lang erbittert zwischen Türken und Venezianern gekämpft worden. Diese hatten dafür gesorgt, dass dieser Krieg zu einem kleinen Kreuzzug gegen die muslimischen Türken geriet. Von der Republik Venedig und dem Papst waren mit greller Publizistik in allen christlichen Ländern Söldner angeworben worden, die, auch des stattlichen Soldes wegen, den Venezianern zur Hilfe eilten.

Der Bischof von Straßburg hatte auf Drängen des Papstes einen Trupp Soldaten für den Kampf um Candia in Aussicht gestellt. Nun war die allgemeine Bereitschaft, abermals in den Krieg zu ziehen, nicht besonders ausgeprägt. In der Stadt Mutzig wurden unter dem Kommando des Obristleutnants Rössel und des bischöflichen Hauptmanns Crequeville hundert Soldaten einquartiert, die tatsächlich am 24. März 1669 in Richtung Süden abmarschierten. Die vorderösterreichische Regierung in Freiburg und die großen und kleinen Herrscher aller anderen Gebiete, die durchquert werden mussten, bekamen Briefe mit der Bitte, das tapfere Corps passieren zu lassen. Vorsichtshalber hatte der Herzog von Württemberg seinem ›freundlich geliebtem Oheim‹ jede finanzielle Unterstützung der christlichen Truppe verweigert. Dem ›gemeinem Knecht‹ wurde täglich ein Maß Wein verabreicht, Offiziere durften je nach Rang mehr trinken, mussten das aber später bezahlen. Das bischöfliche Vertrauen in diese Truppe war nicht sehr groß, denn der Obristleutnant wurde ausdrücklich ermächtigt, alle ›vom Leben zum Tod zu bringen‹, die eine ›revolta‹ anzetteln oder andere Knechte zum Ausreißen anstiften würden. Als man nach langer Seefahrt von Venedig aus vor Candia ankam, war von der Festung nicht mehr viel übrig. ›Wie ein Maulwurfshaufen‹ soll sie ausgesehen haben, schrieb der bayerische Obrist von Bühren. Die frisch eingetroffenen bischöflichen Soldaten wurden sofort an den neuralgischen Punkten der Außenwerke zur Verteidigung eingesetzt. Das Kriegsglück konnten sie nicht wenden. Am 4. September 1669 kapitulierten die Venezianer und übergaben die Festung an die Türken, und ein Waffenstillstand wurde vereinbart. Ein halbes Jahr später teilte der Straßburger Bischof seiner Regierung in Zabern mit, dass Hauptmann Crequeville in den nächsten Tagen mit dem Rest seiner Truppe im Amt Oberkirch zu erwarten wäre. Es kehrten nur 20 Soldaten zurück. Nun erging der Befehl an den Obervogt, die armen Kerle in Oberkirch ein paar Tage ruhen zu lassen, sie anständig zu verpflegen und sie dann nach Mutzig und Molsheim zu legen. So geschah es. Crequeville und ein Leutnant beklagten sich sogleich über die gewöhnliche Verpflegung. Der inzwischen zum Major ernannte Crequeville verlangte drei Gulden Taschengeld extra pro Tag, die ihm aber verweigert wurden. Von den 20 Knechten dankten zwölf ab, acht blieben in Molsheim. Am 23. Februar 1671 teilte Crequeville mit, er sei bei der Fastnacht im Haus des Amtsschaffners von Mutzig im vermummten Zustand nicht nur ›übel tractirt‹, sondern auch noch um einige Münzen erleichtert worden.

Mag sein, dass der Renchener Schultheiß mit einem der geschlagenen Heimkehrer gesprochen hat. Jedenfalls finden wir die Candia-Episode im *Seltsamen Springinsfeld*. Grimmelshausen hatte ein untrügliches Gespür für literaturfähige Geschichten. Es gibt aber im 25. Kapitel des *Seltsamen Springinsfeld* eine Merkwürdigkeit. Das Buch erschien 1770 nach den Herbstmessen bei Grimmelshausens Verleger Felßecker in Nürnberg. Dieter Breuer geht davon aus, dass der *Springinsfeld* und die *Courage* im März 1669 fertig vorlagen. Für die *Courage* geht das aus einem Widmungsgedicht in Grimmelshausens Roman *Dietwalt und Amelinde* hervor, das auf den 3. März 1669 datiert ist. Im 25. Kapitel des *Springinsfeld*, ›Wie es Springinsfeld im kretischen Krieg erging und wie er wieder nach Deutschland kam‹, schildert Springinsfeld seine Erlebnisse auf Kreta. Das entspricht in vielen Einzelheiten dem Bericht des bayerischen Obristen von Bühren und greift den Marsch der hundert bischöflichen Soldaten auf:

So zogen wir, die wir unser Leben verkauft hatten und dennoch für seine Erhaltung tapfer kämpfen wollten, über den Zirler Berg nach Innsbruck, dann über den Brenner nach Trient und weiter nach Treviso, wo wir neu eingekleidet wurden, von dort nach Venedig, wo wir mit Waffen versehen und nach einigen Ruhetagen auf ein Schiff gebracht und nach Kreta verfrachtet wurden, in dessen elendem Anblick wir auch glücklich anlangten. Man ließ uns nicht lange pausieren oder viele Pilze unter unseren Füßen wachsen, denn schon am nächsten Tag machten wir einen Ausfall und zeigten, dass wir diesen armseligen Steinhaufen beschützen helfen konnten.[21]

Springinsfeld erwähnt dann den Friedensschluss vom September 1669. Dass er gleich am Anfang des Romans als Stelzfuß auftritt, erklärt er mit dem Hinweis, das Bein habe er auf Kreta verloren. Am Ende des Romans ist zu erfahren, wie es dazu kam. Man hatte Springinsfeld noch kurz vor Kriegsende zum Sergeanten ernannt, was ihm aber gar nichts einbrachte.

Während mir nun in meinem neuen Rang kein feindlicher Musketenschuss und kein Türkensäbel mehr etwas anhaben konnten, traf mich doch ein Stein von einer explodierenden Sprengmine so unbarmherzig am Bein, dass er den Wadenknochen zu Sägemehl zermalmte und der Schenkel mir bis über das Knie abgenommen werden musste.[22]

Wenn Grimmelshausen den türkisch-venezianischen Frieden am Schluss des Romans erwähnt, kann das Manuskript nicht im März 1669 fertig vorgelegen haben, sondern erst ein paar Monate später. In jedem Fall hat Grimmelshausen die allerneusten Nachrichten verarbeitet, die er vermutlich aus der Zeitung kannte. Dass Springinsfeld sein Bein durch eine Mine verlor, zeigt, wie gut Grimmelshausen über diesen fernen Krieg informiert war. Dort nämlich war es zum bis dahin größten Einsatz von Minen in der Geschichte der Kriegsführung gekommen.

Der Schultheiß von Renchen muss den Abmarsch der hundert Mann starken bischöflichen Hilfstruppe mitbekommen haben, es wurde ja genug Aufsehens darum gemacht, und Grimmelshausen kannte sich mit solchen militärischen Unternehmen aus. Diesem real existierenden Trupp gesellte er seinen ›seltsamen Springinsfeld‹ zu und schickte ihn über den Brenner nach Treviso und schließlich nach Venedig. Grimmelshausen legt Springinsfeld in seinem Bericht über die verlustreichen Kämpfe in Kandia noch eine Kriegskritik in den Mund, die von Brecht stammen könnte:

Am nächsten Tag ging es dann noch heftiger her, und ich brachte zwei Männer mehr um als am ersten, aber wieder lauter arme Wichte, so dass ich glaubte, sie besäßen zu fünft nicht einen einzigen Dukaten. Mir schien, sie seien von der gleichen Sorte, wie es sie auch bei uns oft gegeben hat – Leute, die ihr Leben aufs Spiel setzten, um andere, die Geld hatten, zu beschützen, zu bewachen und mit ihren tüchtigen Händen und tapferen Fäusten für diese anderen die Ehre des Sieges zu erringen, und ihnen auch noch die Beute und die Belohnung dafür überlassen mussten.[23]

Der Straßburger Bischof und Herr des Schultheißen schickt, vom Papst in Rom dazu angehalten und gegen den Willen seiner Untertanen, hundert Mann in einen zum Glaubenskrieg erklärten Kolonialkampf der Republik Venedig. Die Sache wird propagandistisch als christliche Verpflichtung herausposaunt. Und dann schreibt der Schultheiß in einem Buch, das höchst aktuell im Jahr darauf erscheint, dass ein Landsknecht aus des Bischofs Aufgebot, wie der Leser unschwer kombinieren kann, dort in Kreta nicht für irgendeinen höheren Zweck, sondern für Geld und Ehre der Vorgesetzten gekämpft hat. Die türkischen Soldaten seien ›arme Wichte‹, von der ›gleichen Sorte‹ wie die auf der (christlichen) Gegenseite.

»Diese Art, Krieg zu führen, gefiel mir überhaupt nicht«, meint Springinsfeld, und dann folgt noch eine kriegskritische Pointe. Als ›redlicher Soldat‹ wird Springinsfeld, als von den ausgeschickten Landsknechten nur noch jeder zehnte am Leben ist, zum ›Korporal bei der Infanterie‹ befördert. Zwar taugt Springinsfeld nach all seinen Untaten im Dreißigjährigen Krieg überhaupt nicht zum moralischen Gegner irgendeiner Kriegsführung, die Schlusspointe, die an ihm exekutiert wird, hat es aber dennoch in sich. Kurz vor dem Friedenschluss wird dem Veteranen, der bei allen Grausamkeiten einigermaßen heil aus dem Großen Krieg gekommen ist, von einer Mine das Bein zermalmt. Als frisch ernannter Korporal hätte er ›keinen Musketenschuss und keinen Türkensäbel‹ mehr fürchten müssen. Die im großen Stil verwendeten Minen bereiten dem Krieg als Handwerk ein Ende. Ruhm und Ehre waren auch zuvor schon falsch verteilt. Das Titelkupfer des *Seltzamen Springinsfeld* zeigt den einst ›feschen‹ Springinsfeld als bettelnden Musikanten mit Holzbein.

Titelkupfer und Titelblatt *Der seltzame Springinsfeld* (1670)

Das Bein war ihm aber nicht vor dreißig, vierzig Jahren abhanden gekommen, sondern erst unlängst in Kreta. Da war es vielleicht mehr als ein anagrammatisch-literarisches Verwirrspiel, dass der Autor hier als Philarchus Grossus von Trome(n)heim (=Christophorus von Grimmelshausen) auftrat und das Buch in Paphlagonia erscheinen ließ. Andererseits verrät die Titelseite von 1670, dass der *Seltzame Springinsfeld* »auf Anordnung des weit und breit bekannten Simplicissimi« von jenem Philarchus aufgeschrieben wurde.

Schreiberrollen, Autorenexistenz

Wenn es auch reißerisch klingt, dass die Figur des Simplicissimus zwei Jahre nach Erscheinen des gleichnamigen Romans schon ›breit bekannt‹ war, entspricht es doch dem tatsächlich außergewöhnlichen Erfolg des Romans. Der Autor, von dem man Doppelungen gewohnt ist, tritt jetzt, im vierten Dienstjahr als Schultheiß von Renchen gleich dreifach auf. Zum einen als bischöflicher Beamter, von dem leider nicht bekannt ist, wo er in Renchen wohnte, aber zu vermuten ist, dass er auch zu den heimlich praktizierenden Gastwirten gehörte. Dann als mit vollem Namen (H. J. Christoffel von Grimmelshausen/Gelnhusano) genannter Verfasser des historischen Romans *Dietwalts und Amelinden anmuthige Lieb- und Leids-Beschreibung*, den er dem protestantischen Reichsfreiherrn Philipp Hannibal von Schauenburg widmet, und schließlich als Philarchus Grossus, der aber im Auftrag von Simplicissimus schreibt.

Damit nicht genug. Es sind auch Weisen der Anerkennung mit dieser Rollenteilung verbunden. Als niederer bis mittelgroßer bischöflicher Beamter und ehemaliger ›roter Schaffner von Gaisbach‹ war er in seiner Region selbstverständlich überaus bekannt und jeweils mit der Aufgabe betraut, zwischen der Obrigkeit und der Bevölkerung zu vermitteln. Wenn er auch mit den Schauenburgern inzwischen seit über 20 Jahren in Verbindung stand und, durch Patenschaften und sehr wahrscheinlich auch als Bibliotheksbenutzer, fast freundschaftlich verbunden war, so konnte er sich doch niemals sicher sein, Anerkennung bei den tonangebenden oberrheinischen Adelsfamilien zu finden. Er gehörte einfach nicht dazu. Die Widmung an Philipp Hannibal von Schauenburg, einen seiner ehemaligen Dienstherren, entspricht einerseits einem bestehenden Verhältnis, andererseits dokumentiert Grimmelshausen mit der Zueignung eines nach den damaligen Regeln des historischen Romans verfassten Werks, dass er ›gehobene Literatur‹ verfassen kann, dass er als ein ›von Grimmelshausen‹ aus der Reichsstadt Gelnhausen nicht nur ein Dorfschultheiß ist. In der Widmung präsentiert sich Grimmelshausen als eine Art Genealogie-Helfer für die Schauenburger. Die für die ›Gottseeligen erbaulich, Curiosen lustig, Historicis annhemlich, Betrübten tröstlich, Verliebten erfreulich, Politicis nützlich und der Jugend ohnärgerlich‹ zu lesende Liebesgeschichte ereignet sich im Rahmen der »ersten Vergrösserung deß Weltberühmten Königreichs Frankreich«. Der Sage nach stammen die Schauenburger vom altrömischen Geschlecht der Vitellier ab. Grimmelshausen bemerkt, dass dieses Geschlecht zur Zeit des ersten christlichen Frankenkönigs Chlodwig nach Deutschland gekommen sei und verbindet so seinen Roman mit der Geschichte der Schauenburger. Hilfreicher kann ein Autor kaum sein.

Die Beziehung zu Philipp Hannibal, der ihm einst das Haus seines Schaffners in Gaisbach überlassen hatte und der sein Gast bei der Eröffnung der ›Oberen Wirtschaft‹ in diesem Haus gewesen war, trat in Grimmelshausens literarischem annus mirabilis 1670 noch mit einem anderen Werk ans Licht.

Bei Johann Wilhelm Tidemann in Straßburg erscheint der *Teutsche Friedens-Rath* »mitten in dem Lands-verderblichen grossen Krieg aufgesetzt von Hern Clausen von- und zu Schauenburg«. Als Herausgeber wird sein Sohn Philipp Hannibal genannt. Claus von Schauenburg war 1655 gestorben und hatte ein dreibändiges Manuskript hinterlassen, auf dem der *Friedens-Rath* fußte. Wie aus einer von Grimmelshausen am 23. September 1671 unterzeichneten Urkunde hervorgeht, hatte er das hinterlassene Manuskript noch in seiner Gaisbacher Zeit für den Druck überarbeitet. Es war dann zwischen Philipp Hannibal und dem Drucker zum Streit über die Kosten gekommen, was dazu führte, dass Grimmelshausen als Zeuge um Stellungnahme gebeten wurde. Daher steht die Mitarbeit Grimmelshausens zweifelsfrei fest. Er hat in diesem politischen Traktat aber auch deutliche Spuren hinterlassen.

Wieder bedient er sich dabei aus dem *Schauplatz*, er verstärkt aber auch die im Werk angesprochenen Aussagen zu einer guten ›Regenten-Kunst‹. Die Sicherheit des Staates sei dadurch zu mehren, dass der Wohlstand der Untertanen gefestigt werde. Sehr deutlich wird eine schlechte Regierung der Fürsten gegeißelt, und es mag verwundern, dass ein Schauenburgischer Freiherr und Dienstherr sich so äußert, wie man es aus Grimmelshausens staatskritischen Passagen im *Rathstübel Plutonis*, im *Musai* oder dem ersten Teil des *Wunderbarlichen Vogel-Nests* kennt. Scharf zu kritisieren sei, dass, wenn in den gegenwärtigen Notzeiten die Untertanen ihre Steuer nicht zahlen könnten, dafür ihr Hausrat verpfändet werde. Zum Schluss wird es ganz deutlich. Diejenigen sollten

Nicht under Menschen gerechnet werden/will geschweigen under die Fürsten/die von armen Leuthen außpressen/damit sie es mit huren/und wirfflen verthun und verzehren. Vnd wir hören daß etliche gefunden werden/die ihnen einbilden/daß das ihr recht und ihnen erlaubt seye.[24]

Solche deutlichen sozialkritischen Töne gegen hurende, verschwenderische Fürsten, von denen es im 17. Jahrhundert etliche gab, verwundern in einem freiherrlichen Traktat zum guten Regieren. Sie zeigen aber auch, dass Grimmelshausen mit einer derart prägnant geäußerten Position gegenüber seinem Straßburger Dienstherrn, den man ja ›Bischof Bacchus‹ nannte, nicht immer loyal eingestellt war. Offensichtlich versucht der Renchener Schultheiß sich mit der Widmung für Philipp Hannibal von Schauenburg, der ihm viel näher ist als die Regierung in Zabern, Rückhalt und Anerkennung zu sichern. Spätestens die Arbeit am *Friedens-Rath* für einen Schauenburger muss ihm Zutritt zur dortigen Bibliothek verschafft haben.

Bei Grimmelshausen, dem multiplen Schultheiß, kulminieren die Rollen und Tätigkeiten in den 1670er Jahren in einem kaum für möglich zu haltenden Maß. Dabei wurden noch gar nicht alle Werke genannt, die 1670 erschienen sind. Es fällt schwer, sich das Leben eines Mannes vorzustellen, der neben seinen Amtspflichten seit Juli 1667 (seinem Dienstantritt in Renchen) die *Continuatio* fertig schrieb, *Courage* und *Springinsfeld* vollendete, wobei wir gesehen haben, dass und wie er allerneuste Nachrichten einbaute, den *Friedens-Rath* zum Druck beförderte, am *Ewig-währenden Calender* und am *Europäischen Wundergeschichten Calender* arbeitete. Im Jahr 1670 kam außerdem noch sein anti-machiavellistischer, eine nach moralisch-theologischen Normen handelnde Regierung fordernder Traktat *Simplicianischer Zweyköpffiger Ratio Status* heraus, der allerdings zu den am frühsten geschriebenen Werken gehört. Unter den kleineren simplicianischen Schriften, die 1670 erschienen, sind noch *Der erste Beernhäuter* zu nennen und damit zusammen *Simplicissimi Wunderliche Gaukel-Tasche*, eine Sprossgeschichte zum *Simplicissimus* wie zu *Courage* und *Springinsfeld*.

Allein schon die Korrespondenz mit dem Verlag, die Überwachung der Titelkupfer, manche wahrscheinlich nach Grimmelshausens eigenen Entwürfen, die Abstimmung der ›Werbemaßnahmen‹ – wie sollte mit den Markenbegriffen ›Simplicissimus‹, ›simplicianisch‹ umgegangen werden? – erforderten große Aufmerksamkeit und sehr viel Zeit. Gewiss waren etliche Werke schon in früheren Jahren geschrieben oder begonnen worden, es verlangt aber außergewöhnliche Fähigkeiten, wenn ein und derselbe Hans Jacob Christoffel von Grimmelshausen zur gleichen Zeit Dorfschultheiß, vielfacher Autor, Herausgeber und jemand ist, der sowohl von den Bürgern geachtet als auch vom Adel anerkannt werden will.

Mühlenordnung, falsches Mehl

Aus Grimmelshausens Renchener Zeit sind kaum Schriftstücke erhalten, die der Schultheiß unterschrieben hat. Eine Ausnahme bildet eine Mühlenordnung, die Grimmelshausen für den Müller Hans Peter Kurz aus dem Bühler Tal verfasste. Müller waren stets dem Verdacht ausgesetzt zu betrügen. Im März 1648 klagte der damalige Müller Jacob Frankh in Renchen über üble Nachreden und gab seine Stelle auf. Aus diesem Jahr stammt auch die Mühlenordnung, an die sich Grimmelshausen bei seiner Neufassung im Oktober 1667 im Großen und Ganzen hielt. Von heute aus betrachtet, scheint dieses Werk der Gattung absurder Texte anzugehören, spannt die Ordnung doch nicht bloß den Müller in ein fast unerfüllbares Regelwerk, das zu befolgen beim besten Willen kaum möglich gewesen sein kann. Weil diese am 13. Oktober erlassene Ordnung aber von »Ihrer hochfürstlichen Gnaden zu Straßburg Verordneter Schultheiß daselbst J. J. Christoph von Grimmelshaußen« unterschrieben ist und er darauf gewiss nicht weniger Sorgfalt verwendet hat als auf seine literarischen Schriften, wird hier darauf eingegangen. Es gehört gleichsam zu Grimmelshausens Möglichkeiten, sich schriftlich auszudrücken.

Der Müller bekommt die Mühle bei vierteljähriger Kündigung auf ein Jahr geliehen. Er muss gehorsam sein und die Obrigkeit vor Schaden bewahren. Er muss die Mühle in Ordnung halten und, wenn nötig, erneuern, die Schaufeln pflegen, die Mühlsteine und Kästen säubern und die Steine herausnehmen, niemanden übervorteilen, nur einen Moltzer (Lohn) nehmen, und zwar im Beisein dessen, der mahlen lässt. Er darf selbst kein Brot backen, damit nicht der Argwohn entsteht, er habe mit fremdem Mehl gebacken. Er soll keine Schweine und vor allem keine Hühner oder anderes Geflügel halten, weil die fremder Leute Körner picken könnten.

Die ganze Nacht hindurch soll an der Mühle eine Ampel brennen, dafür bekommt er von der Herrschaft Öl und Unschlitt (Wachs und Fett). Im Gemeindewald, dem schon genannten Maiwald, darf der Müller acht Klafter Brennholz machen las-

Die 1968 abgebrannte Renchener Mühle. Fotografie um 1919

sen, die ihm als Frondienst in die Mühle gebracht werden. Für jeden Klafter hat er ein Maß Wein und ein Stück Brot zu geben. Und jetzt wörtlich eine Art Grundsatzerklärung:

Item soll der Müller noch sein gesindt niemandt beschwehren gevorlich überfortlen oder betrügen sondern einem jeden Er sey reich oder arm sein guth mit höchstem fleiß bewahren, zusammen halten, getrewlich mahlen, und bereithen, nichts darvon verändern, Verwechslen oder nehmen, weder durch sich selbst noch jemandt andern, sondern einem jeden sein guth, biß an das geordnet Moltzer oder belohnung, geträwlich und ohngefährlich.[25]

Vierundzwanzigmal beginnen die Vorschriften für den Müller mit ›item‹, das heißt ›ebenso‹, und zweierlei kann aus dem Regelwerk geschlossen werden: Es gab offenbar Müller, die Mehl fälschten, ihre Hühner von fremdem Korn picken ließen, sich verwogen und jeden möglichen Schaden anrichteten. Es gab aber auch die Vorstellung eines wohl ge-

Das erhaltene Herrenhaus der Renchener Mühle

ordneten Gemeinwesens, in das sich ein Müller als ehrlicher Untertan mit allerhand Rechten und Vergünstigungen einfügen sollte. Arm und Reich sollten darin gleich behandelt werden. Ob die zweimalige Aufforderung, Armen und Reichen mit demselben Respekt zu begegnen, von Grimmelshausen stammt? Schön wäre es und möglich auch.

Dass eines seiner ersten Amtsgeschäfte darin bestand, eine neue Mühlenordnung zu verfassen, liegt daran, dass nach dem Müller Jacob Frankh und dem 1648 nachgefolgten Müller Michel Waltz 1667 schon wieder ein neuer die Mühle übernahm. Für Grimmelshausen war die Beschäftigung mit den Rechten und Pflichten eines Müllers aber auch eine vielleicht willkommene Erinnerungsarbeit. Er stammte aus einer Gelnhäuser Bäckerfamilie, in der er bestimmt auch geblieben wäre, hätte der Krieg es nicht anders entschieden. Und die Bäcker waren traditionell in Gelnhausen mit den Müllern in einer Zunftordnung verbunden gewesen. So mag er zurückgedacht haben. Für die Zukunft überlegte er sich vielleicht, was er demnächst mit den Bäckern literarisch anstellen würde. In der Traumsatire *Des Abenteuerlichen Simplicii Verkehrte Welt* von 1672 erfährt man es.

Es kann gut sein, dass er Anregungen für die Neufassung der Mühlenordnung aus der *Piazza Universale* bekommen hat. In der deutschen Ausgabe des Werkes von Tomaso Garzoni von 1659 handelt der 65. Diskurs von Müllern. Gegen Müller, heißt es da, ist eigentlich nichts zu sagen, gehen sie doch auf die Göttin Ceres zurück. Als Enkel eines Bäckers wird sich Grimmelshausen gewundert haben über ein Spottgedicht von Juvenal, das Garzoni zitiert, aber unangemessen findet:
Faul Schlingel / deren Enckel zmal
Nichts bessers werth / als dass sie all
Den Mühlstein sollen treibn herumb /
Und keiner von dem Handwerck komm.[26]

Wie immer bei Garzoni sind die Diskurse in Sätze und Gegensätze geteilt. Erst werden die Müller ihrem Wesen nach hoch gelobt, dann folgen die Erscheinungen, die fast unbeschreiblich sind. Der Teufel steckt in den Mühlen. Es wird gelogen und betrogen, Kleie oder Erde unter das Mehl gemischt, alle werden übervorteilt.

Bald gehen die Gänge nicht recht/bald ist der Stein zu glatt/der Boden nicht eben/bald mahlet sie zu viel/bald zu wenig.[27]

Kommt noch hinzu, dass der Bäcker einen stinkenden Atem hat, dreckige Füße, die nach Schweiß riechen wie Böcke, eine triefende Nase, ein besudeltes Gesicht und bestäubte Kleider.

Manche Bäckerin treibt es noch ärger, was Garzoni aber mit großer Freude berichtet. Sie krempeln ihre Ärmel hoch, damit man ihre ›schönen weißen Ärmlein‹ sieht und weniger an Brot als an andere Sachen denkt. Garzoni sagt selbst, dass seine Diskurse ›lustig und nützlich‹ sind. Man kann noch heute unmittelbar nachvollziehen, wie gut Grimmelshausen diese Mischung gefallen haben mag. Ausdrücklich wird bei Garzoni erwähnt, dass der Müller für ›Arm und Reich‹ arbeitet. Das reicht gewiss nicht, um in der Mühlenordnung Lektürespuren der *Piazza Universale* zu belegen. Es wird aber in dieser Ordnung der Eindruck erweckt, dass sie so umfassend und voller Phantasien für Regelverstöße geschrieben ist, weil die Müller den Ruf haben, so oder so ähnlich zu sein, wie Garzoni sie beschreibt. Die Herrschaftsmühle, für die Grimmelshausen die Ordnung verfasst hatte, war bis 1968 in Renchen das einzig erhaltene Gebäude, das auch schon zu Grimmelshausens Zeit existiert hatte und mit dem er nachweislich in Kontakt gekommen war. In jenem Jahr brannte die Mühle vollständig ab. Nun ist nur noch das Herrenhaus übrig, in dem der Müller wohnte. Bei einer Nachtwächter-Führung bekommt man es zu sehen.

Am 17. August 1672 berichtete der Renchener Schultheiß an den Obervogt in Oberkirch über die Vermögensverhältnisse des Renchener Lehrers Felix Haug. Was war geschehen? Ein 15-jähriger Pferdehüter hatte offenbar mutwillig seine Pferde in die erntereifen Weizenfelder getrieben. Der

Renchener Bürger Zoller, Eigentümer der Felder, rief eine Respektsperson zur Hilfe, den Lehrer Felix Haug. Die beiden erwischten den Knaben, der Lehrer verpasste ihm ein paar Hiebe mit einem Haselnussstecken, so wie es üblich war. Der Hütejunge aber taumelte, fiel und krümmte sich. Die beiden gingen heim, und dort ereilte sie die Nachricht, dass der Junge tot sei. Nun rannten der Schultheiß und der Lehrer Haug zu den Feldern und fanden den toten Pferdehüter. Grimmelshausen meldete den Vorfall dem Oberamt in Oberkirch. Der nach Renchen geschickte Gerichtszwölfer Seitz, der auch ein Dorfbader war, stellte amtlich den Tod fest. Zur Entlastung des Lehrers wurde festgestellt, dass der Junge sich schon am Morgen krank und fiebrig gefühlt hatte und sein Tod nicht notwendig von den Steckenschlägen des Lehrers herrühren müsste. Der Lehrer sollte mit einer Geldstrafe davonkommen, und deshalb meldete Grimmelshausen die Vermögensverhältnisse des Lehrers nach Oberkirch. Schon am 31. August 1672 wurde Haug zu einer Geldbuße von zehn Reichstalern verurteilt, die 30 Gulden entsprachen.

Zigeunerleben

Bei der Beschäftigung mit Grimmelshausens Tätigkeit als Schultheiß stößt man auf merkwürdige, aber staunenswerte Bräuche. Für die Zeit vom 13. Oktober bis zum 12. Dezember 1670 berichten die Akten von einer Grenzbegehung des Herrenwaldes Renchen. Die Felder waren noch vom Krieg her stark verwildert, und nun mussten die Grenzsteine unter Gestrüpp und Wildwuchs wiedergefunden werden. Dabei waren die älteren Leute zugegen, die sich noch an die Grenzziehungen erinnern konnten, und die heranwachsenden Knaben, die sich den Grenzverlauf ein für allemal einprägen sollten. Nach den Regeln einer ziemlich derben Volkspädagogik bekamen sie als Merkposten ein Stück Weißbrot sowie eine Ohrfeige.[28]

Im Jahr 1667, seinem ersten Renchener Dienstjahr, wurde Grimmelshausen nachhaltig auf das Umherziehen von Zigeunern aufmerksam. Wilhelm Solms bemerkt in seiner Studie über »Zigeunerbilder« in der Literaturgeschichte, dass die Zigeuner nach dem Dreißigjährigen Krieg ihrer Verdienste als Soldaten wegen nicht mehr verfolgt, sondern toleriert worden seien.[29] In den amtlichen Schriftstücken der bischöflichen Regierung in Zabern hört sich das nicht ganz so tolerant an. Der bischöfliche Amtmann in der Walzenau berichtete am 7. Januar 1667 nach Zabern über eine in der Ortenau umherziehende Zigeunerbande, die ansteckende Krankheiten mit sich bringen würde und Feuer legen könnte. Was zu tun sei? Es wurde ihm geantwortet, das ›Lumpengesindel‹ solle mit ›Gewalt abgetrieben werden‹, also vertrieben werden, was immerhin nicht ›umgebracht‹ heißt. ›Lumpengesindel‹ ist nicht nur der Titel eines bekannten Schwanks, der in Grimms Märchen einwanderte, sondern ein sehr böses Schimpfwort. Im selben Jahr fungierte eine Tochter Grimmelshausens als Patin eines Zigeunerkindes. Wir zitieren den lateinischen Eintrag im Renchener Kirchenbuch auch, um die Lektüre des bald folgenden Eintrags bei Grimmelshausens Tod ein wenig vorzubereiten.

Den 7. Juij 1667 baptizatus Michael Leyenberger filius legitimus Rudolfi Leyenbergers aegyptiaci, susceptores fuerunt Michael Kirn Stabhalter et Maria Dorothea Christophora a Grimmelshausen.[30]

(...) es wurde Michael Leyenberger, legitimer Sohn des Rudolf Leyenberger am 7. Juli (1667) getauft, wobei der Stabhalter Michael Kirn und Maria Dorothea Christophora Grimmelshausen Paten waren.

Zu Maria Dorothea Christophora findet sich in den einschlägigen Taufbüchern von Oberkirch, Ulm und Renchen kein Eintrag, ihr Name wird später noch einmal als Taufpatin genannt. Am 24. August 1673 war sie Patin oder ›Göttel‹ bei der Taufe eines Kindes von Johann Vieth und seiner Frau Eva.

Grimmelshausen selbst war ebenfalls Taufpate eines Zigeunerkindes. Dies wird für den 5. August 1668 festgehalten. Der Täufling war Christophorus, Sohn des Wilhelm Leyenberger. Das muss nicht für ein besonders freundliches Verhältnis zu den Zigeunern sprechen, da die Patenschaft wahrscheinlich mit dem Amt des Schultheißen verbunden war. Was es zu bedeuten hatte, dass eine Tochter Grimmelshausens Patin stand, ist kaum zu ermessen. Dass der Dichter aber Zigeuner kannte und sie von Amts wegen mindestens zu verscheuchen hatte, das ist gesichert. Seine *Courage* mag er der 1667 aufgetretenen Zigeuner wegen am Ende des Romans in genau dieses Milieu versetzt haben. Er erwies den Zigeunern in seinen Werken »Sympathie und Anerkennung«[31], und das unterscheidet ihn sehr deutlich von der Rolle, die sie sonst in der Literatur zu spielen hatten. Courage fand unter den Zigeunern Zuflucht und machte dort am Ende Karriere:

Es dauerte nicht lange, da war ich in alledem so perfekt, dass man mich für die Generalin aller Zigeunerinnen hätte halten können.[32]

Im *Rathstübel Plutonis* werden am Ende die dazukommenden Zigeuner in die große Erzählgemeinschaft aufgenommen, was besonders bedeutsam ist, weil Grimmelshausen hier ein friedliches Tableau redender und verhandelnder Menschen aller Stände versammelt und niemanden ausgrenzt.

Es verhält sich bei dieser Wertschätzung Grimmelshausens für die Zigeuner wie bei seinen Bemerkungen über Bettler, Wahrsager, Salbenkrämer und Theriak-Händler, kurz: in den so oft vorkommenden Beschreibungen von allen möglichen Fraktionen der Fahrenden, der Vaganten. Keineswegs werden deren Unarten, Betrügereien, Sünden verharmlost oder ausgespart. Sie werden aber nicht wie in den Schmäh- und Vernichtungsdiskursen der großen Austreiber von Narrentum und Vaganten angegangen. Grimmelshausen taucht sie in sein satirisches Wechselbad ebenso wie die Bauern, die der Meinung sind, Zigeuner seien Menschenfresser, oder wie die dummen Menschen, die sich von falschen Wahrsagern und schlechten Zauberern übers Ohr hauen lassen. Dass er so souverän ironisch und satirisch mit diesen Vertretern einer erzwungenen Gegenkultur verfahren kann, liegt auch daran, dass er gern selbst darüber entschied, wen er sich in welcher Manier vorknöpfte, und sich nicht von den Fronten der Vorurteile abhängig machte.

Wirtshaus und Verwilderung. Der Bärenwirt und andere Wirte

Es ist ein biographischer Jammer, dass wir so wenig über Katharina Henninger wissen, seit August 1649 Grimmelshausens Frau. Dass sie mit der ältesten Tochter Anna Dorothea, die 1652 in Gaisbach zur Welt kam, und vielleicht auch mit Maria Magdalena, die ein Jahr später geboren wurde, bei der Arbeit im Gasthaus ›Silberner Stern‹ in Gaisbach half, ist anzunehmen. Das war während der goldenen Schreibjahre 1665 bis 1667, als Grimmelshausen zwischen der Ullenburg-Zeit und dem Schultheißenamt nur Wirt in Gaisbach war und der Hilfe seiner Frau und der dreizehn-, vierzehnjährigen Töchter wohl gewiss sein konnte. Gerade noch in Gaisbach folgte am 17. Februar 1667 das Söhnchen Johannes, dessen Paten der Stadtschreiber Leonhardt Kühl und Magdalena Goll, Ehefrau des schon genannten Abraham Goll, waren. Am 14. April 1669 wurde mit Maria Franziska das jüngste Kind der Grimmelshausen getauft. Patin war Eva

Schlosser, Ehefrau des Stabhalters Bernhard Schlosser, der nebenher als Kirchenschaffner in Renchen tätig war und 1675 dort starb. Vielleicht stand er Pate bei der Figur des ›gelehrten Stabhalters‹ im *Teutschen Michel*. Beim Tod des Vaters im August 1676 wird man sehen, welche Kinder noch lebten. Kein Kind heiratete zu Grimmelshausens Lebzeiten. Da die künftigen Schwiegertöchter und -söhne aber alle aus Renchen stammten, waren sie mit Grimmelshausen und seiner Frau bekannt. Der Protestant Christian Brandstetter war Besitzer der in einiger Entfernung vom Dorf Renchen gelegenen ›Schneckenhöfe‹. Er gehörte vermutlich zu den aus Österreich wegen ihres Glaubens ausgewanderten Bauern. Mit ihm treibt Grimmelshausen einen Namens-Schabernack. Im planmäßigen Durcheinander der Textsorten des *Ewigwährenden Calenders* wird auf Seite 93 in der dritten Spalte eine Serie von apophtegmatischen Anekdoten, die zum Teil schon als biographische Goldstücke, wie bei der kurzen Geschichte vom Platteislein, glänzen konnten, angekündigt. Einerseits soll Simplicissimus die 91 ›lustigen Erzählungen‹ gesammelt haben, andererseits verabschiedet sich 111 Seiten später ein gewisser Christian Brandsteller, Stadtschreiber zu Schnackenhausen, am 29. Juli 1669 in Grießbach als Aufschreiber der Anekdoten des Simplicissimus und teilt mit, die Leute hätten ihm erzählt, dass Simplicissimus ›von zimblicher Conversation: unnd ein ganz Apophtegmatischer Mensch gewesen seyn muß‹. Das erste Stücklein handelt dann von Läusen, Flöhen, bösen und schönen Weibern.

Dass dieser Brandsteller der Schneckenhöfe-Brandstetter war, ist Allgemeingut der biographischen Grimmelshausen-Forschung. Der Rest bleibt biographischer Phantasie überlassen, die hier entschieden in eins der Renchener Wirtshäuser führt, in denen der Schultheiß vielleicht schwarz ausschenkte und der aus Österreich zugewanderte Bauer Brandstetter in seinem fast unverständlichen Dialekt allerhand Geschichten erzählte.

Zum Thema Wirtshäuser gehört unbedingt der Bärenwirt Jakob Behrle. Der sollte als angesehener Bürger am 26. Juni 1684 Grimmelshausens Tochter Maria Walpurgis heiraten, die wahrscheinlich 1664 geboren worden war. Jakob Behrle der Jüngere war Sohn des am 13. August 1672 gestorbenen älteren Jakob Behrle, dem wiederum die ›Krone‹ gehörte. Vorausgegangen war eine grandiose Wirtshaus-Verwicklung, besonders aber eine Chronik der Promiskuität, die man Renchen vielleicht nicht zugetraut hätte. Auch der Schultheiß und seine Familie waren Teil des gastronomisch-erotischen Chaos, Grimmelshausen jedoch zuerst einmal als Schiedsrichter; er hatte qua Amt über geringere Vergehen zu richten. Der ältere Jakob Behrle, Kronenwirt und 1668 einmal wegen eines geringfügigen Delikts in Untersuchung geraten, setzte sich im selben Jahr zur Ruhe und teilte sein Erbe unter seinen Söhnen Johann und Jakob sowie einer Tochter auf. Johann bekam die Kronenwirtschaft. Jakob und seine Schwester fanden das ungerecht und baten das Renchener Gericht um eine saubere Vermögensteilung. Offenbar ist die Einigung dem Verhandlungsgeschick des Schultheißen zu verdanken; jedenfalls konnte das übrige Unglück seinen Lauf nehmen. Der jüngere Jakob heiratete in die Rösselwirtschaft ein, Johann blieb Kronenwirt, beide sollten von ihren Trieben des öfteren übermannt werden. Artur Bechtold, dem die minutiöse Schilderung des Renchener Reigens zu verdanken ist, würzt sein Protokoll mit nachgetragener Empörung über so viel sittliche Verwilderung. Beide Brüder fallen notorisch auf durch Ehebruch und werden dafür mehrmals empfindlich bestraft: »Vorläufig stand der Rösselwirt seinem älteren Bruder an zügelloser Betätigung seines Geschlechtstriebes nicht nach.«[33]

Jakob, der Rösselwirt, wird in den achtziger Jahren zum Bärenwirt. Mit seiner ersten Frau, Anna Maria Baurin, hatte er acht Kinder, seine zweite, Grimmelshausens Tochter Walpurgis, brachte sechs weitere zur Welt. Die Fremdgänge hatten dem Bärenwirt, vormals Rösselwirt, nicht geschadet. Im Gegenteil wurde er im Dezember 1682, als Andreas Koßmann, der Nachfolger von Grimmelshausen im Schultheißenamt, gestorben war, zu dessen Nachfolger bestimmt. Maria Walpurga Grimmelshauserin starb am 13. Februar 1721. Ihr Mann, der Bärenwirt und Schwiegersohn Grimmelshausens, war am 18. Februar 1700 gestorben. Der Bruder des Bärenwirts, der Kronenwirt Johann Behrle, lebte bis zum 6. Juli 1674. Die Wirtschaft übernahm sein Sohn Johann Bernhard. Einer seiner Söhne, Franz Joseph Behrle, sollte 1717 Jacobea, eine Enkelin Grimmelshausens, heiraten. Im Renchener Kirchenbuch wird der Name Grimmelshausen zum letzten Mal 1743 erwähnt, als am 23. Mai dieses Jahres Theresia begraben wurde, Tochter des Franz Joseph Behrle und seiner Frau ›Jacobea Grimishauserin‹. Bleibt nachzutragen, dass in der Melange aus Wirtshauswesen und erotischer Wilderei Jakob Behrle, Grimmelshausens künftiger Schwiegersohn, als Kronenwirt und Georg Werner als Adlerwirt eine Geldstrafe von je ›3 Pfund Pfennig‹ auferlegt wurde, weil sie ohne Erlaubnis des Schultheißen Wein ›ausgezäpfft‹ hatten.

Bechtold fasst zusammen: »Es zeigt sich hier so recht die moralische Verwilderung und Sittenlosigkeit des niederen Bürgertums, wie sie der Dreißigjährige Krieg erzeugt hatte.«[34]

Es zeigt sich auch, dass es in Renchen keinen Mangel an Wirtshäusern gab.

Jakob Behrle zählte, bevor er Schultheiß wurde, in Renchen zu den ›Zwölfern‹. Neben dem Schultheiß gehörten dem wöchentlich tagenden Renchener Gericht ein ›Stabhalter‹ als Vertreter des Schultheißen und zehn sogenannte Zwölfer an, die von den Bürgern vorgeschlagen wurden und vom Obervogt in Oberkirch zu bestätigen waren. Grimmelshausen und seine Familie waren in Renchen und Umgebung in das Milieu der halbbäuerlichen Schichten integriert. Als

Lacksiegelabdruck des Wappens von Grimmelshausen

Paten und Trauzeugen trifft man auf Handwerker, Gastwirte, Chirurgen, Maler, Schaffner und eben die Zwölfer.[35]

Zwischen Adel und Herrn Omne

Schon in Gaisbach war Grimmelshausen als Sammler von Grundstücken und als Häuserbauer hervorgetreten. Auch in Renchen besaß er zumindest ein größeres Grundstück, das in der Nähe des ehemaligen Schlosses lag. 1592 war das Renchener Schloss aus dem Besitz der Herren von Windeck durch Erbschaft an die Herren von Fleckenstein gekommen. Zum Schloss gehörte ein großes Stück Land, unter anderem auch der ›Finkengarten‹, der sich über die Höhen des Schlossberges erstreckte. Diesen Garten erwarb Grimmelshausen vom bayrischen Generalmajor Georg Heinrich von Fleckenstein, der mit Anna Elisabeth, einer Tochter Hans Reinhard von Schauenburgs, verheiratet war und den Grimmelshausen persönlich gut kannte. Der Tochter dessen Neffens Heinrich Jakob, dem Freifräulein Maria Dorothea, widmete Grimmelshausen 1672 seinen vierten historischen Roman. Wieder hatte er ein Buch, das einer adligen Person zugeeignet war, mit vollem Namen und dem Herkunftsort Gelnhausen signiert. Der Titel des Romans zeigt an, worum es geht: *Des Durchleuchtigen Printzen Proximi, und Seiner ohnvergleichlichen Lympidae Liebs-Geschicht-Erzehlung.* Der Prinz gehört dem Hochadel an, die Generalstochter Lympida nicht. Das Buch kann, wie es im Untertitel heißt, Liebende trösten und den Leser »christlich auferbauen«. Es ist so recht geeignet für die Ohren der damals zwölfjährige Maria Dorothea, eines »allertugend-vollen Frawenzimmers«.[36]

Die Widmungsvorrede wurde mit »Datum Renichen/den 21. Julii Anno 1672« unterzeichnet, das Buch erschien in Straßburg bei Georg Andreas Dollhopf.

Dem Schultheiß von Renchen gelang es offenbar, sein niederes Amt mit nicht bloß untertänigsten Beziehungen zu adligen Standespersonen zu vereinbaren. Mag er sich mit seinem adligen Namen immer wieder einmal in Erinnerung gebracht haben, er blieb ein Mann ›zwischen den Ständen‹. Das bedeutet nicht, er habe im gesellschaftlichen Nirgendwo existiert, sondern er lebte im Umfeld der halbbäuerlichen Bürger in Renchen und unterhielt mit dieser oder jener adligen Familie Kontakte, die ans Freundschaftliche grenzten.

Da sich die Lebensumstände Grimmelshausens in Literatur spiegeln, verwundert es nicht, dass er neben den ›niederen‹ simplicianischen Romanen auch solche schrieb, die der hohen Gattung zuzurechnen sind. Das Zahlenverhältnis vom ›Simplicianischen Zyklus‹ und den kleineren simplicianischen Schriften zu den ›hohen‹, historischen Romanen entspricht der Tatsache, dass das Lesepublikum die niederen Werke für ›Herrn omne‹ ganz eindeutig bevorzugte. Von *Proximus und Lympida* erschien zu Grimmelshausens Lebzeiten nur die Ausgabe von 1672.

Was mag das Fräulein von Fleckenstein zu den beiden Widmungsgedichten gesagt haben, die der Gattung des hohen Romans entsprachen? Sie werden einem ›Sylvander‹ und einem ›Perikles‹ zugeordnet, sind ziemlich schlicht geschrieben und gereimt und dürften von Grimmelshausen

Titelkupfer und Titelblatt *Des Durchleuchtigen Printzen Proximi* (1672)

stammen, der vielleicht nur jemanden spielen wollte, der nicht gut dichten kann.

Das in recht einfachen Paaren gereimte Gedicht von ›Sylvander‹ (zu deutsch: Waldmann) wird hier vorgestellt. Es verwundert, dass sich der Autor eindeutig als Grimmelshausen präsentiert. Also wusste man, wer sich hinter und zwischen den Anagrammen versteckte. Man hätte es jedenfalls wissen können.

> *HJinweg nun! Amadis / und deines gleichen Grillen*
> *Mit denen sich bißher pflegt schädlich anzufüllen*
> *Das junge Freyer-Volck: wann es die Aufschnit laß*
> *Von großer Zauberey / und seiner selbst vergaß.*
> *Ja nicht einmal vermerckt / wie es sich selbst verletzet*
> *Wie es der Keuschheit Schatz / im Sturm des Schiffsbruch*
> *setzet*
>
> *Wenn es die Löffelley der Jrrenden erwog*
> *Vnd das ansteckend Gifft unwissend in sich sog.*
> *Ob es gleich nur vermeint / Heldengeschicht zu lesen*
> *Vnd was vor grosse Leuth so hie so dort gewesen;*
> *Der Grimmelshäuser giebt / oh Keuschverliebtes Hertz!*
> *Hier gantz ein ander Buch / dadurch dein Liebesschmertz*
>
> *Gelindert werden kan. Lehrt wie du dich solst schicken*
> *Zu lieben ohne Schad / biß dass dich mög erquicken*
> *Der / so die Lieb verhängt; der so auch selbsten liebt*
> *Vnd jedem nach seim maß / der Lieb Belohnung giebt.*
> *Das lese mit verstand / ist es gleich kurtz begriffen*
> *Auch durch holde Red-art nicht künstlich außgeschliffen*
> *So ists doch so bewandt / dass du und jedermann*
> *Ergetzung / Lust und Lehr / mit Nutz daraus haben kan. (...)*

Vielleicht sollte dieses Widmungsgedicht auf Seite sechs des Buchs den adligen Bekannten mitteilen, dass er sich auch bei Lesestoffen auskennte, die im Adelsmilieu spielen wie bei *Proximus und Lympida*, und in seinem Repertoire keineswegs auf niedere Stoffe beschränkt sei. Hier zeigt sich einer ›zwischen den poetischen Ständen‹, der von ›hohen Sachen‹ so gut schreiben kann wie von niederen Schwänken. Mit dem Erwähnen von ›Schimpf‹ und ›Ernst‹ grüßt

> **Der Wolgebornen Fräwlin/ Fräwlin**
>
> **Mariæ Dorotheæ/**
>
> Frey-Fräwlin von Fleckenstein/ ꝛc.
> Meiner gnädigen Fräwlin.
>
> Gnädiges Fräwlin ꝛc. Ob ich gleich eine Ohnmüglichkeit sehe/ die von dero Hn. Vattern vielfältig empfahende Gnaden/ nach meiner Schuldigkeit hinwiderum völlig zu verdienen / so will mir dennoch gebühren/ dieselbe auffs wenigst danckbarlich zu erkennen und Fleiß anzulegen/ solche nach den Kräfften meines geringen Vermögens zu beschulden; der gute Will wäre da/ wann schon die Werck schlecht folgen. Gegenwertige Lympida erscheinet beydes zu bezeugen: und mich zu entschuldigen / daß ich vor den zarten Ohren eines aller-tugend-vollen Frawenzimmers/ eine Liebs-Geschicht zu erzehlen/ erkühne; welche Frechheit auch anderer Gestalt billich straffbar geachtet würde: Aber/ diese Gottselig-verliebte
>
> A ij ist

Widmung für Maria Dorothea von Fleckenstein in der Erstausgabe des *Printzen Poximi*

er wohl über den Rhein den elsässischen Schwankdichter Johannes Pauli, dessen berühmte Sammlung 1522 in Straßburg erschienen war: *Schimpf und Ernst heißet das Buch mit Namen, durchlauft es der Welt Handlung mit ernstlichen und kurzweiligen Exempeln, Parabeln und Historien.*

Grimmelshausen hatte den ›Finkengarten‹ beim Renchener Schloss erworben, vielleicht durfte er auch die Schlossruine mit den stehen gebliebenen Scheunen und einer Hofstatt nutzen. Frühere Schultheiße wohnten im Schloss. In Gaisbach konnte er auch die Bruchsteine der Ruine Schauenburg für den Bau seiner Häuser verwenden. Auf der Ullenburg war er Burgvogt. Dass Herr Hans Jacob Christoffel von Grimmelshausen die Nähe von Schlössern und Burgen suchte, kann man nicht übersehen. Also müssen zu seinen wirklichen und literarischen Wirtshäusern, in denen er sich offenkundig zu Hause fühlte, auch noch Schlösser und Burgen als Wunschheimat hinzugezählt werden. Die allerdings waren meist Ruinen. Der ›Finkengarten‹ blieb noch 100 Jahre lang als Rebgarten im Besitz der Familie Grimmelshausen. 1772 wird in Hagenau eine Dorothea Grimmelshauserin erwähnt, die die letzte Trägerin dieses Namens war.[37]

Außer dem Schloss war auch die Pfarrkirche in Renchen niedergebrannt worden. Das hatte sich am 25. Juli 1638 ereignet. Erst 30 Jahre später wurde der Neubau der als Chorturmkirche angelegten Heilig Kreuz Kirche fertig. Die Inneneinrichtung mit Altar und Kirchenfenstern zog sich ebenso hin wie die Anschaffung der drei neuen Glocken. Noch 1700 werden Spenden für Kirchenfahnen und ein neues Heiliges Grab verzeichnet. Jörg Jochen Berns nennt als Geistliche, die Grimmelshausen in seiner Schultheißenzeit gekannt hat: Claudius Michael Neumetzler, der von 1667 bis 1675 katholischer Pfarrer war, und Caspar Beyer, der Grimmelshausen im August 1676 bestatten sollte.[38]

Zu erwähnen wäre noch Johann Reinhart (oder Johann Theobaldt) Henninger, der 1680 in Renchen den ältesten Sohn Grimmelshausens, Franz Christoph Ferdinand, traute.

Gesprächsspiel unter der Linde.
Das Rathstübel Plutonis und andere Orte des Friedens

Ob bei der *Courage*, dem *Springinsfeld* oder der *Continuatio*: Überall zapft Grimmelshausen seine Arbeit als Schultheiß und neueste Nachrichten aus der Region oder, wie es öfter in den Titeln seiner Bücher heißt, ›der ganzen Welt‹ an, um sie dem Werk einzuverwandeln: bei der Courage die von der Obrigkeit gejagten Zigeuner oder beim *Springinsfeld* der Krieg auf Kreta. Im Falle des 1672 zur Herbstmesse bei Felßecker in Nürnberg erschienenen *Rathstübel Plutonis* ist das Schnittmuster eine Sitzung des Renchener Gerichts:

Es sahe in wahrheit recht lächerlich auß/weil sie so unterschidliche Leuth da beysammen befunden: Simplicius *sagte/es ermahne ihn an ein besetztes Gericht/darinn* Monsieur Secundat *den Stab führe! Wolan/antwortet derselbe/so werden die Zwölffer dem Schultheissen gehorsammen und keiner ohne seine Erlaubnuß auffstehen/seinem Diener aber befahl er/dass er dem würt sagen solte/so viel an Speiß und Tranck beyzuschaffen/daß die Sach nach geendigter* Session *und expedirten rathschlägen genugsam eröffnen könten/darbey er aber das beste in der Kuch nicht hinderhalten solte.*[39]

Als Autor zeichnet Erich Stainfels von Grufensholm. Bei allem Adel der Anagramme klingen sie doch oft ein wenig nach Gruft, als wolle sich Grimmelshausen über seine Vermummungen selbst lustig machen.

Der Autor arrangiert ein Gesprächsspiel auch nach den Vorbildern von Georg Philipp Harsdörffers erstem Band der von 1644 bis 1657 in Nürnberg erschienenen *Frauenzimmer Gesprächsspiele(n)* und dem erstem Band der *Monatsgespräche* von Johann Rist, der 1668 herausgekommen war.

Die Runde, eine Kurgesellschaft aus dem Sauerbrunnen in Petersthal, wird in den nahe gelegenen Bauernhof des Simplicissimus eingeladen. Praktischerweise handelt es sich um Leser seiner Werke, die sich beim simplicianischen Personal und seinen Eigenheiten schon auskennen.

Gesprochen wird im *Rathstübel Plutonis* über das Geld. (Pluto oder Plutus wurde in traditionellem Irrtum als Gott des Geldes bezeichnet.) Und wie schon im *Satyrischen Pilgram*, im *Simplicissimus* und in der *Continuatio* geht es einmal mehr in dieser den zehn simplicianischen Schriften sehr nahe stehenden Schrift um Geiz und Verschwendung, Reichtum und Armut, Macht und Sünde.

Auf dem Titelkupfer sind die simplicianische Familie und ihre Gäste unter einer idyllisch anmutenden Linde auf einem ›locus amoenus‹ zu sehen. Die standesgemäß gekleideten Personen sitzen im Kreis etwas erhöht auf einer Bank: der inkognito reisende Fürst Martius Secundatus, die reiche Bürgerfamilie, der Jude und die Schauspielerin. Der gesprächsführende Fürst vergleicht die friedlich beieinander sitzende Gesellschaft mit einer Gemeinderatsversammlung, in der der Schultheiß über die Zwölfer den Stab führt. Bei dem Gesprächsspiel, in dem die Argumente der versammelten Standesvertreter klug, besonnen und voller literarischer Bezüge verhandelt werden, scheint alles schiedlich und friedlich zu verlaufen. Der alte, abgeklärte Simplicissimus, der sich an Glanz und Elend des Geldes in seinem Leben genug abgearbeitet hat, erweist sich als geschickter Agent seiner tiefen christlichen Überzeugung, dass zu viel Geldbesitz mit einem guten Gewissen nicht vereinbar sei.

Bald konfrontiert er die in seine Fragefallen tappenden Mitspieler mit ihrem Geiz und entlarvt überlegen den Fetisch des Geldes. Den Fürsten aber geht er noch sehr viel schärfer an, geißelt dessen kriegslüsterne Politik, die Ausbeutung der Untertanen und macht seine absolutistische Hofhaltung in rhetorisch grandioser Akkumulationssuada lächerlich, in der jeder einzelne Sinn des Fürsten und seine maßlose Manier der Befriedigung aufgezählt werden. Immer mehr Weinsorten, Spezereien, Augenschmäuse wie etwa üppige Feuerwerke summieren sich in der barocken Fülle eines Überflusses, wie er selten kunstvoller beschrieben wurde. Hier entspricht der gegeißelte Reichtum einem extremen rhetorischen Aufwand und macht derart beides lächerlich. Zum bösen Schluss gibt es noch einen metaphysischen Nachschlag:

Ansicht von Griesbach nach Matthäus Merian

Sollte es aber dannoch mit deinem Verderben langsam hergehen/sintemahl dich bedunckt/die Einkünfften deines Lands seyen unerschöpfflich/so fange mit einem gewaltigen alß du bist/einen unnöthigen und unrechtmessigen Krieg an/und führe ihn mit Unvorsichtigkeit/so wirst du/willß GOtt/bald fertig werden (...).[40]

Die Versammlung unter der Dorflinde mit allen Zeichen utopischer Eintracht unter den Ständen, wenn nur der vernünftige Diskurs regiert, tagt im exterritorialen Simplicius-Land. Der abgeklärte, mit allen Wassern des Lebens gewaschene, klug und gerecht gewordene Simplicissimus wüsste schon, wie unter den neuen, absolutistischen Staatsverhältnissen Friede und Vernunft einkehren könnten. Im *Rathstübel* führt er es vor: Der Fürst lauscht den zugespitzt

Peterstal im Renchtal. Kupferstich von Matth. Merian

Ansicht von Peterstal nach Matthäus Merian

eingebrachten Klagen über schlechte Herrscher und gelobt Besserung.

Oft wurde bemerkt, die utopischen und auch als solche vom Autor ausgewiesenen Passagen der simplicianischen Schriften (die *Courage* wurde ›in Utopia‹ gedruckt) verlören jede Sprengkraft und seien als Kritik an politischen Herrschaftsformen und gesellschaftlichen Zuständen nicht ernst zu nehmen, entweder weil sie, allegorisch verschlüsselt, allein auf die christliche Heilsgeschichte bezogen seien oder weil vom Autor immer gleich erklärt würde, weshalb die verheißungsvoll geschilderten utopischen Bilder einer friedlichen, gerechteren Gesellschaft nicht als Zündstoff für Veränderungen gedacht worden seien.

Beim *Rathstübel Plutonis* kann ebenso alles abgetan werden als simplicianische Idylle mit ein paar Schärfen gegen unchristliche Geldsünder und einen absolutistischen Verschwendungsfürsten, der nach der Strafpredigt auch noch zum Essen bleibt. Vertreter solcher Positionen haben ein merkwürdiges Verständnis von Rezeption. Als ob die Leser nicht wüssten, dass das Schlaraffenland, in dem niemand hungert und die Tauben fertig gebraten ins Maul fliegen, vorerst nicht kommen würde und dass die Bilder der Verkehrten Welt, auf denen zum Beispiel ein Bauer den Fürsten reitet, Bilder und nicht Anweisungen zum Fürstenreiten sind.

Die ›Ständebaum-Allegorie‹ im ersten Buch des *Simplicissimus* mag einem allegorischen Emblem-Repertoire, noch dazu der Tradition der Traumsatire entstammen, die Grimmelshausens Worte und Bilder einhegen, gleichwohl sind diese Worte und Bilder doch zu lesen:

Ich dachte weniger an Essen und daran, wovon ich leben sollte, als an die Abneigung, die zwischen Soldaten und Bauern besteht. Doch kam ich in meiner Torheit zu keinem anderen Schluss, als dass es in der Welt zweierlei Arten von Menschen geben müsse, die nicht beide von Adam abstammen konnten, sondern wie andere unvernünftige Tiere wild oder zahm waren, weil sie einander so grausam verfolgten. (...)

Da war mir, als würden sich wie in einem Traum alle Bäume, die um meine Behausung standen, verwandeln und plötzlich ein ganz anderes Aussehen annehmen. Auf jedem Wipfel saß ein Adliger, und alle Äste waren statt mit Blättern mit allerhand Kerlen geziert. (...) Das war lustig anzusehen, weil alle so schön ordentlich in Reihen sortiert waren. Die Wurzel aber bestand aus Leuten ohne Rang und Namen, aus Handwerkern, Tagelöhnern, vor allem Bauern und dergleichen, die aber nichtsdestoweniger dem Baum seine Kraft gaben oder wie-

derverschafften, wenn er sie verloren hatte. (...) Gleichzeitig seufzten sie über jene, die auf dem Baum saßen, und dies nicht zu Unrecht, denn die ganze Last des Baumes lag auf ihnen und drückte sie so sehr, dass ihnen alles Geld aus den Beuteln und sogar hinter sieben Schlössern hervorquoll.[41]

Simplicius' Traum nimmt dramatische Formen an. Im Schlussbild sitzt der Kriegsgott Mars auf dem Wipfel des Ständebaums, der ganz Europa verdunkelt und die ganze Welt zu bedecken droht. Schließlich erwacht Simplicius vom Zersplittern des Baumes, der von einem Wind aus lauter Lastern wie ›Neid, Hass, Missgunst, Dünkel, Hochmut und Geiz‹ umgeweht wurde. Vorher hatte jemand noch einen Spruch auf den Ast geschrieben, der der Emblemata-Sammlung *Sapientia Picta* von Julius Wilhelm Zincgref aus dem Jahre 1624 folgt:

Die Steineich, durch den Wind getrieben und verletzet,
Ihr eigen Äst' abbricht, sich ins Verderben setzet:
Durch innerliche Krieg' und brüderlichen Streit
Wird alles umgekehrt und folget lauter Leid.[42]

Stärker kann das Bild der verkehrten Ordnung kaum sein. Der Ständebaum, das vom Weltenbaum abgeleitete Symbol einer Pyramide, in der jeder seinen Platz in der gottgewollten Ordnung hat, wird durch den Krieg in unerträglicher Weise und gegen die Gesetze der Bibel zerstört. Oben hockt Mars riesengroß, unten sitzen neben den Taglöhnern und Handwerkern die Bauern, die so sehr gestriegelt werden, »dass ihnen die Seufzer aus dem Herzen, die Tränen aus den Augen, das Blut unter den Nägeln und das Mark aus den Knochen hervordrängen«[43].

Solchen Visionen der ungerechten Herrschaft und des alles zerstörenden Krieges werden im *Simplicissimus* Bilder des Friedens und der gerechteren Ordnung entgegengesetzt. Die Sylphen im Mummelsee im fünften Buch bekommen Besuch von Simplicius. Ihm werden die Aufgaben dieser wie die Menschen ›vernunftbegabten Geschöpfe Gottes‹ im inneren Zentrum der Erde geschildert. Nach dem damals aktuellen Stand der wissenschaftlichen Kenntnisse über die Beschaffenheit des Erdinneren und der Entstehung der Seen und Ozeane lässt Grimmelshausen die Sylphen Bericht erstatten.

Zweitens treiben wir – und das ist unsere wichtigste Aufgabe – durch diese Seen, ähnlich wie es bei den Röhren, Schläuchen und Leitungen eurer Brunnen- und Bewässerungsanlagen geschieht, das Wasser aus den Tiefen des Ozeans in alle Quellen auf dem festen Land, wodurch dann die Brunnen auf der ganzen Welt fließen, die großen und kleinen Wasserläufe entstehen, der Boden befeuchtet, die Gewächse erquickt und sowohl die Menschen als auch das Vieh getränkt werden.[44]

Schließlich trifft Simplicius den König des unterirdischen Reichs. Der will wissen, wie die Zustände oben auf der Erde sind. Simplicius reiht nun eine Verkehrung nach der anderen über die irdischen Verhältnisse in seiner Rede. Die Geistlichen sind nicht zu übertreffen in ihrem tadellosen Leben zu Ruhm und Ehre des Herrn. Die Theologen lauter ›Augustinusse‹. Die Kaufleute frei von Gier und Gewinnstreben, die Wirte voller Barmherzigkeit. Der Arzt strebt nach der Gesundheit des Kranken und nicht nach dessen Geld, Handwerker liefern solide Arbeit, Wucher ist unbekannt, und überhaupt ist alles zum Besten bestellt. Das passt ganz gut zum Sylphenreich. Dort geht es wahrhaft herrlich zu. Die Sylphen sind Mittelldinger zwischen den Menschen und ›allen anderen lebendigen Geschöpfen auf der Welt‹. Sie wurden von Gott mit gesunden Leibern, einem guten Verstand, einem langen Leben, edler Freiheit, genug Weisheit, Können und Kenntnis aller natürlichen Dinge ausgestattet und leben ohne Sünde und ohne Strafe Gottes in Eintracht und Frieden.

Kaum war Simplicius wieder oben auf der gewöhnlichen Welt, scheiterte schon das erste Projekt, das er mit Hilfe des Wunschsteins, der ihm da unten geschenkt worden war, realisieren wollte. Mehr aus Versehen quoll das Wasser für einen neuen Sauerbrunnen aus der Erde da, wo der Stein hinfiel. Die Bauern, mit denen er daraus ein feines Bad bauen wollte, zeigten kein Interesse. »Ihnen wäre es lieber gewesen, sagten sie, wenn ich meinen Sauerbrunnen irgendwo anders zum Sprudeln gebracht hätte, denn wenn ihre Herrschaft davon erführe, müsste der ganze Bezirk Dornstetten in Fronarbeit Wege hierher bauen, was sie viel Mühe und Ärger kosten würde.«[45]

Gewiss, mit den utopischen Anregungen aus dem Sylphenreich kann Simplicius auf der real existierenden Erde nichts anfangen. Das diskreditiert aber die herrlichen Eigenschaften der Sylphen so wenig wie die Verkehrung der bestehenden verkehrten Welt in seinem Bericht an den Sylphen-König. Bei der Interpretation der utopischen Passagen von Grimmelshausen muss man sich von einer Zweck/Mittel-Logik trennen. Sie werden nicht aufgeführt, weil der Autor damit umstürzlerische Zwecke verfolgt oder einen abrupten Mentalitätswandel herbeiführen will. Sie sind einfach da, leuchten auf und verlöschen dann wieder in der Welt, wie sie ist. Die Welt bei Grimmelshausen leidet vor allem am Krieg. Aber sie leidet auch an der überall spürbaren Ungerechtigkeit und an der Verkehrung aller Tugenden in Sünde und Frevel. Grimmelshausen weiß, dass die Verhältnisse nicht zu ändern sind, dafür kennt er sie zu gut, schildert er sie viel zu genau. Das heißt aber doch nicht, dass es nicht außerordentlich wünschenswert wäre, es stünde anders. Die von ihm beschriebenen Wünsche entsprechen wahrlich nicht irgendeiner fein ausgemalten Staatsutopie. Sie bedienen sich zum großen Teil bei kleineren Utopien, wie zum Beispiel bei den Einblattdrucken zum Schlaraffenland, auf denen es in Bildern und Versen beschrieben wird, und bei den Lachbildchen von der Verkehrten Welt. Oder bei den umlaufenden Geschichten vom irdischen Paradies. Aber auch bei einer satirisch-erotischen Inselutopie wie der *Isle of Pines*. Im fünften Buch des *Simplicissimus*, bei der Pilgerreise nach Einsiedeln, die Simplicius zusammen mit Herzbruder unternimmt, trifft man auf eine weitere Utopie. Bei den Vorbereitungen ist ihm Herzbruder zu konsequent und gewissenhaft, er selbst mogelt lieber ein bisschen und kocht die Erbsen, die eigentlich den Knien fromme Schmerzen zufügen sollen. Aus diesem Streit zweier ungleicher Pilgerbrüder schießt unvermittelt und dem Herumlügen des unechten Pilgers Simplicius überhaupt nicht angemessen ein Bild der Schweiz hervor, das eine wunderbare Idylle des Friedens zeigt. Gerade hatten die beiden Pilger noch gestritten, da überquerten sie die Schweizer Grenze:

Dieses Land kam mir so anders als andere deutsche Länder und so fremd vor, als wäre ich in Brasilien oder China. Hier sah ich die Menschen im Frieden handeln und wandeln. Die Ställe standen voller Vieh, die Bauernhöfe wimmelten von Hühnern, Gänsen und Enten. Auf den Straßen waren die Reisenden sicher unterwegs. In den Wirtshäusern saßen die Leute und ließen es sich gutgehen. Nirgendwo war Furcht vor dem Feind, Sorge vor Plünderung oder Angst, sein Hab und Gut oder sein Leben zu verlieren. Ein jeder lebte sicher unter seinem Weinstock und Feigenbaum, und zwar, verglichen mit anderen deutschen Ländern, in solchem Überfluss und solcher Freude, dass ich dieses Land, obwohl es nach seiner natürlichen Beschaffenheit rau genug zu sein schien, für ein Paradies auf Erden hielt.[46]

Dieses schöne Bild von einem Leben in Frieden und Fülle liefert eine sehr konkrete Anschauung besserer Zustände auf der Welt, als sie auf der anderen Seite der Schweizer Grenze herrschten, und ausdrücklich wird das irdische Paradies genannt. Grimmelshausen entwirft nicht utopisch durchorganisierte Staaten oder gar Welten. Seine Utopien im Kleinformat ähneln vielleicht eher Texten, wie sie hundert Jahre später der Schweizer Dichter Salomon Gessner in seinen vom Goldenen Zeitalter eines Theokrit und der arkadischen Schäferwelt italienischer und französischer Barockdichtungen inspirierten Idyllen vorlegte. Gessner gründete übrigens 1780 die *Zürcher Zeitung*, aus der später die *Neue Zürcher Zeitung* hervorging. Bei manchen Dichtern scheinen sich Zeitungen und idyllische Utopien nicht auszuschließen.

Zurück zum *Rathstübel Plutonis*. Hier weitet sich die utopische Gesprächsidylle unter der Dorflinde zu einer sehr konkreten, sinnlich anschaulichen Utopie des möglichen Zusammenlebens eigentlich unversöhnlich voneinander getrennter Standesvertreter. Die Anwesenheit von Meuder und Knan liefert einen Vertrauensvorschuss beim Lesepublikum. Courage und Springinsfeld und einige Hinweise auf andere Werke des Autors entsprechen seiner innertextlichen Verknüpfungsstrategie und erinnern daran, dass man diese Figuren kennen sollte. Revolutionär aber ist die Teilnahme des jüdischen Viehhändlers Aaron (dessen Namen Grimmelshausen wahrscheinlich von dem jüdischen Nachbarn in der Gelnhäuser Schmidtgasse entliehen hat) und einiger ›Ziegiener Genossen‹, denen reichlich Wein spendiert wird. Etwas großspurig kann das Wirtshaus in vielen Szenen bei Grimmelshausen als Ort utopischer (aber auch rabaukenhafter), oft vernünftiger und manchmal literarisch äußerst produktiver Kommunikation beschrieben werden. Ganz bestimmt aber sucht die Schlussszene des *Rathstübel Plutonis* mit ihrem Gelage unter der Dorflinde nach ihresgleichen in der deutschen Literatur. Zigeuner werden hinzugebeten, und der Jude Aaron, der am Essen nicht teilnehmen möchte, bekommt von der Meuder ein paar koschere Eier gekocht. Das Essen nach Altväterart bildet einen sehr deutlichen Kontrast zu den zuvor üppig frech geschilderten Essorgien des Fürsten Martius Secundatus, der sich allerdings bei der friedlichen Essrunde am Schluss als sehr großzügig erweist:

Hierauff lägerten wir uns in dem grünen under der Linden auff gut altvätterisch umb das Essen herumber / bis auff den

Juden/welchem die Meuder auß Mitleyden ein Par Eyer spendierte/damit der arm Schelm so nicht mit uns speysen wollte/kein Hunger leyden dörfte/wir aber schroten tapffer zu/ und liessen nichts unterwegen/was noch bequemlichkeit deß Orts zu unserer Ergetzung taugen könte: Secundatus, welcher ein großer Herr war/und ohnbekanter Weis die Länder beschauet/war Zahler/und liesse es nicht allein beym besten/ alß es daselbst seyn könnte/hergehen/sondern verehrte auch der alten Meuder und dem Knan ein namhafftes zu Letze die Ziegiener Genossen seiner auch/und hatten die Ehr/dass er ihnen selbst zu Tantz auffmachte/und Wein genug hertragen liesse: wir machten auch nicht ehender alß gegen Abend an dieser unserer Belustigung ein Ende.[47]

Es soll noch Conrad Wiedemann, Grimmelshausen-Spezialist und angesehener Barockkenner, mit einer Würdigung des *Rathstübel Plutonis* zu Wort kommen: »In seinen späten Werken hat sich Grimmelshausen zunehmend bemüht, die simplicianische Großfamilie ins Bild zu setzen: als Tafelrunde, als Gesprächskreis, als Portrait-Reihe auf dem Titelblatt. An einer der eindrucksvollsten Stellen seines Erzählwerks, für mich eine der eindrucksvollsten der deutschen Erzählprosa überhaupt, versammelt sich in einem hochsommerlichen Garten, unter freundlicher Mitwirkung der Natur, eine Gesprächsrunde, bestehend aus einem inkognito reisenden Fürsten, einer Gutsbesitzerfamilie, Simplicius, einem Kaufmann, dem bäuerlichen Knan, der Meuder, einem Schweden, einem Handwerker, einer Schauspielerin, einem Juden, und schließlich sogar Springinsfeld und Courasche. Sie bilden eine zwar nicht ständelose, aber – wie man heute vielleicht sagen würde – repressionsfreie Gesprächsgemeinschaft von fast heiterer Liberalität.«[48]

Kriegswirren in der Ortenau. Grimmelshausen im Widerstand

War das *Rasthstübel Plutonis* ein Ausdruck simplicianischer Gesprächskunst, diskursiven Disputs zwischen den Ständen, so sollte Grimmelshausen im Herbst 1672 mit der politischen Flugschrift *Der stoltze Melcher* in die sich zuspitzenden kriegerischen Auseinandersetzungen seiner Heimat eingreifen. Gleich im Untertitel kommt ein Söldner zu Wort, der aus dem französisch-niederländischen Krieg heimkehrt:

Sambt einer Besprecknuß von das Frantzoß Krieg mit der Holland. Welches durch Veranlassung eines Saphoyers der Fridens-satten- vnd gern-kriegenden teutschen Jugend zum Meß-kram verehret wird.

Die Schrift erschien ohne Angabe eines Autors wahrscheinlich im Straßburger Verlag des Georg Andreas Dollhopf, wo zur selben Zeit auch *Proximus und Lympida* herauskam. Wieder knüpft Grimmelshausen an sein Amt als Renchener Schultheiß an. Als solcher hatte er auch dafür zu sorgen, dass von Buschwerk überwucherte Felder für den Ackerbau hergerichtet und die alten Flurgrenzen wieder markiert wurden. Von einem solchen Acker, den der Krieg in eine halbe Wildnis verwandelt hat, spricht der Erzähler des *Stoltzen Melcher*, ein Mann aus einem Dorf am Oberrhein, zu Beginn der Flugschrift. Gerade hatte er sich neben diesem Acker ins Gras gelegt, um im *Hirnschleifer* des Aegidius Albertinus zu lesen, hatte im Halbschlaf mit der Idee gespielt, sich für den Krieg anwerben zu lassen, als er Ohrenzeuge eines Gesprächs dreier Männer wurde, die er an ihrer Sprache als einen Savoyer, einen Schweizer und als einen guten Bekannten, ebenjenen Melcher, identifizierte. Eine typische Eröffnungsszene Grimmelshausens, in der die Figuren prägnant, man möchte mit Elias Canetti sagen, mit ihrer

›akustischen Maske‹ vorgestellt werden. Auch die Diskussion des Verhältnisses von Buch- und Erfahrungswissen, die aus dem *Satyrischen Pilgram* bekannt ist, greift der Erzähler auf. Dann aber wird deutlich, was der herrschende Krieg mit den drei Heimkehrern gemacht hat. Die drei heruntergekommenen, ausgemergelten Gestalten haben offenbar genug

> **Der stoltze Melcher/**
> Sambt einer Besprechnuß
> Von das
> **Frantzoß Krieg**
> Mit der
> **Holland.**
> Welches
> Durch Veranlassung eines Saphoyers der
> Fridens=saffen=und gern=kriegenden Teut=
> schen Jugend zum Meßkram verehret wird.

Titelblatt der Erstausgabe des *Stoltzen Melcher* (1672)

vom französisch-niederländischen Krieg und wollen nach Hause. Nun ist der Rahmen gesetzt. Vom Dreißigjährigen Krieg her sind noch die Felder überwuchert, da hat man es, wie am Zustand der Männer ersichtlich, schon wieder mit Kriegsfolgen zu tun.

Die beklagenswerte Gegenwart wird am Schicksal des einst stolzen Melchers zum Gegenstand einer packenden Geschichte. Dem Melcher geht es mit der Ruhr, seinem verletzten Bein und verlorenen Stolz besonders schlecht. Er war, nachdem nichts Rechtes aus ihm werden wollte, auf die französischen Werber hereingefallen und in den Krieg gezogen. Nun traut er sich in seinen Lumpen nicht ins Dorf und schickt nach seiner Mutter, die ihm frische Kleider bringen soll. Das tut sie auch, schimpft aber heftig mit dem Sohn, der nicht hätte Soldat werden sollen. Die Wut der Mutter wird vom Vater noch übertroffen, der nicht möchte, dass der Sohn wieder nach Hause kommt. Schon gesellt sich beim damaligen Leser, der besonders am Oberrhein die Geschichte aus eigener Anschauung nur zu gut kennt, eine Tiefendimension hinzu. Mit dem biblischen Gleichnis vom Verlorenen Sohn bangt er jetzt mit dem dummen, armen Heimkehrer und möchte wissen, ob der Vater ihn am Ende aufnimmt oder nicht. Die Kritik an der aktuellen kriegerischen Variante der Machtpolitik Ludwigs XIV. und an seinem Landesherrn, dem Straßburger Bischof, ist scharf und klar. Nicht umsonst erschien der *Stoltze Melcher* nicht einmal mit einem Anagramm des Verfassers, sondern anonym.

Der Renchener Schultheiß opponiert deutlich gegen die Aushebung von Bauernsöhnen in seinem Amtsbezirk und wendet sich gegen die eigene Herrschaft. Als wenig später Steuern für den französischen Krieg erhoben werden sollten, leistete er offenen Widerstand und tat dies auch noch gemeinsam mit sämtlichen Schultheißen, Stabhaltern und Zwölfern in einer Eingabe an den Fürstbischof. Und das war die Antwort: Es »zieme den Untertanen nicht, ihre hochfürstlichen Gnaden zu befragen, warum sie diese oder jene Verordnung erlassen hatten«[49].

Renchen und die Landschaft der Ortenau sind als Kulissen der Flugschrift klar identifizierbar, die politische Situation deutlich auszumachen, und Grimmelshausen erscheint sowohl als politischer Autor, der eine aktuelle Katastrophe vor einen christlichem Glaubenshintergrund rückt, als auch als couragierter Schultheiß, der nicht in matter Melancholie versinkt, sondern wieder und wieder gegen die stupide Kriegslust der Jungen wettert.

Aus dem *Simplicissimus* ließen sich ein paar Hauptworte der Militärpraxis im Dreißigjährigen Krieg kernen, darunter ›Fourage‹. Harmlos betrachtet bedeutet das vom französischen ›fourage‹ abgeleitete Wort schlicht ›Futter‹. ›Fouragieren‹ demnach ›Futter besorgen‹. In der Kriegswirklichkeit des 17. Jahrhunderts nahm das Wort eine schreckliche Bedeutung an.

Die Soldaten, auch ›Völker‹ genannt, hatten sich selbst zu versorgen. Viehfutter, Nahrung und alles, was ein Heer zum Überleben brauchte oder zu brauchen glaubte, musste beschlagnahmt, geraubt, geplündert werden. Dabei war es den Bauern auf dem Land wohl gleichgültig, ob sie von der eigenen Seite oder deren Verbündeten oder vom Feind gezwungen wurden, die gewünschten Fouragelieferungen herbeizuschaffen, wozu auch Geld, Pferde, Kühe oder Schweine gehören konnten. Für die Menschen am Oberrhein brachte das Fouragieren der Soldaten neue Belastungen und neue Not mit sich.

Ludwig XIV. versuchte, die Grenzen Frankreichs bis an den Schwarzwald auszudehnen. Der Straßburger Bischof Franz Egon von Fürstenberg stand auf seiner Seite, und man kann sich die verzweifelte Lage der Menschen im Amtsbezirk Oberkirch vorstellen, die weder von den Kaiserlichen überrannt und ausgeplündert noch von den Franzosen annektiert werden wollten. Ihr Landesherr taktierte zwischen dem deutschen Kaiser und dem französischen König, und sie drohten, zwischen den Fronten zerrieben zu werden.

Im Januar 1673 quartierte sich das kaiserliche Kavallerie-Regiment von Schneidau in Renchen und im nahe gelegenen Saßbach ein. Oberst Graf Goudela erpresste 750 Taler von den Untertanen. Bei wem sollte der Hohe Rat von Oberkirch sich beschweren? Er versuchte es mit einer Eingabe beim Bischof in Straßburg. Die Antwort lautete, der Schaden ›sei nicht so überaus groß, deshalb viel Geschrey zu machen‹[50]. Es folgte weiteres ›Geschrey‹.

1973 publizierte Sibylle Penkert einen Brief Grimmelshausens, den sie unter den Amtsprotokollen der Bischöflich-Straßburgischen Regierung aus Zabern im Bezirksarchiv Straßburg entdeckt hatte.[51]

Spätestens dieses an den Bischof persönlich gerichtete Schreiben zeigt Grimmelshausen als einen mutigen Verteidiger der ihm als Schultheiß anvertrauten Einwohner Renchens. Er hatte seinem Landesherrn, so sehr er an dessen Integrität gezweifelt haben muss, in einem Eid Gehorsam geschworen. Noch war Franz Egon seines Amtes nicht enthoben, noch war er bei allen Akten offener und verdeckter Rebellion sämtlicher Schultheißen des Amtsbezirks Oberkirch deren Souverän. Nun war der Punkt gekommen, an dem Grimmelshausen das offenkundige Unrecht der Obrigkeit nicht mehr dulden mochte. Für das Grimmelshausen-Bild ist es eine nicht zu übersehende Tatsache, dass der simplicianische Autor und Verfasser von historischen Romanen im Adelsmilieu auch ein politischer Schriftsteller war, der nicht nur im *Stoltzen Melcher* deutlich gegen einen konkreten Krieg schrieb, in den sein Landesherr auf bedrohliche und am Ende verräterische Weise verwickelt war, sondern der auch, bei aller diplomatischen Briefkultur, in fast rebellischer Auflehnung das Wohl seiner Renchener Schutzbefohlenen über den Gehorsam stellte. Das Schneidauische Regiment mit sechs Kompanien zu 1000 Mann hatte sich für drei Tage in Renchen und Umgebung einquartiert und außer der Verpflegung die erwähnten 750 Taler erpresst.

»Renchen trug die Hauptlasten dieser Besatzung, während das benachbarte Saßbach nur am Rande beteiligt war und die übrigen Orte unbehelligt blieben«, schreibt Sibylle Penkert. »Entgegen einem sonst üblichen Verfahren, aufgrund kooperativer Absprache und nach geltendem Recht die für einen Ort unerträglich hohen Kosten auf das gesamte Amt zu verteilen, wollten die übrigen vier Orte trotz ihrer Zusage nur den kleinsten Teil der 750 Taler bezahlen. Die

Briefe Grimmelshausens in dieser Beschwerdeangelegenheit gehen zwischen Juli und November 1673 hin und her bis zur höchsten Instanz. Denn Grimmelshausen wandte sich nach verschiedenen vergeblichen Vorstellungen beim Bischöflich-Straßburgischen Rat, nach Abfassung eines Memorials mit den Fouragelisten und Rechnungen, das ebenfalls wirkungslos blieb, an den Bischof persönlich. Dessen Antwortschreiben mit eigenhändiger Unterschrift ist erhalten.«[52]

Am 21. August 1673 erschienen sämtliche Schultheißen des Amtes Oberkirch bei der Regierung in Zabern, um über den Fall zu verhandeln. Renchen weigerte sich weiter, den Betrag zu zahlen, wo doch Kostenteilung vereinbart worden war. Schließlich fassten die Räte den Beschluss, dass bei einer angeordneten Einquartierung die Kosten normalerweise umzulegen seien, dass hier aber der sogenannte casus fortuitus vorläge, ein unvorhersehbarer Schicksalsschlag, der geltendes Recht außer Kraft setzen könne. In dieser für Renchen nicht zu akzeptierenden Lage schrieb Grimmelshausen seinen Brief, den er sorgfältig absicherte mit Verweisen auf das geltende Polizei- und Landrecht.

Aus »tringender noth« wendet sich Grimmelshausen an den Bischof. »Außdrücklich Versprochen« habe der Landesherr, dafür zu sorgen, dass die Kosten gerecht aufgeteilt würden. Nun aber müsse man »wider alle beßere Zuversicht Vernemmen«, dass der Bischof »unß den gantzen laßt uffbürden« möchte. Trotz aller juristischen Versuche der Regierung in Zabern, die geforderten Lasten aus einer Art übergeschichtlichen Notstand zu legitimieren, bleibt Grimmelshausen dabei, dass Renchen die »Unß auff dem Halß gelegenen« Forderungen nicht erfüllen könne.

Mit Datum vom 21. Oktober 1673 antwortete der Bischof und teilte kurz mit, dass man an der einmal getroffenen Regelung festhalte. Grimmelshausen stand mit seinem Unmut und seiner Verzweiflung nicht allein da. Der Oberkircher Obervogt von Neuenstein war gerade zurückgetreten, das

Amt hatte sein Stellvertreter, der Amtsschaffner Michael Vogler, kommissarisch übernommen, der nun angesichts der allgemeinen Unbotmäßigkeit der Untertanen auch um seinen Abschied einkam. Seinem Gesuch hatte er einen Auszug aus dem Schreiben Grimmelshausens beigelegt, der nun offenbar in die Rolle eines Sprechers bzw. Schreibers der bedrängten Schultheißen des Amtes Oberkirch geraten war. Die Lage spitzte sich zu. 1674 wurden alle Schultheißen des Amtes Oberkirch von ihrem direkten Vorgesetzten, dem Oberkircher Amtsschaffner, verhaftet, weil sie nicht mehr in der Lage waren, die herrschaftlichen Gelder einzutreiben. Gegen die ›Widerspentzigkeit‹ der Schultheißen wurde dann noch eine erzbischöfliche Kommission ins Krisengebiet entsandt, die auch nichts ausrichten konnte. Renchen blieb Kriegsschauplatz. Im Frühjahr 1674 wurden die Schultheißen des Amtes Oberkirch aufgefordert, das verendete Vieh und die Toten zu begraben, damit sich keine Seuchen ausbreiten könnten. Das setzte sich fort: Am 7. Juni 1674 sollte das Amt Oberkirch Soldaten des Herzogs von Lothringen einquartieren und selbst Soldaten stellen. Bis November 1674 wurden Fouragelieferungen und weitere Einquartierungen gefordert, es zogen 1000 Reitersoldaten des Marquis de Vaubrun durch. Kurfürst Karl Ludwig von der Pfalz und Graf Solms zu Heidelberg teilten mit, dass sie im Winter Quartiere bräuchten. Die kurpfälzischen Truppen wurden trotz flehender Proteste einquartiert und plünderten in den letzten Dezembertagen 1675, was in Renchen und den Nachbardörfern noch zu holen war. Am 10. Januar 1676 endlich musste Bischof Franz Egon die Amtsgewalt an das Domkapitel abgeben. Renchen hatte übermäßig viel gelitten. Im Juni und Juli 1675 war es Kriegsschauplatz vor und nach der Schlacht bei Saßbach gewesen. Am 23. und 24. Juli hatte General Henri de Turenne den Ort besetzt. Oberkirch war auch 1676 nicht in der Lage, die geforderten herrschaftlichen Gelder zu bezahlen und war »spätestens im Mai wirtschaftlich vollständig ruiniert«[53].

Bei Willstätt in der Grafschaft Hanau-Lichtenberg sammelten sich Reichstruppen. In Oberkirch lag das Regiment des Grafen von Stahrenberg. Am 5. August 1676 spitzte sich die Lage abermals zu, die französische Rhein-Invasion schien unmittelbar bevorzustehen.

In dieser Situation muss Hans Jacob Christoffel von Grimmelshausen, Schultheiß zu Renchen, wieder militärische Dienste angenommen haben. Näheres ist darüber nicht bekannt. Ob er in diesen Diensten zu Tode kam oder an einer Krankheit starb, muss offen bleiben. Es heißt, er habe in den Jahren vor seinem Tod an einer schweren Krankheit gelitten. Genau ist dagegen das Datum seines Todes und der sehr respektvolle Eintrag in das Kirchenbuch von Heilig Kreuz des Renchener Pfarrers Caspar Beyer bekannt:

Sub me Casparo Beyer parocho anno mense August obiit in Domine honestus et magno ingenio et eruditione Johanes Christophorus von Grimmelshausen, praetor hujus loci, et quamvis ob tumultus belli nomen militiae dederit et pueri hinc inde dispersi fuerint, tamen hic casu oes conuenerunt, et parens Sacramento Eucharistiae pie munitus obijt et sepultus est, cujus anima requiescat in sancta pace.

Das heißt frei übersetzt:

Unter mir, dem Pfarrer Caspar Beyer, starb im Herrn am 17. August des Jahres 1676 der ehrenwerte und durch großen Geist und hohe Bildung ausgezeichnete Johann Christoph von Grimmelshausen, Schultheiß dieses Ortes, und obwohl er sich wegen der Kriegswirren zum Kriegsdienst gemeldet hat und seine Kinder hier und dorthin zerstreut waren, kamen doch alle hier zusammen, und der Vater starb fromm gestärkt mit dem Sakrament der Eucharestie, und er wurde hier begraben. Seine Seele ruhe in heiligem Frieden.

Es ist sehr wahrscheinlich, dass sowohl Grimmelshausen als auch seine Frau Katharina und die Kinder am Tag seines Todes nicht in Renchen waren, sondern sich in nahe gelegenen Dörfern in Sicherheit gebracht hatten.

Von den zehn Kindern lebten am 17. August 1676 noch Franz Christoph Ferdinand, Maria Magdalena, Maria Walpurga und Anna Maria. Karl Otto war am 15. Dezember 1675 in Renchen gestorben, Johann Friedrich und Johannes hatten vermutlich das Kindesalter nicht überlebt. Von Maria Fran-

Todeseintrag zu Hans Jacob Christoffel von Grimmelshausen im Renchener Kirchenbuch am 17. August 1676

ziska wissen wir nur, dass sie wahrscheinlich am 14. April 1669 in Renchen zur Welt gekommen war.

Grimmelshausen wurde auf dem Friedhof neben der Kirche begraben.

Pfarrer Beyer hat in seinem Todeseintrag knapp und treffend Grimmelshausens Leben zusammengefasst: Er war Schultheiß, hatte eine große Familie, war hoch gebildet, sehr geistreich und diente im Krieg.

Gedächtnisstein am mutmaßlichen Grab von Grimmelshausen in Renchen

Im Lauf der Zeit wusste man nicht mehr, wo genau sich das Grab Grimmelshausens befindet. In Renchen haben umfangreiche Erkundungen dazu geführt, dass man sich jetzt sicher ist, wo er begraben liegt. An dieser Stelle wurde im Februar 2011 ein Gedächtnisstein errichtet.

---

1 Wir folgen hier Artur Bechtold: Johann Jacob Christoph von Grimmelshausen und seine Zeit. München ²1919.
2 Zit. nach: Rudolf Behrle: Hans Jakob Christoph von Grimmelshausen, Bühl/Baden 1971, S. 29 f.
3 Bechtold, a. a. O., S. 133.
4 Hier und im Folgenden: Hans-Martin Pillin: Die Grimmelshausenstadt Renchen und ihre Geschichte. Band I, Renchen 1992.
5 Pillin, a. a. O., S. 56.
6 Zit. nach: Pillin, a. a. O., S. 57.
7 Zit. nach: Bechtold, a. a. O., S. 118.
8 Ebenda.
9 Wir folgen hier einmal mehr Dieter Breuer, ohne dessen Arbeiten für und zu Grimmelshausen dieses Buch nicht hätte geschrieben werden können.

Hier: Dieter Breuer: Grimmelshausen und Straßburg. In: Simpliciana XII (2000), S. 313–329.
10 Diese Datierungen legen gut begründet Klaus Matthäus und Klaus-Dieter Herbst im Reprint des *Europäischen Wundergeschichten Calenders* nahe.
11 Hans Jacob Christoffel von Grimmelshausen: Lebensbeschreibung der Erzbetrügerin und Landstörzerin Courage / Der seltsame Springinsfeld. Aus dem Deutschen des 17. Jahrhunderts übersetzt von Reinhard Kaiser, Frankfurt am Main 2010, S. 165.
12 Grimmelshausen/Kaiser, a. a. O. (2010), S. 143.
13 Grimmelshausen/Kaiser, a. a. O. (2010), S. 163.
14 Breuer, a. a. O., S. 318.
15 Wir folgen hier Walter E. Schäfer: Johann Michael Moscherosch. Staatsmann, Satiriker und Pädagoge im Barockzeitalter. München 1982.
16 Schäfer, a. a. O., S. 143.
17 Des Abenteurlichen Simplicissimi Ewig-währender Calender. Reprint. Hrsg. von Klaus Haberkamm, Konstanz 1967, S, 176 f.
18 Festschrift zur Feier der Wiederverleihung des Stadtrechts an Renchen am 21. Mai 1950. Renchen 1950, S. 12.
19 Zit. nach: Bechtold, a. a. O., S. 140 f.
20 Zit. nach: Bechtold, a. a. O., S. 145.
21 Grimmelshausen/Kaiser, a. a. O. (2010), S. 261.
22 Grimmelshausen/Kaiser, a. a. O. (2010), S. 263.
23 Grimmelshausen/Kaiser, a. a. O. (2010), S. 262.
24 Zit. nach: Dieter Breuer: Grimmelshausen-Handbuch. München 1999, S. 243.
25 Zit. nach: Bechtold, a. a. O., S. 245.
26 Tomas Garzoni: Piazza Universale: das ist Schauplatz (...). Exemplar der Frankfurter Universitätsbibliothek. Frankfurt am Main 1659, S. 632.
27 Garzoni, a. a. O., S. 634.
28 Wir folgen hier Hermann Streich: Grimmelshausens Renchener Schultheißenzeit. In: Festschrift Renchen. Grimmelshausen – Dichter und Schultheiß, Renchen 1976, S. 43–60.
29 Wilhelm Solms: Zigeunerbilder. Ein dunkles Kapitel der deutschen Literaturgeschichte. Von der frühen Neuzeit bis zur Romantik. Würzburg 2008, S. 271.
30 Zit. nach: Bechtold, a. a. O., S. 156.
31 Solms, a. a. O., S. 271.
32 Grimmelshausen/Kaiser, a. a. O. (2010), S. 132.
33 Bechtold, a. a. O., S. 213.
34 Ebenda.
35 Nach Sabine Wagner: Grimmelshausens Bekanntenkreis. In: Simpliciana X (1988), S. 241.
36 Zit. nach: Breuer: Grimmelshausen-Handbuch, a. a. O., S. 206 f.
37 Nach Streich, a. a. O., S. 46.
38 Jörg Jochen Berns: Zum Grimmelshausen-Biographismus und der Nachlaß-Frage. In: Simpliciana XXV. (2003), S. 96.
39 Grimmelshausen: Rathstübel Plutonis, Erstes Gespräch. In: Dieter Breuer (Hrsg.): Grimmelshausen Werke I.2, Frankfurt am Main 1992, S. 659 f.
40 Grimmelshausen: Rathstübel Plutonis: a. a. O., S. 741.

41 Grimmelshausen/Kaiser, a.a.O. (2009), S. 55.
42 Grimmelshausen/Kaiser, a.a.O. (2009), S. 64.
43 Grimmelshausen/Kaiser, a.a.O. (2009), S. 56.
44 Grimmelshausen/Kaiser, a.a.O. (2009), S. 477.
45 Grimmelshausen/Kaiser, a.a.O. (2009), S. 502.
46 Grimmelshausen/Kaiser, a.a.O. (2009), S. 433.
47 Grimmelshausen: Rathstübel Plutonis, a.a.O., S. 741 f.
48 Conrad Wiedemann: Zur Schreibsituation Grimmelshausens. In: Daphnis. Zeitschrift für Mittlere Deutsche Literatur. Band 5. Heft 2–4 (1976), S. 731 f.
49 Zit nach: Streich, a.a.O., S. 51.
50 Nach Könnecke, a.a.O., Band 2, S. 194–198.
51 Sibylle Penkert: Dreihundert Jahre danach: Unbekannte Grimmelshausen-Handschriften. Das Schreiben des Renchener Schultheißen von 1673 an Bischof Franz Egon von Fürstenberg und andere Quellen des Straßburger Archivs. In: Jahrbuch der deutschen Schiller-Gesellschaft, 17. Jahrgang (1973), S. 3–20.
52 Penkert, a.a.O., S. 13.
53 Penkert, a.a.O., S. 15.

AUS DER ZEITUNG: DIE INSEL PINES

Mit dem 24. Kapitel der *Coninuatio*, des sechsten Buchs des *Simplicissimus,* beginnt der fiktive Bericht des holländischen Schiffskapitäns Jean Cornelissen über den als Schiffbrüchigen auf eine unbewohnte Insel in der Nähe von Madagaskar verschlagenen Simplicius.[1] Dieser Bericht über den mittlerweile zum frommen Einsiedler gewordenen Simplicius setzt sich bis zum 27. Kapitel, also bis ans Ende des Romans, fort. Worauf dann nur noch der Schluss folgt, der mit den Initialen Grimmelshausens als Schultheiß von Renchen unterschrieben ist. Wenn der Roman nicht mit so vielen Exkursen, Fluchten in ferne Länder und mit vielen Büchern verwoben wäre, könnte man von einer harmonischen Kreisstruktur reden: Er beginnt mit dem Einsiedel; Simplicius erfährt im fünften Buch, dass es sich bei ihm um seinen leiblichen Vater handelt. Und er endet damit, dass Simplicius schließlich, wie sein Vater, selbst ein Einsiedler wird.

Der Roman schließt aber nicht mit einem großen Finale, einer moralisch religiösen Summe nach so vielen Irrtümern und Irrfahrten. Er endet mit einer Robinsonade, die gar nicht so heißen darf, weil Daniel Defoes *Robinson Crusoe* erst 1719 erschien. Der fiktive Bericht des holländischen Kapitäns erweist sich nach bester Manier Grimmelshausens als gute Mixtur aus Vorlagen und eigenem Text. Für den Schiffbruch benutzt er klar erkennbar die Reisebeschreibungen der Brüder Johan Theodor und Johan Israel de Bry, die 1605 bis 1615 als Teile der *Ost-Indischen Reisen* in Frankfurt am Main erschienen sind und Grimmelshausen vielleicht schon als Kind bekannt waren.

Die *Continuatio* kam zur Leipziger Ostermesse 1669 bei Felßecker in Nürnberg heraus. Grimmelshausen unterschrieb den Schlusspart am 22. April 1668. Zwischen diesem Datum und Ostern 1669 hätte der Drucker genügend Zeit gehabt, eine sorgfältig korrigierte und sauber gesetzte Fassung der *Continuatio*, die als Einzelausgabe und als dem *Simplicissimus* beigeheftete Ergänzung erschien, herzustellen. Es kam aber etwas dazwischen. Eine unerwartete Verzögerung, die dafür sorgte, dass die Produktionszeit erheblich verkürzt werden musste. Um es auch hier spannend zu machen, wird erst einmal auf ein nicht sehr bekanntes Interesse Grimmelshausens hingewiesen: Man könnte ihn sich vorstellen als einen eher gemächlichen, in großer Ruhe lesenden und schreibenden Autor und Schultheiß, der die meisten seiner politischen und moralischen Positionen aus einer ›teutschen Vergangenheit‹, einer christlichen Weltordnung vor dem Dreißigjährigen Krieg bezieht. Das stimmt zum großen Teil. Er interessierte sich aber auch für neue und neueste landwirtschaftliche Produktionsweisen, für aktuelle Leistungen der angewandten Naturwissenschaften, des Ingenieurwesens und, wie seinen Werken unschwer zu entnehmen ist, für literarische, literaturkritische und politische Fragen seiner Gegenwart. Einmal rückt Grimmelshausen die fast andächtige Versenkung in eine Landschaft mit einer technischen Innovation so zusammen, dass ein verstörend schönes Emblem der Ungleichzeitigkeit entsteht. Die Aussicht vom Schwarzwälder Mooskopf aus galt als eine der ersten reinen Landschaftsschilderungen der deutschen Literatur, stellte sich aber auch wieder als Collage aus Topoi und Zitaten heraus, zudem als Rundblick, der realiter vom Mooskopf aus so nicht zu haben ist:

Ich (Simplicius) wohnte auf einem hohen Berg im Schwarzwald, Mooskopf genannt und ringsum von einem finsteren

CONTINUATIO
des abentheurlichen
SIMPLICIS-
SIMI
Oder
Der Schluß desselben.
Durch
GERMAN SCHLEIFHEIM
von Sulsfort.

AD ASTRA VOLAN...

Mompelgart/
Bey Johann Fillion / 1669.

Titelblatt der *Continuatio*, des sechsten Buchs des *Simplicissimus* (1669)

Tannenwald bewachsen. Von dort oben hatte ich eine schöne Aussicht – nach Osten in das Oppenauer Tal und seine Seitentäler; nach Süden in das Tal der Kinzig und über die Grafschaft Geroldseck, wo das hohe Schloss zwischen seinen Nachbarbergen aussah wie der König bei einem aufgestellten Kegelspiel; nach Westen überblickte ich das Ober- und Niederelsass und nach Norden die Markgrafschaft Baden-Durlach bis hinunter zum Rhein, wo die Stadt Straßburg mit ihrem hohen Münsterturm wie das Herz inmitten eines Leibes prangte. An dieser Aussicht und der Betrachtung so schöner Landschaften erfreute ich mich mehr als am eifrigen Gebet, wozu mich auch mein Fernrohr, dem ich noch nicht entsagt hatte, sehr ermunterte. Wenn ich es in der dunklen Nacht nicht mehr gebrauchen konnte, nahm ich das Instrument, das ich zur Stärkung des Gehörs erfunden hatte, und lauschte nach den Bauernhunden, die eine Wegstunde von mir entfernt bellten, oder nach einem Wild, das sich in meiner Nähe regte.[2]

Vordergründig steht dieser Rundblick im Kontext der sündhaften ›Curiositas‹ (Neugierde), die schon Augustinus und nach ihm Petrarca beim Blick vom Gipfel des Mont Ventoux im Jahre 1336 thematisiert hatten. Aber als höchst moderner, technisch erweiterter Blick auf die vertraute Landschaft liefert er auch die neueste Möglichkeit von ›Wahrnehmungssünden‹. Jörg Jochen Berns, ein verdienter Grimmelshausen-Forscher, sieht Fernrohr und Hörapparat hier als Medien der ›Sinnenerweiterung‹, die gerade verhindern, dass der Eremit Simplicius im engen Kreis der ›ora et labora‹-Maxime bleibt.[3]

Das bedeutet allerdings nicht, Grimmelshausen selbst wäre von antitechnischen Affekten beherrscht gewesen. Fernrohr, Hörapparat und der unritterliche Einsatz moderner Distanzwaffen, wie er am Beispiel einer Szene im *Springinsfeld*-Roman gezeigt wird – der moralisch völlig heruntergekommene Springinsfeld erschießt einen wehrlosen Offizier mit der Pistole –, bezeugen in diesem literarischen Kontext manipulative Qualitäten. Ein anderes neues Medium aber wird eher gefeiert als kritisiert: die Zeitung. Berns schreibt: »Grimmelshausen ist unter den Literaten des 17. Jahrhunderts, die das erstarkende Zeitungswesen beobachteten, sicher der wacheste und empfindlichste. Man darf das behaupten, obschon es nur zwei Szenen in seinem großen Erzählwerk gibt, in denen er auf das Zeitungswesen zu sprechen kommt.«[4]

Im zehnten und letzten Teil des ›Simplicianischen Zyklus‹, *Deß Wunderbarlichen Vogelnessts Zweiter theil* von 1675, kommt ein Kaufmann vor, der im Vertrauen auf seine magischen Kräfte in den Krieg zieht, um zu Ruhm und Ehre zu gelangen:

Mit solchen Künsten außstaffirt/gedachte ich im Krieg keinem Helden nichts nachzugeben/sondern viel mehrers Hectorem *und* Achillem, *ja den* Herculem *selbst zu übertreffen/ und also mich den alten berühmten Heydnischen Halb-Göttern gleich zu machen; Jch liesse mir schon träumen/wie alle Woch die* Extra- *und* Ordinari-*Zeitungen mein Lob außbreiten/und das Volck nahe und fern von sonst nichts anderst/als von meinen Helden-Thaten zu sagen und zu rühmen wuste.*[5]

Kühn und schon die Möglichkeiten des fragwürdigen Medienruhms vorwegnehmend, macht sich Grimmelshausen hier über den Kaufmann und eine Antiken-Rezeption für den Hausgebrauch lustig.

Mit der zweiten Szene gelangt man zu einem viel weiter reichenden Aspekt im Verhältnis von Grimmelshausen zum seinerzeit höchst aktuellen Zeitungswesen.

1670 erschien ebenfalls bei Felßecker in Nürnberg die erste Ausgabe des *Europäischen Wundergeschichten Calenders*. Und tatsächlich gleicht es einem Wunder, dass erst unlängst Klaus-Dieter Herbst, ein bekannter Kalenderforscher, den ersten, bisher nicht bekannten, vollständigen Jahrgang dieses Kalenderwerks im Stadtarchiv Altenburg nachweisen konnte.[6]

Genau dieser Kalender präsentiert in einer Vorrede (»Nohtwendige Vorrede an den respective hochgeehrten Leser«) über mehrere Seiten Einzelheiten zu Simplicius als ›Zeitungssinger‹ und, was noch viel erstaunlicher ist, vermischt in einem

Ausführlichen Bericht/was sich in dem jüngst=verflossenen und zurückgelegten 1668 und 1669. Jahr merckwürdiges und notables in ganz Europa hin und wider zugetragen; auß selbsteigener Erfahrung aufgezeichnet/und in diese zierliche Reimart gebracht von Simplicio Simplicissimus [7]

die Gattungen von Zeitung und Kalender. Ausdrücklich heißt es da, dass Simplicius ein »Lied oder eine neue Zeitung« zu Papier brachte.

Simplicius, der von der Kreuzinsel wieder ins Getriebe der Welt zurückgekehrt ist, will sich als ›Zeitungssinger‹ und ›Kalenderkrämer‹ verdingen. Avisensänger und Zeitungssinger trugen im 16. und 17. Jahrhundert auf Messen und Märkten ihre Balladen vor und verteilten dabei gegen Geld Einblattdrucke mit neuesten Nachrichten und allerhand Historien.

In 24 sehr wild gereimten Stücken singt sich Simplicius durch nationale und internationale Nachrichten aus zwei Jahren. Als Melodie (›Thon‹) wird Georg Grünwalds Choral ›Kommt her zu mir/spricht/Gottes Sohn‹ vorgegeben. Und dann beginnt der Nachrichtengesang:

Ihr lieben Christen! kommt herbey/Ich will euch iezt erzehlen frey/was sich hat zugetragen/Als man schrieb tausend/ sag ich klar/Sechs hundert acht und sechzig Jahr/Hört was ich euch will sagen. [8]

An neunzehnter Stelle geht es um den Kampf gegen die Türken:

Wie das der Türck iezt fertig sey/zu stürmen mit großem Geschrey/soll er sich also schicken zu thun ihm starcke Widerstand wo er nicht woll bestehn in schand/wo er eilt/ wirds ihm glücken. [9]

AUS DER ZEITUNG: DIE INSEL PINES

Im achtzehnten Nachrichtenliedchen war von einer Frau in Kreta die Rede, die den Kommandanten der venezia-

Titelblatt der ersten Ausgabe des *Europäischen Wundergeschichten Calenders* (1670)

nischen Festung Candia (das ist Kreta) vor dem Angriff der Türken gewarnt hatte. Simplicius berichtet in seiner Vorrede, wie er seinen Wirt nach einem Ort fragte, an dem sich Zeitungsschreiber und Drucker träfen, die ihm Material für seine Zeitungssingerei liefern könnten. Es handelt sich dabei aus naheliegenden Gründen um Nürnberg als Druckort des Wunderkalenders. Der Wirt brachte ihn zu den Zeitungsleuten:

Der Anfang war gut/der Fortgang war auch nicht schlimmer/ ich fand bey den Zeitungsschreiber mehr Materi als ich nur anzutreffen iemals eingebildet hatte. Insonderheit hörte man dazumal nemlich Anno 1668. im Monat Junio von nichts anders als von trefflicher Tapfferkeit der Veneciander in der weitberühmten Vestung Candia/und Rasery des türckischen Groß=Veziers in Bestürmung und Belagerung derselben.[10]

Simplicius erzählt nun nicht mehr nur ›Histori‹, schöpft aus Büchern und Volksweisheiten, er geht ins Produktions- und Verbreitungszentrum der neuesten Nachrichten. In Nürnberg, Hamburg, Leipzig, Frankfurt oder Straßburg laufen nicht nur die Handelswege zusammen, hier bündeln sich, verstärkt seit Beginn des 17. Jahrhunderts, auch die Nachrichtenströme. Seitdem existieren in den großen Städten Wochenzeitungen. Der Dreißigjährige Krieg beschleunigte und vermehrte dann diese aktuelle Publizistik. »Die Zeitungen gehörten zur wichtigsten und verbreitetsten Lektüre immer größer werdender Teile des Volkes«, schreiben die Medienhistoriker Elger Blühm und Else Bogen. »Sie [die Zeitung] wurde damit nicht allein zu einem politischen und sozialen Faktor, sondern auch zu einem Bildungselement von nicht zu unterschätzender Bedeutung.«[11]

Der *Europäische Wundergeschichten Calender* nimmt diese Entwicklung auf und verbindet das neueste Wissen, versehen mit Ort und Datum, mit den ältesten populären Gattungen wie Astrologie, Bauernleben oder unterhaltsame Belehrung.

Stets stritt man darüber, ob und wie Grimmelshausen nicht nur an seinem *Ewig-währenden Calender*, sondern auch am *Europäischen Wundergeschichten Calender* beteiligt war. Das bekannte und oft abgedruckte Titelkupfer des *Ewig-währenden Calenders* mit den Medaillons der simplicianischen Familie zierte auch schon den Wunderkalender.

Der Entwurf stammt wahrscheinlich von Grimmelshausen. Er hätte ›seinen‹ *Ewig-währenden Calender* nicht mit dem selben Titelbild versehen, hätte er es nicht selbst entwickelt. Vor allem aber in Stil und Witz der Beiträge zur ›Ersten Vorstellung‹ der Europäischen Wundergeschichten von 1670 kann man Grimmelshausens Handschrift erkennen. Die erwähnte ›Nohtwendige Vorrede‹ mit dem Auftritt von Simplicius als Zeitungssänger und Nachrichtensammler stammt gewiss entweder von Grimmelshausen oder wurde von ihm legitimiert und als ›echt simplicianisch‹ anerkannt. Das war bei anderen simplicianischen Produkten aus dem Nürnberger Hause Felßecker nicht der Fall, besonders, als sich der Markenname »Simplicissimus« bis weit über Grimmelshausens Tod im Jahre 1676 hinaus fortsetzte.

Der Kalender währte nun nicht mehr bloß ewig, er diente auch als Chronik der laufenden Ereignisse. Umgekehrt war es auch möglich: Zeitungen wirkten gelegentlich als Beschleuniger literarischer Stoffe und veränderten damit die mediale Existenz von Literatur grundlegend. Von einem solchen Fall ist zu berichten. Grimmelshausen erscheint darin als zupackender Literaturverwerter auf der Höhe der publizistischen Zirkulation.

Die Insel Pines

Am 17. Juli des Jahres 1668 erschien in Georg Greflingers *Nordischem Mercurius* die erste deutschsprachige Folge einer kurzen Insel-Utopie des englischen Autors Henry Neville: *Die Entdeckung der Insul Pines*. Das Original war auf Englisch erst vier Wochen zuvor herausgekommen, hatte aber mit seinen geschickt verwobenen Motiven zwischen erotischen Phantasien, biblischen Anspielungen und utopischem Fernweh rasch einen rasanten Erfolg in halb Europa. Greflinger wurde um 1620 in Neunburg vorm Wald in der Nähe von Regensburg geboren, verlor seine Eltern im Dreißigjährigen Krieg, besuchte die Poetenschule in Regensburg, studierte dann in Wittenberg und zog während des Krieges, in dem er wahrscheinlich als Soldat diente, im Land umher. Länger hielt er sich in Danzig und Frankfurt am Main auf. Dort erschien unter seinem Dichternamen Seladon 1643 sein wichtigstes poetisches Werk, die Lyriksammlung *Seladons Beständige Liebe*. Diesen Namen trug er als Mitglied des Elbschwanenordens, dem gegenüber er ansonsten aber reserviert blieb.

Nach dem Frieden von 1648 ließ er sich in Hamburg als Notar nieder und wurde dort von Johannes Rist 1653 zum Dichter gekrönt. 1657 erschien in Hamburg sein ellenlanges gereimtes Werk über den Dreißigjährigen Krieg. Er starb wohl im Jahre 1677 in Hamburg. Seit dem Ende der fünfziger Jahre gab er seine wöchentlich erscheinende Zeitung *Nordischer Mercurius* heraus, die mit ihrem modernen Publikationskonzept rasch sehr erfolgreich wurde. »Greflinger ordnet die Nachrichten nach ihrer geografischen Herkunft und schafft schon so etwas wie thematische Rubriken«, schreibt der Bremer Zeitungsforscher Holger Böning. »Feuilletonistische und unterhaltende Elemente, Historien, Verse und Anekdoten sind in die Berichterstattung eingestreut. Wichtige Dokumente, Anzeigen und amtliche Bekanntmachungen werden abgedruckt. Erklärungen fremdsprachiger und unbekannter Begriffe zeigen, dass Greflinger neue Leser gewinnen möchte. Auch ohne Marketinganalysen weiß er, wonach es die Marktsegmente verlangt.«[12]

Im Juli 1668, zur ›nachrichtenarmen Zeit‹ also, nahm Greflinger die *Insul Pines*, die er eine ›curieuse Relation‹ nannte, in sein Blatt. Der Autor des satirisch-utopischen Kurzromans benutzt das uralte Motiv vom Schiffbruch, um es mit der Schilderung eines in exotischer Ferne liegenden irdischen Paradieses, der Insel Pines, zu verbinden, in das sich der schiffbrüchige Ich-Erzähler zusammen mit vier Frauen rettet, wo alsbald eine nach Tausenden zählende Nachkommenschaft entsteht. Den Namen der Insel kann man unschwer zu einem dabei nicht unwesentlichen männlichen Körperteil verrücken, was auch überall bemerkt und deftig kritisiert wurde. So erfolgreich war diese Robinsonade avant la lettre, dass gleich im Oktober 1668 in Hamburg bei Markus Armbrecht eine dem Bürgermeister von Altona gewidmete Gegenschrift erschien. Wie so oft bei barocken Buchtiteln wird gleich eine umständliche Zusammenfassung des Inhalts geboten:

Das verdächtige Pineser-Eyland oder die Verfassung einiger vernunfftmäßigen Gründe, welche die außgesprengter Beschreibung nach neu erfundene Insul Pines genand also verdächtig und dero Beschreibung so gar lügenhafft machen, daß sie vielmehr bekräfftigen, Selbiges Pineser-Eyland sey ein wahrhafftiges Nirgend=Land. Aus Liebe zur Warheit allen Handels=Leuten und Seefahrenden zur Nachricht und einem jeweden curieusen Liebhaber zu gefallen entworffen und heraus gegeben durch M. M. G. N. S. [13]

Mit dieser in Greflingers *Nordischem Mercurius* in drei Folgen im Juli 1668 abgedruckten Übersetzung der *Insul Pines* beginnt in Deutschland der in Fortsetzungen gedruckte Feuilleton-Roman. Die erste Folge endet mit: »Ein mehrers hievon mit nechsten« und gleich fügt Greflinger eine editorische Flunkerei an, wenn behauptet wird: »NB. Diese Beschreibung ist über alle andere die vollkommenste und nach dem rechten Englischen Exemplar gesetzt.«[14]

Greflinger übersetzte die Schrift als Erster, jedoch nicht aus dem Englischen, sondern nach einer holländischen Fassung. In Hamburg existierte eine niederländische Enklave, der Verleger verkehrte in holländischen Häusern.

Nach Greflingers holländischer Fassung brachte dann der Frankfurter Verleger Wilhelm Serlin im Herbst 1668 ein eigenes Pines-Büchlein heraus.

Diese kleine, ketzerische Insel-Utopie verbreitete sich sehr rasch in Europa. Vielleicht war es gar nicht übertrieben, dass

Greflinger die zweite Folge im *Nordischen Mercurius* so ankündigte: »Hiermit folget die sehr verlangte Continuation der angefangenen Beschreibung von der Insul Pines und selbigen Volcks mächtiger Vermehrung.«[15]

Rätselhaft bleibt der dann folgende Vers:
Es wird hiemit fast vorgestellt
Das Bildnis von der ersten Welt

Es sei denn, man traut dem wohl recht gewitzten Greflinger zu, in diesem Zweizeiler eine Anspielung auf die Genesis mit dem relativierenden, auf den satirischen Charakter anspielenden »fast« zu verbinden.

In der zweiten Juli-Ausgabe des *Nordischen Mercurius* folgt gleich auf die *Insul Pines* das Neueste vom Kampf gegen die Türken in Candien (Kreta):

Messina von 12. Jun. Die Päbstische und Matheser Galeen liegen noch allhier und warten auff guten Wind nach Candien zu siegeln.

Und dann, ganz aktuell:

Venedig vom 6. Julij. Jüngste Briefe aus Candia bringen/ daß zwar die Türcken einen Abschnitt von dem Fort St. Andreas eingenommen/auch einen Corporal und einige Soldaten/ welche solchen gedefendiret, gesäbelt/daß aber die unsrige unter dem tapffren H. Grafen von Mare bald einen Außfall gethan/und selbige wieder darauß geschlagen/auch in 150. Türckenköpfe in die Stadt gebracht hätten. Es soll auch unser Generalissimus 3. Schiffe so aus Canea wieder nach der Türckei gewollt/befochten/erobert/und eines auff die Flucht getrieben haben.[16]

Im August 1668 berichtet der *Nordische Mercurius* abermals über die Angriffe der Türken auf die venezianische Festung auf Kreta:

Venedig vom 17. Augusti. Briefe aus Candia vom 16. passato berichten: Daß die Türcken eine gantze Nacht lang auff der Seiten von Sabionera gestürmet/von den unsrigen aber solchen Widerstand befunden hätten/das der Türcken in 1500.

Die Insel Pines

der unsrigen aber auch in 200. Mann/worunter der Obrister Aldobrandi/todt geblieben wäre.[17]

Die ausführliche Meldung endet damit, dass es den venezianischen Schiffen trotz hoher eigener Verluste schließlich gelungen sei, die türkischen Angreifer in die Flucht zu schlagen.

Nach der ersten Belagerung Wiens im Jahre 1529 war die auch von Luther kräftig beförderte Angst vor der ›Türkengefahr‹ im 17. Jahrhundert lebendig geblieben. Nachrichten von dieser Front stießen stets auf das Interesse des Publikums.

Grimmelshausen war Zeitungsleser. Dass er die großen Enzyklopädien und Geschichtswerke wie den *Schauplatz* und das *Theatrum Europaeum* kannte und nutzte, ist bekannt, und die Heroen der Grimmelshausen-Forschung haben es gründlichst im Einzelnen belegt. Dass er sich auch aus dem aktuellsten Medium, der Zeitung, bediente, wird nach dem Fund der ersten Jahrgänge des *Europäischen Wundergeschichten Calenders* wahrscheinlich. Wie er aber in seinem Weltroman *Simplicissimus* den Schlusspunkt in der *Continuatio* mit Hilfe der ersten deutschen Fortsetzungserzählung, noch dazu einer reißerisch satirischen Insel-Utopie aus dem seinerzeit berühmten *Nordischen Mercurius*, findet, das zeigt Grimmelshausen in einem anderen Licht: in einem bis heute strahlenden Zwielicht aus Tradition und hellem Interesse an den damals neuesten Techniken einer vorbürgerlichen Öffentlichkeit.

Grimmelshausen hat nach dem 22. April 1668, dem Tag, an dem er das Manuskript der *Continuatio* abgeschlossen haben will, in den Juli-Ausgaben der Wochenzeitung *Nordischer Mercurius* eine aufregende Geschichte gefunden, die sich bestens für die (vorerst) letzte Etappe des Einsiedel-Simplicius eignete. Offensichtlich hat er daraus die gesamte Konstruktion der Landung auf der Kreuzinsel inklusive der erotischen Komponente, die bei ihm durch die satanische Verführerin erfüllt wird, und selbstverständlich dem sehr

AUS DER ZEITUNG: DIE INSEL PINES

populären Schiffbruch-Motiv von der *Insul Pines* übernommen. Mag sogar sein, dass er seinen Text zurückdatierte, um diese literarische Transaktion zu vertuschen. Schließlich wurde der *Simplicissmus* vom Verleger Felßecker, wie durchaus üblich, auf 1669 vordatiert. Gewiss aber hat das lesende Publikum in der *Continuatio* die *Insul Pines* wiedererkannt.

---

1 Dieter Breuer vermutet, dass sich im Namen des holländischen Kapitäns Jan Cornelissen der Begründer des Jansenimus, Cornelius Jansen (1585–1636), versteckt, dem Grimmelshausen möglicherweise nahestand.
2 Hans Jacob Christoffel von Grimmelshausen: Der abenteuerliche Simplicissimus Deutsch. Aus dem Deutschen des 17. Jahrhunderts von Reinhard Kaiser. Frankfurt am Main 2009, S. 543.
3 Jörg Jochen Berns: Medienkonkurrenz im siebzehnten Jahrhundert. Literarhistorische Beobachtungen zur Irritationskraft der periodischen Zeitung in deren Frühphase. In: Presse und Geschichte II. Neue Beiträge zur historischen Kommunikationsforschung (=Deutsche Presseforschung, hg. von Elger Blühm und Hartwig Gebhardt, Band 26), München 1987, S. 185–206.
4 Berns, a. a. O., S. 191.
5 Hans Jacob Christoffel von Grimmelshausen: Das Wunderbarliche Vogel-Nest. Zweiter Teil. Hrsg. von Dieter Breuer (=H. J. Ch. v. G. Werke I.2), Frankfurt am Main 1992, S. 618.
6 Dieses wunderbare Werk bringt die gefundenen Jahrgänge der Kalender als Faksimile: Johann Jakob Christoffel von Grimmelshauen: Simplicianische Jahreskalender. Europäischer Wundergeschichten Calender 1670–1672 (Nürnberg). Schreib-Kalender 1675 (Molsheim), erstmals neu herausgegeben und kommentiert von Klaus Matthäus und Klaus-Dieter Herbst, Erlangen und Jena 2009.
7 Europäischer Wundergeschichten Calender, a. a. O., S. 14 (eigene Zählung). Ob Grimmelshausen selbst für den Jahrgang 1670 des Kalenders geschrieben hat oder Mitarbeiter des Verlegers Felßecker in Nürnberg in ›simplicianischer Manier‹ und dann wahrscheinlich mit Grimmelshausens Einverständnis die Beiträge geliefert haben, ist in der Forschung umstritten. Unterschiedliche Positionen treten auch in dem von Peter Heßelmann herausgegebenen Band *Grimmelshausen als Kalenderschriftsteller und die zeitgenössische Kalenderliteratur* (Bern 2011) hervor. Nach unserer Auffassung steht fest, dass Grimmelshausen Zeitungsleser war, was auch seine Verarbeitung des venezianischen Kampfs gegen die Türken auf der Insel Kreta im *Seltsamen Springinsfeld* bezeugt. Gegen Grimmelshausens Willen kann der Zeitungssinger im *Europäischen Wunder-*

geschichten Calender für 1670 kaum aufgetreten sein. Im erwähnten Band zu Grimmelshausen als Kalenderschriftsteller wird auch ausführlich auf den Molsheimer Schreibkalender für 1675 eingegangen.
8 Aus dem unpaginierten Reprint des Europäischen Wundergeschichten Calenders, a. a. O., S. 14.
9 Ebenda.
10 Europäischer Wundergeschichten Calender, a. a. O., S. 7.
11 Edgar Blühm und Else Bogen (Hrsg.): Die deutschen Zeitungen des 17. Jahrhunderts. Ein Bestandsverzeichnis mit historischen und bibliographischen Angaben. In: Studien zur Publizistik, Bremer Reihe, Band 17, Bremen 1985, S. XI.
12 Holger Böhning in: Die ZEIT vom 16. Juni 2005.
13 Zit. nach: Welfengarten. Jahrbuch für Essayismus 8 (1998), S. 47.
14 Georg Greflingers *Nordischer Mercurius*. Zitiert nach Mikrofilm der Deutschen Presseforschung an der Staats- und Universitätsbibliothek Bremen, S. 435.
15 Nordischer Mercurius, a. a. O., S. 441 f.
16 Nordischer Mercurius, a. a. O., S. 438 f.
17 Nordischer Mercurius, a. a. O., S. 530 f.

NACH GRIMMELSHAUSEN.
INTERPRETATIONEN

Der Renchener Pfarrer Beyer hatte im August 1676 ins Kirchenbuch mit »Johanes Christophorus von Grimmelshausen« den vollen Namen des Schultheißen seines Ortes geschrieben. Von da an sollte es nicht lange dauern, bis dieser Name nicht mehr mit dem *Simplicissimus* verbunden wurde. Der Autorenname ging auch trotz der drei Bücher verloren, die ihn ausdrücklich nannten und die mit Widmungen an adlige Herrschaften versehen worden waren.

Es ist von den Adligen, mit denen er dienstlich zu tun hatte und die ihn vielleicht doch wegen seiner historischen Romane achteten, kein Zeugnis bekannt, in dem er als Herr von Grimmelshausen angesprochen worden wäre. Wenn in den Kreisen der gebildeten Leser, die fast alle der Oberschicht angehörten, von ihm die Rede war, dann firmierte er als Samuel Greifnson. So hatte er sich aus dem *Simplicissimus*, seinem mit Abstand erfolgreichsten Werk, verabschiedet: »Hochverehrter, wohlgeneigter, lieber Leser! Dieser *Simplicissimus* ist ein Werk von Samuel Greifnson vom Hirschfeld«, heißt es zum ›Schluss‹, in dem dann zu allerletzt noch seine ›wahren‹ Initialen folgen. Es gibt aber noch einen Namen, der alle anderen überblendet: Simplicius Simplicissimus. Das ist sein literarischer Markenname, mit dem er schon zu Lebzeiten zusammengewachsen war. Aus einem der wenigen erhaltenen Zeugnisse geht das in fast beleidigender Form hervor. Immerhin ein Nachbar Grimmelshausens, Quirinus Moscherosch, der Bruder von Michael Moscherosch, schrieb im Januar 1674 an den Nürnberger Dichter Sigmund von Birken, ein berühmtes Mitglied des Pegnesischen Blumenordens und einziger ›freier Schriftsteller‹ des Barock, einen Brief.

Grimmelshausen hatte dem Pfarrer und (Gelegenheits-) Dichter, der wenige Kilometer von Renchen entfernt in Bodersweier im Hanauer Land wohnte, am 15. Juli 1673 ein überaus freundliches Gratulationsgedicht für seine Sammlung geistlicher Lieder mit dem Titel »Poetisches Blumen-Paradiß« geschickt.

Quirinus Moscherosch muss Grimmelshausen recht gut gekannt haben. Ihm dürfte nicht entgangen sein, wie wichtig das Werk seines Bruders für Grimmelshausen, wie eng beider Beziehungen zu Hanau war und wie viel die beiden auch sonst verband.

Im Brief an Sigmund von Birken aber erwähnt er dessen Namen nicht:

Es hat der beruffene Simplicissimus, sonsten mein Nachbar, u. nur ein geringer Dorfschultes, aber ein Dauß Eß, und homo Satyricus in folio, bey H. Felßeckern vor weyhnachten ein Tractätlein trucken lassen, dessen Titel des Teutschen Michels Sprachengepräng, nach art des Mahlers Farben gemäng, darinnen er die Teutschen SprachHelden recht Satyrisch anzäpfet; möchte wol wünschen, wann Ihm einer nur mit 1. par bögen das Maul stopfte, wanns mein Amt zuliesse, wollte ichs nicht underlassen. Halte aber, er werde in ein wefzennest gestochen haben, die sich schon an ihm rechen werden (...).[1]

Leider ist von irgendwelchen Wespen, die sich des *Teutschen Michels* wegen gerächt hätten, nichts bekannt. Es nimmt für den frommen Nachbarn aus dem Hanauer Land, der mit poetischen Gaben nicht sehr reich gesegnet war, nicht ein, dass er gegen Grimmelshausen gern vorgegangen wäre, was ihm wohl schon deshalb verwehrt blieb, weil Bodersweier nicht zum Straßburger Bistum gehörte. Wenn schon ein eingeweihter Nachbar den eigentlichen Namen des Autors nicht nennen mag, wie sollten dann die vielen Leser im ganzen Land wissen, dass sich hinter all den Anagrammen und hinter dem literarischen Markennamen ›Simplicissimus‹ der Renchener Schultheiß Hans Jacob Christoffel von Grimmelshausen verbarg. So starb der zwischen den Ständen und in mehreren Professionen existierende Autor ohne eine im Namen zusammenschießende Identität. Pfarrer Beyer, der den Eintrag im Kirchenbuch formulierte, hatte kein Problem damit, den ›geringen Dorfschultheiß‹ in Ehrfurcht zu erhöhen. Quirinus Moscherosch und – so weit bekannt – die schreibenden Kollegen haben Grimmelshausen bei seinem Tod genau so übersehen oder gar kleingeredet wie in seinem Leben. Ein ›Dauß Eß‹ mag so etwas wie ein ›großer Witzbold‹ sein. Vielleicht immer noch besser als ein ›lederner Salbader‹, wie der nur 20 Jahre jüngere Dichter Christian Weise ihn nannte.

Der Name von Grimmelshausen blieb in Renchen erhalten. Die Frau des Dichters, Katharina von Grimmelshausen, geborene Henninger, starb dort am 23. März 1683. Für die Widersprüche im Leben Grimmelshausens auf merkwürdige Weise bezeichnend ist das Schicksal des ältesten Sohnes Franz Christoph Ferdinand von Grimmelshausen. Als hätte es dessen noch bedurft, geriet der Dichter gegen Ende seines Lebens noch einmal in den Krieg. Im *Stoltzen Melcher* hatte er die verblendete Jugend noch davor gewarnt, sich für den neusten Krieg am Oberrhein anwerben zu lassen. Sein ältester Sohn indes machte als Soldat Karriere. Franz Christoph Ferdinand lebte zunächst bis 1682 als rechtschaffener Ölmüller in Renchen. Dann wurde er Soldat im kaiserlichen Heer und brachte es dort bis zum Hauptmann. Das muss ihm gut bekommen sein, denn im Jahre 1698 kaufte er in Renchen für beträchtliche 1500 Gulden Grundstücke und Liegenschaften und wurde zum reichsten Mann des Städtchens, der es sich leisten konnte, für die drei neuen Renchener Kirchenglocken eine ordentliche Summe zu spenden. Wahrscheinlich 1711 bekam er das Amt des Postmeisters von Renchen, das einen bedeutenden Poststall unterhielt. Da es zu den Aufgaben der Station gehörte, die dorthin gebrachten Zeitungen an die Abonnenten zu liefern, berührt sich die Karriere des Sohnes doch noch einmal mit dem Interesse des Vaters an Zeitungen. Der Renchener Postmeister wechselte gegen 1718 nach Offenburg, wo er am 23. Juni 1719 starb. Was mag der gewesene kaiserliche Hauptmann und spätere Postmeister vom Werk des Vaters gekannt haben? Unter einem damaligen Postmeister hat man sich einen zwar ansehnlich uniformierten, aber trotzdem unbedeutenden Beamten vorzustellen. Immerhin teilte er mit dem Vater den Soldatenstand und ein bescheidenes Renchener Amt. Im Gegensatz zum Vater aber machte ihn das Leben unter den Soldaten reich.

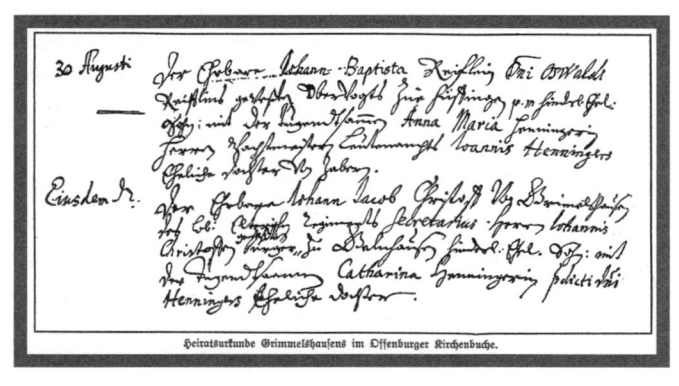

Heiratseintrag von Johann Jacob Christoffel von Grimmelshausen und Katharina Henninger im Offenburger Kirchenbuch (30. August 1649). Grimmelshausen verwendete hier sein Adelsprädikat.

Grimmelshausen hatte in seinen letzten Lebensjahren eine regelrechte *Simplicissimus*-Industrie zu gewärtigen, die von ihm allerdings kräftig mit befördert worden war. Zwischen 1668 und 1672 waren sechs Ausgaben des Romans erschienen. Das war aber nur die Basis der *Simplicissimus*-Manie. Im Nürnberger Verlagsdrucker Eberhard Felßecker hatte Grimmelshausen einen sehr geschäftstüchtigen, einige Forscher sagen, übermäßig am Geschäft interessierten Drucker und Verleger, was zu Konflikten mit Grimmelshausen und Eigenmächtigkeiten der Nürnberger Firma führte, über deren Ausmaß Unklarheit herrscht. Jedenfalls führte Grimmelshausens publizistischer Erfolg nicht zu Reichtum. Der Verleger war weit mehr am eigenen Gewinn als an Grimmelshausens ökonomischem Fortkommen interessiert, und bei den vielen Raubdruckern war ohnehin nichts zu holen. Ein Urheberrecht, das den Autor schützte, gab es noch nicht.

Das *Simplicissimus*-Projekt war Grimmelshausens literarisches Lebenswerk. Er war damit zum Erfolgsschriftsteller geworden, und es leuchtet ein, dass er, der mit den Einrichtungen der literarischen Öffentlichkeit kaum Kontakt hatte, mit diesem Erfolg anders umging als ein versierter Großautor, dem die Verständigung auf dem literarischen Markt vertraut war. Was ihm an Kontakt mit Sprachgesellschaften, Kritikern oder Foren der literarischen Geselligkeit fehlte, das musste er mit sich selbst, allenfalls mit der Familie und engen Freunden abmachen. Einzig der Verlag dürfte ihn in den Angelegenheiten des Literaturmarktes beraten haben, allerdings vorwiegend in dessen eigenem Interesse. In seiner relativen Isolation, ohne die wohltuenden Wirkungen eines vielstimmigen Echos, schaffte Grimmelshausen sich seine eigene Geselligkeit. Er umgab sich mit einer am Ende unübersichtlich gewordenen Gesellschaft von ›Simplicissimi‹, Kopien, Wiedergängern seiner unglaublich erfolgreichen Erzfigur, des ›seltsamen Vaganten‹ Simplicius.

Dieser Simplicius im Plural hat ihn am Lebensende arg bedrängt und ihm ständig abverlangt, weitere Sprosse und Sprösslinge des unaufhaltsam fruchtbaren literarischen Simplicius anzuerkennen oder die Vaterschaft abzulehnen. Das gilt auch für seine simpliciansche Familie. Die Meuder und der Knan wurden zu geflügelten Reklamefiguren, die am Ende statt ihres Spessartdialekts nürnbergisches Fränkisch sprachen.

Hatte Grimmelshausen seine simplicianische Literaturfamilie auch als Trostbastion gegen das eigene Schicksal als Kriegswaise geschaffen, so musste er sich schließlich vor dieser fiktiven Erfolgsfamilie, die am Ende den Protagonisten einer Fernsehserienfamilie zu ähneln schien, in Acht nehmen, um ihnen nicht als kernlosen Schemen, als Publicity-Gespenstern im ›Unternehmen Simlicissimus‹ zu begegnen. Abgesehen von den neun kleineren simplicianischen Schriften waren es vor allem die Kalender, die zur Wiederbelebung und Verwertung der Simplicissimus-Figur beitrugen.

Im April 1668 erklärte Grimmelshausen seinen ›hochverehrten, lieben Lesern‹, warum nach dem ersten Ende des *Simplicissimus*-Romans beim fünften Buch noch eine Fortsetzung folgte, die *Continuatio*. Im September des folgenden Jahres brachte er eine weitere Fortsetzung und noch eine ›Zugab‹ ganz am Ende der ersten Ausgabe des *Europäischen Wundergeschichten Calenders*. Weil die Jahrgänge 1670 und 1671 dieses Kalenderwerks seit dem Fund von Klaus-Dieter Herbst erstmals vollständig vorliegen, kann nun über den wiederauferstandenen Simplicissmus nicht mehr gesagt werden, er sei ganz und gar eine Marketing-Erfindung des Verlegers. Grimmelshausen selbst hat wohl an dieser Wiedergeburt mitgewirkt.

Die offenbar geplante Chronologie des Erscheinens von *Continuatio* und *Europäischem Wundergeschichten Calender* geriet ein wenig durcheinander. So wird in der Vorrede des 1670er Jahrgangs des *Wundergeschichten Calenders* mitgeteilt, die *Continuatio* des *Simplicissimus* sei ›unter der Presse‹, wo sie doch bereits zur Leipziger Ostermesse 1669 erschienen war. Der sie ankündigende Kalender für 1670 aber kam erst im Spätsommer des Jahres heraus. Die chronologi-

schen Verschiebungen entsprechen durchaus dem epischen
Dilemma, den alten Einsiedler Simplicius von seiner Kreuz-

Die simplicianische Familie als Titelkupfer des *Ewig-währenden Calenders* von 1670

insel zurückzuholen, um ihn von seinen frommen Übungen
in die ungemein weltliche Praxis als Zeitungssinger zu werfen. In der »Nohtwendigen Vorrede an den respective hochgeehrten Leser« aber wird es erklärt:

Die simplicianische Familie als ›Markenartikel‹ in der posthum bei
Felßecker erschienenen Gesamtausgabe (1683–1713)

Hochgeneigter Leser! Ob ich mir gleich gänzlich vorgenommen hatte/meinen noch übrigen kurzen Lebens=Rest in dem äußersten Ende der Welt in einem ungeheuren/Menschen=losen Wildnus mit Betrachtung und fernerer Zusammenschreibung meiner Lebens=Begebenheiten zuzubringen seyn doch solche meine Gedancken in Waarheit nichts anderes als blosse Gedancken gewesen/mit denen mein Fatum und Geschick ganz und gar übereinzustimmen sich bequemen wollten/ also/daß ich mich wider meinen Willen wieder auf die Reise machen mein altes Vagieren aufs neue anfangen/und meinen geliebten Herren Landsleuten und nahen Anverwandten zum Besten mich hervorthun müssen.[2]

Seine besonders ausgeprägte Fähigkeit zur literarischen Wiedergeburt erklärt er mit dem Hinweis auf die *Continuatio*, in der er sich ›als einen neuen Vogel Phoenix vorzustellen begierig ist‹. Dann aber ist vom Leser die Rede, der um seine, des Simplicius ›Wohlfahrt‹ doch ›höchst bekümmert‹ sei: Wenn Sie, hochgeehrte und sehr um mich besorgte Leser sich wundern sollten, dass ich nach meiner Rückkehr als Einsiedler in die Spessart-Wildnis am Ende des fünften Buches meines Romans nunmehr ein Zeitungssinger zu werden begehre, dann lesen Sie erst einmal die *Continuatio*, in der Sie erfahren werden, wo ich in der Zwischenzeit war.‹ Der Hinweis auf den neuen Vogel Phönix als Wappentier macht aus Simplicius einen Wechselbalg im Leserinteresse. Das ist nicht mehr der multiple Autor, der unter der Chimäre des Titelkupfers des *Simplicissimus* von sich sagt:

Ich wurde durchs Feuer wie Phönix geboren.
Ich flog durch die Lüfte, ging doch nicht verloren.
Ich wandert' durchs Wasser, ich reist' über Land.
In solchem Umschwärmen macht' ich mir bekannt,
was mich oft betrübte und selten ergötzt'.
Was war das? Ich hab's in dies Buch gesetzt,
damit sich der Leser, so wie ich jetzt tue,
entferne der Torheit und lebe in Ruhe.[3]

Das ist ein Simplicius, der nicht enden kann und es nicht darf, weil der Verleger es wegen der Leser nicht erlaubt.

Grimmelshausen in der Simplicius-Schwemme am Ende seines Lebens nur als Opfer finsterer Verlagsverwertung zu sehen wird ihm aber nicht gerecht. Zwar betont er in der ›kleinen Vorrede‹ zur *Continuatio*, er habe nicht vor, sich zum ›Unterhaltungskasper anderer Leute‹ zu machen, die hinter der Zuckerschale des simplicianischen Gelächters den Kern des Buches verfehlen. Aber er will seine Geschichte auch Herrn Jedermann erzählen und staffiert sie deshalb ›nach jener Mode aus, die die Leute selbst verlangen‹. Ihm, der in so vielen Rollen auftritt, der so oft die Perspektive ändert, dem eine unglaubliche Begabung für die Nachahmung von Diskursen und menschlichen Regungen jeder Art eignet, sei gar nicht zum Lachen zumute. ›Viel Lachen ist mir selbst zuwider‹, teilt er in dieser Vorrede mit, um doch gleich wieder ›spaßhaft daherzukommen‹. Grimmelshausen verlangt vom Leser viel. Zu Beginn des *Simplicissimus* wird ihm geraten, sich von der Torheit zu entfernen, um in Ruhe zu leben. So wie Simplicius es in mehreren Anläufen als Einsiedler versuchte.

Im letzten, nachgelieferten Buch klingt die Summe aller Einsichten im vorangestellten sechshebigen Widmungsgedicht mit Zeilensprüngen, die die Unbeständigkeit hervorheben, ganz anders:

O wunderbares Tun! O unbeständigs Stehen!
Wenn einer wähnt, er steh, so muss er weitergehen.
O schlüpferigster Stand! Dem statt vermeinter Ruh
Schnell und zugleich der Fall sich nähert zu,
Gleich wie der Tod selbst tut. Was solch hinflüchtig Wesen
Mir habe zugefügt, das wird hierin gelesen;
Woraus zu sehen ist, dass Unbeständigkeit
Allein beständig sei – immer, in Freud und Leid.[4]

Soll der Hinweis auf die beständige Unbeständigkeit mehr sein als ein Merkvers barocker Rhetorik, dann bietet

W. E. Felßecker, der Verleger Grimmelshausens
Kupferstich von J. A. Böner (1647—1720)

Wolff Eberhard Felßecker, Grimmelshausens Verleger in Nürnberg

sich eine zwiespältige Zumutung an. Wer in der Welt, wie sie nun einmal beschaffen ist, bestehen will, der muss beides in einem können: ›unbeständig stehen‹, der muss sich der Unbeständigkeit stellen, was ein ›wunderbares Tun‹ zeitigen kann. So endet der *Simplicissimus* nicht mit weltabgewandter Frömmigkeit, sondern mit dem komplizierten Ratschlag, die herrschende Unbeständigkeit zu akzeptieren und sie so gottesfürchtig wie menschenfreundlich zu gestalten.

Von solchen Zumutungen ist in den Fortsetzungsausgaben des Wunderkalenders ab 1671, die bis ins 19. Jahrhundert reichen, nichts mehr zu spüren. In den Verdünnungen der simplicianischen Komik zu einer komischen Biederkeit stirbt der simplicianische Witz schon zu Grimmelshausens Lebzeiten. Der zum Schluss nach Europa zurückkehrende Simplicius ist im ersten *Wundergeschichten-Calender* von 1670 noch ein facettenreicher mit wechselnden Perspektiven operierender satirischer Vagant. Dann wird er genau zu dem Unterhaltungskasper gemacht, der er nach dem erklärten Willen Grimmelshausens nie sein wollte. So beginnt der Ausverkauf des Simplicissimus noch zu Lebzeiten des Dichters. Mit dem beliebten Etikett ›simplicianisch‹ wurden Schriftwerke versehen, die mit dem echten Simplicius kaum noch etwas zu tun hatten. Die Vertreibung von Grimmelshausens bitter-komischem, satirischem Stil aus seinem Werk begann schon 1671 mit der fünften Auflage des *Simplicissimus*, den Hendrik Scholte ›Barocksimplicissimus‹ nannte. Im Verlag wurde Grimmelshausens sperrig schöne, von Dialektausdrücken durchzogene Sprache für ein ›mitteldeutsch-protestantisches Publikum‹ (Breuer) geglättet. Die komplexwitzigen Kapitelüberschriften wurden durch harmlose Reime ersetzt. Beim 20. Kapitel des zweiten Buchs hieß es: »Das 20. Kapitel ist ziemlich lang und handelt vom Würfelspiel und seinen Folgen. Das 21. Kapitel ist etwas kürzer und kurzweiliger als das vorige« oder beim vierten Buch: »Das 26. Kapitel ist das letzte in diesem vierten Buch, weil kein anderes mehr folgt.« Daraus wurde dann, fast schon im Ton von Wilhelm Busch zum Beispiel:

Schau wie Simplex hier betriegt
Auch viel Geld von Leuten kriegt
Und zur Straf im Wasser liegt.[5]

Schließlich wird der ›Barocksimplicissimus‹ um 20 Kupferstiche bereichert, von denen 18 die Inschrift »Der Wahn betreugt« tragen, worauf sich Grimmelshausen im ersten *Wunderbarlichen Vogel-Nest* ausdrücklich bezieht. Dieter

Simplicissimus-Denkmal vor dem Rathaus in Renchen

Breuer hält es für möglich, dass Grimmelshausen diese 18 Stiche selbst für die Erstausgabe des *Simplicissimus* angeregt hatte.

Wieder finden wir Grimmelshausen in einem schwer durchschaubaren Gemenge von eigenem Willen und Verlagswünschen. Es ist kaum vorstellbar, dass die durchkorrigierte Sprache und die schlecht gereimten Überschriften von einem Autor akzeptiert wurden, der immer wieder seine satirische Schlagfertigkeit bewiesen hatte, andererseits mag es Grimmelshausen auch gefallen haben, dass gerade er, der

Autodidakt und weithin übersehene Autor, mit dem *Simplicissimus* derart erfolgreich war.

Markstein der Rezeption nach Grimmelshausens Tod war die dreibändige Gesamtausgabe, die ab 1683 im Verlag Felßecker erschien. Der erste Band mit dem *Simplicissimus* und dem *Teutschen Michel* erlebte in den nächsten 30 Jahren mehrere Nachauflagen bzw. Neuausgaben. Mit ihm blieb der

Simplicissimus-Haus in Renchen mit Archiv und Dauerausstellung zur künstlerischen Rezeption des Werks von Grimmelshausen

Simplicissimus das am meisten gefragte Werk. Nun wurde der Text nicht nur mehrfach geglättet, langatmig kommentiert und mit eindeutigen moralischen Nutzanwendungen versehen, die Grimmelshausens überkonfesionelle ›Volksfrömmigkeit‹ auf eine lutherisch-orthodoxe Linie brachten, auch Grimmelshausens widerborstig satirischer Stil, der den Leser in Unruhe versetzt, wich einer bekömmlichen Biederkeit, die mehr und mehr in den Anschein zeitloser Allgemeingültigkeit hinüberglitt.

Noch Goethe kannte den Verfassernamen des von ihm geschätzten *Simplicissimus* nicht. Erst im Jahre 1834 wurden Grimmelshausens Anagramme entschlüsselt. Romantische Autoren wie Ludwig Tieck oder Clemens Brentano hatten den lange vergessenen Verfasser der simplicianischen Schriften wieder entdeckt und ihn in ihre Literatur eingearbeitet.

Dass damit die unendliche Geschichte der Missverständnisse noch lange nicht beendet war, zeigt der Ausschnitt einer Empfehlung zur Umarbeitung für die Hand des jungen Lesers aus dem 28. Jahrgang der Zeitschrift *Der praktische Schulmann* von 1879:

Was zuerst als unbedingt tadelnswerth zu nennen, das ist der Hang des Verfassers zu unsauberen Schilderungen. Daß dergleichen überhaupt vorkommen, beruht in den Zeitverhältnissen, die leider das Unsittlichste brachten und dagegen abstumpften; daß aber im Simplicissimus das Gemeine ziemlich oft und zuweilen mit einem wahren Galgenhumor berührt wird, das läßt sich keineswegs entschuldigen. Der Verfasser tritt uns in dieser Beziehung als ein Mann entgegen, der seine niedere Herkunft und schlechte Jugenderziehung niemals verleugnen kann.[6]

Wie schön hört sich da eine Reisenotiz von Wolfgang Koeppen aus dem Jahre 1976 an:

In die Schmidtgasse kam ich von der Stadtmauer und dem Hexenturm; doch begegnete ich keiner Hexe. Oder ich kam von der anderen Seite der Stadt, der Marienkirche aus dem geschlossenen 12. Jahrhundert, vorbei an lauter ältesten Häusern, dem romanischen ältesten Amtshaus Deutschlands, dem gotischen ältesten Fachwerkhaus in Hessen, über den Ober- und Untermarkt, jetzt Parkplätzen ohne Platz. Die Schmidtgasse ist, wie erwartet alt und eng. Aber die wenigen, noch erhaltenen wirklich alten Häuser sind im Erdgeschoß stillos und nutzbringend zu kleinen, doch modernen Läden renoviert. Der ehrwürdige Gasthof zum Weißen Ochsen stellt sich in roter Leuchtschrift als Hotel vor. Ich stehe vor dem Geburtshaus des Hans Jakob Christoffel von Grimmelshausen und verneige mich.[7]

Interpretationen

Am Ende bleibt ein Widerspruch: Je mehr man über Grimmelshausens Werk und die Quellen weiß, aus denen er geschöpft hat, desto weniger kann man sich vorstellen, wie ein einziger Mann seine Berufe als Schaffner, Burgvogt, Wirt und Schultheiß mit dem Schreiben eines Werks vereinbaren konnte, das nach Seiten gezählt, von erheblichem Umfang, im Hinblick auf Gattungen und Schreibweisen von enormem Reichtum ist. Was ihm an Zeit, Ruhe vielleicht auch Arbeitsraum fehlte, muss er durch ein Übermaß an Gaben, Eigenschaften und Fertigkeiten wettgemacht haben, die für das Verfassen von Büchern hilfreich sind: ein sehr gutes Gedächtnis, besonders für Textstellen, eine hervorragende Auffassungsgabe, besonders für philosophische, theologische und poetologische Werke. Schließlich muss er sich ein Archiv aus Zetteln und selbst gemachten Kopien geschaffen haben, das auch noch von Gaisbach über die Ullenburg zurück nach Gaisbach und nach Renchen mitzunehmen war.

Bis hierher kann man staunend folgen. Dass er aber sein Wissen, den Erwerb von Positionen, Meinungen, Überzeugungen nicht in ständigem Austausch mit anderen Autoren, Gelehrten, Universitäten und Sozietäten[8] diskutieren und festigen konnte, das ist noch immer kaum zu verstehen. Er war gesellschaftlich nicht isoliert, hatte Kontakte in viele Richtungen und musste schon beruflich mit Vertretern unterschiedlicher Stände verkehren. Aber in seiner poetischen Parallelwelt war er nahezu allein.

Sein Verhältnis zu Büchern und damit zum imaginären Kosmos der Literatur in all seinen Erscheinungsformen hatte etwa Manisches, Getriebenes – und das seit seiner Kindheit. Er nennt es einmal einen Furor, eine Krankheit. Die Spuren seiner Buchbesessenheit wurden schon in der Familienkonstellation in Gelnhausen deutlich, und auch während des Dreißigjährigen Krieges war Grimmelshausen neben dem Dragoner auch der künftige Autor, der sehr früh mit dem Schreiben begann und sich Bücher besorgte, wo es nur ging.

In manchen Augenblicken seines Lebens, das nur 54 oder 55 Jahre währte, blitzte etwas von einem Menschen auf, der in der literarischen Welt allein stand, in der Ortenau aber als Schaffner oder Schultheiß mit Strenge und Witz, mit vielfachem Rat, in geselliger Runde bei manchem in den Quellen belegten Glas Wein präsent war. Die Tragik seines Lebens bestand darin, dass es im Krieg begann und in einem neuen Krieg endete, der ihn dazu veranlasste, die politische Flugschrift vom *Stoltzen Melcher* zu schreiben. Mag er seine Ämter loyal zur Obrigkeit und gerecht gegen die Untertanen ausgefüllt haben, am Ende war der Vorrat an Gehorsam verbraucht. Aus seinem Brief an den obersten Vorgesetzten, den äußerst fragwürdigen Straßburger Bischof, spricht jemand, der aus der Verantwortung seines Amtes als Schultheiß Widerstand leistet.

Sein Werk entstand neben seinen Berufspflichten und außerhalb der Institutionen literarischer Geselligkeit. Es schweift unentwegt ab in die zeitliche Tiefe der Überlieferungen und die räumlichen Fernen vom Indischen Ozean bis Korea. Es bleibt aber auch verbunden mit dem Leben eines in sehr überschaubaren Verhältnissen agierenden Schaffners oder Schultheißen.

Dass die kühnsten Abschweifungen, Kommentare, Zitate von einem Erzähler zusammengeführt werden, der seine eigene Position zwischen literarischem Weltreich und Berufswinkel am Oberrhein in den Texten konzentriert, gehört zu den Reizen der Lektüre. Auch wenn es bei den Kriegsschilderungen – wie Thomas Mann anmerkte – bunt, wild, roh, amüsant, verliebt und verlumpt zugeht, ist ein Erzähler zur Stelle, der uns durch solche Schrecken und Freuden leitet wie ein Fährmann durch wildes Wasser. (Es können auch mehrere Erzähler sein.) Im *Satyrischen Pilgram* hat Grimmelshausen die beiden Hauptquellen seiner Werke genannt: Bücher und eigene Erfahrung. Den Erzähler hat man sich nicht als jemanden vorzustellen, der seine Erfahrung schlicht preisgeben würde. Im Gegenteil agiert er als eine Art Schreibtechniker, der Texte arrangiert, kopierte Passagen seinem Duktus einpasst, Querverbindungen schafft, Tempo und Temperatur regelt und ein Figurentheater aufführt, das kaum zu überblicken ist. Aber immer wieder werden Spuren zum Verfasser gelegt, zeigt der Autor Splitter seiner Lebensgeschichte: deutlich im *Ewig-währenden Calender*, hinter anagrammatischen Vorhängen am Schluss des *Simplicissimus* und an anderen Stellen, in der literarischen Transformation von Mustern des eigenen Lebens bei den Motiven der doppelten Vaterschaft und der ungeklärten, meist adligen Herkunft.

Ein ›Literatur- und Lebensdenkmal der seltensten Art‹ nannte Thomas Mann den *Simplicissimus*.[9] Die ›seltenste Art‹ hängt gewiss mit Grimmelshausens Biographie zusammen. Damit, was er in Gelnhausen, während des Dreißigjährigen Krieges und in der Ortenau bis um Beginn eines neuen Krieges erleben musste, aber auch in der einmaligen Existenz eines autodidaktischen Verfassers von Weltliteratur.

Wer etwas sagen möchte über die Literatur dieses Verfassers, muss erklären, warum aus der Fülle der deutschen Barockliteratur nur sein *Simplicissimus* und die *Courage*, der *Springinsfeld* und diese oder jene kleine Schrift nebst den Kalendergeschichten bis heute gelesen und geliebt werden.

Eine Antwort hat Reinhard Kaiser mit seinen Übersetzungen der Bücher des simplicianischen Zyklus aus ›dem

Deutschen des 17. Jahrhunderts‹ gegeben. Der rasante Erfolg seiner Übersetzungen zeigt zweierlei: Die simplicianischen Bücher Grimmelshausens sind von einem literarischen Reichtum, der offenbar nach 350 Jahren nicht versiegt ist, und wir können ihre großen Themen wie Krieg und Frieden, Gewalt und würdiges Leben, Geld und Eros, Schuld und Erlösung als aktuelle Probleme begreifen, ohne die historische Distanz zu unterschlagen.

Ein weiterer Grund für die Lesbarkeit: das Fehlen jeglicher Doktrin. Keine Spur von Fundamentalismus im Religiösen, Politischen, Sozialen. Grimmelshausen ist tief hinabgestiegen in die Höllen, die von Menschen gemacht werden, vor allem in jene, die Kriege mit sich bringen. Statt aber die geschilderten Varianten des Horrors im Namen einer Konfession oder eines anderen Besserwissens zu verdammen, hat er sie aus immer neuen Perspektiven geschildert, erzählt. Auch die so beschriebenen Finsternisse können einem Text ein langes Leben bescheren. Grimmelshausen war also neben seinen Berufen kein Vertreter irgendeiner politischen Lehre, kirchlichen Konfession oder ständischen Ideologie.

Er war ein zutiefst gläubiger Christ, ein politisch denkender und handelnder Zeitgenosse und ein Mensch mit sozialer Phantasie. Dies alles in seinen Schriften, aber nicht nur dort.

Mit vier Forschern, denen wir wesentliche Einsichten in das Werk von Grimmelshausen verdanken, sollen diese Aspekte seines Glaubens und Denkens wenigstens kurz gestreift werden.

Jan Knopf hat in einem Aufsatz[10] den Widerspruch zwischen dem Walten der Fortuna, dem Simplicissimus ausgeliefert zu sein scheint, und Grimmelshausens ›anthropozentrischem Weltbild‹ herausgearbeitet. Simplicius' Einsicht, dass ›nichts beständig in der Welt ist außer der Unbeständigkeit‹ führt dazu, dass ihm die hinter der verkehrten, unbeständigen Welt verborgene göttliche Ordnung nicht mehr sichtbar ist. Immer wieder muss und will er selbst mit seiner entwickelten ›curiositas‹, Neugier, in die Geheimnisse der Natur vordringen. Dabei erfindet er sogar ein Gerät, das ihm das Unhörbare erschließt. ›Fürwitzig‹ geht er seiner Kuriosität nach und erkundet den Mummelsee. Wissensbegierde und Selbstbehauptung des »modernen neuzeitlichen Menschen«[11] sieht Jan Knopf etwa im Wunsch des Simplicius ausgedrückt, den Geheimnissen des Mummelsees auf den Grund zu gehen und nicht die konservative Haltung des Knan zu teilen, der das für vermessen hält. Deutlich werde in der *Continuatio* in der berühmten Schermesser-Episode Grimmelshausens Einsicht in die frühkapitalistische Realität. Beim Aufzählen der vielen Verwandlungen des (Klo-) Papiers, einer Trivialisierung des barocken Vergänglichkeits-Topos, werden immer auch die ökonomischen Folgen des Gestaltwandels mit bedacht. Bei allen Bearbeitungsstufen des Schermessers – wie hier das Klopapier genannt wird – fällt Profit an bis zum ›achtzehnten Gewinn‹. In der Summe überblickt man gar nicht mehr, wer an dem Stück Papier, das dann durch Benutzung entwertet wird, durch Zölle und Gebühren profitiert hat. Geld wird nicht nur im Zusammenhang mit dem christlichen Zins- und Wucherverbot und mit Sünden wie Geiz und Verschwendung thematisiert. Grimmelshausen zeigt in der Schermesser-Episode oder am Beispiel derer, die den Krieg fortsetzen, weil sie von ihm profitieren, wie Geld in einer bestimmten historischen Situation zum alles dominierenden Mittel wird. Auch Simplicissimus selbst stellt er als Schatzbildner dar, der sein Geld in Köln gehortet hat, das dann dem jungen Simplicius in Form von 3000 Gulden helfen wird. Jan Knopf liest den *Simplicissimus* nicht als frühkapitalistische Streitschrift Grimmelshausens. Er weist aber darauf hin, dass die geschilderte Realität der Zeit keineswegs darin aufgeht, Material für den Menschen zu sein, der in ihr nach dem verborgenen Sinn einer göttlichen Ordnung sucht. Die beständige Unbeständigkeit der Welt verhindert, dass sie im wörtlichen Sinne durchschaut werden kann als Erscheinung einer göttlichen Ordo. Simplicius' Frömmigkeit muss mit einer Welt zurechtkommen, die nicht bloß verkehrt ist und von Gott wegen ihres erbärmlichen Zustands verlassen scheint, Grimmelshausen erkennt in dieser Welt nicht nur den Abfall von Gott, sondern er ordnet den Schrecken des Krieges oder die Macht des Geldes auch Kräften und Interessen zu, die im 17. Jahrhundert gerade dabei sind, die Ständegesellschaft aufzulösen. Dabei bekommt er in seinen Kriegserfahrungen und in der unsicheren Existenz zwischen den Ständen die Auflösung dieser Gesellschaft am eigenen Leibe zu spüren.

Den *Simplicissimus* allein als Text zu lesen, der auf seinen verborgenen Schriftsinn, seine allegorischen Verschlüsselungen oder planetarische Konstellationen hin zu dechiffrieren wäre, ist reizvoll und führt auch zu höchst interessanten Resultaten. Es sind noch lange nicht alle Geheimnisse vor allem im *Simplicissimus* entdeckt. Eines aber, nämlich das so auffallend häufige Vorkommen der Zahl 17 in Grimmelshausens Werk, hat genau der Richtige erklärt. Als Museumsbeauftragter des Renchener Simplicissimus-Hauses und Hüter der dort verwahrten Buch- und Bildschätze gehört es zu den Aufgaben von Wolfgang Winter, Neues aus der Wunderkammer der Schriften Grimmelshausens ans Licht zu bringen.[12]

Dieter Breuer zitiert in seinem unverzichtbaren *Grimmelshausen-Handbuch* folgende Passage aus Hans Magnus Enzensbergers Nachwort zur illustrierten *Courage*- Ausgabe der Büchergilde Gutenberg:

Niemandem untertan, auf eigene Rechnung und Gefahr bringt sie ihre Zeit hin. Sie ist unbelehrbar, aber auch unbeugsam. Selbstmitleid ist ihr fremd. Mit allen Mitteln schlägt sie sich durch die barbarische Landschaft der Epoche, spart weder ihre Schönheit noch ihren Witz, nimmt Betrug und Hexerei zu Hilfe, wenn es sein muß, und ist durch kein Unglück zu brechen. Ihre Rivalen, Ihre Feinde, ihre Liebhaber steckt sie schließlich allesamt in den Sack, sogar den Simplicius. (...). Wie eine Katze fällt sie immer auf die Füße, und wie eine Katze hat sie sieben Leben. Sie ist unbußfertig bis in den Tod und läßt sich keine ihrer Taten gereuen. Ihrer Jungfernschaft weint sie keine Träne nach, alle Verluste kann sie verschmerzen, nur nicht den ihrer anarchischen Freiheit: die verteidigt sie mit Zähnen und Klauen. Ihre erotische Kraft, ihre animalische Pracht bändigt nichts. Ihr Geheimnis und ihr Triumph ist, daß sie sich nicht fangen läßt: das macht sie, all ihrer Untaten nicht geachtet, liebenswürdig, ja unwiderstehlich für immer.[13]

Breuer erklärt in seinem Kommentar zur *Courage* die auf dem Titelkupfer und der umseitig platzierten ›Erklärung des Kupffers‹ der Ausgabe von 1670 allegorisch-emblematischen, überaus reichlich vorhandenen Zeichen. Enzensberger, meint Breuer, treffe in dieser Charakteristik der Courage ›jedenfalls den Literalsinn‹. Wenn man die bis heute mit polemischer Wucht geführten wissenschaftlichen Auseinandersetzungen darüber verfolgt, ob es gestattet sei, in der *Courage* überhaupt etwas anderes als eine Verdammung der von Tod und lässlichen Sünden bis ins Mark gezeichneten Landstörzerin zu sehen, dann kann man die Position von Dieter Breuer gar nicht genug loben. Es existiert neben, unter oder über dem Text eine allegorisch verschlüsselte Sinnsicht. Es existiert aber auch, und zwar schon bei Grimmelshausen, die alle damaligen Normen sprengende Darstellung aus der Perspektive einer Frau, die ihren misogynen Zuschreibungen widerspricht und der männlichen Gewalt den Spiegel vorhält. So hat Enzensberger nicht einen fernen Barocktext missverstanden, sondern auf seine Weise das Pulver entzündet, das in ihm steckt.

Jan Knopf hat gezeigt, dass Grimmelshausen die gesellschaftliche Realität im 17. Jahrhundert auch aus der Perspektive frühbürgerlicher Selbstbehauptung wahrnimmt und beschreibt. Volker Meid befasst sich mit Utopie und Satire im

Simplicissimus. Ihm geht es darum, die utopischen Vorstellungen, die aus ganz unterschiedlichen Quellen geschöpft sind, nicht bloß als jeweils satirisch unmöglich gemachte menschliche Fehlträume zu denunzieren. Er hält daran fest, dass die Schweiz-Passage, das Sylphen-Reich im Mummelsee, die verdrehten Schilderungen der irdischen Zustände in der Verkehrten Welt oder die vorbildlichen sozialen Organisationen der Wiedertäufer nicht einfach als unrealisierbar abgestempelt werden. Am Beispiel der Wiedertäufer-Episode schreibt Volker Meid: »Bestehen bleibt gleichwohl der Umstand, daß hier ein im kleineren Rahmen tatsächlich verwirklichtes Modell eines friedlichen, harmonischen Zusammenlebens ausführlich beschrieben wird. Das geschieht aber nicht aus dem Grund, dieses Modell als illusorisch zu entlarven oder als verbindliche Lösung anzupreisen, sondern es geht wie bei den anderen utopischen Partien gerade darum, der geschichtlichen Wirklichkeit und ihren Mängeln ein Gegenbild entgegenzusetzen, eine ideale Ordnung, in der ein Leben nach den Normen des Dekalogs und der Bergpredigt möglich ist.«[14]

Conrad Wiedemanns immer wieder zitierten Aufsatz *Zur Schreibsituation Grimmelshausens* haben auch wir mit großem Gewinn gelesen und benutzt. Mit unseren Archivfunden zu den Vätern und Großvätern Grimmelshausens hat sich das von ihm im simplicianischen Werk so eindrucksvoll belegte Motiv der doppelten Vaterschaft geradezu beängstigend klar in Grimmelshausens eigener Lebensgeschichte finden lassen. Wo Wiedemann am Beispiel der Baldanders-Statue die hermeneutische Hebelfunktion in einer Art bäuerlich kräftigen Zugriffs sieht, möchten wir von einer Hermeneutik des Verkehrens sprechen.

Die Kippbilder der Verkehrten Welt haben bei Grimmelshausen eine satirische Erkenntniskette in Gang gesetzt, die zwischen oben und unten, vorn und hinten, richtig und verkehrt wechselt und dabei so witzige wie wahre Einsichten beschert. Schönstes Beispiel ist der Prälat, der daran erinnert wird, dass es heißt »Gehet hin in alle Welt« und nicht: Lasst euch in eurer beeindruckenden Körperfülle von einem Kutscherlein fahren.

Auch die Anmerkungen Wiedemanns zur Anthropologie Grimmelshausens, die er so einleuchtend in den Kontext der politischen Anthropologie des 17. Jahrhunderts rückt, helfen dabei, den Autor Grimmelshausen besser zu verstehen. Die absolutistische Lehre vom Herrschaftsvertrag geht mit Thomas Hobbes davon aus, dass der Staat mitsamt der ihm zuarbeitenden Intelligenz die Aufgabe habe, seinen Herrschaftsvertrag zu realisieren, um die Menschen, insbesondere den ›Pövel‹ (le peuple, das Volk), in ihren zerstörerischen Begierden zu disziplinieren. Im 17. Jahrhundert habe das humanistische Bildungssystem Züge einer Geheimwissenschaft angenommen, die sich explizit vom ungelehrten Pöbel absetzte. Die neuen Leitgedanken dieser absolutistischen Disziplinierungslehre wären »Selbstzwang, Vorbildlichkeit, wissenschaftliche Kompetenz«[15] gewesen. Damit wäre Grimmelshausen, der ja selbst auch ein ›Ordnungsrigorist‹ gewesen sei – was wir nach dem Studium seiner Lebensgeschichte nicht mehr meinen –, durchaus einverstanden gewesen. Grimmelshausen habe aber die »Abweisung, die grundsätzliche Entmündigung des gemeinen Mannes«[16] erfahren, und das habe ihn mit der absolutistischen Staatswirklichkeit entzweit. Wie es auch bei Volker Meid anklingt, habe Grimmelshausen selbst in seiner prekären gesellschaftlichen Situation nur als gläubiger Christ in der durch entsetzliche Kriege bestimmten Wirklichkeit des absolutistischen Staats bestehen können. »Der Grimmelshausensche Diskurs ist, soweit ich sehe, charakterisiert durch eine positive, sinnstabile und gleichsam das Fundament erstellende Bildschicht, die auf die christlich-ontologische Konstitution des Menschen zielt. (...) Doch über ihr erhebt sich ein zweiter, kritisch-ironisch-utopischer Bildbereich, der auf die historische Wirklichkeit bezogen ist und eigentlich erst den offenen, satirischen, gereizten und planspielerischen Charakter des simplicianischen Stils hervorbringt.«[17]

Grimmelshausen beklagte immer wieder, dass die meisten Leser, in die Irre geleitet von seinem ›lustigen Stylum‹, nicht zum ›Kern‹ der Werke vorgedrungen seien. Unter 17 Lesern fände sich kaum einer, der von der satirischen ›Hülse‹ zum ›Kern‹ gelange. An diesem hermeneutischen Dilemma freilich hat Grimmelshausen kräftig mitgewirkt. Keineswegs hat er planmäßig und in souverän angewandtem Schreiberhandwerk die wertvollen christlichen Bedeutungskerne mit Literatur umhüllt. Wie an nicht wenigen Beispielen gezeigt wurde, war er auch ein Autor, der die Potenzen der Literatur beim Schreiben entdeckt hat, der sich gelegentlich treiben ließ von den Möglichkeiten eines Vergleichs, der in Aufzählungen mit maßloser Fülle glänzte und sich von einem parodistischen Gott des Wandels und der Umkehrung namens Baldanders den Rat geben ließ, auch über Stühle, Bänke, Kessel und Schüsseln zu schreiben, eigentlich stummen Dingen im Schatten der Aufmerksamkeit. Wenn man im ›seltsamen Gespräch mit einem Schermesser‹ nicht auch den wilden, kühnen Versuch sieht, die eigenen literarischen Fähigkeiten an einem nun wirklich niederen, unwürdigen Ding, einem Stück Klopapier, zu erproben, dann hat man nicht verstanden, dass in Grimmelshausen selbst der Kampf zwischen dem Kern seiner christlichen Überzeugung und der satirisch-ironischen Schreibhülle tobte. Dass Simplicissimus, von seiner Curiositas getrieben, mit durchaus faustischem Schwung hinter etliche Geheimnisse der Natur kommen will (der Doktor Faustus wird gar als Pate dieser Neugier genannt), das gilt auch für den Autor. Er gibt nicht selten seiner Neugierde auf die Möglichkeiten und Techniken des Schreibens nach und bedient sich dabei, wo er nur kann. Dass die Kreuzinsel, wo Simplicissimus (vorübergehend) zu einem frommen Mann wird, der an Gottes Buch der Natur in gläubiger Hingabe weiterschreibt, in letzter Minute mit dem Fortsetzungsroman der Insel Pines gekreuzt wird, macht Grimmelshausens Schreiben auch wieder zu einem *Schauplatz*. Hier kann man sehen, wie das literarische Schreiben mit einem christlichen Glauben zusammengeht und zusammenstößt, der selbst keiner konfessionellen Fraktion folgt, sondern auch aus den Erfahrungen mit einer durch und durch unchristlichen Gegenwart gewonnen wurde. Nicht die christliche Grundschicht des *Simplicissimus* und nicht die satirische Schreibart allein halten ihn bis heute auf einzigartige Weise lebendig. Hier schreibt kein katholischer Schaffner und Schultheiß über die picarischen Abenteuer eines in vielseitiger Schuld verstrickten Helden auf seinem Weg zu Gott. Sondern hier fährt ein mit Erfahrung und Kenntnissen gesättigter Autor all seine wunderbaren Schreibfähigkeiten gegen eine Welt auf, die in einem monströsen, mit konfessionellem Aberwitz angereicherten Krieg dabei ist unterzugehen oder schon untergegangen ist. Unter diesen Bedingungen an Gottes ›sonderbare Barmherzigkeit‹ zu glauben und an einer christlichen Frömmigkeit trotz allem festzuhalten macht den *Simplicissimus* zu einem Weltbuch.

Dieter Breuer hat in seinem grundlegenden Aufsatz über Grimmelshausens ›simplicianische Frömmigkeit‹[18] gezeigt, dass alle simplicianischen Lebensgeschichten Bekehrungsgeschichten sind. In jeder Figur, im Simplicius, der Courage, dem Springinsfeld, dem Hellebardier und dem Kaufmann in den beiden *Wunderbarlichen Vogel-Nestern*, wird eine unterschiedliche Variante im Verhältnis von eigenem vorhandenen oder nicht vorhandenen Bekehrungswillen und der ›Grundlosen Barmhertzigkeit des Allerhöchsten‹ dargestellt. Einerseits ist ein christliches Leben nach Grundsätzen des Dekalogs im Geiste des Urchristentums und der Bergpredigt Voraussetzung zur Erfahrung von Gottes Barmherzigkeit. Andererseits aber ist diese Barmherzigkeit ›unergründlich tief und bodenlos‹, und sie kann durch ein noch so christliches Leben nicht erlangt, gar erzwungen werden. Breuer weist in diesem Zusammenhang auf die Rezeption der Lehren des Augustinus im Deutschland des 17. Jahrhunderts hin, und er sieht Parallelen zwischen Grimmelshausens theologischen Positionen und den französischen Jansenisten, die vom Papst und auch von Kardinal Richelieu als Ketzer verurteilt wurden.

Übrigens geriet auch der *Simplicissimus* auf den Index der verbotenen Bücher. Darüber informiert Peter Heßelmann in seiner ausführlichen Dokumentation der Rezeptionsgeschichte Grimmelshausens im 17. und 18. Jahrhundert. Dabei kommen auch ein paar spätere ›Simpliciaden‹ zur Sprache, denen es nicht anders ging als ihrem Vorbild, dem *Simplicissimus:*

»Simpliciana fanden Aufnahme auch in den ab 1754 in Wien von der Hofzensurkommission regelmäßig publizierten ›Catalogi Librorum Prohibitorem‹ [Kataloge der verbotenen Bücher, d. A.]. So registriert der österreichiche Index von 1785 neben Schielens ›Frantzösischem Kriegs=Simplicissimus‹, Beers ›Simplicianischem Welt=Kucker‹ und dem soeben veröffentlichten ›Der Wechsel des Glücks und Unglücks im Krieg, oder wunderbahre Begebenheiten Herrn Melchior Sternfels von Fuchsheim‹ die Gesamtausgabe von 1713: ›Simplicissimi (der aus dem Grab der Vergessenheit wieder erstandenen) Lebens=Wandel, in drey Theilen, durch German Schleifheim von Sulzfort.‹ Nürnberg, 1713.«[19]

---

1 Zit. nach: Volker Meid: Grimmelshausen. Leben, Werk, Wirkung. Stuttgart 2011, S. 147.
2 Europäischer Wundergeschichten Calender 1670. Zit. nach dem Reprint: Simplicianische Jahreskalender. Hrsg. von Klaus Matthäus und Klaus-Dieter Herbst, Erlangen und Jena 2009, Blatt 2.

INTERPRETATIONEN

3 Hans Jacob Christoffel von Grimmelshausen: Der abenteuerliche Simplicissimus Deutsch. Aus dem Deutschen des 17. Jahrhunderts von Reinhard Kaiser, Frankfurt am Main 2009, S, 8.
4 Grimmelshausen/Kaiser, a. a. O. (2009), S. 535.
5 Zit. nach: Ruprecht Wimmer (Hrsg.): »Benebst feinen und neu=invenrirten Kupffer=Stücken«. Die Illustrationen der posthumen Grimmelshausen-Gesamtausgabe (1683–1713). Sondergabe für die Mitglieder der Grimmelshausen-Gesellschaft V, o. J., S. 63.
6 Heinrich Solger: Simplicissimus. Ein Vortrag. In: Der praktische Schulmann 28 (1879), S. 277. Zit. nach: Meid, a. a. O., S.167.
7 Wolfgang Koeppen: Gemein mit jedermanns Angst. Hans Jakob Christoffel von Grimmelshausen. Zum 300. Todestag. In: Frankfurter Allgemeine Zeitung vom 14. August 1976.
8 Vgl. zur Sozietätsbewegung im 17. Jahrhundert: Jörg Jochen Berns: Zur Tradition der deutschen Sozietätsbewegung im 17. Jahrhundert. In: Sprachgesellschaften, Sozietäten, Dichtergruppen. Arbeitsgespräch in der Herzog August Bibliothek Wolfenbüttel 28. bis 30. Juli 1977. Hrsg. von Martin Bicher und Ferdinand van Ingen. Hamburg 1978, S. 53–75.
9 Thomas Mann: Vorwort zur ersten schwedischen Ausgabe von Grimmelshausens Simplicius Simplicissimus (1944). In: Ders.: Gesammelte Werke in 13 Bänden, Frankfurt am Main 1974, Band 13 (Nachträge).
10 Jan Knopf: Verleugnete Bürgerlichkeit. Neugierde und Selbstbehauptung in Grimmelshausens Simplicissimus. In: Ders.: Frühzeit des Bürgers. Erfahrene und verleugnete Realität in den Romanen Wickrams, Grimmelshausens, Schnabels. Stuttgart 1978, S. 59–83.
11 Knopf, a. a. O., S. 71.
12 Wolfgang Winter: Grimmelshausens Zahlenkomposition auf den Titelblättern der Erstauflage des Simplicissimus und ein Hinweis der Bedeutung der Pictura. In: Simpliciana XXXII (2010), S. 333–349.
13 Zit. nach: Dieter Breuer: Grimmelshausen-Handbuch. München 1999, S. 86 f.
14 Volker Meid: Utopie und Satire in Grimmelshausens Simplicissimus. In: Volker Voßkamp (Hrsg.): Utopieforschung. Zweiter Band. Frankfurt am Main 1985, S. 261.
15 Conrad Wiedemann: Zur Schreibsituation Grimmelshausens. In: Daphnis, Band 5, Heft 2–4 (1976), S. 730.
16 Ebenda.
17 Wiedemann, a. a. O., S. 731.
18 Dieter Breuer: Grimmelshausens simplicianische Frömmigkeit: Zum Augustinismus des 17. Jahrhunderts. In: Ders. (Hrsg.): Frömmigkeit in der frühen Neuzeit. Studien zur religiösen Literatur des 17. Jahrhunderts in Deutschland. Amsterdam 1984, S. 213–252.
19 Peter Heßelmann: Simplicissimus Redivivus., Eine kommentierte Dokumentation der Rezeptionsgeschichte Grimmelshausens im 17. und 18. Jahrhundert (1677–1800). Frankfurt am Main 1992, S. 273.

ABBILDUNGSNACHWEIS

Hessisches Staatsarchiv Marburg: 19, 42, 85
Museum der Stadt Gelnhausen: 22, 32, 34, 38, 84
Institut für Stadtgeschichte Frankfurt/Main: 59, 81
Forschungs- und Landesbibliothek Gotha: 66, 67, 68, 70
Könnecke: Quellen und Forschungen zur Lebensgeschichte Grimmelshausens. Band 2: 274, 329, 471
Ulrich von Schauenburg, Gaisbach: 303
Heimat- und Grimmelshausenmuseum Oberkirch: 350, 356
Archiv der Stadt Renchen: 380, 424, 449
Heinz Schäfer, Renchen: 414

Alle weiteren Abbildungen stammen von den Autoren oder aus dem Archiv der Autoren.

Die Autoren danken der Sparkassen-Kulturstiftung
Hessen-Thüringen für die Förderung ihrer Arbeit
an diesem Buch.

Grimmelshausen. Leben und Schreiben. Vom Musketier zum Weltautor
ist im November 2011 als dreihundertdreiundzwanzigster Band der ANDEREN BIBLIOTHEK im Eichborn Verlag, Frankfurt am Main, erschienen.
Herausgabe und Lektorat lagen in den Händen von Christian Döring.

Die Autoren

Heiner Boehncke, geboren 1944, ist Professor für Vergleichende und Allgemeine Literaturwissenschaft an der Frankfurter Goethe-Universität. Er war zehn Jahre lang Vorsitzender der Lesegesellschaft der ANDEREN BIBLIOTHEK und ist ebenso wie Hans Sarkowicz durch seine Studien dem Werk von Grimmelshausen verbunden. Außerdem ist er Mitautor einer vielbeachteten Geschichte der Familie von Georg Büchner.

Hans Sarkowicz, geboren 1955 in Gelnhausen, leitet das hr2-Ressort Kultur und Bildung beim Hessischen Rundfunk. Er ist Autor von Biographien, unter anderen über Erich Kästner und Heinz Rühmann (zusammen mit Franz Josef Görtz), Mitherausgeber der Werke von Erich Kästner und hat zahlreiche Bücher zu kulturgeschichtlichen, historischen und politischen Themen verfasst.

Dieses Buch

wurde von Greiner & Reichel in Köln aus der Celeste gesetzt und beim Memminger MedienCentrum auf 100 g/m² holz- und säurefreies mattgeglättetes Bücherpapier der Papierfabrik Schleipen gedruckt. Den Einband besorgte die Buchbinderei Lachenmaier in Reutlingen. Typografie und Ausstattung: Susanne Reeh und Cosima Schneider.

1. — 6. Tausend November 2011
Dieses Buch trägt die Nummer: ✳ 0460

ISBN 978-3-8218-6172-2
© Eichborn AG, Frankfurt am Main 2011